***ACCESO GRATIS** a la Lectura en la Nube*

Para visualizar el libro electrónico en la nube de lectura envíe junto a su nombre y apellidos una fotografía del código de barras situado en la contraportada del libro y otra del ticket de compra a la dirección:

ebooktirant@tirant.com

En un máximo de 72 horas laborables le enviaremos el código de acceso con sus instrucciones.

LA UNIÓN EUROPEA, LOS ODS Y EL DERECHO PÚBLICO

LA UNIÓN EUROPEA, LOS ODS Y EL DERECHO PÚBLICO

ÁLVARO ALZINA LOZANO
GABRIEL MARTÍN RODRÍGUEZ
FÁBIO DA SILVA VEIGA
SANDRA LÓPEZ DE ZUBIRÍA DÍAZ
(Coordinadores)

tirant lo blanch
Valencia, 2025

En caso de erratas y actualizaciones, la Editorial Tirant lo Blanch publicará la pertinente corrección en la página web www.tirant.com.

EDITA: TIRANT LO BLANCH
C/ Artes Gráficas, 14 - 46010 - Valencia
TELFS.: 96/361 00 48 - 50
FAX: 96/369 41 51
Email: tlb@tirant.com
www.tirant.com
Librería virtual: www.tirant.es
DEPÓSITO LEGAL: V-1104-2025
ISBN: 978-84-1095-504-2

Si tiene alguna queja o sugerencia, envíenos un mail a: *atencioncliente@tirant.com*. En caso de no ser atendida su sugerencia, por favor, lea en *www.tirant.net/index.php/empresa/politicas-de-empresa* nuestro procedimiento de quejas.

Responsabilidad Social Corporativa: http://www.tirant.net/Docs/RSCTirant.pdf

Listado de autores por orden de aparición

Álvaro Alzina Lozano
Fábio da Silva Veiga
Sérgio Daniel Martins Estorãos
Gabriel Martín Rodríguez
Sandra López de Zubiría Díaz
Ángeles Cano Linares
Carlos Fernández Abad
Carlos González León
Covadonga Torres Assegio
Denise Pires Fincato
Jacqueline Varella
Elena Atienza Macías
Fernando Suarez Bilbao
Irene Rovira Ferrer
Jesús Ruiz Poveda
João Proença Xavier
Vega María García González
Manuel Ferreira Ramos
Julio Guinea Bonillo
Mercedes Yela Uceda
Rafael Valentín-Pastrana Aguilar
Rogelio Pérez Bustamnte

Índice

PRESENTACIÓN

Los coordinadores presentan el "La Unión Europea, los ODS y el Derecho Público", una obra que se propone explorar temas interdisciplinares del derecho desde una perspectiva jurídica europea e iberoamericana.

Este esta obra representa los trabajos restantes presentados en el *VI Congreso Internacional sobre Derecho, Gobernanza e Innovación*, celebrado en la Universidad Rey Juan Carlos (URJC), Madrid, en el verano de 2023, evento organizado por el Instituto Iberoamericano de Estudios jurídicos —IBEROJUR— en colaboración con la URJC.

Este libro no solo busca informar, sino también instigar reflexiones sobre cómo el derecho puede servir como una herramienta de transformación social, económica y política. Los autores, especialistas reconocidos en sus áreas, ofrecen una visión crítica y multidisciplinaria, proponiendo soluciones innovadoras para los desafíos que enfrentan las sociedades contemporáneas.

Por último, muchos de los capítulos de este libro tienen como objetivo responder a algunos de los principales desafíos que enfrentan la Unión Europea e Iberoamericana, en especial el debate sobre los instrumentos de gobernanza pública y privada, la interpretación jurídica de los procesos de innovación, el pensamiento académico sobre la construcción de nuevos conceptos y los marcos teóricos de aplicación del derecho.

Madrid, octubre de 2024

Álvaro Alzina Lozano
Gabriel Martín Rodríguez
Fábio da Silva Veiga
Sandra López de Zubiría Díaz
Coordinadores

LA POLÍTICA DEPORTIVA COMO FACTOR INTEGRADOR EN EUROPA

ÁLVARO ALZINA LOZANO[1]

SUMARIO: INTRODUCCIÓN. 2. EL DEPORTE EN LA CONSTRUCCIÓN DE LA UNIÓN EUROPEA. 3. LA REGULACIÓN DE LA UE EN LOS ASPECTOS ECONÓMICOS DEL DEPORTE. 4. EL DEPORTE COMO POLÍTICA A PARTIR DEL TRATADO DE FUNCIONAMIENTO DE LA UNIÓN EUROPEA. 4.1 El Libro Blanco del Deporte. 4.2 La Dimensión Europea del Deporte. 4.3 Los planes de Trabajo para el deporte. 5. CONCLUSIONES. REFERENCIAS BIBLIOGRÁFICAS.

Resumen: El deporte se constituye como una actividad social importante en la vida de los ciudadanos, no sólo su práctica sino también el espectáculo que supone. La política deportiva de la Unión Europea es una cuestión que progresivamente va tomando importancia, siendo cierto que todavía queda camino por recorrer, ya que el deporte ha sido tratado como una actividad que dependía de otras políticas. Es necesario seguir implementando medidas para que el deporte constituya ese elemento vertebrador que ayude al progreso de integración europea.

Palabras clave: Unión Europea, Deporte, Integración

INTRODUCCIÓN

La práctica de deporte en todas sus facetas constituye un aspecto económico relevante en la Unión Europea, y en este punto enfocaremos el presente escrito, en la posición que ha tomado la Unión Europea respecto al deporte y cómo ha ido construyendo su propia política deportiva; aunque destaquemos el papel económico, no debemos olvidar el papel social y sanitario que supone.

El deporte es relevante en el mercado europeo por su labor de integración de los distintos sectores sociales y países, no sólo las cantidades económicas que supone el deporte en Europa, además de los derechos televisivos de los grandes acontecimientos, sino también el

---

1 Profesor contratado doctor interino de Derecho penal en la Universidad Rey Juan Carlos.

gasto de un ciudadano medio en material y equipamiento para practicarlo. Además, el deporte es una herramienta de ayuda a mejorar la salud de los ciudadanos europeos[2], tal y como reconocían las Directrices de actividad física de la UE que recomienda unas actuaciones para apoyar la actividad física que promueve la salud[3]. En estas normas se recomienda la práctica del deporte como instrumento para prevenir las enfermedades, ya que se ha demostrado que un estilo de vida sedentario es un factor de riesgo para el desarrollo de muchas enfermedades crónicas, incluyendo las enfermedades cardiovasculares, una de las principales causas de muerte en el mundo occidental.

Este faceta sanitaria y social es el principal elemento que conforma la política de deportiva recogida en el Tratado de Funcionamiento de la Unión Europea en su artículo 165: *"La Unión contribuirá a fomentar los aspectos europeos del deporte, teniendo en cuenta sus características específicas, sus estructuras basadas en el voluntariado y su función social y educativa"*.

Esta redacción del artículo del TFUE se debe principalmente a que, a lo largo de la historia de la Unión Europea, ha habido una regulación de los aspectos más relevantes del deporte incluyendo el concepto de ciudadanía europea y la protección de sus derechos fundamentales[4].

Como ciudadanos europeos nos importa comprender y analizar el escenario jurídico creado por la Unión Europea en materia de Deporte. La UE fue configurando su contenido en políticas públicas a través de los sucesivos Tratados. El más importante, el Tratado de la Comunidad Económica Europea o Mercado Común, pretendió fun-

---

2 Tal y como señala Tejero-González, *"el deporte incrementa el bienestar físico, mental y social de los ciudadanos, mejorando la calidad de vida e incidiendo en el Estado de bienestar. Los efectos beneficiosos de la práctica regular de actividad física son bien conocidos por las ciencias del deporte y están empíricamente contrastados, siendo efectos que impactan positivamente tanto en el funcionamiento de los aparatos y sistemas del cuerpo humano"*. TEJERO-GONZÁLEZ, Carlos Mª. "Sobre la importancia del deporte como acción política: Razones y medidas de gobernanza". *Cultura, Ciencia y Deporte*, 2016, vol. 11, no 31, p. 5-6.

3 Grupo de trabajo de la UE "Health & Sport" ("Deporte y salud") aprobado el 10 de octubre de 2008.

4 MARTÍN RODRÍGUEZ, Gabriel. Cuestiones Generales sobre el Derecho de Minorías: Una Visión Global. *Cadernos de Dereito Actual*, 2015, no 3, p. 517-534.

damentalmente establecer un mercado sin fronteras interiores y articuló asimismo una serie de políticas públicas, pero que inicialmente no contemplaban la actividad deportiva como una de ellas. Tampoco se hizo referencia ni en el Acta Única Europea ni en el Tratado de Maastricht de 1992 que creó la Unión Europea.

No podemos olvidar que competiciones como la Ryder Cup[5] han sido precursoras de la unión de los pueblos de Europa, pues al participar de manera conjunta deportistas de distintos países europeos luchando por un objetivo común como es ganar la competición, ayuda a mejorar ese sentimiento e involucrar a los ciudadanos en un proyecto común, esto además se vería acrecentado por la rivalidad existente con los Estados Unidos al entenderse un proyecto federal similar al que se quiere desarrollar en Europa[6]. En este sentido cabe destacar la información que quiere transmitir la Unión Europea respecto a la base que supone eel deporte en el proyecto de integración europea, basándose en los principios que buscaban los padres fundadores del proyecto de Unión Europa:

> *"La Unión trabaja para alcanzar una mayor equidad y apertura en las competiciones deportivas, así como una mayor protección de la integridad física y moral de los deportistas, al tiempo que tiene en cuenta la especificidad del deporte. Por otra parte, la Unión apoya la idea de que el deporte puede mejorar el bienestar general, ayudar a superar cuestiones sociales más amplias, como el racismo, la exclusión social y la desigualdad de género, y aportar importantes beneficios económicos en toda la Unión. Además, la política deportiva se considera un instrumento importante en las relaciones exteriores de la Unión"*[7].

Por todo ello, debemos recordar como la declaración de Robert Schuman fue el primer paso que dio Europa para estar unida, siendo el deporte una de las políticas que también se han considerado

---

5 SBETTI, Nicola. Le identità europee nello sport. Altre Modernità: Rivista di studi letterari e culturali, 2015, no 14, p. 101-113. Tal y como señala el autor, y más conc la promoción de la identidad europea del deporte reforzando los sentimientos comunes de identidad tuvo lugar en el durante la segunda mitad de la década de 1980, cuando el impulso de la integración se reavivó con lael Acuerdo de Schengen y el Acta Única Europea.

6 Esta afirmación se puede contrastar en el discurso de Winston Churchill "Los Estados Unidos de Europa". Universidad de Zúrich, 1946.

7 https://www.europarl.europa.eu/factsheets/es/sheet/143/el-deporte

relevante, aunque desde el punto de vista legislativo comprobaremos que la UE ha preferido mayoritariamente permitir que los propios Estados regulen esta actividad, aunque siempre apoyando y regulando los aspectos más significativos que puedan afectar a la colectividad europea.

> *"Europa no se hará de una vez ni en una obra de conjunto: se hará gracias a realizaciones concretas, que creen en primer lugar una solidaridad de hecho."*
>
> Declaración Robert Schuman, 9 de mayo de 1950

2. EL DEPORTE EN LA CONSTRUCCIÓN DE LA UNIÓN EUROPEA

La construcción del proyecto europeo comenzaría a través de realizaciones concretas que complementaban otras materias de políticas públicas en los sucesivos Tratados, el más importante, el Tratado de la Comunidad Económica Europea de 1957, pretendería fundamentalmente establecer un mercado sin fronteras interiores, articulando una serie de políticas públicas dispuestas a armonizar las normas en el seno del Mercado Común, sin contemplar en los inicios la actividad deportiva como una de las materias sobre las que debiese actuar.

No obstante, existen expertos que aseveran que el deporte sí se encontraba también en la agenda política de los Tratados de Roma, aunque no fuese de manera explícita. Así lo señalaría Boniface, asegurando la existencia de una relación entre deporte y la génesis de la Unión Europea, cuando todavía no se observaba de manera clara una relación entre la problemática de la violencia deportiva y los objetivos encomendados a las Comunidades[8]. Esto se vería además en otros aspectos la violencia, el dopaje y la corrupción, que desde el comienzo de los años 80 del siglo XX y en colaboración con el Consejo de Europa, la Unión Europea ha tomado una posición de responsabilidad frente a estos hechos, solicitando a sus Estados miembros que

---

8 BONIFACE, Pascal: *L'Europe et le sport*. Institut de Relations Internationales et tratégiques, 2001, p. 16.

participen en esta causa y, sobre todo, creando líneas de cooperación en estos ámbitos que faciliten el trabajo[9].

La política deportiva tampoco apareció en las sucesivas reformas de los Tratados, ni en el Acta Única Europea, ni el Tratado de Maastricht, ni tampoco en los Tratados de Ámsterdam o de Niza. La primera referencia se puede destacar en el Tratado por el que se establece una Constitución Europea y, aunque no entrase en vigor por los fallidos referéndums de ratificación de Francia y Países Bajos, su contenido pasaría a formar parte del Tratado de Funcionamiento de la Unión, aprobado en Lisboa en 2007, que ya incluye una mención expresa a dicha política como una parte del ordenamiento jurídico europeo.

La importancia desde el punto de vista del deporte en los Tratados no se vio reflejada hasta el Tratado de Ámsterdam, firmado el día 2 de octubre en la ciudad holandesa de Ámsterdam, por el que se modifican el Tratado de la Unión Europea, los tratados constitutivos de las comunidades europeas y determinados actos conexos, en dicho Tratado la Unión en su Declaración vigesimonovena expone que:

> *"La Conferencia pone de relieve la importancia social del deporte, y en particular su función a la hora de forjar una identidad y de unir a las personas. Por consiguiente, la Conferencia insta a los organismos de la Unión Europea a escuchar a las asociaciones deportivas cuando están tratándose cuestiones importantes que afecten al deporte. A este respecto, debería prestarse una atención especial a las características específicas del deporte de aficionados".*

En el marco del debate sobre la necesidad de tomar en consideración el deporte a nivel comunitario, y, a la vez, reconocer a la significación de los valores y funciones que lleva aparejados, la inclusión de la Declaración número 29 sobre el deporte anexa al Tratado de Ámsterdam fue la muestra definitiva de que éste estaba muy presente en los objetivos de los políticos europeos. La Declaración de Ámsterdam pone de manifiesto la "importancia social del deporte"; en concreto,

---

9 ALZINA LOZANO, Alvaro. *Análisis jurídico-penal de la violencia en el ámbito del deporte.* Thomson Reuters Aranzadi. 2020.

tiene como objetivo "forjar una identidad" y "reunir a los pueblos"[10]. Insta a las instituciones de la Unión Europea a escuchar a las asociaciones deportivas cuando traten cuestiones relevantes que afecten al deporte, recomendando que se haga especial atención al deporte no profesional, es decir, al deporte aficionados.

Inmediatamente después de la entrada en vigor del Tratado de Ámsterdam en 1999, se produjo en diciembre de 2000, la *Declaración del Consejo Europeo de Niza sobre las características específicas del deporte y su función social en Europa* donde se reconoció el importante papel que tiene el deporte y la función social de éste en Europa; y cuyas características deben tenerse en cuenta al aplicar las políticas comunes. Esto es, introdujo los primeros signos políticos importantes que indican que los Estados miembros de la UE consideran el deporte y sus valores cuestiones importantes[11].

El documento de Niza recuerda que la Comunidad sólo dispone de competencias indirectas, por lo que la responsabilidad recae sobre todo en las organizaciones deportivas y en los Estados miembros. Aun así, considera que la Unión debe tener en cuenta los valores asociados al deporte y su preservación en aquellas áreas en la que los Tratados le permitió actuar. En definitiva, la visión sobre el deporte puesta de relieve en Helsinki y la Declaración de Niza subrayan la necesidad de tener en cuenta al deporte en cada política comunitaria[12].

Tras la iniciativa de Niza, el debate acerca de dotar a la acción comunitaria en materia de deporte de una base legal se trasladó a la Convención Europea sobre el futuro de Europa, que comenzó sus trabajos en febrero de 2002. La cuestión era si había que incorporar o no una referencia explícita al Deporte en el Derecho comunitario, asunto sobre el que se pronunciaron los ministros de deporte de la UE en mayo de 2002, reafirmando la necesidad de incluir en los Tratados un artículo sobre deporte. En esta línea, el Tratado Constitucional en su artículo I-17, que trata los ámbitos de las acciones de

---

10 HERNÁNDEZ RODRÍGUEZ, Encarna. "El deporte como motor de identidad y cohesión social en la Unión Europea". *Contraclave, revista digital educativa.* p. 1.

11 http://repositori.uji.es/xmlui/bitstream/handle/10234/94546/Deporte_Guia+de+Politicas+de+la+UE_CAM_2014.pdf;jsessionid=4735306999F794CBFF6B070A18447490?sequence=24 página 3

12 HERNÁNDEZ RODRÍGUEZ, Encarna. *El deporte... Op cit.* p. 2

apoyo, coordinación o complemento, lo que deja en manos de los Estados todo el desarrollo legislativo, expresando que: *"La Unión dispondrá de competencia para llevar a cabo acciones de apoyo, coordinación o complemento. Los ámbitos de estas acciones serán, en su finalidad europea: a) la protección y mejora de la salud humana; b) la industria; c) la cultura; d) el turismo; e) la educación, la juventud, el deporte y la formación profesional; f) la protección civil; g) la cooperación administrativa".*

Por esta razón puede afirmarse que la política común de deporte de la UE se ha ido desarrollando y construyendo al margen de lo previsto en los Tratados. Las competencias que indirectamente venían a regular desde el Derecho Comunitario Europeo la actividad deportiva son de muy distinta intensidad; de ahí su inestabilidad e incoherencia. Todo ello se vio agravado por las desiguales posiciones que tomaron las Instituciones Comunitarias respecto al fenómeno deportivo. Así, por un lado, el TJUE consideraba la actividad deportiva como un aspecto a incluir en la actividad económica. Por otro, la Comisión ofrecía libertad a las instituciones deportivas nacionales, desde el ámbito de la especificidad del deporte y la costumbre de la no injerencia del Derecho ni de las instituciones[13].

Para la integración europea es importante resaltar la identidad como característica necesaria para que los ciudadanos de la Unión puedan defender ese sentimiento, véase el caso que hemos señalado antes de la Ryder Cup como ejemplo, o algunos de nueva creación como puede ser la Laver Cup en tenis. Este tipo de competiciones, junto con las normativas que se implementando a nivel europeo en las propias instituciones deportivas con la creación de competiciones como la UEFA Champions League, permiten incluir la simbología europea como símbolo de identidad y de representación de los valores europeos[14].

---

13 PÉREZ GONZÁLEZ, Carmen. *"Derecho Internacional del Deporte. Unión Europea y otros organismos internacionales"* Derecho deportivo: legislación, comentarios y jurisprudencia. coord. por PALOMAR OLMEDA Alberto. 2013, pp 27-64.

14 VIUDA-SERRANO, Alejandro. Fútbol e identidad europea. El deporte como generador de identidad supranacional. *AGON: International Journal of Sport Sciences,* 2014, vol. 4, no 1, pp. 28-29. Asimismo, se ha de destacar las conclusiones que presenta el autor en su investigación respecto a la identidad europea al manifestar una idea muy relevante respecto a la compatibilidad del sentimiento europeo con el sentimiento nacional: *"Realmente existe una identidad supranacional*

La identidad en el deporte es una de las herramientas que utilizan las instituciones europeas para conseguir una mayor aceptación por parte de los ciudadanos, este proceso se ha llevado a cabo a partir de los años 90 y sus principales precursores han sido la Comisión y el Parlamento Europeo, generando contenido e información sobre los beneficios de la cohesión en Europa, aprovechando los grandes eventos deportivos con el objetivo de que el mensaje tenga una mayor repercusión[15].

La libre circulación de personas establecida por el Tratado de la Comunidad Económica Europea posibilitaba la Directiva 64/221/CEE del Consejo, de 25 de febrero de 1964, para la coordinación de las medidas especiales para los extranjeros en materia de desplazamiento y de residencia, justificadas por razones de orden público, seguridad y salud pública. Esta Directiva sería posteriormente complementada con actuaciones propiamente dirigidas a la violencia en el deporte y concretamente en los encuentros en los partidos de futbol[16].

Asimismo, el Tratado Constitucional de 2005 incluyó el deporte en el artículo III-282, pero al no ser ratificado por los Estados quedó paralizado, por lo que fue necesario retomar el impulso que había quedado plasmado en la Constitución Europea. En el Consejo Europeo de junio de 2007 se señalaría la necesidad de aprobar un nuevo Tratado para seguir con el impulso europeo. Esto se realizaría en diciembre del mismo año en Lisboa recogiéndose la mayoría de los avances establecidos en el Tratado Constitucional fallido.

---

europea, con características concretas, distinta de las identidades nacionales, más débil, de naturaleza cívica y no étnica, y que puede darse como parte de una identidad híbrida, compleja y coexistir con otras identidades de la persona".

15 SOTELO GONZÁLEZ, Joaquín. Reflexiones sobre cultura, civilización y deporte desde una perspectiva europea. Sport and violence, 2006, p. 251-258.

16 A dicha Convención se alude, por ejemplo, en la Resolución del Consejo de 6 de diciembre de 2001 (2002/C22/01) DOCE 24.1.2002, C22 y Decisión del Consejo de 25 de abril de 2002 relativa a la seguridad en los partidos de fútbol de dimensión internacional (2002/348/JaI), DOCE, 8.5.2002, L 121/1.
555 Diario Oficial 56 de 4.4.1964, p. 850.

3. LA REGULACIÓN DE LA UE EN LOS ASPECTOS ECONÓMICOS DEL DEPORTE

Tal y como se ha querido poner de manifiesto en el anterior epígrafe, el deporte ha sido regulado de manera esporádica, tratando sobre todo los aspectos económicos del mismo. Esta carencia de una armonización de todos los aspectos deportivos ha provocado que el Tribunal de Justicia tomase un papel relevante para decidir sobre distintos temas relativos al deporte y que podían chocar con el ámbito comunitario. No podemos obviar la singularidad del deporte y de su propia normativa siendo contraria al ordenamiento comunitario en diversas ocasiones, pues como expresa Pérez González ha faltado la política común en esta materia, al no ser atribuida la competencia por parte de los Estados a las instituciones de la Unión[17].

Respecto a ésta, la jurisprudencia del Tribunal de Justicia de la Unión Europea contempla aspectos económicos o de incumplimiento de los Tratados, siendo de las más importantes el caso Bosman[18], referida a la libre circulación de deportistas profesionales, al no aceptar la cláusula que estipula las federaciones el jugador y su abogado buscan protección ante el TJUE, alegando que se incumplen los artículos 48, 85 y 86 del Tratado de Roma, de 25 de marzo de 1957, por lo que se anulan las cláusulas de nacionalidad y las normas sobre transferencias enjuiciadas establecidas por la UEFA por ser contrarias al derecho de la UE[19].

Del mismo modo, en el caso Meca Medina el TJUE tuvo que hacer frente a un caso de dopaje y de derecho a la intimidad del trabajador, admitiendo el carácter represivo de la normativa antidopaje y que las sanciones aplicables en caso de violarla pueden producir efectos negativos en la competencia, sobre todo si las sanciones fuesen infundadas, dada la exclusión de los deportistas de las competiciones[20].

---

17 PÉREZ GONZÁLEZ, Carmen: Derecho Internacional… op. cit. pp. 27-64.

18 Véase para profundizar en la materia CRESPO PÉREZ, Juan de Dios. El "caso Bosman": sus consecuencias. *Revista general de derecho*, 1996, no 622, p. 8093-8120.

19 AGIRREAZKUENAGA ZIGORRAGA, Iñaki. La transformación del Derecho Deportivo por influencia de la Unión Europea. Revista de administración pública, 2016, no 200. p. 390.

20 *Ibidem*. p. 405.

En este sentido, debemos traer en a colación la actividad deportiva. Siempre que ésta sea referida al entorno económico, queda bajo el amparo del TJUE, y por ende, bajo del Derecho de la UE. Así se ha ido construyendo una jurisprudencia basada en cuestiones económicas, —siempre que sean compatibles con las normas comunitarias—, provocando la modificación de normativa deportiva como en el caso Bosman., por lo que su labor ha sido fundamental a la hora de materializar la incidencia del Derecho de la UE en el deporte profesional[21]. Esta jurisprudencia tiene su origen como explica De Vicente Martínez, en la Sentencia del Tribunal de Justicia de las Comunidades Europeas en el caso "Walrave y Koch contra la Unión Ciclista Internacional (UCI)" de 12 de diciembre de 1974 donde se estimaba que el deporte pertenecía al derecho comunitario en la medida que constituía una actividad económica[22].

De la misma manera, descubrimos que las normas que derivan de las Instituciones de la UE se limitan a fomentar y a apoyar la labor de los Estados pero sin vinculación jurídica, considerándose instrumentos de cooperación y de armonización del deporte, pero sin relevancia jurídica. Esto se ha intentado cambiar con la aparición en el Tratado de Funcionamiento de la Unión Europea, para desarrollar los aspectos deportivos de manera uniforme entre los distintos Estados, pero que como podemos apreciar se siguen vinculando en gran parte a la economía del deporte.

Por último, debemos conjugar la posibilidad de que las medidas que parezcan más sociales puedan afectar a aspectos económicos, pues en términos de publicidad y de ventas no es buen negocio que el deporte aparezca como un elemento negativo, ya sea en los casos de violencia, dopaje y corrupción. Por lo que la Unión si tomó partido en estos impulsando acciones conjuntas.

Un ejemplo de ellos es el fenómeno de la violencia y de los disturbios provocados por los espectadores que sigue afectando a toda Europa. Se precisa que la mejor forma de acabar con este problema requiere partir del trabajo de los países europeos, centrándose en la

---

21 PÉREZ GONZÁLEZ, Carmen. Derecho Internacional… op. cit. pp. 27-64.

22 DE VICENTE MARTINEZ, Rosario. "*Derecho Penal del Deporte*", Ed. Bosch, 2010. p 17-18

prevención y el cumplimiento. Con la posibilidad de mejorar los mecanismos de cooperación judicial y policial en este ámbito sobre todo el racismo y la xenofobia que van en contra de los valores de la Unión a través de la Decisión Marco 2008/913/JAI del Consejo, relativa a la lucha contra determinadas formas y manifestaciones de racismo y xenofobia mediante el Derecho Penal:

> *"Se considerarán punibles como delitos penales determinados actos, tales como: incitación pública a la violencia o al odio, dirigidos contra un grupo de personas o contra un miembro de dicho grupo, definido en relación con la raza, el color, la religión o creencia, la ascendencia o el origen nacional o étnico; el delito anterior realizado con la difusión, por cualquier medio, de escritos, imágenes u otros soportes; apología pública, negación o trivialización flagrante de los crímenes de genocidio, crímenes contra la humanidad y crímenes de guerra tal como se define en el Estatuto de la Corte Penal Internacional (artículos 6, 7 y 8) y los crímenes definidos en el artículo 6 del Estatuto del Tribunal Militar Internacional, cuando las conductas puedan incitar a la violencia o al odio contra tal grupo o un miembro del mismo".*

4. EL DEPORTE COMO POLÍTICA A PARTIR DEL TRATADO DE FUNCIONAMIENTO DE LA UNIÓN EUROPEA

Tras el fracaso de sustituir los Tratados vigentes por un Tratado Constitucional, en cuyo contenido se había asumido la creación de una base jurídica para el deporte, aquella iniciativa pasaría al nuevo Tratado que se firmaría en Lisboa en diciembre 2007. En dicho Tratado se incluiría el deporte como política de fomento y cooperación, permitiendo un planteamiento distinto del deporte.

Meses antes de la aprobación del Tratado de Lisboa, se presentaría en julio de 2007 el Libro Blanco sobre el Deporte, como herramienta para abordar los problemas relacionados con el deporte y proporcionar una orientación estratégica sobre el papel del deporte en Europa[23].

---

[23] Bruselas, 11.7.2007. (COM (2007) 391 final).

Asimismo, se aprobaría más adelante un Comunicación de la Comisión "Desarrollo de la Dimensión Europea del Deporte", fundamentada a su vez en el desarrollo del Libro Blanco sobre el Deporte. Por otro lado, el Consejo pondría en marcha un programa de trabajo específico del deporte con una duración de nueve años divido en tres trienios, destacando todos los aspectos relevantes de la actividad deportiva.

4.1 El Libro Blanco del Deporte

El Libro Blanco del Deporte ha permitido mejorar la comunicación y la cooperación entre los países en materia deportiva. Las acciones llevadas a cabo en el anexo del Libro Blanco "Plan de Acción Pierre de Coubertin", han supuesto la base que busca la UE para continuar trabajando en esta materia, que genera al año miles de millones de euros y que significa tanto para la sociedad por su manera de integrar ciudadanos de distintas regiones y los valores que ello transmite.

La Comisión en el presente documento aborda la función social del deporte, parte importante para el proceso de integración europea y para la mejora de la salud de sus ciudadanos. Para conseguir este objetivo, se compromete a una serie de acciones para mejorar el deporte, entre ellas la actividad física beneficiosa para la salud como el punto de partida. Del mismo modo, hace hincapié en la labor educativa del deporte como herramienta para poder llevar a cabo determinadas acciones, por ejemplo, el voluntariado juvenil en el deporte a través de la "Juventud en Acción", mediante la promoción, entre otras cosas, intercambios de jóvenes y voluntarios para los eventos deportivos[24].

La sensibilización en la lucha contra el dopaje es una directriz también plasmada en el Libro. La UE pretende seguir trabajando en esta materia por los graves problemas que crea el dopaje en la salud

---

24 En el estudio que presenta Bendit se muestra que las asociaciones que más les interesan a los jóvenes son las especializadas en organizar actividades recreativas y de ocio, fundamentalmente en el plano del deporte. BENDIT, René. Participación social y política de los jóvenes en países de la Unión Europea. *La participación social y política de los jóvenes en el horizonte del nuevo siglo*, 2000, p. 53.

pública. Para ello propone una coordinación legislativa de control de los Estados Miembros en materia policial, además de una colaboración entre la INTERPOL y la Agencia Mundial Antidopaje para el intercambio de información sobre sustancias dopantes nuevas y prácticas de dopaje.

Dentro del Libro se plantean también cuestiones económicas, como la financiación del deporte como una actividad económica relevante para la Unión, la buena gobernanza de los clubes y federaciones deportivas, la transferencia de deportistas menores, la corrupción ya sea en la modalidad de blanqueo de capitales o en la manipulación de eventos deportivos. Considerándose relevante que para prevenir todas estas acciones se trabaje conjuntamente desde los Estados con la Unión y con las federaciones deportivas internacionales.

La importancia del Libro Blanco versa en que sirvió como base para preparar las futuras acciones de apoyo de la Unión en el ámbito del deporte, originando su adopción el Tratado de Lisboa y desarrollando el concepto del deporte dentro de los límites de las competencias actuales mantiene el Tratado en esta materia específica. Su objetivo es guiar a la Unión en el cumplimiento de su papel en lo que a política deportiva se refiere y abrió renovadas perspectivas de futuro para el deporte a nivel comunitario, respetando el principio de subsidiariedad y la independencia de las organizaciones deportivas.

Además, contiene una descripción de la especificidad del deporte y de la aplicación del Derecho de la Unión Europea a este sector en el campo del mercado interior o de la competencia[25]. Consigue que en el seno de la Unión surjan nuevos temas que tratan de fortalecer el papel del deporte y de concienciar a las autoridades de las necesidades y características que presenta.

Como expone Truñón sobre el Libro, la Comisión Europea estuvo en todo momento concernida de que muchos de los actores involucrados en la redacción del libro esperaban una profundización mayor en relación a las medidas y a las excepciones adoptadas en be-

---

[25] http://www.csd.gob.es/csd/estaticos/info-inst/comunicacion-dimension-europea-deporte-1812011.pdf pagina 2

neficio del sector deportivo, en relación a la aplicación del Derecho europeo, que derivasen en una efectiva seguridad jurídica[26].

4.2 La Dimensión Europea del Deporte

La Comunicación de la Comisión al Parlamento Europeo, al Consejo, al Comité Económico y Social Europeo y al Comité de las Regiones de 18 de enero de 2011, supone la continuidad del trabajo de la UE en materia de Deporte.

Nace en el año 2011 y refleja las disposiciones del Tratado de Lisboa relativas al deporte. En enero de ese mismo año se presentaría la "Comunicación sobre el desarrollo de la dimensión europea en el deporte", primer documento de política adoptado por la Comisión en el ámbito del deporte desde la entrada en vigor del Tratado de Lisboa. Este documento establece las acciones a realizar en campos en los que sólo con medidas nacionales no sería posible dar una respuesta satisfactoria a los retos planteados[27].

La Comisión corroboraría los beneficios del deporte para la sociedad en diversos ámbitos como la salud, la cultura y la economía. En este contexto solicita a los Estados miembros que garanticen el deporte como una actividad educativa que se incluya dentro de las escuelas y así fomentar su uso adecuado, instando a la creación de instalaciones deportivas en el ámbito educativo, sin importar la edad de los jóvenes. Este punto es de los más importantes dentro de este plan ya que la Comisión valora muy positivamente la educación a través del deporte como camino para la ayuda e integración de los jóvenes socialmente vulnerables.

En este documento también se hace hincapié en la lucha contra los aspectos negativos del deporte, por ejemplo, la necesidad de adherirse al Convenio contra el Dopaje del Consejo de Europa[28], y solicitando una mejora de la coordinación comunitaria en este asunto, para que no sólo se considere que es tráfico de drogas, sino que se

---

[26] TRUÑÓN, Jorge. La incorporación del Deporte al Tratado de Lisboa *Revista Aranzadi de derecho de deporte y entretenimiento,* N° 29, 2010, págs. 77-93.

[27] Política de Deportes. Comunidad de Madrid. N° 25. p. 8.

[28] BOE núm. 140, de 11 de junio de 1992.

valore el daño social que hace al deporte como actividad en la que se pone el foco, debemos hacer hincapié en la imagen que transmiten los deportistas a los ciudadanos, sobre todo a las nuevas generaciones que los consideran como referentes a seguir.

Respecto a la violencia en los estadios deportivos, aunque el principal instrumento sea el Manual de Futbol de la Unión Europea, aprobado en 1996[29] y actualizado en numerosas ocasiones[30], por el cual se sigue trabajando para que dicha armonización policial se enfoque en una aproximación judicial y en la imagen que transmite estos eventos de cara al traslado tanto de los propios deportistas como de los aficionados que acuden a otro país para animar a su equipo.

En el plano económico, la UE pide a las asociaciones deportivas que establezcan mecanismos para la venta colectiva de los derechos de retransmisión, con vistas a garantizar una redistribución adecuada de los ingresos. Otras cuestiones abordadas en la Comunicación estaban relacionadas con los derechos de propiedad intelectual en el ámbito del deporte, la promoción del intercambio de mejores prácticas para una financiación transparente y sostenible del deporte, y el control de la aplicación de la legislación sobre ayudas estatales en el ámbito del deporte[31].

4.3 Los planes de Trabajo para el deporte

El Consejo formado por los ministros responsables de Educación, Cultura, Juventud y Deporte de todos los Estados miembros de la UE, aprobaron el Plan de Trabajo del deporte (2011-2020) con la intención de ir evaluando los retos y las necesidades de cooperación en el deporte. Las líneas de trabajo de este documento están basadas en el

---

29 Resolución del Consejo relativa al Manual actualizado de recomendaciones para la cooperación policial internacional y de medidas de prevención y lucha contra la violencia y los desórdenes relacionados con los partidos de fútbol de dimensión internacional en los que se vea afectado al menos un Estado miembro («Manual para el fútbol de la UE») (2016/C 444/01)

30 ALZINA LOZANO, Alvaro. Las organizaciones internacionales europeas frente a la violencia en el deporte:(Antecedentes jurídicos e instrumentos vigentes [1980-2018]). *CEFLegal: revista práctica de derecho. Comentarios y casos prácticos,* 2019, no 220, p. 81-108.

31 Guía Política de Deportes Comunidad de Madrid 2017.

Libro Blanco del Deporte y en la Comunicación sobre la dimensión europea del deporte, esta serie de acciones se aplicarían durante los periodos 2011-2014, 2014-2017 y 2017-2020[32], lo que corresponde a dos planes por cada Marco Financiero Plurianual. Cada uno de ellos ha llevado expuesto una serie de conclusiones al final de cada trienio por el cual se hace un análisis pormenorizado de las acciones y el resultado obtenido.

Las principales líneas de trabajo son la función social del deporte, su dimensión económica y la organización de este como ejes principales de dichos planes con unos objetivos marcados. Estos objetivos han sido referenciados a lo largo de los distintos textos comunitarios, pero estos planes de trabajo se consideran como los ejes principales de desarrollo.

Respecto a la función social del deporte, basa sus objetivos en suprimir sus aspectos negativos como el dopaje, que principalmente atenta contra el propio deporte y la labor que desarrolle la función social entre los más jóvenes. Del mismo modo, trataría la violencia en el deporte como un hecho contrario a los valores del deporte, pues, aunque este tipo de sucesos no son un fenómeno novedoso, los seres humanos en grandes concentraciones de masas ante la observación de un evento deportivo donde se den cita varios rivales, el fervor y las emociones pueden llegar a prevalecer sobre la razón[33]. Esta situación como ya se ha mencionado con anterioridad se ha intentado paliar con los instrumentos que permite el Espacio de Libertad, Seguridad y Justicia, más concretamente en el Manual del futbol.

Por otra parte, para evitar que los jóvenes realicen dichas conductas, el Consejo considera que se puede conseguir al igual que los

---

32 Resolución del Consejo y de los Representantes de los Gobiernos de los Estados miembros, reunidos en el seno del Consejo, relativa al Plan de Trabajo de la Unión Europea para el Deporte (1 de julio de 2017 - 31 de diciembre de 2020) (2017/C 189/02). En los considerando expone el documento la importancia del elemento integrador que supone el deporte: "el deporte puede contribuir a las prioridades superiores de los programas de actuación de la UE sobre asuntos económicos, sociales y de seguridad y, en particular a la Estrategia Europa 2020, para lograr un crecimiento inteligente, sostenible e integrador".

33 DUNNING, Eric. *El fenómeno deportivo: Estudios sociológicos en torno al deporte, la violencia y la civilización.* Editorial Paidotribo, 2003.

anteriores documentos, a través de la educación, configurándose la actividad deportiva como un pilar fundamental que debe apoyarse desde los colegios en concreto en las escuelas de infantil, primaria, secundaria, de formación profesional y, posteriormente, en la Universidad[34]. Se apoya además en el proyecto de *Erasmus+*[35] en el que se invierte una cuantía en deporte y en intercambios culturales referidos a este tipo de actividades.

En este sentido, no debemos olvidar, tal y como refieren Monsalve, Gallego y Parra, al señalar que la escuela es el principal elemento de integración y por ende para la salud de los estudiantes. Muestra de ello son los distintos proyectos realizados en las apoyados y financiados por los Estados o por la propia Unión Europea con el fin de la mejora de la salud, evitar el absentismo, y recomendar la práctica deportiva[36]. Todo ello hace que nos replanteamos cómo debe enfocarse la política deportiva en el entorno europeo, pues la educación es el principal instrumento para combatir muchos de los aspectos que se señalan en la normativa europea (salud, integración, evitar los aspectos negativos del deporte como la corrupción, violencia o dopaje…).

La práctica de deporte diaria ha sido calificada por los especialistas como muy beneficiosa para el desarrollo físico y psicológico de los seres humanos[37]. Los distintos académicos que han abordado la cues-

---

34 DURÁN, J. Deporte, violencia y educación. *Revista de Psicología del deporte*, 2007, vol. 5, no 2.

35 Los objetivos específicos que persigue el programa Erasmus+ en el ámbito del deporte son: las amenazas transfronterizas a la integridad del deporte, como el dopaje, el amaño de partidos y la violencia, así como cualquier tipo de intolerancia y discriminación; Promover y apoyar la buena gobernanza en el deporte y las carreras duales de los deportistas. Promover las actividades voluntarias en el deporte, junto con la inclusión social, la igualdad de oportunidades y la concienciación de la importancia de la actividad física beneficiosa para la salud, mediante una mayor participación en el deporte para todos y el acceso igualitario a este. https://ec.europa.eu/programmes/erasmus-plus/about_es

36 MONSALVE LORENTE, Laura; GALLEGO ANTONIO, José; AGUILAR PARRA, José Manuel. Estudio analítico-comparado sobre las políticas educativas en educación para la salud en la Unión Europea. Psychology, Society & Education, 2013, vol. 5, no 2. p. 171.

37 RAMÍREZ, William; VINACCIA, Stefano; SUÁREZ, Gustavo Ramón. El impacto de la actividad física y el deporte sobre la salud, la cognición, la socialización y

tión[38] señalan que el deporte mejora de manera notable la esperanza de vida media de los ciudadanos y por tanto la actividad física debe formar parte de nuestro día a día, de la misma manera que lo hacen las nuevas tecnologías en un mundo globalizado, interconectado por multitud de vías.

Otro de los aspectos a los que se refiere en este apartado es el referido a la integración social y las posibles actividades de voluntariado, que a partir del programa Erasmus+ se pueden llevar a cabo. La realidad social que ha generado el deporte es la conversión de esta actividad en un referente a nivel internacional y, por tanto, debe demostrar ese rol que ha tomado a través de acciones de integración.

A partir de la política común, también se ha sumido como factor importante el aspecto económico, aunque como ya hemos señalado anteriormente se llevaba a cabo acciones para controlar y legislar este aspecto del deporte. Es por ello que en los Planes de Trabajo se elabora un listado de los puntos económicos a tener en cuenta en el ámbito del deporte, comenzando por la necesaria armonización de la normativa deportiva a la comunitaria, la financiación sostenible del deporte y aspectos más concreto como la aplicación de ayudas públicas. En casos como el de España, la Unión Europea ha abierto expediente por dar ayudas a distintos clubes de futbol al considerarse un acto contrario a la libre competencia, con el objetivo de mantener la disciplina en el Mercado Único. Finalmente el Tribunal de Justicia de la Unión Europea[39] obligó a los clubes deportivos (Real Madrid,

---

el rendimiento académico: una revisión teórica. *Revista de estudios sociales*, 2004, no 18, p. 67-75.

38 GONZÁLEZ ARAMENDI, José Manuel. *Actividad física, deporte y vida: beneficios, perjuicios y sentido de la actividad física y del deporte*. Etor-Ostoa, 2003.

39 Sentencia Tribuna Justicia Unión Europea asunto C-362/19 P “El régimen de ayudas controvertido podía favorecer, desde el momento de su adopción, a los clubes que funcionaban como entidad sin ánimo de lucro frente a aquellos que funcionaban como sociedad anónima deportiva, otorgándoles así una ventaja que puede estar comprendida en el artículo 107 TFUE, apartado 1. De ello se sigue que, para acreditar suficientemente con arreglo a Derecho que el régimen de ayudas controvertido confiere a sus beneficiarios una ventaja comprendida en el artículo 107 TFUE, apartado 1, la Comisión no estaba obligada a examinar, en la Decisión controvertida, el impacto de la deducción por reinversión de beneficios extraordinarios ni el de las posibilidades de traslado a ejercicios futuros de esta deducción en forma de crédito fiscal y, en particular, si esa de-

Barcelona, Osasuna y Athletic de Bilbao) a devolver las ayudas que habían recibido a través de beneficiarse por un impuesto de sociedades reducido al no ser una Sociedad Anónima Deportiva[40].

Por último, aunque no lo consideren como aspecto económico, el Consejo incluye la buena gobernanza del deporte[41], la libre circulación de deportistas y las normas de traspaso de deportistas para homogeneizar los criterios europeos. Asimismo, se incluye la integridad de las competiciones en cuestiones como el amaño de partidos, la corrupción, blanqueo de dinero y otras formas de delincuencia financiera, pues no podemos olvidar que como señala la propia Unión Europea en los asuntos de competencia, así como el blanqueo de capitales por la capacidad financiera que permite a los clubes, por lo que podemos apreciar que con la política deportiva en cuestión se han tomado dos vías concretas: el factor social y sanitario del deporte y el factor económico.

---

ducción o esas posibilidades neutralizarían la ventaja resultante del tipo de gravamen reducido".

40 El resto de entidades deportivas se transformaron a Sociedades Anónimas Deportivas en virtud de la Ley del Deporte de 1990, pues estos cuatro clubes eran los únicos que arrojaban beneficios antes de esta Ley.

41 En este sentido se pronunció el Consejo en el Conclusiones del Consejo y de los Representantes de los Gobiernos de los Estados miembros, reunidos en el seno del Consejo, sobre la potenciación de la integridad, la transparencia y la buena gobernanza en los grandes acontecimientos deportivos *"El papel de las autoridades públicas nacionales, regionales y locales que intervienen en los grandes acontecimientos deportivos, por ejemplo, en la financiación, las infraestructuras, la protección del medio ambiente, la seguridad y la protección, así como la planificación y el aseguramiento de la sostenibilidad y del legado de los grandes acontecimientos deportivos. 15. Se espera que las entidades deportivas gestionen sus deportes de conformidad con los principios básicos y reconocidos de buena gobernanza, tales como la transparencia, los procesos democráticos, el sistema de contrapoderes y la solidaridad, dada la organización primordialmente autorregulada del deporte. 16. La importancia de un diálogo y una cooperación reforzados y permanentes entre las autoridades públicas y las entidades deportivas, con el apoyo de un diálogo adecuado entre la UE y el movimiento deportivo internacional, que contribuyan a la adopción de valores compartidos sobre la integridad, la transparencia y la buena gobernanza y el desarrollo sostenible, así como a acuerdos y arreglos conjuntos que tengan en cuenta las responsabilidades y los intereses mutuos"*

5. CONCLUSIONES

En este trabajo se ha querido poner en valor la evolución y la importancia del deporte en el entorno europeo, más concretamente en la Unión Europea y como la propia institución ha ido realizando diversas acciones para ir tomando posición en su regulación con el objetivo de dotar de una identidad europea en el ámbito del deporte.

Debemos tener en cuenta que una de las labores de la Unión Europea es la armonización de las distintas normativas que tiene cada Estado, y en este sentido, debemos manifestar nuestra aprobación de como de manera rigurosa, sin tener que tomar el control de manera absoluta, la UE está estructurando una política deportiva común.

Las instituciones europeas han ido tomando un papel cada vez más mayor en la utilización del deporte como herramienta social identitaria, a través de campañas de competiciones e incluso con los propios deportistas. Pero el principal problema al que se han encontrado que otros factores muy relevantes para los ciudadanos europeos y la falta de entendimiento por parte de los Estados miembro en situaciones tan graves como la crisis económica de 2008, el problema de los refugiados provenientes de Siria o el problema de una respuesta común al reparto de las vacunas del Covid-19 han jugado un papel en contra en el que los populismos han podido demostrar esa falta de identidad europea a favor de los nacionalismos.

Además de en ese aspecto tan relevante y que se ha querido destacar a lo largo del texto, el deporte como actividad económica y social no ha podido ser ajena a la legislación que ha ido produciéndose a lo largo de estos años en la Unión Europea, basándose en un sistema mixto en el que las instituciones les ha permitido un espacio de regulación propia, pero interviniendo en los casos que ponen de manifiesto la necesidad de una regulación común que puede provocar dudas al respecto del proceso de integración europea, como pudo ser el caso Bosman.

Obviamente los esfuerzos se han ampliado a partir del Tratado de Lisboa al incluir el deporte como una política comunitaria, pero anteriormente vemos como la normativa comunitaria ha afectado en numerosas ocasiones a esta actividad, no solo en el ámbito económico, sino también en el ámbito organizativo y en la lucha contra el dopaje, corrupción y violencia.

Es por ello que, aunque en determinadas ocasiones se critique dicha postura o se niegue este hecho, es importante hacer un repaso a todas las actuaciones que han ido surgiendo, incluso en el ámbito del Espacio de Libertad Seguridad y Justicia, con el fin de proteger a los ciudadanos y al propio deporte de poder considerarse un elemento negativo, este tipo de medidas para frenar la violencia, el dopaje y la corrupción ha sido determinante, pues alrededor de estos fenómenos se han ido creando organizaciones criminales a nivel internacional.

Se ha querido hacer una especial referencia al factor económico y organizativo del deporte ha sido uno de los aspectos más relevantes; pues no debemos obviar como se ha aprovechado el deporte para mejorar la salud de los ciudadanos, pues esta es proporcional a un menor gasto sanitario y a una esperanza de vida mayor, lo que nos lleva también a considerar la importancia que tiene la educación en el deporte y la puesta de los valores que transmite para conseguir que el mayor número de ciudadanos participen en estas prácticas.

En los próximos años habrá que revisar las actuaciones en materia deportiva, más aún con la Conferencia para el Futuro de Europa, que se presentaría como una oportunidad para poder repensar las políticas más sociales de la Unión, como son el deporte, la educación, la cultura, todas ellas importantes para el desarrollo del concepto que se ha querido presentar en este texto, la identidad europea.

Como conclusión, se ha de destacar que, aunque la normativa actual sólo es de apoyo a los Estados, se reconoce una mayor influencia en las políticas públicas gracias a las recomendaciones de la Unión, por lo que un trabajo conjunto y una armonización en esta materia servirá para seguir mejorando el sueño que plasmó Robert Schuman en su declaración de 1950, una Europa unida y fuerte con el fin de preservar la paz en sus territorios.

REFERENCIAS BIBLIOGRÁFICAS

AGIRREAZKUENAGA ZIGORRAGA, Iñaki. La transformación del Derecho Deportivo por influencia de la Unión Europea. *Revista de administración pública,* 2016, no 200.

ALZINA LOZANO, Alvaro. *Análisis jurídico-penal de la violencia en el ámbito del deporte.* Thomson Reuters Aranzadi. 2020.

ALZINA LOZANO, Alvaro. Las organizaciones internacionales europeas frente a la violencia en el deporte:(Antecedentes jurídicos e instrumentos vigentes [1980-2018]). *CEFLegal: revista práctica de derecho. Comentarios y casos prácticos,* 2019, no 220.

BENDIT, René. Participación social y política de los jóvenes en países de la Unión Europea. *La participación social y política de los jóvenes en el horizonte del nuevo siglo,* 2000.

BONIFACE, Pascal: *L'Europe et le sport.* Institut de Relations Internationales et tratégiques, 2001.

CRESPO PÉREZ, Juan de Dios. El «caso Bosman»: sus consecuencias. *Revista general de derecho,* 1996, no 622.

DE VICENTE MARTINEZ, Rosario. "*Derecho Penal del Deporte*", Ed. Bosch, 2010.

DUNNING, Eric. *El fenómeno deportivo: Estudios sociológicos en torno al deporte, la violencia y la civilización.* Editorial Paidotribo, 2003.

DURÁN, J. Deporte, violencia y educación. *Revista de Psicología del deporte,* 2007, vol. 5, no 2.

FERNÁNDEZ, Itziar. Las políticas de la Unión Europea en el ámbito del deporte. Educació Social. Revista d'Intervenció Socioeducativa, 2017, vol. 65.

GONZÁLEZ ARAMENDI, José Manuel. *Actividad física, deporte y vida: beneficios, perjuicios y sentido de la actividad física y del deporte.* Etor-Ostoa, 2003.

HERNÁNDEZ RODRÍGUEZ, Encarna. "El deporte como motor de identidad y cohesión social en la Unión Europea". *Contraclave, revista digital educativa.*

MARTÍN RODRÍGUEZ, Gabriel. Cuestiones Generales sobre el Derecho de Minorías: Una Visión Global. *Cadernos de Dereito Actual,* 2015, no 3, p. 517-534.

MARTÍN RODRÍGUEZ, Gabriel. Libre circulación de personas y normas de derecho de la competencia de la unión europea en el deporte: especial referencia a la sentencia TJUE FIFA CL Diarra (ASUNTO C-650/22). Estudios de Deusto: *Revista de Derecho Público,* 2024, vol. 72, no 2, p. 451-476.

MONSALVE LORENTE, Laura; GALLEGO ANTONIO, José; AGUILAR PARRA, José Manuel. Estudio analítico-comparado sobre las políticas educativas en educación para la salud en la Unión Europea. *Psychology, Society & Education,* 2013, vol. 5, no 2.

PÉREZ GONZÁLEZ, Carmen. "*Derecho Internacional del Deporte. Unión Europea y otros organismos internacionales*" Derecho deportivo: legislación, comentarios y jurisprudencia. coord. por PALOMAR OLMEDA Alberto. Dykinson. 2013.

RAMÍREZ, William; VINACCIA, Stefano; SUÁREZ, Gustavo Ramón. El impacto de la actividad física y el deporte sobre la salud, la cognición, la socialización y el rendimiento académico: una revisión teórica. *Revista de estudios sociales*, 2004, no 18.

SBETTI, Nicola. Le identità europee nello sport. Altre Modernità: Rivista di studi letterari e culturali, 2015, no 14.

SOTELO GONZÁLEZ, Joaquín. Reflexiones sobre cultura, civilización y deporte desde una perspectiva europea. *Sport and violence*, 2006.

TEJERO-GONZÁLEZ, Carlos Mª. Sobre la importancia del deporte como acción política: Razones y medidas de gobernanza. *Cultura, Ciencia y Deporte*, 2016, vol. 11, no 31.

TRUÑÓN, Jorge. La incorporación del Deporte al Tratado de Lisboa *Revista Aranzadi de derecho de deporte y entretenimiento*, Nº 29, 2010.

VIUDA-SERRANO, Alejandro. Fútbol e identidad europea. El deporte como generador de identidad supranacional. AGON: International Journal of Sport Sciences, 2014, vol. 4, no 1.

A REGULAÇÃO DAS *FINTECH* NO DIREITO EMPRESARIAL

FinTech regulation in business law

FÁBIO DA SILVA VEIGA[1]
SÉRGIO DANIEL MARTINS ESTORÃOS[2]

Resumo: O artigo busca demonstrar que o fenómeno económico das *FinTech* tem crescido de forma exponencial. No entanto, há questões importantes a se entender, especialmente a própria origem dos instrumentos tecnológicos que dão suporte às empresas *FinTech*. Devido a falta de controlo, é importante que o Direito estabeleça limites à livre atuação das empresas, tal como a experimentação prévia, como é o caso nas *Regulatory Sandboxes*. Por fim, o artigo utilizou-se de fontes bibliográficas e webgráficas, procurando analisar de forma reflexiva a atualidade dos fenómenos sociológicos e económicos sobre a expansão das *FinTech*, com vistas a descrever alguns instrumentos de regulação no âmbito empresarial.

Palavras-chave: Regulação das *FinTech*; aplicações da inteligência artificial; *Regulatory Sandboxes;* tecnologia no direito empresarial.

Abstract: This article aims to demonstrate that the economic phenomenon of FinTech has been growing exponentially. However, there are important issues to understand, especially the origin of the technological instruments that support FinTech companies. Due to the lack of current regulation, it is important for the law to establish limits on the free operation of these companies, such as prior experimentation as is the case with Regulatory Sandboxes. Finally, the article used bibliographic and webography sources, seeking to reflectively analyze the current

---

[1] Professor de Direito Empresarial da Universidade Lusófona - Centro Universitário do Porto, Portugal. Doutorado em Direito Empresarial pela Universidade de Vigo (Espanha). Investigador do CEAD - Francisco Suárez. E-mail fabio.veiga@ulusofona.pt | Presidente do Instituto Iberoamericano de Estudos Jurídicos - IBEROJUR.

[2] Mestrando em Ciências Jurídico-Empresariais na Universidade Lusófona - Centro Universitário do Porto, email sergiodaniel1.sd@gmail.com.

sociological and economic phenomena regarding the expansion of FinTech whilst aiming to describe some regulatory instruments in the business sphere.

Keywords: FinTech regulation; artificial intelligence applications; Regulatory Sandboxes; technology in business law.

INTRODUÇÃO

Os avanços tecnológicos têm impulsionado novas ferramentas para as empresas, particularmente por meio do uso de tecnologias como inteligência artificial, *Blockchain, cloud computing* e *big data.* Isto traz benefícios para o consumidor e empreendedor, na veste da redução de custos e acessibilidade e disponibilidade de bens e serviços disponíveis, bem como a redução de necessidade do capital empreendedor e a resolução de vários problemas nativos da prestação de serviços.

Posto isto, a regulação das *FinTech* será um desafio para o Direito Empresarial, uma vez que pela própria natureza veloz e exponencial da tecnologia e da criação de novo Direito, estas acabam por atuar num ambiente regulatório complexo e "cinzento"[3].

O uso de inteligência artificial e *big data* geram preocupações em relação à proteção de dados pessoais e à responsabilidade civil em caso de falhas no sistema. Já a implementação de *cloud computing* pode apresentar riscos de segurança da informação, e o uso de *Blockchain* pode suscitar dúvidas quanto à sua conformidade com a legislação tributária e contratual.

Apesar dessas preocupações, as tecnologias utilizadas pelas *FinTech* têm vantagens em relação aos modelos tradicionais de serviços financeiros. A inteligência artificial, por exemplo, pode ajudar na identificação de fraudes e no âmbito de tornar trâmites burocráticos mais rápidos e imediatos, libertando mão-de-obra intelectual huma-

---

3 Como já tivemos oportunidade de referir anteriormente: situamo-nos, historicamente, num novo paradigma empresarial de alcance global, marcado, especialmente, pela tecnologia como instrumento do mercado. Vide VEIGA, F.S. (2023), "El concepto de empresa en la sociedad digitalizada: especial referencia a las *FinTech*", in Ropero Carrasco, J. (coord.) *Aspectos jurídicos de la actualidad en el ámbito del derecho digital*, Valencia: Tirant Lo Blanch.

na para perseguir objetivos mais prementes. A *big data*, por sua vez, permite a análise de grandes quantidades de informações em tempo real, possibilitando a oferta de serviços mais personalizados aos clientes. A *cloud computing* oferece a possibilidade de armazenar e processar grandes volumes de dados de forma escalável e flexível, enquanto o *Blockchain* permite a realização de transações financeiras de forma mais rápida, segura e transparente.

Diante desse cenário, é necessário que a regulação das *FinTech* leve em consideração as particularidades dessas tecnologias e promova um ambiente seguro e estável para o mercado financeiro, sendo necessário que haja uma cooperação entre os órgãos reguladores e as empresas investidoras em *FinTech*, de forma a permitir a inovação e a concorrência saudável entre os agentes do mercado. O Direito Empresarial deve, portanto, acompanhar as mudanças tecnológicas e buscar soluções que equilibrem a proteção do usuário com a promoção da inovação e do desenvolvimento econômico.

1. ENQUADRAMENTO E HISTORICIDADE

Em primeiro lugar, convém enquadrar que o termo *FinTech*, tema central do presente artigo, é um entroncamento das palavras *"Financial Technologies"* e refere-se ao uso de novas tecnologias desenvolvidas para fornecer e facilitar serviços de cariz financeiro ou económico.

De certa forma, quando aplicado na sua significância mais vaga e desprovida de contexto histórico, poderíamos apontar várias "tecnologias" que montam tão remotamente como dois mil e quinhentos anos AdC, como um exemplo de *FinTech.*

Nomeadamente o uso dos papéis-papiro, usados para inscrever e recordar transações feitas por comerciantes e por templos religiosos, de modo a manter-se um semblante de contabilidade e dessa feita fornecer e facilitar os processos financeiros dessas sociedades.

No contexto moderno, este é um termo que se tornou cada vez mais prevalente nos últimos anos, com o advento da chamada terceira revolução tecnológica e, mais recentemente, a invenção e aplicação de tecnologias *Blockchain* e a transição para a chamada "sociedade digital"[4].

Inicialmente, as *FinTech* estavam focadas principalmente na automação de funções de *back-office*, como a manutenção e automação de registos e bases de dados informatizadas, de rápido acesso, assim como o processamento de estratégias de gerência de riscos.

Posteriormente, com o advento da *internet* e do aumento das capacidades de processamento informáticas, as *FinTech* cresceram para abranger uma mais ampla gama de serviços e ferramentas empregues, que me disponho aqui a expor.

2. ABCD'S DAS *FINTECH*

2.1 Artificial Intelligence

O conceito de *Artificial Intelligence* (doravante *AI*) é um que tem ganho bastante notoriedade já desde a primeira década do século XXI, define-se como "... *a ciência e engenharia de fazer máquinas inteligentes, especialmente programas de computador e algoritmos inteligentes. Está relacionado com a tarefa semelhante de usar computadores para entender a inteligência humana, mas a AI não se precisa de limitar a métodos que são biologicamente observáveis.*"[5]

Define-se a "inteligência" neste contexto como "...*a parte computacional da habilidade de alcançar objetivos no mundo. Vários tipos e graus de inteligência ocorrem nas pessoas, muitos animais e algumas máquinas.*"[6]

Por outras palavras, *AI* é o termo consignado a todos os diferentes métodos que máquinas têm de executar tarefas que tipicamente requereriam inteligência humana, nomeadamente reconhecimento facial e de voz, capacidade de reconhecer uma problemática que lhes

---

4 SCHOENHERR, S. E. (2008). The Digital Revolution. The Web Archive. https://web.archive.org/web/20081007132355/http://history.sandiego.edu/gen/recording/digital.html - consultado a 08/02/2023

5 McCarthy, J. (2004). What is artificial intelligence? Stanford University. https://www-formal.stanford.edu/jmc/whatisai.pdf - consultado a 06/02/2023

6 *Ibidem*

é proposta e oferecer uma solução, modelos de linguagem virtual e robótica independente.

Para alcançar este nível de competência, seria impossível utilizar um programador humano para instruir e prever num algoritmo todas as especificidades, num sistema algorítmico tradicional.

Uma vez que estes são maioritariamente predicados numa lógica "se-então", isto é, um programador especifica uma condição, nomeadamente "se a temperatura for mais de 30°" e uma decisão, nomeadamente "então aumentar a ventoinha do ar condicionado".

Esta programação "se-então", apesar de no exemplo proposto ser mais complexa do que aparenta em primeira análise, uma vez que temos de dar conhecimento de circunstâncias externas (a temperatura) ao algoritmo, o que engloba *per si* um processamento e interpretação de dados reais para linguagem computável, afigura um ciclo de programação que pode muito facilmente ser previsto por um programador como:

```
if (temperature > 30)
{
turn_on_air_conditioner();
}
```

Apesar de tal lógica condicional ser perfeita para a mecanização de tarefas que podem ser divididas entre várias subtarefas facilmente explicáveis e computadas nesta lógica de "se-então" (como linhas de montagem fabris), o mesmo não se afigura, por exemplo, nos casos de reconhecimento ótico.

Uma tarefa de reconhecimento ótico imensamente simples até para o menos brilhante dos humanos, nomeadamente distinguir girafas de caracóis, afigurar-se-ia impossível para um programador que usasse apenas a lógica "se-então" na tentativa de traduzir em linguagem programada as diferenças entre os dois manualmente, sem que dedicasse toda a sua vida à tarefa, recorrendo a um algoritmo com milhões de linhas de código previsoras e interpretadoras de características mais e mais obscuras.

Como se explica a um computador o que pernas são? E como é que elas se distinguem de um pescoço? São tarefas que, durante muitos anos estavam fora do nosso alcance de expressar em termos objetivos, até o advento dos diferentes métodos de AI, como a *Machine Learning* e as *Neural Networks.*

Os algoritmos *ML* em especial surgiram como resposta a esse problema, são estes algoritmos que, ao invés de terem a sua forma e função direta e completamente redigidos por programadores, se "autoeducam", extrapolando previsões educadas de bancos enormes de dados a que têm acesso.

De uma maneira rudimentar e completamente simplista, o programador cria um ambiente de controlo com vários milhões de pequenos algoritmos, criados aleatoriamente e testa-os contra uma base de dados com várias imagens de girafas e caracóis já identificados, em todas as posições, ângulos e níveis de luz.

Os algoritmos que tiverem os melhores resultados "reproduzem" uns com os outros (isto é, integram o código neles introduzido e transformam-se em versões mais complexas de si mesmos usando o código de que outros algoritmos são compostos) e os que tiveram pior performance são descartados.

Este ciclo de "criação - testagem - reprodução" é então repetido, compreendendo vários milhões de algoritmos, milhares de perguntas de identificação e centenas de gerações até que, desta aleatoriedade, nasce um algoritmo capaz de distinguir com um altíssimo grau de precisão entre girafas e caracóis[7].

Como ele tem essa capacidade é um mistério, muitas vezes até para o próprio programador, mas a verdade é que estes algoritmos frutos de *ML* já são largamente usados pelos grandes colossos tecnológicos no nosso quotidiano.

Nomeadamente, os algoritmos de "sugestão" de plataformas como o *Spotify* e o *Youtube* que nos fornecem um catálogo de músicas ou vídeos feitos "à medida" das predileções individuais de cada um foram escolhidos para nós de um algoritmo nascido de um processo similar.

---

7 TAN, O. Council Post: How Does A Machine Learn? Forbes. Consultado a 8 de maio de 2023, em https://www.forbes.com/sites/forbestechcouncil/2017/05/02/how-does-a-machine-learn/

Foi dado ao algoritmo acesso aos dados individuais do utilizador como a sua idade; género; nível de educação estimado; histórico de visualizações; tempo despendido; localização; os gostos do meio social que se insere; estilo de vida e atleticismo; entre outros. Depois de várias iterações e gerações fornecidas destes dados, surgiu um algoritmo maximizado para dar sugestões de vídeos que retenham a atenção do utilizador o máximo de tempo possível.

Deste modo, não é qualquer exagero dizer que o sucesso deste tipo de plataformas se deve largamente à utilização de *AI*, mesmo tendo tais métodos de colecionamento de dados e estimações pessoais da vida íntima dos seus utilizadores sem o seu consentimento dado aso a várias ações judiciais à volta do mundo[8], bem como originada legislação designada para combater tais práticas tidas como predatórias[9] e ofensivas do direito universal à privacidade[10].

De qualquer forma, no domínio das *FinTech* e especialmente no cerne Empresarial, algoritmos de *AI* com base nestes métodos já se encarregaram de várias tarefas:

Atendimento ao cliente: *chatbots* e assistentes virtuais com *AI* são usados por muitas empresas para fornecer suporte ao cliente 24 horas por dia, 7 dias por semana e lidar com consultas de rotina, libertando os representantes humanos de atendimento ao cliente para lidar com questões mais complexas.

Supply Chains: Podem analisar grandes quantidades de dados para otimizar as operações da *supply chain*, incluindo previsões de procura de um certo produto, gestão de *stock* e otimização de rotas de distribuição[11].

---

8 Nomeadamente as vários *"class-action lawsuits"* que o Facebook se viu alvo já desde 2016. https://www.cnbc.com/2022/12/23/facebook-parent-meta-agrees-to-pay-725-million-to-settle-privacy-lawsuit-prompted-by-cambridge-analytica-scandal.html consultado a 8/2/2023.

9 Nomeadamente a Diretiva da EU 2016/679, referente à proteção de dados e segurança informática, entrada em vigor a 25 de maio de 2018.

10 Previsto no art.º 8 da Convenção Europeia dos Direitos Humanos de 1950.

11 BANKER, S. Companies Improve Their Supply Chains With Artificial Intelligence. Forbes. Consultado a 8/2/2023 em https://www.forbes.com/sites/stevebanker/2022/02/24/companies-improve-their-supply-chains-with-artificial-intelligence/?sh=1cc38c0a3c86.

Marketing: Os algoritmos de AI são usados para analisar os dados do cliente, para personalizar campanhas de marketing, prever o seu comportamento e direcionar a publicidade para o público-alvo correto.

Deteção de fraude: Podem também os algoritmos de AI ser usados nos serviços financeiros para detetar e prevenir fraudes, analisando transações em busca de padrões e comportamentos que possam indicar atividades ilegais.

Fabrico: Algoritmos munidos de robótica podem ser usados para otimizar os processos de fabrico das grandes indústrias, reduzindo o custo de mão-de-obra e aumentando a eficiência[12].

Recursos humanos: Podem ser usados para automatizar tarefas repetitivas, como triagem de currículos e correspondência de candidatos, permitindo que os profissionais de RH se concentrem em iniciativas mais estratégicas[13].

A utilização de AI nomeadamente para preencher papéis de administrador é também um tema que se encontra em voga, no entanto possui em si contenções de cariz mais ético-filosófico relativas a problemáticas da atribuição de responsabilidade civil. Por este motivo, não se encontra ainda implementada, pelo menos a nível extensivo, em quaisquer empresas.

Esta relutância dos investidores e adotantes das novas tecnologias não só tem a ver com uma esfera corporativo-política (os administradores não estão interessados em substituírem-se a si mesmos), como também uma esfera responsabilista-civil atinente ao facto de que, se colocarmos um algoritmo de AI numa posição de controlo este deveria representar em si os deveres dos administradores postulados nos art.° 64 e seguintes do CSC[14].

---

12 https://www.ibm.com/industries/manufacturing consultado a 8/2/2023.

13 GUENOLE, N., & Feinzig, S. (2018). The Business Case for AI in HR with Insights and Tips on Getting Started. https://www.ibm.com/downloads/cas/AGKXJX6M - consultado a 8/2/2023.

14 Sobre os deveres dos administradores contidos no artigo 64° versus a responsabilidade constante no art. 72° do Código das Sociedades Comerciais de Portugal, vide VEIGA, F.S. (2021). Responsabilidade dos administradores de sociedades - especial referência aos pressupostos da insolvência, Cizur Menor (Navarra), Aranzadi-Thomson Reuters.

Estas responsabilidades, que versam fortemente sobre critérios de boa fé e deveres de "lealdade e cuidado", são características intrínsecas ao ser humano e, por conseguinte, não passíveis de serem traduzidas para qualquer algoritmo com a extensão da tecnologia computacional atual.

Sendo por isto impensável com o quadro regulatório atual responsabilizar civil ou comercialmente um algoritmo AI sem personalidade jurídica das decisões que toma, havendo grandes querelas rodeando os diferentes entendimentos para soluções propostas.

2.2 *Blockchain*

Uma plataforma *Blockchain* consiste numa base de dados descentralizada, distribuída e anónima fundamentada na ideia de uma rede P2P (peer to peer) que regista todos os seus dados e alterações numa rede de vários computadores, conhecidos como nodes, de forma permanente e inalterável.

Numa rede P2P, os computadores comunicam diretamente entre si em vez de recorrerem a pedir informações de um servidor central que monopoliza todos os dados da rede e funciona como uma autoridade central. Uma vez que só há um canal de informação, este poderá facilmente ser defraudado, alterado ou até mesmo extinto.

Em termos simplistas, a *Blockchain* é uma cadeia de blocos, cada um contendo um registo relativo a um bem (material ou imaterial) e as suas anteriores alterações ou versões. Quando um novo registo ou transação é feita relativa a esse bem, é adicionada ao bloco uma nova remissão para um bloco que terá a alteração "candidata".

Uma das principais funções dos nodes é validar estas novas transações e adicioná-las à *Blockchain*. Esse processo, conhecido como mining, envolve nodes que trabalham para resolver um problema matemático complexo para validar um bloco e adicioná-lo à cadeia.

Os nodes desempenham, portanto, um papel de manutenção e segurança da rede. Eles ajudam a garantir a integridade da *Blockchain*, verificando se as alterações contidas em cada bloco são válidas e não foram adulteradas. Se um node detetar uma transação ou bloco inválido, esse bloco será rejeitado e impedido de ser adicionado à cadeia.

Além disso, os nodes armazenam uma cópia da totalidade da *Blockchain*, o que os permite participar do processo de verificação e validação de novos registos e blocos. Ao armazenar e atualizar uma cópia da *Blockchain*, os nodes ajudam a garantir que a rede seja descentralizada e que nenhuma entidade singular tenha controlo sobre a mesma.

Depois de um bloco ser adicionado à cadeia, ele é permanente e inalterável. Isso ocorre porque cada bloco contém uma chave identificadora formada e verificada através de uma complexa equação matemática, chamada *hash*, que é gerada com base no conteúdo do bloco e no *hash* do bloco anterior. Se qualquer parte de um bloco for alterada, o *hash* desse bloco também será alterado, tornando imediatamente aparente quando o bloco foi fraudulosamente alterado após uma simples verificação através da equação usada.

A natureza descentralizada da *Blockchain* significa que ela não é controlada por nenhuma entidade única, tornando-a resistente à adulteração e censura, o que a faz ser uma maneira segura e transparente de registar e verificar transações.

Estas características tornam as plataformas *Blockchain* em alternativas de substituição bastante apetecíveis para as empresas que lidem com altos volumes de transações ou necessitem de registos seguros dos seus bens.

Aqui estão alguns exemplos:

Supply Chains: o Walmart e outras empresas estão a usar *Blockchain* para localizar bens e produtos na *supply chain*, melhorando a transparência, a eficiência e a comunicação interna, reduzindo o risco de fraude[15].

Bancos e Finanças: JPMorgan, Chase, HSBC e outros bancos estão a explorar o uso de *Blockchain* para reduzir custos intermédios e melhorar a velocidade das transações financeiras[16], adotando vários modelos de pagamentos de *DeFi*, criptomoedas e disponibilizando

---

15 Conforme informação livre em: https://hbr.org/2022/01/how-walmart-canada-uses-blockchain-to-solve-supply-chain-challenges consultado a 8/2/2023.

16 Conforme informação livre em: https://cointelegraph.com/news/jp-morgan-executes-first-defi-trade-on-public-blockchain consultado a 8/2/2023.

serviços de *smart contracts* (contratos programados, totalmente digitais e autoexequíveis)[17].

Imóveis: As empresas imobiliárias e as Autoridades de registo governamentais estão a usar a *Blockchain* para criar registos internos de imóveis seguros e transparentes, facilitando a transferência de propriedade e agilizando o processo de compra e venda[18].

2.3 Cloud Computing

A *cloud computing* é um modelo de entrega de serviços de computação pela internet, onde os usuários podem aceder a serviços e recursos compartilhados, como servidores, armazenamento, bancos de dados e software.

Os modelos de computação tradicionais exigiam que as organizações investissem no seu próprio hardware, software e técnicos de informática para gerir ambos, que muitas vezes eram subutilizados e exigiam custos significativos de manutenção e atualização.

Isto torna-a numa opção atraente para organizações de todos os portes, pois elas passam a poder aceder aos serviços de computação que precisam, sem precisar fazer um investimento inicial significativo.

O funcionamento da *cloud computing* é baseado numa rede de servidores e bases de dados que são gerenciados por *cloud providers*, como a Amazon Web Services (AWS), Microsoft Azure e Google Cloud. Esses *cloud providers* operam *datacenters* de grande escala que fornecem a infraestrutura subjacente para os serviços[19].

---

17 SZABO, Nick, "Smart Contracts: Building Blocks for Digital Markets" https://www.alamut.com/subj/economics/nick_szabo/smartContracts.html consultado a 10/2/2023.

18 REDOLFI, A. Council Post: The Future Of Real Estate Transactions On The Blockchain. Forbes. https://www.forbes.com/sites/forbesbizcouncil/2021/10/27/the-future-of-real-estate-transactions-on-the-blockchain/ -

19 Conforme o produto disponível pela Amazon: https://aws.amazon.com/free/database/?trk=543bf809-7c03-48a8-b38c-a52b15269de7&sc_channel=ps&s_kwcid=AL!4422!3!638399424235!p!!g!!cloud%20computing&ef_id=CjwKCAiA85efBhBbEiwAD7oLQK1bVvd-wTMrB3SriD1Iw1HfwViflbTjZ0urbieKO9-L_OtpC4sFHhoCzFgQAvD_BwE:G:s&s_kwcid=AL!4422!3!638399424235!p!!g!!cloud%20computing - consultado a 8/2/2023.

E, a partir daí, conseguem apenas com uma ligação à internet, proceder a grandes cálculos de quantidades exorbitantes de dados e registos, processados remotamente por estes *datacenters*, sendo posteriormente enviados os resultados organizados, numa fração de segundo, para o utilizador.

Exemplos de *cloud computing* nas empresas incluem:

Mobile Banking: Muitos bancos e instituições financeiras migraram seus serviços bancários móveis para a *cloud*, permitindo-lhes oferecer serviços seguros e escaláveis aos clientes de qualquer lugar, a qualquer momento.

Serviços de gestão e contabilidade: Muitas empresas têm os seus registos internos de contabilidade e de bens postulados num serviço de *cloud* de confiança, tendo acesso aos seus registos em qualquer lugar que possua uma conexão à internet e mitigando custos e tempo relativos ao processamento de dados contabilísticos.

2.4 Big data

Por último, *data* ou *big data*, refere-se aos conjuntos de dados vastos e complexos que são gerados a partir de uma variedade de fontes, recolhidos e alimentados às demais ferramentas tecnológicas supracitadas.

A criação e coleção de *big data* foram possibilitadas pelo rápido crescimento da tecnologia e pelo uso crescente de dispositivos e plataformas digitais, bem como a escalada exponente de capacidade de processamento computacional e de armazenamento que uma tarefa desta natureza implica.

Como referem os autores BLAZQUEZ e DOMENECH: "*...todas essas tecnologias estão gerando toneladas de dados atualizados e digitalizados sobre as atividades de pessoas e empresas que, devidamente analisados, podem ajudar a revelar tendências e monitorar comportamentos ou magnitudes econômicas, industriais e sociais. Esses dados não são apenas atualizados, mas também massivos, visto que a geração diária de dados foi recentemente estimada em 2,5 Exabytes (IBM, 2016). Por esse motivo, eles são comumente referidos como "Big data"*"[20].

---

[20] BLAZQUEZ, D., & DOMENECH, J. (2018). Technological Forecasting and Social Change (Vol. 130, p. 99)

A criação de *big data* é um processo contínuo, com novos dados sendo gerados a cada segundo de várias fontes, incluindo

Transações: as transações financeiras, como compras com o cartão de crédito, são uma importante fonte de *big data*. Essas transações geram grandes quantidades de dados, incluindo a data e a hora da transação, o valor, o local, indicam preferências e hábitos de consumo.

Interações do cliente: as interações do cliente, como telefonemas, e-mails e chats, também são uma fonte significativa de *big data*. As empresas podem usar esses dados para entender melhor o comportamento e as preferências do cliente, bem como melhorar o atendimento e o envolvimento do cliente.

Redes Sociais: plataformas de redes social geram grandes quantidades de dados, incluindo *posts*, comentários, curtidas e compartilhamentos. As empresas usam estes dados para obter informações sobre o comportamento e as preferências do cliente, bem como monitorar a reputação da marca e melhorar as campanhas de marketing.

2.5 Desafios e Soluções

Chegados a este ponto, será talvez premente auferir a realidade de que algumas das melhores características das ferramentas e métodos *FinTech* são também as razões pelas quais chegar a uma solução de regulação simples se afigura tão complicado.

Os principais pontos fortes da *AI* e da *Big data* é a capacidade de recolher, processar e analisar grandes quantidades de dados. A grande escala de dados que podem ser recolhidos e analisados fornece um nível de perícia e compreensão que antes era impossível.

No entanto, este mesmo recurso que torna a *AI* e a *Big data* tão poderosos representa também o seu maior desafio quando se trata de pensar em regulação. Como já previamente referido, a recolha hiper-eficiente e em massa de dados pessoais pode levantar sérias preocupações sobre a privacidade e segurança de dados pessoais.

Isto ocorre porque os dados pessoais geralmente são confidenciais e podem revelar detalhes íntimos sobre os indivíduos. Se esses dados forem mal utilizados ou caírem nas mãos erradas, poderá trazer sérias consequências para os indivíduos e para a sociedade como um todo.

Além disso, o uso de *AI* e *Big data* pode perpetuar preconceitos e discriminações existentes. Por exemplo, se um algoritmo de *ML* for treinado com dados que refletem os próprios preconceitos do programador, mesmo que inconscientemente, este poderá perpetuar esses vieses no seu desempenho, o que pode levar a resultados injustos e discriminatórios, como negar desproporcionalmente mútuos ou emprego a certos grupos de pessoas[21].

Já relativamente ao *cloud computing*, a sua disponibilidade oferece inúmeros benefícios para as empresas, incluindo, economia de custos e escala, assim como melhor acesso a dados e serviços, tendo acesso em qualquer lugar a qualquer momento, melhorando bastante a eficiência, agilidade e versatilidade de processos daqui dependentes.

No entanto, isso também significa que dados financeiros confidenciais estão a ser armazenados em *datacenters* que geralmente estão localizados em diferentes países e sujeitos a diferentes regimes, o que carece de uma proteção de utilizador acrescida no que se trata de garantir a segurança, privacidade e conformidade dos seus dados.

Finalmente, quanto às plataformas *Blockchain* e *ICOs*, os seus maiores benefícios relativos à descentralização, transparência e anonimidade postulam-se também como os seus maiores desafios.

A descentralização faz com que seja praticamente impossível impor a conformidade com os regulamentos existentes e identificar e responsabilizar as partes envolvidas numa transação ofensiva aos mesmos.

Quanto às características do anonimato e da transparência, o que pode ser benéfico para privacidade e segurança pode também tornar difícil para os reguladores identificar e encontrar indivíduos e entidades envolvidas em atividades ilegais ou antiéticas, como lavagem de dinheiro ou financiamento do terrorismo.

Dadas estas preocupações, há uma necessidade crescente de regulações comedidas e sensatas, que equilibrem os benefícios das *FinTech* com a necessidade de proteger os seus utilizadores das suas próprias

---

21 VERMA, P. (2022, July 16). These robots were trained on AI. They became racist and sexist. Washington Post. https://www.washingtonpost.com/technology/2022/07/16/racist-robots-ai/

capacidades, mas sem as limitar em demasia e perdendo dessa feita a potencial revolução que elas nos podem propulsionar.

> *"...neste sentido, tem-se colocado a questão de saber se a solução passa por se ter mais regulação ou menos regulação, ou, ainda, ausência total de regulação, levantando-se questões sobre se o melhor caminho seria remeter as FinTechs para autorregulação ou para hetero-regulação. Na base destas questões estão as preocupações relativas à privacidade, segurança (proteção de dados), inovação e concorrência, bem como a problemática dos sistemas de inteligência artificial, como os robôs e a respetiva imputação da responsabilidade, o cibercrime, as fraudes e o branqueamento de capitais, o que levanta questões que desafiam os princípios éticos, sociais, políticos e económicos tidos por consolidados e, por isso, exigem a revisitação e restruturação de todas as categorias jurídicas tradicionais. E, é precisamente neste ponto que se coloca a questão-chave para a regulação, isto é, saber se a melhor opção seria criar uma regulação nova e específica ou adaptar as FinTechs à regulação já existente"*[22]

Uma tentativa de conciliação entre todas estas dificuldades suprareferidas que é especialmente apreciada pelos aqui autores, foi a criação de *Regulatory Sandboxes* e os *Innovation Hubs*, para ajudar a mitigar os potenciais danos da ferramenta da *AI* em primeiro lugar, mas eventualmente expandindo para englobar as demais ferramentas já referidas.

3. DAS *REGULATORY SANDBOXES* E *INNOVATION HUBS*

Uma *regulatory sandbox* é um ambiente controlado que permite que empresas *FinTech* testem e experimentem novos produtos e serviços num ambiente de mercado livre e vivo, sob a direta supervisão de autoridades reguladoras[23].

Apesar de não haver tal projeto em Portugal, o objetivo das *sandboxes* regulatórias é fornecer suporte para as empresas dedicadas a *FinTech* testarem os seus produtos e serviços e fazerem alterações e

---

22 Manuel, L. J. L., & Manuel, J. D. (2019). Escritos sobre *FinTech* e Corporate Finance (p. 41)

23 *Artificial intelligence act and Regulatory Sandboxes* (Parlamento europeu, 2021) disponível em: https://www.europarl.europa.eu/RegData/etudes/BRIE/2022/733544/EPRS_BRI(2022)733544_EN.pdf consultado a 10/2/2023.

melhorias com base no feedback de reguladores e consumidores, fomentando e sancionando assim a criação de produtos e serviços novos inovadores para o mercado mais rapidamente, garantindo que eles sejam seguros e compatíveis com os requisitos mínimos regulamentares.

Por outro lado, os *Innovation Hubs* (ou *hubs* de inovação) são semelhantes às *Regulatory Sandboxes*, mas com um foco mais amplo na promoção da inovação e do crescimento no setor de *FinTech*. Os *hubs* de inovação são frequentemente estabelecidos por autoridades reguladoras, mas também podem ser criados por organizações do setor privado ou por uma combinação de ambos. Oferecem uma variedade de serviços e suporte para empresas *FinTech*, incluindo acesso a orientação, *expertise* e financiamento, bem como um ambiente regulatório de suporte para testar e lançar novos produtos e serviços, mas com um escopo bastante limitado.

4. CONCLUSÕES

É da opinião dos autores que as *FinTech* são primeiramente, ferramentas para exponenciar o desenvolvimento das empresas no mercado global. É crucial para o desenvolvimento empresarial e consequentemente, o desenvolvimento humano, que novas ferramentas tecnológicas surjam e se desenvolvam ao ponto de utilidade.

De outro lado, a autorresponsabilidade das empresas se destaca como um imperativo de comportamento ético-jurídico. À medida que as ferramentas à disposição dos agentes económicos se tornam mais evoluídas e as menos poderosas obsoletas, também aumenta proporcionalmente os desafios relativos ao seu uso responsável e o seu potencial destrutivo.

Tal não pode, nem nunca pôde impedir a implementação de mais métodos, novas tecnologias e novos instrumentos de desenvolvimento económico que visem o aumento da produção, possibilidades e o impulso económico-social.

O progresso e conforto humano simplesmente não pode tomar segundo lugar para qualquer outro valor ou objetivo que não tenha um valor equivalente ou superior, não se poderá banir ou restringir o uso de nova tecnologia só porque esta poderá ser perigosa em abstrato, ou porque não é compreendida.

Com isto, é melhor até a presente falta de regulação diretamente aplicável em Portugal, apenas aplicável quase subsidiariamente e por coincidência a estas novas tecnologias, como é o caso da aplicação do DL 56/2018, de 09 de julho - relativa aos instrumentos de mercados financeiros - a tecnologias de Inteligência Artificial, no que concerne por exemplo aos algoritmos de predição de *stocks* e flutuações económicas.

Ou também os diversos pareceres de entidades como o Banco de Portugal e da Autoridade Tributária no que concerne ao caso da *Blockchain* e o seu papel no desenvolvimento de ICOs e criptomoedas, assim como o diploma de financiamento colaborativo no caso destas últimas - DL 102/2015.

Em suma e no nosso entendimento, os avanços proporcionados pelos diferentes ramos de tecnologias aqui explanados são tão benéficos e tão revolucionários que prometem entregar positivos que vastamente sobrepesam aos negativos, na medida em que os comportamentos verdadeiramente graves relativos a danos gerados já se encontram tipificados em legislação avulsa.

Mesmo requerendo um nível mais elevado de cuidado pessoal por parte dos seus utilizadores numa fase inicial, os grandes perigos para o consumidor médio, nomeadamente relacionados com a devassa da sua vida privada, discriminação e desigualdade de oportunidades ou de burlas anónimas já se encontram de qualquer modo reguladas em vários diplomas, desde o Código Penal ao regulamento das Cláusulas Contratuais Gerais.

Pelo que não é pelo uso e implementação destas tecnologias que irá a sociedade entrar em colapso, como se parece pensar nos olhos da opinião pública, antes afigura-se, na mesma, um estado de Direito e uma ordem social saudável, com todos os principais Direitos dos cidadãos salvaguardados pelo acesso a ação judicial.

Como ferramentas que são —mesmo com o seu elevado grau de autonomia e automatização, especialmente no caso da inteligência artificial— deverão simplesmente ser acometidos pelos danos por elas causadas os seus titulares.

Na nossa ótica, fazendo uso de um mecanismo jurídico bastante semelhante à responsabilidade civil pelo risco, seria uma maneira simples, rápida e justa de imputar responsabilidade aos danos surgidos de ferramentas com alto nível de autonomia com um grande potencial destrutivo - similarmente aos automóveis.

Paradoxalmente, julgamos que a melhor regulamentação neste caso, para além de mecanismos claros de acesso as ações judiciais e a sua responsabilização, pelo menos por enquanto, é a não-existente.

De facto, em vez de regulado e limitado, estas tecnologias deveriam ser implementadas, encorajadas num modelo de autorregulação, e se restringidas, o mínimo possível, dentro de ambientes controlados onde fazível, mas sempre com visão no futuro.

REFERÊNCIAS BIBLIOGRAFICAS E WEBGRAFIA

BANKER, S. (n.d.). Companies Improve Their Supply Chains With Artificial Intelligence. Forbes. Consultado a 8/2/2023 https://www.forbes.com/sites/stevebanker/2022/02/24/companies-improve-their-supply-chains-with-artificial-intelligence/?sh=1cc38c0a3c86.

BLAZQUEZ, D., & DOMENECH, J. (2018). Technological Forecasting and Social Change.

GUENOLE, N., & FEINZIG, S. (2018). The Business Case for AI in HR with Insights and Tips on Getting Started. https://www.ibm.com/downloads/cas/AGKXJX6M.

MANUEL, L. J. L., & MANUEL, J. D. (2019). Escritos sobre *FinTech* e Corporate Finance.

MCCARTHY, J. (2004). What is artificial intelligence? Stanford University. https://www-formal.stanford.edu/jmc/whatisai.pdf.

REDOLFI, A. Council Post: The Future Of Real Estate Transactions On The *Blockchain.* Forbes. https://www.forbes.com/sites/forbesbizcouncil/2021/10/27/the-future-of-real-estate-transactions-on-the-*Blockchain*/.

SCHOENHERR, S. E. (2008). The Digital Revolution. The Web Archive. https://web.archive.org/web/20081007132355/http://history.sandiego.edu/gen/recording/digital.html.

SZABO, Nick, "Smart Contracts: Building Blocks for Digital Markets" https://www.alamut.com/subj/economics/nick_szabo/smartContracts.html consultado a 10/2/2023.

TAN, O. (n.d.). Council Post: How Does A Machine Learn? Forbes. Consultado a 8/2/2023, em https://www.forbes.com/sites/forbestechcouncil/2017/05/02/how-does-a-machine-learn/.

VEIGA, F.S. (2023), "El concepto de empresa en la sociedad digitalizada: especial referencia a las *FinTech*", in Ropero Carrasco, J. (coord.) *Aspectos jurídicos de la actualidad en el ámbito del derecho digital*, Valencia: Tirant Lo Blanch.

VEIGA, F.S. (2021). Responsabilidade dos administradores de sociedades - especial referência aos pressupostos da insolvência, Cizur Menor (Navarra), Aranzadi-Thomson Reuters.

VEIGA, F.

S.; GUTINIEKI, J.OB (2019). Estruturalismo, Desenvolvimento e Legislação Comercial, in: Revista Jurídica, vol. 2, n. 55, p. 157-176. e-ISSN: 2316-753X.

EL INCIPIENTE PROCESO DE ADHESIÓN DE UCRANIA A LA UNIÓN EUROPEA

GABRIEL MARTÍN RODRÍGUEZ[1][2]

SUMARIO: INTRODUCCIÓN. 1. UCRANIA Y RUSIA: LAS RAÍCES DEL CONFLICTO. 2. ALGUNAS NOTAS SOBRE LA POLÍTICA Y DESARROLLO DEL ESTADO. 3. NEGOCIACIONES DE ADHESIÓN. 4. RELACIONES UCRANIA-UE. 5. CONCLUSIONES.

INTRODUCCIÓN

Realidad o ficción. Desde el comienzo del conflicto bélico entre Rusia y Ucrania el pasado 24 de febrero de 2022 —aunque sus orígenes son anteriores, como podremos repasar a continuación—, una de las afirmaciones más hartamente repetidas por propios y ajenos en relación a esta guerra es: ¿pero, esto es verdad?

Debemos partir de una realidad categórica: este suceso supone el mayor ataque armado convencional en suelo europeo desde la II Guerra Mundial. Y, como consecuencia, también ha provocado la mayor crisis de refugiados en el continente desde entonces, tanto de desplazamiento interno como exterior rumbo a otros países.

Muchos académicos y expertos han abordado con gran detenimiento y profundidad las causas y desarrollo del conflicto armado[3].

---

1 Gabriel Martín Rodríguez es profesor de Derecho Internacional Público y Derecho de la Unión Europea en la Universidad Rey Juan Carlos.

2 Esta investigación ha sido resultado de la estancia de investigación realizada en el Centro de Estudos Avançados en Direito de la Universidade Lusofona do Porto entre el enero y abril de 2024.

3 Entre ellos podemos destacar, por su detalle, los trabajos de los profesores ROMUALDO BERMEJO "La crisis ucraniana: algo más que un conflicto entre Rusia y Ucrania" y CESÁREO GUTIÉRREZ ESPADA "De la guerra en Ucrania" publicados en el Anuario español de derecho internacional, nº 39. 2023, pp. 9-80 y pp. 81-99; el de EMILIO SÁENZ FRANCÉS "Ucrania. Apuntes sobre una historia en la tormenta". Sal terrae: Revista de teología pastoral, nº 111, 2023,

Las razones del conflicto, sin embargo, no pueden atribuirse únicamente a la entrada de Moscú, primero en la región de Donbass y luego en el resto del territorio ucraniano: las causas de la crisis ruso-ucraniana son más profundas y tienen sus raíces en la historia pasada y reciente de los dos pueblos.

1. UCRANIA Y RUSIA: LAS RAÍCES DEL CONFLICTO

Existe una relación antigua y problemática entre ucranianos y rusos. En los últimos años las tensiones entre los dos pueblos se han reavivado por motivos históricos, religiosos, geopolíticos y estratégicos, hasta el punto de derivar en un conflicto abierto a gran escala.

El destino de Ucrania podría resumirse en el significado de su nombre: "tierra o región en la frontera", queriendo subrayar el destino de una tierra en perpetuo equilibrio entre mundos diferentes, entre Occidente y Oriente y, por lo tanto, constantemente disputada. Una tierra con historia de mil años de antigüedad y entrelazada con la de la vecina Rusia, desde el siglo IX. Las poblaciones eslavas orientales se unieron en la llamada Rus de Kiev, el primer gran Estado unitario eslavo. Fueron los varegos, guerreros, quienes dieron vida a este organismo. Los vikingos de Escandinavia y la Rus de Kiev abarcaron las tierras que hoy constituyen Bielorrusia, Ucrania y Rusia occidental, así como partes de las actuales Lituania, Letonia y Estonia. La capital del reino era Kiev y durante algunos siglos la ciudad fue el corazón palpitante del mundo eslavo y del cristianismo ortodoxo que se había extendido en esas regiones a partir del siglo IX.

Este extenso organismo unitario se fragmentó en 1139 en varios principados, que fueron subyugados por los mongoles a mediados del siglo XIII. En el siglo XIV, cuando el poder mongol declinó, las tierras que hoy constituyen Ucrania se convirtieron en objetos de discordia entre Polonia y Lituania, mientras que tanto el Gran Ducado de Moscú se hizo cada vez más fuerte y creció, incorporando otros principados eslavos circundantes. Por tanto, Moscú iba camino de convertirse en el nuevo corazón del mundo eslavo y ortodoxo y se es-

---

pp. 393-408; y el estudio de MIRA MILOSEVICH "Lecciones de la guerra en Ucrania: piedra, papel o tijera". ARI Real Instituto Elcano, n° 7. 2023.

taba formando el imperio de los zares de Rusia (que había heredado de Rus' el nombre). Los zares moscovitas aspiraban a controlar las tierras ucranianas y lo consiguieron reuniéndolas bajo su imperio a partir de 1654 con el Tratado de Perjaslav.

La autoridad zarista aspiraba al predominio del elemento ruso en todos los territorios del imperio y por esta razón se discriminaba la lengua y la cultura del pueblo ucranianos[4] , mientras los movimientos independentistas presentes en el país eran reprimidos por la fuerza en la región de Ucrania durante el siglo XIX. Así los ideales nacionalistas e independentistas que se extendieron por toda Europa llegaron a los territorios del imperio ruso favoreciendo el nacimiento de un fuerte sentimiento nacional entre los ucranianos, alimentado por la opresión despiadada de los zares.

Fue sólo con la Primera Guerra Mundial y la disolución del imperio zarista seguido de la revolución bolchevique de 1917 cuando Ucrania logró la independencia entre 1918 y 1919. Dentro del nuevo Estado bien pronto tomaron los bolcheviques el poder, llegando en 1922 y provocando el nacimiento de la República Socialista Soviética de Ucrania, que pasó a formar parte de la Unión Soviética.

En el período soviético Ucrania vio ampliar su propio territorio tras las victorias del Ejército Rojo en la Segunda Guerra Mundial. Se convirtieron en ucranianas porciones de territorio polaco, algunas áreas e islas de Rumania y de la Rutenia checoslovaca. Importante, sobre todo para los futuros equilibrios de la región, fue la cesión de la península de Crimea a Ucrania, que tuvo lugar en 1954 por voluntad del líder soviético Nikita Jrushchov (nacido en una familia de origen ucraniano), que quiso celebrar de esta manera el tercer centenario del Tratado de Perjaslav. El regalo territorial de Jrushchov sólo tenía en aquel momento un valor simbólico, dado que Ucrania y Rusia formaban parte de la Unión Soviética.

En la época soviética, las autoridades de Moscú continuaron la dura represión de la identidad ucraniana y toda forma de nacionalismo ucraniano. La política del gobierno central estaba generalmente dirigida a promover la mezcla de los grupos étnicos que componían el

---

4 PERALES GARCÍA, J. L. (2023). Camino hacia la integración de Ucrania En La UE: La política Cultural Europea. Cuadernos Europeos de Deusto, n° 69, 57-94.

inmenso Estado soviético y garantizar un predominio del elemento ruso en los puestos de mando.

Durante la era soviética el nacionalismo ucraniano se radicalizó, especialmente en las regiones occidentales de Ucrania, y surgieron formaciones extremistas cuyos miembros eligieron servir junto al ejército nazi durante la Segunda Guerra Mundial para luchar contra los odiados rusos.

Estos sectores nacionalistas radicales recuperaron su aliento a finales de los años 80 del siglo XX, cuando cayó el Muro de Berlín y las dificultades se hicieron evidentes, debido a los problemas económicos y sociales que afligían a la Unión Soviética. Poco tiempo después, en 1991, 14 de las repúblicas que formaban parte de la URSS optaron por separarse de Moscú y obtener la independencia. Entre las nuevas naciones nacidas de las cenizas, Ucrania era un gran estado ex-soviético que se declaró independiente el 24 de agosto de 1991.

Inicialmente, Ucrania decidió unirse a la Comunidad de Estados Independientes (CEI), una organización creada para reunir a Rusia y algunas de las repúblicas ex-soviéticas y erigirse como polo de poder dentro del marco de la sociedad internacional. Ucrania dejó la CEI en 2014.

Sin embargo, la separación entre Rusia y Ucrania no pudo ser indolora y permanente, sino que se ha mantenido activa durante este tiempo bajo nuestros ojos. Los dos países provienen de siglos de unión política, con la excepción de la breve independencia de Ucrania después de la Primera Guerra Mundial. En particular, para los rusos, la tierra ucraniana era parte integral de la Gran Madre Rusia, y los rusos y ucranianos formaron un solo pueblo. La separación, desde el punto de vista de Moscú, fue, por tanto, el resultado del violento impulso de los nacionalistas ucranianos más fanáticos y se había decidido una fractura antinatural, que tarde o temprano tenía que ser curada con el acercamiento de Ucrania a Rusia. En el otro extremo de la balanza se encuentra el nacionalismo radical ucraniano, que consideraba a Rusia como una potencia extranjera, siempre dispuesta a subyugar a Ucrania y borrar su identidad. A partir de esta concepción, en los años posteriores a la independencia, los nacionalistas actuaron para eliminar los elementos rusófilos. ¿Quién podría recordar la antigua presencia del vecino engorroso? Ubicaciones y calles que llevaban nombres vinculados a la era soviética fueron renombrados y *ucranizados.* Se introdujo una ley para proteger el honor y la memoria de los luchadores por la independencia de Ucrania en el siglo XX y se estableció como el único idioma oficial el ucraniano, a pesar de que más del 17% de la población habla ruso.

La población, de origen ruso, apoyó la causa de la independencia nacional de Ucrania. El resultado de estas políticas rusofóbicas fue la emigración de más de un millón de rusos étnicos y el nacimiento de un fuerte sentimiento contra el nacionalismo ucraniano en regiones de Ucrania de mayoría rusa, como Donbass.

Las divisiones entre ucranianos y rusos también han aumentado por motivos religiosos. La mayor parte de la población de Ucrania es ortodoxa y ha sido un punto de referencia durante siglos. La referencia religiosa de los fieles ucranianos era la Iglesia Ortodoxa Rusa, encabezada por el patriarca de Moscú. Sin embargo, hay que tener en cuenta que en el cristianismo ortodoxo existen todas las Iglesias nacionales e independientes unas de otras, a diferencia de lo que sucede en el mundo católico, donde existe la centralidad de la Iglesia de Roma con el Papa en la cima. Por lo tanto, Kiev siempre tuvo intención de independizarse de Moscú desde un punto de vista religioso, pero fracasó, porque primero formó parte del imperio ruso de los zares y luego de la URSS. Con la independencia, las presiones secesionistas aumentaron hasta conducir al nacimiento de la Iglesia Ortodoxa de Ucrania, independiente del patriarcado de Moscú, en 2018.

En definitiva, con el nacimiento de una Ucrania independiente, los motivos de tensión han aumentado, y con ellos la división entre rusos y ucranianos, bien resaltada por los acontecimientos políticos dentro del Estado ucraniano desde hace treinta años. Desde 1991, han surgido dos facciones opuestas dirigidas al control político del país. Por un lado. están los prorrusos, que viven en mayoría en las regiones oriental y meridional del Estado ucraniano y tienen como objetivo que Ucrania gravite hacia la órbita de la vecina Rusia. Y, frente a ellos, toman el camino opuesto los nacionalistas ucranianos, proeuropeos y prooccidentales, decididos a impedir que su país ser controlado remotamente desde Moscú. Esta facción, mayoritaria en las regiones occidentales, tienen como objetivo construir una Ucrania cada vez más vinculada a la Unión Europea —e incluso ser parte integral de la OTAN, la alianza militar que reúne a Estados Unidos y la mayoría de las naciones de Europa occidental—.

Las dos facciones se turnaron para liderar el país e intentaron, en los momentos en que ostentaban el poder, provocar un punto de inflexión político decisivo que definitivamente dejase a los oponentes fuera del juego. Año tras año, sin embargo, este clima de guerra silenciosa ha cavado una fosa de odio entre los dos bandos, que ha aumentado por las dificultades económicas de Ucrania, a pesar de su riqueza de recursos y el potencial de su agricultura.

La situación empeoró tras la política autoritaria, prorrusa y antieuropea seguida por el presidente Viktor Yanukovich (en el cargo de 2010 a 2014). Durante su mandato presidencial Yanukovich buscó —de hecho prohibió e ilegalizó— a la oposición proeuropea y estableció vínculos económicos y políticos muy fuertes con Moscú. Así, a finales de 2013, la decisión del presidente ucraniano de abandonar el acuerdo de asociación con la Unión Europea provocó la reacción de la oposición proeuropea, que inició una serie de manifestaciones en las calles de la capital, Kiev. Después de meses de enfrentamientos, en febrero de 2014, Yanukovich abandonó el país y el poder fue asumido por proeuropeos, apoyados por Estados Unidos y la Unión Europea. El acto fue interpretado por Rusia y su presidente Vladimir Putin como un golpe de Estado y la señal de que Occidente había decidido tomar la iniciativa en el control de Ucrania.

La situación rápidamente se volvió explosiva también debido a la reacción contra el nuevo gobierno instalado en Kiev por la población de las regiones orientales y del sur de Ucrania, de mayoría prorrusa. La situación más grave se presentó en Crimea, una región con salida al Mar Negro, con un estatus de gran autonomía y en cuyo territorio existen bases navales rusas desde tiempos de la Unión Soviética. Esta región, gracias también al apoyo militar ruso, se separó rápidamente de Ucrania, separación sancionada por un referéndum —no autorizado por el gobierno ucraniano— en marzo de 2014, según la cual Crimea y la ciudad de Sebastopol (sede de la base naval rusa más grande de la región) proclamaron unilateralmente su anexión a Rusia. En este clima, el choque entre los prorrusos, cada vez más decididos a separar algunas porciones del territorio ucraniano (en particular la región de Donbass) del control de Kiev y ponerse bajo protección de Moscú y los prooccidentales, dispuestos a eliminar cualquier influencia —incluso por la fuerza— de la presencia rusa en suelo ucraniano, se ha convertido en una guerra poco narrada en occidente, pero que en pocos años se ha cobrado miles de víctimas. Una guerra que fue impulsada decisivamente por el presidente ruso Vladimir Putin, lanzado a reafirmar la supremacía rusa sobre los antiguos territorios que componían la Unión Soviética, y por Estados Unidos y los países de Europa occidental decididos a eliminar la influencia rusa de Ucrania.

La verdadera causa del conflicto *actual* reside en el hecho de que la Rusia de Putin siempre se ha opuesto al deseo de Ucrania de unirse a la OTAN y, en general, de acercarse a la influencia estadounidense y occidental. Moscú se opone enérgicamente a esta posibilidad, temiendo que los países occidentales, principalmente Estados Unidos, puedan utilizar el territorio ucraniano para establecer allí bases y radares, con nuevos interceptores antimisiles, como los desplegados en Rumania y Polonia. En otras palabras, el Kremlin quiere mantener su esfera de influencia en la zona y quiere que la OTAN abandone sus actividades en Europa del Este.

El origen del conflicto entre Rusia y Ucrania se encuentra en el tira y afloja entre Kiev, por un lado, con el presidente Volodymyr Zelensky, pretendiendo entrar en la órbita de la OTAN y la UE, y Moscú, por el otro, con el presidente Vladimir Putin, gracias al apoyo de China y de los súbditos ucranianos del Donbass de las repúblicas secesionistas, que él mismo ha reconocido. Pero la situación es mucho más compleja que eso.

Antes de examinar las causas de la crisis entre Rusia y Ucrania, es necesario dar un paso atrás y comprender cómo se configura esta última a nivel geopolítico. De hecho, Ucrania es un país heterogéneo en términos de historia, lengua y religión, con diferencias sustanciales entre Oriente y Occidente, con una mayoría católica. Durante años bajo la órbita soviética, se independizó en 1991, incluida Crimea. Pero la estabilidad política y social duró muy poco. Ya al comienzo del nuevo milenio surgieron divisiones muy profundas entre los partidarios del acercamiento con la Unión Europea y Occidente y los partidarios del vínculo histórico con Rusia, que tiene su cuenca en particular en las zonas del sudeste, así como en el Donbass con los dos estados separatistas no reconocidos, como son la República Popular de Donetsk y la República Popular de Lugansk, donde el ruso sigue siendo la primera lengua. La polarización entre Occidente y Oriente se confirma en las elecciones presidenciales de 2004, pero todavía no es nada comparada con lo que sucederá en 2014.

De hecho, en febrero de 2014, el pueblo ucraniano derrocó al entonces presidente prorruso Viktor Yanukovich, estableciendo un gobierno interino proeuropeo no reconocido por Moscú. La respuesta de Vladimir Putin no se hizo esperar, con la anexión de la península de Crimea y el apoyo a la revuelta de los separatistas prorrusos en Donbass, región del sureste del país. Por otra parte, el número uno del Kremlin siempre ha creído que su país tiene un "derecho histórico" sobre Ucrania, desde los tiempos de la Unión Soviética, como escribió abiertamente en un largo artículo publicado el año pasado, en el que define a Rusia y Ucrania como "una nación". Ese mismo año, miles de personas también se manifestaron en Donetsk contra las nuevas autoridades pro occidentales en Kiev. El 7 de abril se proclama la República Popular de Donetsk. Tan pronto como fue elegido, el presidente ucraniano, Peter Poroschenko, lanzó una operación "antiterrorista" (ATO) para intentar retomar las ciudades de Donbass, que en gran medida habían acabado en manos de los separatistas. La situación fue caótica al menos hasta 2015 con la firma de los llamados acuerdos de Minsk 2, con los que se estableció un alto el fuego que nunca fue realmente respetado. Baste decir que en agosto pasado la OSCE contabilizó 1.761 explosiones provocadas por bombas de artillería y morteros.

Mientras tanto, desde 2008, es decir, antes de la creación del gobierno pro-occidental no reconocido por Putin, Ucrania estaba trabajando para unirse a la OTAN. Pero la Alianza Atlántica no puede aceptar nuevos miembros que ya estén involucrados en conflictos. No solo Kiev debería luchar contra la corrupción y emprender un camino de reformas políticas y militares, aunque la entrada en la Alianza parece poco probable. A pesar de ello, Moscú se opone a esta posibilidad —es una de las condiciones fijadas para el fin de las hostilidades—, temiendo que los países occidentales, principalmente los EE.UU., puedan utilizar el territorio ucraniano para establecer allí bases y radares, con nuevos interceptores antimisiles, como los desplegados en Rumania y Polonia. En otras palabras, el Kremlin quiere mantener su esfera de influencia en la zona y quiere que la OTAN abandone sus actividades en Europa del Este.

Para obtener garantías escritas de los occidentales, Moscú está implementando un despliegue de fuerzas entre Bielorrusia, el distrito occidental cercano a la frontera ucraniana y Crimea, así como con la flota, lo que hace temer un bloqueo naval de las costas ucranianas, contra Odessa y Mariupol, para lograr que el gobierno pro occidental liderado por el ex comediante Zelenski llegue a un acuerdo. Actualmente, según algunas fuentes, más de 100.000 soldados rusos se concentran en la frontera con Ucrania, en un total de 2.200 kilómetros, cifra claramente superior a la de Kiev. El primer ministro británico, Boris Johnson, ha hablado estos últimos días de la hipótesis de una "guerra relámpago" para conquistar la capital, pero la sospecha de muchos es que Putin en realidad está alardeando para aumentar la apuesta ante Occidente por su larga lista de peticiones que van más allá Ucrania, como la cancelación del despliegue de tropas en el bloque de países —desde los países bálticos hasta los Balcanes, es decir, gran parte de Europa del Este— que se adhirió después de 1997. Las negociaciones están actualmente en curso y la posibilidad de una reunión entre Putin y Zelensky Se está evaluando algo que nunca había ocurrido hasta ahora desde el inicio del conflicto, probablemente en Turquía, con el presidente Erdogan desempeñando un papel activo en la mediación entre los dos países[5] .

2. ALGUNAS NOTAS SOBRE LA POLÍTICA Y DESARROLLO DEL ESTADO

Después de la reforma constitucional de 2004, el sistema político del país se define como una República semi-presidencialista. Aunque existe una separación entre los poderes legislativo, ejecutivo y judicial, el presidente retiene el control sobre los ministerios de exteriores, defensa y los servicios de seguridad. También tiene la responsabilidad de nominar al primer ministro y a los gobernadores regionales. Sin embargo, desde la independencia de la Unión Soviética en 1991, el país ha enfrentado la influencia de oligarcas, altos funcionarios y

---

5 MARLEKU, A. (2023). Russian influence on the European integration process of the western Balkan countries: a comparative analysis. Revista UNISCI/UNISCI Journal, 62, 183-200.

un sistema judicial corrupto, una dinámica que sigue presente en la actualidad. Por ejemplo, Ihor Kolomoysky, considerado uno de los hombres más ricos de Ucrania, ha sido identificado como una figura muy influyente detrás del actual Presidente, Volodymyr Zelensky, quien llegó al poder tras ganar las elecciones presidenciales de 2019.

Como ya se ha señalado anteriormente, desde su formación, la política exterior de Ucrania ha estado profundamente influenciada por sus relaciones con Rusia, un país que históricamente ha buscado recuperar parte de su territorio. Muchos expertos sugieren que el gobierno ruso, liderado por el Presidente Vladimir Putin, aspira a restaurar las fronteras que existían en Europa oriental durante la Guerra Fría. Además, se especula que desde el Kremlin existe el temor a una posible integración de Ucrania en la Alianza Atlántica, lo que podría implicar la presencia de misiles y tropas extranjeras en sus fronteras. Esto se percibe como una amenaza para la seguridad rusa, ya que Ucrania ha servido como barrera occidental que ha protegido a Rusia de invasiones desde la época de Napoleón[6] .

Rusia no considera a Ucrania simplemente como otro país, sino como una nación eslava hermana que debe ser leal y colaborara en momentos de peligro. Cualquier otro comportamiento es visto como una traición. Desde la creación de Ucrania como nación, el expansionismo ruso ha sido evidente. El punto más álgido de esta manifestación fue la anexión de Crimea tras un controvertido referéndum de autodeterminación, así como en la actual guerra en curso en el territorio ucraniano, supuestamente iniciada para "desnazificar" Ucrania.

A pesar de ocupar el puesto 87 en el *Democracy Index*, elaborado por Economist Intelligence Unit para el año 2022, Ucrania se ha convertido en una prioridad para la defensa no solo de Europa, sino de todo el mundo. Las amenazas externas, particularmente la agresión rusa, han requerido que Ucrania busque alianzas y acuerdos con organizaciones como la OTAN y la Unión Europea para contener dicho avance y proteger la democracia a nivel global[7] .

---

6 La obra que aborda con mayor detalle el proceso histórico y político de la Unión Europea es la del profesor Rogelio Pérez-Bustamante: Historia política y jurídica de la Unión Europea, Edisofer, 2008.

7 BECERRO, A. (2002). Identidad Europea y actitudes hacia la integración en la Unión Europea. En Flores Juberías, C. (Ed.), Estudios sobre la Europa Oriental

Sin embargo, para lograr una membresía completa en estas organizaciones, Ucrania aún debe llevar a cabo importantes reformas. Estas reformas son esenciales para garantizar que el país cumpla con los valores democráticos fundamentales que son requisitos indispensables para pertenecer a estas instituciones[8] .

En 1993, se iniciaron las primeras negociaciones entre la Unión Europea y Ucrania para establecer un Acuerdo de Asociación, siendo Ucrania el primer país exsoviético en hacerlo en 1994. El entonces presidente, Leonid Kravchuk, describió este acuerdo como una base sólida para fortalecer las relaciones. Aunque la Rada ucraniana lo aprobó rápidamente, el Parlamento Europeo no lo hizo hasta 1998. Este acuerdo estableció un marco para el diálogo político, el desarrollo de relaciones económicas armoniosas y la expansión del comercio. Los objetivos finales incluyeron la consolidación de la democracia y la transición hacia una economía de mercado. Además, se mencionó la posibilidad de establecer una zona de libre comercio una vez que se cumplieran satisfactoriamente todas las metas establecidas.

En 1996, después de seis años de trabajo, se aprobó la Constitución ucraniana, otorgando amplios poderes ejecutivos al presidente. Estos poderes continuaron aumentando con el tiempo. Por ejemplo, en 2000, el presidente Leonid Kuchma convocó un referéndum para ampliar sus atribuciones sobre la Rada. En el mismo año, el periodista Georgiy Gongazde, que denunciaba corrupción gubernamental, fue asesinado por un grupo de policías. Uno de los condenados por el crimen, Oleksiy Pukach, afirmó que actuó bajo las órdenes del exministro del Interior, Yuri Kravchenko. Muchos consideraron que esto marcaba el inicio de una fase autoritaria en el gobierno, lo que generó incertidumbre sobre la política exterior de Kuchma.

En respuesta a la creciente influencia rusa y las críticas de la Unión Europea, en 2001, el gobierno ucraniano firmó 16 acuerdos bilaterales con Vladimir Putin para cooperación en tecnología civil y militar. Sin embargo, ante la preocupación de la UE, un año después,

---

(pp. 372-373). Universidad de Valencia.

8 BLANC ALTEMIR, A. (2007). El programa TACIS (1991-2006): Balance y sustitución por el nuevo instrumento Europeo de vecindad y asociación. A.E.D.I, 23, 18-19.

Kuchma anunció la estrategia "Elección Europea", con la esperanza de integrar a Ucrania en la Unión en 10 años. Se establecieron fechas clave, como la creación de un área de libre comercio en 2004 y una unión aduanera en 2007, con el objetivo de cumplir los requisitos para la adhesión en 2011[9] . Sin embargo, la UE discrepó con este calendario, ya que Ucrania aún necesitaba realizar reformas democráticas y se temía la influencia rusa en el país.

Al final del mandato de Kuchma en 2004, el Parlamento Europeo expresó su preocupación por la situación en Ucrania, denunciando violaciones de procedimientos democráticos previos a las elecciones y abogando por la consolidación de la estabilidad y la prosperidad en Europa. En las elecciones de octubre de ese año, surgieron sospechas de fraude electoral, ya que el ganador, Víktor Yanukóvich, había sido respaldado por Kuchma, quien había facilitado su candidatura y había descartado otras alternativas democráticas. Estas elecciones fueron cuestionadas por la oposición, la comunidad internacional y muchos ucranianos debido a denuncias de fraude cada vez más sólidas[10] .

Como consecuencia del aumento del poder presidencial, la deriva antidemocrática y el acercamiento a Rusia, la sociedad civil se movilizó en Kiev, dando lugar a lo que se conoció como la "Revolución Naranja", debido al distintivo color naranja usado por los manifestantes. Estas protestas pacíficas buscaban un cambio de gobierno y la implementación de reformas democráticas. Como resultado, las elecciones fueron anuladas por el Tribunal Supremo de Ucrania, lo que provocó la celebración de una tercera vuelta el 26 de diciembre, con la presencia de 4.000 observadores internacionales para garantizar su transparencia. En esta ocasión, el líder de la oposición, Víktor Yúshchenko, obtuvo el 52% de los votos, con mayor apoyo en el norte del país, que favorecía una mayor integración con la Unión Europea, mientras que Yanukóvich obtuvo el 44.2%, con más apoyo en el sur, que prefería un acercamiento a Rusia. Esta división se agravaría con el tiempo, convirtiéndose en un problema arraigado. La Unión Euro-

---

9 GARCÍA ANDRÉS, C. (2014). Las relaciones entre la Unión Europea y Ucrania (1991-2004). Instituto de Estudios Europeos, Universidad de Valladolid.

10 GAMBOA, F. (2014). El conflicto en Ucrania: A diez años del fracaso de la Revolución Naranja. Ciências Sociais Unisinos, 50(1), 97-100.

pea, reconociendo la voluntad del pueblo ucraniano, expresó su deseo de fortalecer los lazos con Ucrania, instando al nuevo gobierno a promover los valores europeos y la democracia. En el inicio de 2005, Yúshchenko visitó Alemania, donde expresó su compromiso con los objetivos europeos y se comprometió a consolidar la economía de mercado en Ucrania[11] .

A pesar de las expectativas optimistas de la población, los primeros años del mandato de Yúshchenko estuvieron marcados por una profunda crisis económica, exacerbada por el aumento del precio del gas ruso y la destitución de la Primera Ministra Yulia Timoshenko por acusaciones de corrupción. La situación empeoró aún más cuando el partido de Yanukóvich ganó las elecciones parlamentarias en marzo de 2006. Muchos atribuyeron esta derrota a las promesas incumplidas durante la Revolución Naranja. A partir de entonces, las diversas fuerzas del país negociaron para formar un gobierno que evitara la inestabilidad. Esto condujo a la firma de la Declaración de Unidad Nacional, que colocó a Yanukóvich como Primer Ministro con la aprobación del Presidente. Esto inauguró un período político confuso en el que las dos figuras principales del ejecutivo tenían visiones opuestas sobre la orientación exterior del país: Unión Europea versus Rusia[12] .

En este contexto, se celebró una cumbre entre ambas partes en Helsinki en octubre de 2006. Durante la cumbre, se logró establecer una zona de libre comercio y se llegó a un acuerdo sobre la exención de visados. Gracias a la *Política Europea de Vecindad*[13] , se creó un Plan de Acción conjunto, en el que las instituciones europeas se comprometieron a apoyar la integración del país en el mercado interior, y se subrayó la importancia de desarrollar instituciones capaces de forta lecer la democracia[14] .

---

11 GUTIÉRREZ DEL CID, A. T. (2004). La Revolución Naranja en Ucrania y la estrategia de Rusia. Relaciones Internacionales, 97, 130.

12 GRANADOS GONZÁLEZ, J. (2004). Ucrania, un Estado y dos civilizaciones. UNISCI Discussion Papers, 14, 155.

13 Artículo 8 del TUE.

14 Sobre materia de vecindad en relación a estos países y territorios es especialmente ilustrativo el capítulo publicado por la profesora Paz Andrés: Los vecinos más próximos: Ucrania, Moldavia, Belarús y Rusia. (Andrés Sáenz de Santama-

En el año 2007, Ucrania se enfrentó nuevamente a una crisis gubernamental que culminó con la celebración de nuevos comicios parlamentarios. Aunque Yanukovich emergió como el ganador, una coalición entre Yushchenko y Timoshenko le arrebató la presidencia. Para la opinión pública occidental, esto representaba una nueva oportunidad para mantener viva la *Revolución Naranja.* Sin embargo, la *Crisis del Gas* a principios de 2009 puso fin a estas esperanzas. La crisis se desencadenó por el impago de Ucrania a Gazprom, la empresa rusa de suministro de gas, lo que llevó a la suspensión de los suministros y al uso ilegal del gas destinado a la Unión Europea. Las instituciones europeas intervinieron en el conflicto, facilitando un encuentro entre Putin y Timoshenko, que resultó en un acuerdo sobre las tarifas del gas ruso para Ucrania.

A finales de 2008, se llevó a cabo una cumbre entre la Unión Europea y Ucrania, donde la UE reconoció los avances en la estabilidad política del país, destacando la salida del gobierno de Yanukovich como un hito importante. Se logró un avance significativo con la Declaración conjunta sobre el Acuerdo de Asociación, que señaló los progresos gracias a la Política Europea de Vecindad y estableció como objetivo final una zona de libre comercio para integrar a Ucrania en el mercado interior de la UE. Sin embargo, debido a la *Crisis del Gas,* no fue hasta noviembre de 2009 cuando se adoptó la *"Agenda de la Asociación Unión Europea-Ucrania"* en preparación para la entrada en vigor del Acuerdo de Asociación, con la aprobación de ayuda macrofinanciera al país. Estas medidas estaban condicionadas al respeto del Estado de Derecho, los derechos humanos, la transparencia, la responsabilidad democrática y la lucha contra la corrupción, así como al aumento de la participación política de los ucranianos[15] .

En enero-febrero de 2010, se llevaron a cabo las elecciones presidenciales en Ucrania. Yanukovich resultó ganador, aunque las expectativas no cumplidas de la Revolución Naranja generaron sospechas de fraude. El Consejo de Europa envió observadores internacionales, que declararon que las elecciones se desarrollaron normalmen-

---

ría, P. (2008). Cursos de derecho internacional y relaciones internacionales de Vitoria-Gasteiz, 477-496).

15 GARCÍA ANDRÉS, C. (2014). Op cit.

te. Tras su investidura, Yanukovich expresó su deseo de convertir a Ucrania en un puente entre Oriente y Occidente, buscando complacer tanto a la Unión Europea como a Rusia. Mantuvo reuniones con líderes europeos, quienes lo instaron a continuar con las reformas económicas, al mismo tiempo que exploraba la posibilidad de unirse a la Unión Aduanera liderada por Rusia, junto con Bielorrusia y Kazajistán.

A pesar de las reservas de la Unión Europea sobre el acercamiento de Ucrania a Rusia, decidieron otorgarle una ayuda excepcional en forma de préstamo de 500 millones de euros, con un plazo de vencimiento de 15 años, sujeto a la supervisión de la Comisión Europea. Este gesto legislativo reflejaba el interés de las instituciones europeas en profundizar en el contacto con Ucrania. El gobierno de Yanukóvich fue elogiado por los avances logrados en relación con la Agenda de Asociación establecida un año antes, así como por las reformas económicas que habían dado resultados positivos. Como resultado, el 25 de noviembre del mismo año, el Parlamento aprobó una resolución en la que acogía con satisfacción las declaraciones del Gobierno ucraniano y de la oposición sobre el futuro del país en la integración europea[16] . Se señaló que, si continuaban por ese camino, el artículo 49 del Tratado de la Unión Europea permitiría la solicitud de adhesión a la Unión. Sin embargo, la reciente modificación de la Constitución, que aumentó las prerrogativas del Presidente, generó cierta preocupación.

En lugar de avanzar en la democratización del país, el gobierno optó por presionar a los medios de comunicación, la sociedad civil y los miembros de la oposición. Esta estrategia se evidenció en la encarcelación de la ex-Primera Ministra Timoshenko en agosto de 2011, bajo cargos de corrupción durante su mandato. Esta acción no fue bien recibida por Europa, que amenazó con revertir el esperado Acuerdo de Asociación. No obstante, la importancia estratégica de Ucrania, tanto en términos demográficos como geográficos y de recursos, justificaba la finalización exitosa de las negociaciones.

---

16 PASTOR PALOMAR, A. (2023). Las reservas y otras declaraciones unilaterales. La aplicación de la ley de tratados y otros acuerdos internacionales, en 'Derecho de los tratados' (coord. por José María Beneyto Pérez y Carlos Jiménez Piernas), Tirant lo Blanch, 349-402.

Aunque se advirtió que cualquier aclaración sobre las razones de la encarcelación de Timoshenko podría poner en peligro este proceso.

El Acuerdo de Asociación entre Ucrania y la Unión Europea tenía como objetivo principal acelerar la integración gradual política y económica de Ucrania en el mercado interior de la Unión. Establecía principios fundamentales como el respeto a los valores democráticos, las libertades fundamentales y el Estado de Derecho, además de abordar la colaboración en asuntos de justicia y seguridad, como la protección de datos, migración, gestión de fronteras y derechos laborales. La parte más significativa del acuerdo se centraba en la cooperación financiera[17] para promover la compatibilidad del sistema ucraniano con las instituciones de la Unión y crear un área de libre comercio completa y profunda[18] .

A pesar de las ventajas que ofrecía, las amenazas de restricciones económicas y comerciales por parte de Rusia retrasaron la firma del acuerdo. Putin temía que un acercamiento profundo de Ucrania a la Unión Europea obstaculizara su influencia sobre el país. Sin embargo, los esfuerzos de Rusia no tuvieron éxito, ya que, en septiembre de 2013, Yanukóvich instó a su Parlamento a realizar las reformas necesarias y se aprobó el proyecto de Acuerdo de Asociación con la Unión Europea. Sin embargo, los supuestos malos tratos a Timoshenko durante su traslado al hospital, debido a una grave enfermedad, provocaron que las instituciones europeas retrocedieran en el último momento, lo que llevó al Gobierno ucraniano a suspender las preparaciones para la firma del Acuerdo.

Estos acontecimientos revelaron que los discursos del Presidente ucraniano sobre la política de integración en la Unión Europea eran simplemente una fachada, ya que tanto él como su partido estaban llevando a cabo acciones que los acercaban cada vez más a Rusia. Co-

---

17 MIRANDA GONÇALVES, R. (2023). The Organization for Security and Cooperation in Europe and the Promotion and Assistance to Member States in the Field of Freedom of Religion and Belief, in 'Protection and Promotion of Freedom of Religions and Beliefs in the European Context'. Luca Paladini (ed. lit.), María del Angel Iglesias Vázquez (ed. lit.), 377-397.

18 ALZINA LOZANO, A. (2020). Los avances del espacio de libertad, seguridad y justicia en la protección de los ciudadanos europeos, en 'La Europa Ciudadana'. Guinea Bonillo, J., y Anguita Osuna, J.E., (coords.). Dykinson, 117-128.

mo resultado, muchos ucranianos percibieron esto como un acto de rendición en el camino hacia la construcción de una democracia y la instauración de un modelo político autocrático en el país[19] .

Como protesta, aproximadamente 1.500 personas, en su mayoría periodistas, miembros de la oposición, activistas y estudiantes universitarios, ocuparon la Plaza de la Independencia, dando origen a lo que se conoce como el Euromaidán. Es relevante señalar que, según los resultados de una encuesta realizada por el Instituto Internacional de Sociología de Kiev entre el 9 y el 20 de noviembre, un 54% de los ucranianos estaban a favor de la adhesión a la Unión Europea, mientras que un 46% estaban en contra. El 1 de diciembre del mismo año, los líderes de la oposición tomaron el Ayuntamiento de Kiev y la Casa de los Sindicatos, estableciendo allí la sede de las protestas.

Por su parte, el gobierno respondió con un paquete de leyes aprobadas por la Rada al inicio del nuevo año, aumentando la responsabilidad por delitos asociados a las manifestaciones y reforzando la protección de los jueces y los cuerpos de seguridad. A partir del 18 de febrero, las fuerzas del gobierno de Yanukóvich comenzaron a utilizar armas de fuego contra los manifestantes, resultando en un total de 113 muertos en tan solo tres días. En consecuencia, el 21 de febrero, los participantes de las protestas ocuparon el Palacio Presidencial, lo que llevó a la renuncia inmediata del Presidente. Un día después, el Parlamento aprobó el retorno del sistema a una república parlamentaria.

Durante los meses de protesta, la Unión Europea expresó su solidaridad con los manifestantes y respaldó sus demandas de una mayor integración. La entonces Alta Representante de la UE para la Política Exterior, Catherine Ashton, visitó la capital del país, condenando la violencia utilizada por las autoridades ucranianas y llamando al diálogo político. Una vez finalizadas las protestas, las instituciones europeas, además de reconocer al nuevo gobierno liderado por Oleksandr Turchínov, anunciaron un crédito de 20.000 millones de euros destinados a la estabilización de Ucrania.

---

19 KULYK, H. (2019). Euromaidán y la Crisis Política de Ucrania: Antecedentes y Perspectivas [Diapositivas; Anuari del Conflicte Social]. Universitat de Barcelona. https://revistes.ub.edu/index.php/ACS/article/view/ACS2019.8.3/30211.

Como se mencionó anteriormente, una parte de Ucrania, principalmente en el sur y este del país, no estaba a favor de la adhesión a la Unión Europea. Crimea, que tenía un estatus especial, optó por separarse de Ucrania con un 95,5% de los votos a favor y eligió un Primer Ministro que respaldaba la anexión a Rusia. Putin decidió "ayudar" a los independentistas enviando soldados al territorio. El 18 de marzo, dos días después de los resultados, Putin oficializó la invasión firmando un proyecto de ley que confirmaba la incorporación de Crimea a la Federación Rusa. Este acto fue condenado por la Comunidad Internacional como una **violación de la soberanía ucraniana y del derecho internacional**.

La Unión Europea convocó una reunión del Consejo Europeo al día siguiente de la anexión, en la que se decidió no reconocer el referéndum. Además, se adoptó la medida de congelar los bienes y prohibir la entrada en su territorio a más de doce funcionarios rusos y crimeos. Se canceló la cumbre prevista con el gobierno ruso y se prohibió a los Estados miembros cualquier contacto bilateral con ellos. También se advirtió sobre sanciones económicas y comerciales más severas en caso de continuar las acciones que pudieran desestabilizar a Ucrania[20] . Estas amenazas se materializaron cuando las regiones de Lugansk y Donetsk, lideradas por grupos separatistas prorrusos, proclamaron las llamadas "Repúblicas Populares", que tampoco fueron reconocidas por la Comunidad Internacional. Los rebeldes han logrado mantener las revueltas con la guerra actual gracias al suministro de armas por parte del Gobierno de Putin.

El Gobierno provisional de Ucrania continuó avanzando en las reformas democráticas, siendo reelegido con el 53% de los votos en las elecciones celebradas el 25 de mayo. Este nuevo ejecutivo siguió defendiendo la entrada en la Unión Europea, recibiendo una respuesta favorable desde Bruselas con la aprobación de reglamentos para mejorar el comercio de alimentos entre ambas partes. Siete meses después del rechazo del antiguo Ejecutivo ucraniano a la firma del Acuerdo de Asociación, Bruselas y Kiev cerraron el círculo con la

---

20 CALLEJA CRESPO, D. (2023). La adopción de sanciones contra Rusia por la guerra de Ucrania: la perspectiva de la Comisión Europea. Revista de Derecho Comunitario Europeo, 75, 69-90.

firma de este pacto, reconocido por el entonces presidente del Consejo Europeo, Herman Van Rompuy, como un paso para satisfacer las aspiraciones del pueblo ucraniano de vivir en un país gobernado por valores democráticos y el Estado de Derecho.

El 5 de septiembre de 2015, se redactó el Protocolo de Minsk, con la participación de la diplomática suiza Heidi Tagliavini, con la intención de facilitar el diálogo y la resolución de la disputa en el este y sur del país.

Durante los siguientes cuatro años, el Gobierno ucraniano continuó avanzando hacia la integración en Europa mediante la aplicación del Acuerdo de Asociación, recibiendo ayudas financieras y profundizando la cooperación en materia de defensa. En mayo de 2017, se estableció la liberalización de los visados para los ciudadanos ucranianos que viajaban a la Unión Europea con una estancia de 90 días.

En las elecciones presidenciales de marzo de 2019, Volodímir Zelenski obtuvo la victoria, enfatizando la implementación de reformas internas para cumplir con los requisitos y criterios establecidos por la Unión para la adhesión. Se celebró una cumbre en Kiev entre ambas partes, en la que se instó a Rusia a liberar las zonas ocupadas de acuerdo con lo pactado en Minsk, donde muchos ciudadanos sufrían debido al conflicto.

3. NEGOCIACIONES DE ADHESIÓN

El 28 de febrero de 2022, Ucrania presentó oficialmente su solicitud de adhesión a la Unión Europea, un paso significativo en su proceso hacia la integración europea. Esta solicitud fue reconocida por la Unión Europea en junio de 2022[21] . El 23 de junio de 2022, el

---

[21] El 17 de junio de 2022, la Comisión Europea emite el Dictamen sobre la solicitud de adhesión (https://neighbourhood-enlargement.ec.europa.eu/document/download/c8316380-6cb6-4ffd-8a84-d2874003b288_en?filename=Ukraine%20Opinion%20and%20Annex.pdf&prefLang=es), y el 23 de junio el Consejo Europeo concede la condición de país candidato a Ucrania. Ver las *Conclusiones del Consejo Europeo* de 23 y 24 de junio de 2022 en: https://www.consilium.europa.eu/media/57473/2022-06-2324-euco-conclusions-es.pdf (consultado: 01/01/2024)

Consejo Europeo otorgó a Ucrania el estatus de país candidato, un paso significativo en el camino hacia una posible adhesión a la Unión Europea. Esta decisión fue tomada tras una evaluación exhaustiva de la solicitud de adhesión de Ucrania y se consideró un reconocimiento del progreso y compromiso del país con los valores y estándares europeos.

Como parte de este proceso, el Consejo Europeo también invitó a la Comisión Europea a informar al Consejo sobre el cumplimiento de las condiciones establecidas en el dictamen de la Comisión sobre la solicitud de adhesión de Ucrania. Esta evaluación se llevará a cabo en el contexto del paquete periódico de ampliación de la Comisión, que revisa el progreso de los países candidatos y potenciales candidatos a la adhesión a la UE[22].

Una vez que se cumplan plenamente todas las condiciones especificadas, el Consejo Europeo tomará nuevas medidas con respecto a la adhesión de Ucrania a la UE. Esto podría incluir la apertura de negociaciones formales de adhesión, así como la asignación de recursos y apoyo adicionales para ayudar a Ucrania a cumplir con los requisitos y estándares de la Unión Europea.

En la reunión extraordinaria del Consejo Europeo de febrero de 2023, los líderes de la Unión Europea reconocieron el notable esfuerzo realizado por Ucrania para alcanzar los objetivos que respaldan su estatus de país candidato a la adhesión a la UE. En un gesto de apoyo y aliento, los líderes de la UE instaron a Ucrania a continuar cumpliendo con las condiciones específicas establecidas en el dictamen de la Comisión, con el objetivo de avanzar hacia una futura adhesión a la Unión Europea. Este reconocimiento subraya la importancia y el compromiso mutuo entre Ucrania y la UE en el proceso de integración europea y refleja el apoyo continuo de la UE hacia Ucrania en su camino hacia una mayor cooperación y asociación con Europa[23].

---

22 MARTÍN RODRÍGUEZ, G. (2018). La construcción del Tratado Constitucional de la Unión Europea: Los Grupos de Trabajo de la Convención. Tesis doctoral.

23 Ver las Conclusiones del Consejo Europeo de 9 de febrero de 2023: https://data.consilium.europa.eu/doc/document/ST-1-2023-INIT/es/pdf (consultado: 01/01/2024).

En noviembre de 2023, la Comisión Europea emitió una recomendación para iniciar las negociaciones de adhesión con Ucrania, reconociendo los avances y el compromiso del país con los valores y estándares europeos. Esta recomendación marcó un hito importante en el proceso de integración de Ucrania con la Unión Europea.

Finalmente, en diciembre de 2023, los líderes de la UE tomaron la decisión de iniciar las negociaciones formales de adhesión con Ucrania[24]. Esta medida fue respaldada por los dirigentes de la UE, quienes invitaron al Consejo a adoptar el marco de negociación una vez que se hubieran tomado las medidas correspondientes según lo establecido en el informe de la Comisión del 8 de noviembre de 2023[25] . Se trata un importante avance hacia una mayor cooperación entre Ucrania y la Unión Europea, y reflejó el compromiso de ambas partes con el proceso de integración europea. Estas negociaciones y trabajos continúan avanzando en la actualidad[26] .

Cada año, el Consejo Europeo adopta Conclusiones sobre la ampliación y el Proceso de Estabilización y Asociación, evaluando los progresos realizados por los países candidatos y socios de la UE en su camino hacia la integración europea. En las Conclusiones más recientes, adoptadas en diciembre de 2023, el Consejo elogió los significativos avances de Ucrania en la consecución de los objetivos que

---

24 Conclusiones del Consejo Europeo de 14 y 15 de diciembre de 2023: https://www.consilium.europa.eu/media/68996/europeancouncilconclusions-14-15-12-2023-es.pdf (consultado: 01/01/2024)

25 El informe de la Comisión Europea se estructura en 6 bloques (entre ellos: cuestiones fundamentales como los derechos fundamentales y el respeto al estado de derecho, mercado interior, competitividad, agenda verde, recursos-agricultura y cohesión, y relaciones exteriores; y 32 capítulos que abordan todas las cuestiones importantes que atañen al proceso de adhesión: https://neighbourhood-enlargement.ec.europa.eu/document/download/bb61ea6d-dda6-4117-9347-a7191ecefc3f_en?filename=SWD_2023_699%20Ukraine%20report.pdf&prefLang=es (consultado: 01/01/2024)

26 Al cierre de este trabajo, la última reunión que ha abordado una revisión de la situación ha sido el Consejo Europeo de 21 y 22 de marzo de 2024 https://www.consilium.europa.eu/media/70891/euco-conclusions-2122032024-es.pdf (consultado: 25/03/2024).

respaldan su estatus de país candidato, a pesar de los desafíos derivados del conflicto en curso[27] .

Ucrania ha demostrado avances en el fortalecimiento del Estado de Derecho, la reforma del sistema judicial y administrativo, aspectos que el Consejo alentó a proseguir. Se celebró especialmente el establecimiento por parte de Ucrania de un marco legislativo e institucional en materia de derechos fundamentales, así como la adaptación de su legislación en medios de comunicación a los estándares de la UE. Aunque se han registrado progresos en la lucha contra la corrupción, Ucrania necesita seguir fortaleciendo sus instituciones anticorrupción y mejorar su historial en investigaciones y condenas, especialmente en casos de alto perfil.

La continua agresión rusa ha creado dificultades excepcionales en la ejecución de la política monetaria y la gobernanza económica en Ucrania. Se destaca la importancia del funcionamiento de la economía de mercado y la independencia de las autoridades reguladoras, como el Banco Central, especialmente en el contexto de los esfuerzos de reconstrucción. El Consejo subrayó la importancia de profundizar la cooperación sectorial entre la UE y Ucrania, así como la integración de Ucrania en el mercado interior de la UE[28] . Esto se basa en el Acuerdo de Asociación UE-Ucrania y el acuerdo de zona de libre comercio entre la UE, Georgia, Moldavia y Ucrania, respectivamente.

4. RELACIONES UCRANIA-UE

En paralelo al proceso de ampliación, la Unión Europea y Ucrania colaboran estrechamente para fortalecer sus relaciones políticas y económicas, especialmente a través de la Asociación Oriental. Desde 2017, está en vigor un acuerdo de asociación entre la UE y Ucrania, cuya implementación ha sido objeto de trabajo continuo por

---

27 El Consejo de Asuntos Generales de 12 de diciembre de 2023 abordó esta cuestión: Ver en: https://www.consilium.europa.eu/es/meetings/gac/2023/12/12/ (consultado: 20/03/2024).

28 MANGAS MARTÍN, A. (2020). Instituciones y Derecho de la Unión Europea. Tecnos.

parte de ambas partes. El objetivo es aumentar la asociación política y la integración económica de Ucrania con la UE. Esta asociación busca fomentar la cooperación en una variedad de áreas, incluidas la política, la economía, la seguridad y los derechos humanos, con el fin de promover la estabilidad, la prosperidad y el desarrollo sostenible en la región.

El 11 de julio de 2017, el Consejo Europeo adoptó una decisión crucial en relación con la celebración del Acuerdo de Asociación con Ucrania en nombre de la Unión Europea, coincidiendo con la proximidad de la Cumbre UE-Ucrania programada para los días 12 y 13 de julio en Kiev. Esta decisión marca la fase final del proceso de ratificación, mediante el cual la UE y Ucrania se comprometen a mantener una relación estrecha a largo plazo en todos los ámbitos principales de actuación. El Acuerdo entró en vigor el 1 de septiembre de 2017[29] .

Respecto a este Acuerdo de Asociación entre Ucrania y la Unión Europea, representa un instrumento principal para fortalecer los lazos entre ambas partes, ya que promueve:

1) Vínculos políticos más profundos: Facilita una mayor cooperación y diálogo en asuntos políticos de interés mutuo, lo que contribuye a fortalecer la estabilidad y seguridad en la región.
2) Vínculos económicos más fuertes: Establece un marco para una cooperación económica más estrecha, incluida la facilitación del comercio y la inversión, lo que promueve el crecimiento económico y el desarrollo sostenible.
3) Respeto de los valores comunes: Fomenta el respeto y la promoción de los valores fundamentales compartidos, como la democracia, el Estado de derecho, los derechos humanos y la buena gobernanza, en beneficio de ambas partes.

Gran parte del Acuerdo de Asociación ya se había implementado de manera provisional. Muchos de sus elementos políticos y sectoriales habían estado ya en vigor desde el 1 de septiembre de 2014, mientras que su componente comercial, la zona de libre comercio

---

[29] Texto íntegro del acuerdo de Asociación publicado en el DOUE en fecha 29/05/2014: https://eur-lex.europa.eu/legal-content/ES/TXT/PDF/?uri=CELEX:22014A0529(01) (consultado: 01/01/2024).

de alcance amplio y profundo (ZLCAP), ya entró en funcionamiento a partir desde el 1 de enero de 2016. La celebración y entrada en vigor del Acuerdo proporciona un nuevo impulso a la cooperación en áreas como la política exterior y de seguridad, la justicia, la libertad y la seguridad (incluida la migración), la fiscalidad, la gestión de las finanzas públicas, la ciencia y la tecnología, la educación y la sociedad de la información.

En 2014, la firma del Acuerdo de Asociación entre la Unión Europea y Ucrania supuso un avance inicial en esta línea. Este acuerdo constituye el instrumento principal para estrechar los lazos políticos y económicos entre ambas partes, fomentando el respeto de los valores comunes. La ZLCAP, como parte económica del acuerdo, ofrece a Ucrania un marco para modernizar sus relaciones comerciales y promover el desarrollo económico mediante la apertura de mercados y la armonización de leyes, normas y regulaciones en diversos sectores, lo que contribuirá a la adaptación de la economía ucraniana a los estándares de la UE.

El 15 de diciembre de 2016, el Consejo Europeo reafirmó su compromiso con la celebración del Acuerdo de Asociación UE-Ucrania y aclaró la interpretación de varios aspectos del mismo, allanando el camino para la ratificación del acuerdo por parte de todos los Estados miembros de la UE.

El 15 de diciembre de 2014 marcó el inicio de las reuniones del Consejo de Asociación entre la Unión Europea y Ucrania, en el marco del nuevo Acuerdo. Por destacar las cuestiones que se entienden más relevantes: en su segunda reunión, en 2015, se aprobó la actualización del programa de asociación, clave para dirigir las reformas y modernización económica en Ucrania, siendo la herramienta principal para implementar y monitorear el Acuerdo.

El 28 de enero de 2020 se llevó a cabo la sexta reunión del Consejo de Asociación, enfocada en la aplicación del Acuerdo y en los avances en la soberanía y la integridad territorial de Ucrania. La séptima reunión, celebrada el 11 de febrero de 2021, abordó temas como reformas políticas, Estado de Derecho, cooperación económica y comercio, y cambios en la soberanía de Ucrania.

La octava reunión, realizada el 5 de septiembre de 2022, fue la primera desde que Ucrania obtuvo el estatuto de país candidato a la UE.

La UE reafirmó su apoyo a Ucrania tras la agresión rusa, y se discutió la implementación del Acuerdo y la cooperación bilateral. La novena reunión, el 20 de marzo de 2024, se centró en la situación después de la guerra rusa y en cuestiones regionales y mundiales, así como en la aplicación continua del Acuerdo desde el inicio del conflicto[30].

5. CONCLUSIONES

1. Considerando la información presentada en los capítulos anteriores, se puede inferir que el proceso de expansión experimentado por la Unión Europea desde su establecimiento en 1952 ha representado un hito en la realización del ideal europeo. En la actualidad, con la salida del Reino Unido, 27 Estados disfrutan de los beneficios económicos, políticos y sociales derivados de la membresía. Además, se ha evidenciado que las normativas establecidas no solo a través de los tratados, mediante procesos meticulosos, sino también mediante el compromiso político de los líderes, son rigurosamente respetadas por aquellos países que buscan adherirse, asegurando la protección de los derechos de los ciudadanos existentes. De esta manera, queda patente que para las instituciones europeas el bienestar de todos sus habitantes constituye una prioridad fundamental.
2. En este contexto, la historia y la experiencia respaldan cómo el aumento de los Estados miembros, en lugar de obstaculizar el propósito original de la organización, ha dado lugar al desarrollo de procedimientos más precisos y rigurosos, facilitando la convivencia armónica en el continente en la actualidad. La experiencia adquirida con los primeros candidatos, que enfrentaron criterios difusos centrados únicamente en la presencia de un sistema democrático y una economía de

30 Por su especial valor queremos mencionar el Programa de Asociación, aprobado por el Consejo de Asociación UE-Ucrania: https://eeas.europa.eu/archives/docs/ukraine/docs/st06978_15_en.pdf y el acta-resumen de la última reunión (20 de marzo de 2024):https://www.consilium.europa.eu/es/press/press-releases/2024/03/20/joint-press-release-following-the-9th-association-council-meeting-between-the-eu-and-ukraine/.

mercado, condujo a la implementación de una estrategia de preadhesión claramente definida, especialmente a partir del Consejo Europeo de Copenhague en 1993. Esto ha permitido que los candidatos posteriores tengan la oportunidad de adaptarse gradualmente a las exigencias de un mercado común y enfrentar la presión de asumir un acervo normativo con más de cuatro o cinco décadas de evolución.

3. Tras la Caída del Muro de Berlín en 1989, los Estados de Europa del Este visualizaron en la Unión Europea una vía para superar las secuelas de un comunismo extremo que los había sumido en la ruina. A pesar de ser conscientes de las dificultades inherentes a la integración, debido a sus sistemas radicalmente distintos a los de otros Estados miembros, se esforzaron diligentemente en prepararse para adaptarse a esta nueva realidad y cumplir con los requisitos establecidos por Europa. No obstante, como se ha evidenciado en el caso de Ucrania, en ausencia de este compromiso y preparación, la adhesión no sería viable, dado que el interés general siempre prevalecerá, como se ha mencionado anteriormente.
4. Sin embargo, a pesar de la expansión progresiva de este proceso de ampliación, éste también ha enfrentado oposición, destacándose principalmente el caso del Reino Unido, que nunca estuvo plenamente convencido de ceder el ejercicio de soberanía. Esta reticencia se manifestó claramente en los últimos años, culminando con su solicitud y proceso de salida de la Unión, una realidad anhelada por muchos otros países. A pesar de ello, es importante destacar que, al igual que en el proceso inverso, el Reino Unido tuvo que cumplir con los procedimientos establecidos por la normativa europea. Además, es importante señalar la emergencia de corrientes antieuropeístas, especialmente en países gobernados por partidos políticos cuyos actos empiezan a encontrar seria cabida en los valores democráticos y de respeto al estado de derecho. En este sentido, la Unión Europea dispone de herramientas, aunque limitadas, para sancionar a aquellos Estados miembros que transgredan los límites establecidos por los Tratados.
5. Ucrania se destaca como un caso distinto dentro del contexto europeo, reconociendo la importancia de la Unión para hacer

frente a aquellos que amenazan el sistema liberal occidental. Por esta razón, es crucial comprender cómo se han desarrollado las relaciones entre Ucrania y la Unión Europea, así como evaluar su estado actual y las perspectivas de futuro. A pesar de haber esperado hasta su independencia de la Unión Soviética, Ucrania mostró un rápido interés en adoptar el estilo de vida europeo, al igual que otros países vecinos. En respuesta a este deseo de integración, la Unión Europea ofreció a Ucrania un Acuerdo de Asociación diseñado para fomentar su progreso. Es significativo destacar que este acuerdo fue extraordinario, de la misma forma en que el acuerdo con Turquía fue el primero de su tipo firmado con un país no perteneciente a la UE, en el caso de Ucrania lo fue respecto a una antigua república soviética. A pesar de las diferencias de contexto, es interesante observar cómo tanto Ucrania como Turquía iniciaron sus relaciones con la Unión Europea de manera similar a otros candidatos, marcando así un punto de partida común en sus aspiraciones de integración.

6. Este primer Acuerdo contribuyó al fortalecimiento de las instituciones ucranianas. Sin embargo, éste no contemplaba la creación de un estatus similar al de Turquía, un objetivo que se alcanzaría en años posteriores. Asimismo, la deriva antidemocrática obstaculizó la consolidación del proceso iniciado. Todo ello ilustra cómo, en cierta medida, el procedimiento comenzó a divergir, ya que, en lugar de perseverar en el avance hacia la integración o la adhesión, los países optaron por otro tipo de acciones.

7. La posición dividida de Ucrania entre Europa y Rusia ha generado tensiones, obligándola a navegar entre dos aguas: la democrática y la autoritaria. Las protestas populares han desempeñado un papel crucial en la firma del segundo Acuerdo de Asociación, que permitió avances significativos. Sin embargo, la reticencia de Rusia hacia la aproximación de Ucrania a Occidente la llevó a invadir su territorio, siempre bajo el pretexto de "defenderse". La gravedad de esta segunda invasión, ocurrida en 2022, aceleró el proceso y llevó a la solicitud de adhesión a la Comisión Europea en un tiempo récord. A pesar de esto, las instituciones europeas consideran que el progreso

realizado es insuficiente y aún no han decidido sobre la apertura de negociaciones. Por lo tanto, desmienten la existencia de una "cláusula de excepcionalidad" que permitiría acelerar el proceso, mencionada por Zelenski. Esta situación evidencia cómo el proceso con Ucrania ha experimentado vaivenes que dificultan el cumplimiento de los "Criterios de Copenhague", con avances y retrocesos constantes.

8. En definitiva, en el caso de Ucrania, en el que parece no seguirse el mismo cauce —aunque únicamente en cuanto al elemento temporal— que, con respecto a otros candidatos, no son sólo las cuestiones políticas las que van a obstaculizar el avance del proceso, sino la incapacidad de Ucrania para cumplir con los requisitos establecidos por el acervo comunitario. Solo comprometiéndose verdaderamente con los valores democráticos podrán hacer realidad el sueño europeo. A pesar de sus esfuerzos por la adhesión desde el inicio de la Guerra, su reciente historia ha dificultado que las reformas implementadas sean suficientes para alcanzar su objetivo. No obstante, desde Europa se indica que, si continúa por este camino, podrá unirse al selecto grupo de Estados miembros. En cualquier caso, queda claro que la integración conlleva un precio: la preservación de la democracia y el estado de derecho.

LA UNIÓN EUROPEA EN LA LUCHA CONTRA LA VIOLENCIA DE GÉNERO: ¿HACIA LA CONSOLIDACIÓN DE UN INSTRUMENTO ÚNICO QUE LA ABORDE DE MANERA ESPECÍFICA EN TODOS LOS ESTADOS MIEMBROS?

SANDRA LÓPEZ DE ZUBIRÍA DÍAZ[1]

SUMARIO: 1. UN CAMINO SIN RETORNO: HACIA EL AUTÉNTICO RESPETO DE LOS DERECHOS HUMANOS DE LAS MUJERES. 1.1 Primeros pasos. La determinante labor de las Naciones Unidas. 1.2 Recogiendo el testigo de las Naciones Unidas. 2. LA VIOLENCIA DE GÉNERO EN EL CONTEXTO DE LA UE: ¿IMPLEMENTANDO SOBRE LO DESCONOCIDO? 2.1 Un fenómeno de magnitud aproximada. 2.2 Visibilizando la magnitud de la violencia a través de la encuesta de la Agencia de los Derechos Fundamentales de la Unión Europea. 2.3 Sobre la imposibilidad de un tratamiento a ciegas. 3. UN TRATAMIENTO CON VISTAS AL FUTURO: DE LA PROTECCIÓN INMEDIATA A LA DECONSTRUCCIÓN ESTRUCTURAL. 4. CONCLUSIONES. REFERENCIAS BIBLIOGRÁFICAS.

Resumen: La violencia de género, como fenómeno criminológico con particularidades propias que la diferencian de cualquier otro, requiere una atención multidisciplinar y completa que atienda sus especificidades. La Unión Europea, como Organización Internacional entre cuyas funciones se encuentra la defensa de los Derechos Humanos, debe atender dichas especificidades y promocionar una protección adecuada a las mujeres, advirtiendo la violencia de género como una grave manifestación de la vulneración de Derechos a la que las mujeres se han visto sometidas con carácter tradicional. De esta forma, recogiendo el testigo iniciado por parte de las Naciones Unidas, ha elaborado diferentes textos que abordan esta materia, planteándose en la actualidad la posibilidad de desarrollar una Directiva sobre la lucha contra la violencia contra las mujeres y la violencia doméstica. Sin embargo, los desafíos ante los que se encuentra son numerosos, destacando la ausencia de un conocimiento completo sobre la magnitud de la

[1] Profesora contratada doctora interina del departamento de Derecho Público II, área de Derecho Penal, de la Universidad Rey Juan Carlos, Madrid (sandra.lopezdezubiria.diaz@urjc.es). Miembro del Grupo de Investigación de alto rendimiento en libertad, seguridad y ciudadanía en el orden internacional de la Universidad Rey Juan Carlos (INTER-CIVITAS).

violencia o la heterogeneidad legal desarrollada en los países de la UE ante este fenómeno, lo cual dificulta una prevención y tratamiento similar entre los miembros que, previsiblemente, debería ser paliada si la Directiva atiende adecuadamente a estas cuestiones. Ante ello, este texto plantea el pasado, presente y posible futuro del tratamiento de la violencia de género en el marco de la Unión Europea, reparando en los logros conseguidos, a la vez que se observa, asimismo, aquellos retos ante los que se enfrenta.

Palabras clave: Derechos, Violencia, Género, Unión Europea.

1. UN CAMINO SIN RETORNO: HACIA EL AUTÉNTICO RESPETO DE LOS DERECHOS HUMANOS DE LAS MUJERES

1.1 Primeros pasos. La determinante labor de las Naciones Unidas

El siglo XX puede identificarse como el momento en el que se desarrolla una fase de internacionalización de los Derechos Humanos, fomentando el reconocimiento de derechos y libertades tanto en un ámbito nacional —a través de los ordenamientos jurídicos de los Estados— como internacional, en el ámbito de las organizaciones internacionales[2]. Esto se evidencia, esencialmente, con la Declaración Universal de los Derechos Humanos, adoptada en 1948 por la Asamblea general de las Naciones Unidas[3], considerado un documento referente que establece unos estándares mínimos, unos derechos y libertades que, como persona, deben ser respetados.

Sin embargo, y pese al hito que constituyó la proclamación de un documento de tales características, no debe obviarse que el reconocimiento de esos derechos humanos no dirige la mirada hacia la ciu-

---

2 CARRERAS, A., "El tratamiento sensitivo de género en la norma como protección internacional frente a la violencia de género: una cuestión pendiente en el ordenamiento jurídico español (Tesis doctoral)" Universidad Rey Juan Carlos, Madrid, p. 117.

3 Resolución 217 A (III) de la Asamblea General de Las Naciones Unidas, de 10 de diciembre de 1948. Disponible en: *https://www.ohchr.org/EN/UDHR/Documents/UDHR_Translations/spn.pdf*

dadanía en general, sino que se enmascara en una suerte de "miopía internacional"[4] frente a los derechos de las mujeres.

Por ello, no es hasta la década de los 90 cuando nos encontramos ante un despertar internacional que resignifique los Derechos humanos, reconociendo en estos los derechos de las mujeres, a la vez que se pone de manifiesto la necesidad de revisión de los estándares de protección ofrecidos, dada la continua violación sufrida por las mujeres[5].

En este sentido, merece la pena señalar que pese a la posible juventud del concepto —violencia de género— la realidad es que las expresiones de violencia sufridas por las mujeres, por el hecho de serlo, se producen de forma tradicional[6], pese a que solo en una época reciente sea cuando se conceptualice el fenómeno, especialmente a través de la presión de los movimientos sociales —el feminismo esencialmente— que abogan por una identificación de la violencia y la puesta en marcha de políticas públicas que aborden el problema, rompiendo con la conservadora ceguera internacional mantenida ante la constante vulneración de derechos sufrida.

En este contexto, es posible identificar la Convención sobre la Eliminación de Todas las Formas de Discriminación contra la Mujer, de Naciones Unidas, de 1979, como el instrumento histórico referente, pues supuso un punto de partida en la protección específica de los derechos de las mujeres. A pesar de que pueda establecerse una perspectiva crítica en torno al texto, como puede ser la ausen-

---

4 CHARLESWORTH, H., "What are «Women's International Human Rights »?" en COOK, R. (edª.) *Human Rights of Women: National and International Perspectives*, Pensilvania, Estados Unidos, University of Pennsylvania Press, 1994, pp. 58-84.

5 PILLAY, N. "Introducción al documento por el 20 aniversario de la Declaración y Programa de Acción de Viena de 1993", 2013. Disponible en: https://www.ohchr.org/Documents/Events/OHCHR20/VDPA_booklet_Spanish.pdf

6 En este sentido, DE MIGUEL, A., *Neoliberalismo sexual. El mito de la libre elección*, Madrid, ediciones cátedra, 2015, p. 45 exponiendo que la violencia contra las mujeres no es una realidad nueva, sino que acompaña a la historia de la humanidad. El cambio se ha producido, no por una mayor expresión de violencia en los últimos años, sino por su transformación de problema privado, a problema público.

cia de reconocimiento de la violencia como una manifestación de la discriminación[7], lo cierto es que supuso el inicio de un progresivo abandono del androcentrismo clásico del derecho internacional[8].

A partir de este momento, los textos que abordaron la protección de los derechos de las mujeres, la identificación de la violencia sufrida y el establecimiento de políticas que aboguen por su erradicación se han multiplicado[9]. De esta forma, esencialmente a través de las Naciones Unidas, pero con el significativo impulso del Consejo de Europa[10], nos encontramos ante un escenario donde el tratamiento

---

7 En esta línea, a pesar de que la Convención omite una alusión directa a la violencia, en la Recomendación General nº 19, adoptada por el Comité de la CEDAW en 1992, se subsana ese cuestionable olvido reconociéndose finalmente a la violencia contra la mujer como una forma de discriminación que implica la vulneración de diferentes derechos, como el derecho a la vida, a la libertad, a la igualdad, entre otros.

8 DÍEZ PERALTA, E., "Los derechos de la mujer en el derecho internacional", *revista española de derecho internacional,* 2011, núm. 63, p. 118

9 Como se indicaba, en 1979 se dio el primer paso en la identificación de la situación de discriminación de la mujer, sin abordar en ese texto de forma directa la violencia como una forma de discriminación. No obstante, supuso un documento referente, que dio paso a diferentes textos internacionales que abordaron, de forma más específica, el fenómeno de la violencia de género. Sin intención de hacer una enumeración detallada de todos ellos, es posible destacar especialmente, por su relevancia en este contexto, los siguientes: La Declaración y el Programa de Acción de Viena, de 1993; la Declaración de la Asamblea General de Naciones Unidas sobre la eliminación de la violencia contra la mujer, de 1993; Declaración y plataforma de Acción de Beijing, de 1995.

10 Es preciso señalar aquí la importancia del Consejo de Europa dado que de esta organización ha emanado el primer texto vinculante en materia de violencia de género en el contexto europeo, pero con clara vocación Universal. Este texto es el Convenio del Consejo de Europa sobre prevención y lucha contra la violencia contra las mujeres y la violencia doméstica (conocido habitualmente como Convenio de Estambul) el cual supone un marco único, con una aproximación multidisciplinar y, como se ha señalado, vinculante para los Estados parte. Si bien es cierto que todos los miembros de la UE han firmado el Convenio, no ha sido así respecto a las ratificaciones, donde destacan algunas ausencias (como Letonia o Bulgaria). No obstante, debe aplaudirse que, pese a la larga espera, la UE ha ratificado, al fin, el Convenio, entrando en vigor el próximo 1 de octubre de 2023. (Texto del Convenio disponible en: https://rm.coe.int/1680462543. Asimismo, se encuentra disponible el listado de Estados parte en el Convenio en: https://www.coe.int/en/web/conventions/full-list?module=signatures-by-treaty&treatynum=210).

de la violencia de género no es una opción, sino una necesaria obligación de la que la UE se ha hecho eco.

1.2 Recogiendo el testigo de las Naciones Unidas

Como se señalaba en el epígrafe anterior, la labor emprendida por las Naciones Unidas ha sido esencial en la identificación y protección de los derechos de las mujeres y, especialmente, en la conceptualización y marco de tratamiento de la violencia de género. Así, los impulsos del iusfeminismo han favorecido la inclusión de una perspectiva de género en el derecho internacional, tradicionalmente "neutral" que, en definitiva, favorecía el mantenimiento de estructuras desiguales y la invisibilidad de situaciones de subordinación históricamente toleradas.

En este contexto, la UE también ha tomado su lugar, repercutiendo en el establecimiento de un marco de protección añadida frente a los derechos de las mujeres. En esta línea, diferentes autores señalan el compromiso de la UE ya desde el inicio de su constitución, remontándonos al Tratado de Roma de 1957, donde se establecía la "igualdad de retribución entre trabajadores y trabajadoras para un mismo trabajo"[11].

Aunque no se debe desmerecer el contenido de este artículo[12], lo cierto es que el mismo solo se limita a una igualdad de trato (formal) en un ámbito laboral, aspecto que, si bien forma parte de la desigual-

---

11 Señalando la igualdad como valor fundamental de la UE tal y como recuerda la Comisión Europea en Comisión Europea, *Actuación de la UE en favor de las mujeres*, 2020. Disponible en: *https://op.europa.eu/webpub/com/factsheets/women/es/#:~:text=ACTUACI%C3%93N%20DE%20LA%20UNI%C3%93N%20EUROPEA&text=Otra%20prioridad%20fundamental%20es%20acabar,puestos%20de%20toma%20de%20decisiones.*

12 entre otras cuestiones, este tipo de adelantos en la concepción de igualdad supuso la necesidad de producir transformaciones jurídicas en los Estados miembros. En concreto, merece la pena señalarlo en el contexto español donde, para la adecuada incorporación a la UE se debió reformar el ordenamiento jurídico derivado de los años del franquismo, régimen caracterizado, entre otros aspectos, por un marcado carácter patriarcal y católico que se oponía a cualquier principio de igualdad entre los hombres y las mujeres.

dad sufrida por las mujeres, no aborda de forma amplia el problema (ni mucho menos lo hace en relación con la violencia).

No obstante, el marcado carácter económico de los inicios de la UE *justifica* la limitación a este ámbito que, sin embargo, ha sufrido ampliaciones, conforme la UE adoptaba un compromiso mayor[13], que el meramente limitado a su inicial vinculación económica[14].

Así, actualmente podemos señalar un marco general en el que se engloba el art. 2 TUE, donde se señala —con amplitud— la "la igualdad entre mujeres y hombres", así como el art. 3 destacando donde se indica "La Unión combatirá la exclusión social y la discriminación y fomentará la justicia y la protección sociales, la igualdad entre mujeres y hombres, la solidaridad entre las generaciones y la protección de los derechos del niño".

Igualmente, se puede destacar el art. 23 de la Carta de Derechos Fundamentales de la UE, donde se reconoce ampliamente la igualdad entre hombres y mujeres[15].

---

13 En este sentido, señala LIROLA, I." La protección de los Derechos Humanos en la Unión Europea. Reflexiones a la luz de la Carta de Derechos Fundamentales de la Unión Europea", *Agenda Internacional*, 2004, núm. 20, pp. 93-111 cómo los tratados constitutivos de las "primitivas" comunidades europeas no contemplaban referencias a la protección de los derechos humanos, evolución producida años más tarde una vez que se transformó la concepción desde "homo economicus" hacia una comprensión del ser humano desde una perspectiva del Derecho Natural.

14 Sin embargo y pese a que sí se ha producido una ampliación en la preocupación por los derechos de las mujeres en otros ámbitos que no se limiten al económico y/o laboral, lo cierto es que las críticas sobre este aspecto persisten, señalando que las políticas de igualdad de la UE se centran especialmente en la integración de la mujer en el mundo laboral en base a un discurso utilitarista donde la ausencia de las mujeres en este contexto supone una pérdida de recursos, como apunta MONTIEL, G., "Indicadores sociales y violencia de género: protección de las víctimas y cambio social en la UE", *BARATARIA, Revista Castellano-Manchega de Ciencias Sociales*, 2015, núm. 20, pp. 161-170. En la misma línea se sitúa LOMBARDO, E., "La europeización de la política española de igualdad de género", *Revista Española de Ciencia Política*, 2003, núm. 9, pp. 65-82 quien, además, señala que, pese a la tradicional preocupación por el ámbito laboral, esta no se ha visto plasmada en la supresión de los obstáculos que imposibilitan un contexto laboral de igualdad.

15 "La igualdad entre hombres y mujeres ser garantizada en todos los ámbitos, inclusive en materia de empleo, trabajo y retribución. El principio de igualdad

Asimismo, es preciso destacar el art. 8 TFUE donde se proclama que "En todas sus acciones, la Unión se fijará el objetivo de eliminar las desigualdades entre el hombre y la mujer y promover su igualdad." lo que se ha entendido como la inclusión en la UE del conocido como "Mainstreaming" de género[16].

Con ello, es posible advertir un escenario en el que la UE, a medida que evolucionaba de una unión exclusivamente económica a una organización comprometida con numerosos frentes políticos, caracterizados por la defensa de valores comunes de libertad, dignidad humana o igualdad, entre otros, ampliaba igualmente su compromiso con las mujeres, incorporando en sus tratados contenido que lo abordara específicamente.

Y, si bien es cierto que en su derecho originario destaca la ausencia de una referencia directa al fenómeno de la violencia de género[17], los impulsos apuntados anteriormente a manos de las Naciones Unidas, supusieron que la UE recogiera el testigo en la protección específica de derechos de las mujeres y abordara de una forma más directa el fenómeno de la violencia[18].

---

no impide el mantenimiento o la adopción de medidas que ofrezcan ventajas concretas en favor del sexo menos representado". Art. 23 de la Carta de los derechos fundamentales de la Unión Europea. Disponible en: https://www.europarl.europa.eu/charter/pdf/text_es.pdf

16 LOMBARDO, E., "El mainstreaming de género en la unión europea", *Aequalitas. Revista Jurídica de Igualdad de Oportunidades entre Mujeres y Hombres*, vol. 10-15, 2003, pp. 6-11.

17 THILL, M., "Erradicar la violencia de género: un recorrido por las intenciones y los instrumentos europeos", *Themis, Revista Jurídica de Igualdad de Género*, 2013, núm. 13, pp. 7-19. En este sentido, apunta MARTÍN MARTÍNEZ, M., "Protección a las víctimas, violencia de género y cooperación judicial penal en la unión europea post-Lisboa", *Revista de Derecho Comunitario Europeo*, 2011, núm. 39, pp. 407-442 que esta ausencia en el Derecho originario precisamente supone el obstáculo principal para el tratamiento legislativo integral que requiere el fenómeno de la violencia de género.

18 Así lo hace, por ejemplo, el consejo de la Unión Europea en el Pacto Europeo por la Igualdad de género (2011-2020) señalando de forma directa su compromiso para "combatir todas las formas de violencia contra la mujer, con objeto de garantizar que ésta disfrute plenamente de sus derechos humanos, y lograr la igualdad de género con vistas a un crecimiento integrador". Conclusiones del Consejo, de 7 de marzo de 2011, sobre Pacto Europeo por la Igualdad de Género (2011-2020) (DOUE C 155/02, 25.5.2011) Disponible en:

Sin ser posible una profundización en todas las referencias que se han hecho desde la UE (especialmente por parte del Parlamento Europeo y del Consejo[19]) sí es preciso señalar una serie de textos que se han extendido en el desarrollo del tratamiento de esta violencia, como puede ser la Directiva 2011/99/UE del Parlamento Europeo y del Consejo, sobre la Orden Europea de Protección, así como el Reglamento (UE) Nº 606/2013 del Parlamento Europeo y del Consejo, sobre las medidas de protección en materia civil. Asimismo, puede señalarse la Directiva 2012/29/UE del Parlamento Europeo y del Consejo, sobre normas mínimas en relación con las víctimas de delitos, destacando asimismo normativa enfocada directamente en expresiones concretas de violencia de género, como puede ser la Directiva 2011/36/UE del Parlamento Europeo y del Consejo, relativa a la prevención y lucha contra la trata.

Al respecto del tratamiento en concreto sobre la violencia de género en el marco de la UE se dedicará un epígrafe en el que poder abordar una visión general sobre la protección realizada, reflexionando sobre las ausencias normativas y los desafíos que todavía se presentan en el contexto de la UE. No obstante, y pese a las posibles mejoras, sí que es preciso reconocer la labor emprendida en la protección de los derechos humanos y, en concreto, en los de las mujeres, esencialmente continuando con la identificación de la violencia —de género— iniciada por parte de las Naciones Unidas, reconociendo el fenómeno y abogando por su erradicación[20]. Además, en

---

https://eur-lex.europa.eu/legal-content/ES/TXT/PDF/?uri=CELEX:52011XG0525(01)&from=ES

19 A modo de ejemplo, podemos destacar: Declaración, de 22 de abril de 2009, sobre la campaña «Di NO a la violencia contra las mujeres», del Parlamento Europeo. Disponible en: https://violenciagenero.igualdad.gob.es/marcoInternacional/ambitoInternacional/unionEuropea/instituciones/parlamento/docs/Declaracion__Campana_DI_NO_VCM.pdf o la Resolución, de 26 de noviembre de 2009, sobre la eliminación de la violencia contra la mujer, también del Parlamento Europeo. Disponible en: https://violenciagenero.igualdad.gob.es/marcoInternacional/ambitoInternacional/unionEuropea/instituciones/parlamento/home.htm.

20 Así, se identifica como uno de los mayores retos a los que se enfrenta la UE en la Estrategia para la igualdad de género 2020-2025. Para más información sobre el contenido de esta Estrategia, identificando los distintos escenarios donde se advierten situaciones de desigualdad y las propuestas para afrontar-

la actualidad nos encontramos ante la propuesta de elaboración de una Directiva del Parlamento Europeo y del Consejo sobre la lucha contra la violencia contra las mujeres y la violencia doméstica, planteada durante los primeros meses de 2022 y que, teóricamente, se materializará próximamente en el primer instrumento que aborde de manera directa el fenómeno de la violencia de género en el ámbito de la UE, a través del establecimiento de medidas que mejoren la atención a esta violencia por parte de todos los Estados miembros, de manera más coordinada y homogénea.

En este sentido, es esencial comprender la magnitud del fenómeno de la violencia que nos encontramos en el contexto de la UE, por lo que veamos esta cuestión, con algo más de detenimiento, en el siguiente apartado.

2. LA VIOLENCIA DE GÉNERO EN EL CONTEXTO DE LA UE: ¿IMPLEMENTANDO SOBRE LO DESCONOCIDO?

2.1 Un fenómeno de magnitud aproximada

Como ya se apuntaba, es primordial la existencia de un adecuado conocimiento de la magnitud del fenómeno de la violencia de género pues, de lo contrario, el tratamiento que pueda realizarse sobre este no podrá ser evaluado adecuadamente. En este sentido, es posible confirmar que actualmente no disponemos de datos completos sobre el fenómeno, por lo que cualquier política que se establezca lo hace sobre un fenómeno *aproximado*[21].

De esta manera, si bien la existencia de un fenómeno de violencia contra las mujeres, por el hecho de serlo y que les (nos) afecta de forma desproporcionada, es innegable, pues se avala con datos empíricos, lo cierto es que la comprensión exacta del fenómeno está muy lejos de ser real.

---

las, se recomienda acudir a: https://op.europa.eu/en/publication-detail/-/publication/4ed128c0-5ec5-11ea-b735-01aa75ed71a1/language-es/format-PDF

21 SIMÓ, E., "La orden europea de protección puesta en cuestión: su aplicación a las víctimas de violencia de género", *Revista de Estudios Europeos*, 2018, núm. 71, pp. 206-219.

Al respecto, puede señalarse cómo la falta de una comprensión homogénea del fenómeno implica que cada Estado englobe dentro del mismo diferentes manifestaciones de violencia, lo que supone una recogida de datos diferenciada y difícilmente comparable. Es decir, el concepto de violencia de género tiene, aun a día de hoy, una implementación heterogénea en los distintos países de la UE[22].

Si bien algunos admiten la perspectiva de género en la violencia, otros siguen vinculando la violencia de género con la doméstica, manteniendo una sistematización de datos marcadamente neutral al género. Igualmente, a pesar de que en algunos países la comprensión del fenómeno sea más amplia que en otros, lo cierto es que todavía sigue tratándose de manera parcial, no como un fenómeno amplio, con una marcada estructura patriarcal que sirve de base a las diferentes manifestaciones de violencia; por lo que los datos se disgregan y generalmente se dota de mayor relevancia al ámbito de la violencia que se produce en el entorno afectivo, *discriminando* a las otras víctimas de la violencia, también de género, pero que lo son en un contexto externo al ámbito de pareja.

En este sentido, la importancia de la legislación penal es esencial, pues la misma dista de la armonización en el entorno de la UE, por lo que lo que en un país se entiende como un delito autónomo de violencia de género, en otro no lo es. En otras palabras, el empleo de tipificaciones diversas en los distintos Estados (tanto en su denominación, como en su contenido) supone significativos problemas de comparación, impidiendo una equiparación de las categorías que, a su vez, deben ser utilizadas en la recogida de información, lo que afecta igualmente al problema señalado con anterioridad, relativo a la recogida y estandarización de datos.

Además, resulta sumamente preocupante que, en la mayoría de países, la legislación continúa con una marcada reticencia a la inclusión de la perspectiva de género, manteniendo una aparente legisla-

---

[22] Así, BERMUDEZ Y MELÉNDEZ-DOMÍNGUEZ indican que la inexistencia de una conceptualización única es "uno de los principales problemas para la recogida de datos y la comparación de los mismos en los diferentes miembros de la UE". BERMUDEZ, M.P. Y MELÉNDEZ-DOMÍNGUEZ, M., "Análisis epidemiológico de la violencia de género en la Unión Europea", *anales de psicología*, 2020, núm.3, p. 384.

ción neutral lo que, si bien se esconde en una supuesta defensa de principios básicos de un Estado de Derecho (como puede ser el de igualdad) lo que realmente produce es la ausencia del reconocimiento del componente estructural-patriarcal de la violencia[23], como se había apuntado anteriormente.

No obstante, a pesar de la inexistencia de una comprensión completa del fenómeno, sí que podemos señalar algunos datos sobre el estado de la cuestión en la UE.

2.2 *Visibilizando la magnitud de la violencia a través de la encuesta de la Agencia de los Derechos Fundamentales de la Unión Europea*

Como ya se ha señalado, el conocimiento sobre la magnitud de la violencia de género se caracteriza por ser aproximado. A los problemas de la heterogeneidad penal, la distinta comprensión del concepto y contenido de esta violencia o la dispar sistematización de los datos, se añade la existencia de una importante cifra negra, especialmente característica en este tipo de fenómenos.

Cuando hablamos de una violencia con un claro componente cultural, estructural, la propia identificación como víctima es un asunto complejo, entre otras cuestiones por la interiorización y normalización de ciertas conductas. Por ello, el uso de encuestas de victimización es esencial para mejorar la comprensión de la violencia y, en esta línea, la importancia de la encuesta de la Agencia de Derechos Fundamentales de la Unión Europea es notoria.

Entre los compromisos apuntados anteriormente en este contexto por parte de la UE destacan, además de los ya señalados, la crea-

---

[23] En este sentido, LARRAURI, L., "Violencia doméstica y legítima defensa: una aplicación masculina del Derecho penal", *Jueces para la Democracia*, 1994, núm. 23, pp. 22-23. señala que, pese a la expresión neutral de la legislación, se constata una aplicación con clara perspectiva masculina. En la misma línea, THILL, M., "El convenio de Estambul: análisis iusfeminista del primer instrumento europeo vinculante específico sobre violencia de género", *IgualdadES*, 2020, núm. 2, p. 161 argumenta que esta aplicación de legislación aparentemente neutral obvia el carácter estructural que rodea la desigualdad y subordinación de las mujeres.

ción de dos organismos principalmente: La Agencia de los Derechos Fundamentales de la Unión Europea (en adelante, FRA) y el Instituto Europeo de la Igualdad de Género (en adelante, EIGE). Ambos se encuentran comprometidos con la lucha contra la violencia de género y gracias a su labor se puede tener un conocimiento más amplio de la situación ante la que nos encontramos. En concreto, como se señalaba, la encuesta llevada a cabo por la FRA goza de especial relevancia puesto que se trata de un exhaustivo estudio que aborda específicamente la violencia padecida por las mujeres de la UE.

En concreto, más de 42.000 mujeres de los 28 países miembros[24] fueron entrevistadas para advertir los posibles episodios de violencia física, psíquica o sexual que han padecido. Pese a los problemas que pueden indicarse de un estudio de estas características[25], lo cierto es que las conclusiones arrojan un foco de luz que permita iluminar el camino hacia un tratamiento adecuado para el fenómeno.

Sin posibilidad de desarrollar todos los resultados emanados de la encuesta[26], es preciso señalar algunos datos relevantes, que puedan inferir la magnitud de esta violencia en el contexto de la UE.

Entre otros, se calcula que unos 13 millones de mujeres en la UE han experimentado violencia física en los últimos 12 meses anteriores a la encuesta; 3,7 millones fueron víctimas de violencia sexual en ese mismo periodo y un 33% de las mujeres de la UE han ex-

---

24 Encuesta realizada en un momento previo a la salida de la Unión Europea de Reino Unido. En concreto, la encuesta se inició en el año 2011, publicándose los resultados en 2014.

25 En un estudio a través de encuestas los resultados pueden ser más o menos precisos atendiendo a diferentes factores como, por ejemplo, la formación del personal entrevistador, el tipo de preguntas, la identificación y conocimiento de la violencia por parte de la persona entrevistada, el posible condicionamiento de las preguntas, entre otros aspectos.

26 Para una mayor profundización se recomienda acudir a la encuesta de la FRA, "Violencia de género contra las mujeres: una encuesta a escala de la UE", 2014. Para una aproximación a los resultados, las conclusiones principales se encuentran disponibles en: https://violenciagenero.igualdad.gob.es/marcoInternacional/ambitoInternacional/unionEuropea/instituciones/Otros/FRA/docs/Encuesta_EscalaUE_Principales_Resultados.pdf Para un desarrollo mayor de la metodología de la encuesta, cuestionario utilizado, entre otros aspectos, se recomienda acudir a: https://fra.europa.eu/en/project/2012/fra-survey-gender-based-violence-against-women.

perimentado violencia física y/o sexual desde los 15 años de edad. Además, el 26% de las víctimas (fuera del ámbito de la pareja) y el 33% (en el ámbito afectivo) han acudido a la policía u otros servicios, lo que supone que el mayor porcentaje de víctimas no solicita ayuda a los servicios institucionales. A los datos señalados, puede añadirse que entre el 45-55% de las mujeres en la UE ha sufrido acoso sexual desde los 15 años (siendo producido en un elevado porcentaje en el entorno laboral) o que en los 12 meses previos a la entrevista un 14% de las mujeres han procurado no salir de casa solas por miedo a ser víctimas de agresiones físicas o sexuales.

Esta mezcolanza de datos, merecedores de un pausado análisis que resulta inabarcable en este texto, nos invitan a advertir la preocupante situación en la que nos encontramos en la UE.

En este sentido, no solo alarma la magnitud de la violencia, sino el desconocimiento por un importante porcentaje de mujeres de los recursos que tienen a su alcance, el porcentaje que, aun conociéndolos, decide no acudir a las instituciones y los condicionamientos de vida que se observan en las mujeres por el miedo a ser víctimas de delitos *de género*, como las agresiones sexuales.

2.3 Sobre la imposibilidad de un tratamiento a ciegas

A pesar de la relevancia de un estudio como el señalado, las dificultades emanadas de una encuesta de victimización hacen que esos resultados, por sí solos, no sean suficientes para implementar políticas adecuadas. Además, para una mayor viabilidad de los resultados, la encuesta debería repetirse de forma reiterada a lo largo del tiempo, valorando la evolución del fenómeno y ayudando a analizar la efectividad de las políticas implementadas.

Hasta el momento, no contamos con ninguna nueva encuesta de estas características por lo que los datos no han podido ser actualizados. Efectivamente, y gracias a la labor de otros organismos como, por ejemplo, el EIGE[27], contamos con otros datos que puedan con-

---

27 El EIGE colabora en el conocimiento de la magnitud de la violencia, con informes sobre manifestaciones concretas de la violencia contra las mujeres. Como ejemplo, el documento “Understanding intimate partner violence in the UE:

tinuar dibujando una situación más aproximada a la realidad y que animen a los organismos, tanto nacionales, como internacionales, a una labor de recogida y estandarización de datos más adecuada, que permita abordar de una forma más eficiente el fenómeno de la violencia de género.

Sin embargo y como se había apuntado, lo cierto es que no existe una estandarización de la recogida de datos, realizándose de forma desigual en cada Estado miembro, la heterogeneidad penal en este contexto imposibilita una comparativa entre los organismos y la ausencia de un Observatorio de violencia de género de la UE, tan demandado en reiteradas ocasiones, supone que aun a día de hoy la implementación de las políticas se realice a ciegas, incorporando medidas sobre un fenómeno que sigue siendo aproximado, desconocido, lo que no solo obstaculiza un tratamiento adecuado a corto plazo, sino que frustra una evaluación del mismo en el futuro, lo que permitiría la adaptación de las políticas en pro de la erradicación de esta violencia.

3. UN TRATAMIENTO CON VISTAS AL FUTURO: DE LA PROTECCIÓN INMEDIATA A LA DECONSTRUCCIÓN ESTRUCTURAL

Continuando con la reflexión en torno a la necesidad de introducir mejoras en el tratamiento de la violencia de género —lo que implica apostar por la identificación de la magnitud real del fenómeno, como se apuntada anteriormente— es preciso recuperar las menciones realizadas al inicio sobre algunos de los textos que más se han enfocado en la protección de las víctimas de la violencia de género.

En este sentido, nos encontramos con la Directiva 2011/99/UE del Parlamento Europeo y del Consejo, sobre la Orden Europea de Protección que, a pesar de no dirigirse exclusivamente a las víctimas

---

the role of data" Disponible en: https://eige.europa.eu/publications/understanding-intimate-partner-violence-eu-role-data donde se realiza un análisis de los datos disponibles en los países de la UE, advirtiendo mejoras y aportando recomendaciones para una recogida de datos más adecuada.

de esta violencia[28], colabora en la protección específica de estas. De esta forma, se pretende garantizar la tutela ejercida por un Estado (de origen) en un Estado de destino (de ejecución) favoreciendo la libertad de movimiento de las víctimas en el espacio de la UE[29]. Sin embargo, y pese a la encomiable intención que rodea este texto, lo cierto es que la aplicación de esta Orden Europea es residual, entre otras cuestiones, por la amplia disparidad legislativa existente en los diferentes Estados, incompatibilizando un auténtico reconocimiento de las medidas y suponiendo que, a pesar de este texto, la protección de las víctimas queda condicionada al Estado en el que se encuentran, dada la variabilidad de medidas existentes en los diferentes países de la UE[30].

En esta línea, teniendo en cuenta que un importante número de países prioriza las medidas de carácter civil sobre las de ámbito penal en el marco de la protección a las víctimas y dada la limitación de la directiva señalada al reconocimiento mutuo de medidas en el ámbito penal, nos encontramos con el Reglamento (UE) Nº 606/2013 del Parlamento Europeo y del Consejo de 12 junio 2013 relativo al reconocimiento mutuo de las medidas de protección en materia civil, que vino a superar uno de los fallos advertidos en la aplicación de la

---

28 ampliando la protección a cualquier víctima de algún hecho delictivo que ponga "en peligro su vida, su integridad física o psicológica y su dignidad, su libertad individual o su integridad sexual" (art. 1 Directiva 2011/99/UE) de tal forma que "la medida de protección de la que es beneficiaria una víctima de un Estado miembro le *siga* durante sus desplazamientos por el espacio común" como así indica PEYRÓ, A., "La protección de las víctimas en la unión europea: la orden europea de protección", *Revista de Derecho Europeo*, 2013, núm. 46, p. 12.

29 en base al impulso del principio de confianza mutua entre los Estados que favorece este texto, tal y como apunta DEL POZO, M., "La orden europea de protección. Especial referencia a las víctimas de violencia de género", *Revista Europea de Derechos Fundamentales*, 2012, núm. 19, pp. 157-183.

30 De este modo, parece más razonable insistir en una previa armonización de los sistemas penales y procesales de los diferentes Estados miembros, antes de la inclusión de una Directiva de este estilo, que apuesta por el reconocimiento mutuo pero que, como se señala, la heterogeneidad legislativa imposibilita la consecución de los fines previstos con este texto. En esta línea, GARCÍA SÁNCHEZ, B., "Pluralismo constitucional en la Unión Europea y heterogeneidad de las normativas penales de los estados miembros: problemas del principio de reconocimiento mutuo", *cuadernos de política criminal*, 2012, núm. 106, pp. 191-222.

directiva, pero que continúa con la misma suerte, no encontrando un escenario de uso extendido[31].

Asimismo, añadido a los anteriores textos nos encontramos con la Directiva 2012/29/UE del Parlamento Europeo y del Consejo, de 25 de octubre 2012, por la que se establecen normas mínimas sobre los derechos, el apoyo y la protección de las víctimas de delitos, la cual, al igual que en ocasiones anteriores, no se dedica específicamente a las víctimas de violencia de género, aunque estas sean efectivamente beneficiadas por el contenido de este texto, cuyo objetivo es "garantizar que las víctimas de delitos reciban información, apoyo y protección adecuados y que puedan participar en procesos penales" (art. 1 Directiva 2012/29/UE) lo que evidentemente constituye un aspecto esencial —aunque no único— en un adecuado tratamiento de las víctimas.

Además, se había apuntado inicialmente que al marco general de textos de estas características se le suman el establecimiento de otras directivas que, sin tratar de forma directa el fenómeno de la violencia de género, sí atienden a manifestaciones concretas, como pueden ser la trata[32] o el acoso sexual en un ámbito laboral.

Sin embargo, y pese a reconocer el significativo desarrollo normativo en pro de un mayor tratamiento del fenómeno, lo cierto es que la visión crítica de este debe ser igualmente apuntada en un texto

---

31 Añadiéndose a las complicaciones ya advertidas con la OEP, las derivadas de la existencia de una "duplicidad normativa-Directiva y Reglamento- que parte de una identidad material e idéntica finalidad" complicando más la situación, como bien apunta ETXEBARRIA, K. "La protección de las víctimas de violencia de género en la Unión Europea. Especial referencia al reconocimiento mutuo de medidas de protección en materia civil", *Revista Brasileira de Direito Processual Penal*, vol. 5, 2019, núm. 2, p. 993.

32 Sobre esta disposición y en consonancia con el posicionamiento que se aborda en este texto, proliferan las perspectivas críticas como la de THILL, M., "El enfoque de género: un requisito necesario para el abordaje de la trata de seres humanos con fines de explotación sexual ", *Revista Europea de Derechos Fundamentales*, 2016, núm. 27, pp. 439-459 que señalan cómo se ha abordado el fenómeno de la trata a través de una directiva *ciega* al género, que no se ocupa de la sobrerrepresentación de las mujeres y niñas en la trata con fines de explotación sexual-la más extendida- por lo que, de esta forma, no se advierte como una manifestación de violencia de género y, por tanto, no se establece un tratamiento adecuado.

como el presente. Por ello, parece que nos encontramos ante una continua oportunidad perdida de establecer una directiva específica que aborde el problema de la violencia de género de forma directa, que identifique el fenómeno en su conjunto y que abogue por una revisión estructural del contexto en el que se insertan las manifestaciones de violencia contra las mujeres, por el hecho de serlo.

De esta forma, se evitaría la proliferación de textos que aborden el fenómeno de manera parcial, limitada, promoviendo únicamente un escenario de protección inmediata a la víctima, lo que supone el abandono de un objetivo más ambicioso, como es un tratamiento eficiente a largo plazo que acuda a la raíz del problema, al sustrato cultural en el que se inserta, abogando por una necesaria deconstrucción estructural[33].

En definitiva, es preciso que se establezca un texto vinculante que, en primer lugar, permita una armonización del concepto, señalando qué debe entenderse por violencia de género, cuál es su contenido y la necesidad de abandonar la percepción neutral ante cierto tipo de violencia que, efectivamente, sí está marcada por el género —asociado a la mujer por su condición de mujer—.

Además, debería fomentar el camino hacia una mayor homogeneidad penal en este contexto pues, la heterogeneidad actual supone un obstáculo tanto en relación con la estandarización de los datos, como para la aplicación de normativa vigente, como la relacionada con la OEP. En este sentido, las continuas declaraciones de intenciones en relación con la creación de un Observatorio de violencia de género a escala de la UE deberían ser finalmente llevadas a cabo, reconociéndose en esa directiva la creación de este organismo, a través del cual poder realizar una recopilación de datos adecuada, ejecutar comparativas entre los países miembros, evaluar las políticas públicas implementadas, entre otras cuestiones de importancia que favorece-

---

33 Como señala ROPERO, J., "Inmigración, integración y diversidad: un análisis crítico a partir del tratamiento de la mutilación genital femenina en la Unión Europea", *Cuadernos Europeos de Deusto,* 2017, núm. 57, pp. 158-159 "en el tratamiento de la violencia de género debería ser esencial en todo caso acometer su definición, y afrontarlo como un problema de toda la sociedad, que exige cambios estructurales, sin que la mera atención a las víctimas baste para hacerle frente".

rían un conocimiento más adecuado del fenómeno y el desarrollo de políticas comunes debidamente asentadas en dicho conocimiento.

Asimismo, se debería promover un auténtico compromiso en la erradicación de esta violencia, en cualquiera de sus manifestaciones, advirtiendo que resulta imposible realizar un tratamiento eficiente si no comprendemos que las diferentes expresiones violentas de vulneración de derechos de las mujeres (como la violencia en el ámbito de la pareja, los matrimonios forzados, la mutilación genital femenina o la violencia sexual, entre otros) forman parte del mismo fenómeno, pues sus causas se asientan en la misma base cultural estructural que las promueve y tolera históricamente[34].

Estas cuestiones apuntadas, parece que son tenidas en cuenta —si bien no todas, sí una mayoría— en la Propuesta de Directiva del parlamento europeo y del consejo sobre la lucha contra la violencia contra las mujeres y la violencia doméstica, de 2022. Pese a que todavía no se ha elaborado la Directiva y, por tanto, desconocemos el contenido final que tendrá, en su caso, el texto, sí que es meritorio que la UE, al fin, se haya decidido a establecer una apuesta uniforme en la prevención de esta violencia. Solo de esta forma, con unas miras a futuro, desde una deconstrucción del presente, será posible hablar de un auténtico compromiso, de un tratamiento eficiente.

4. CONCLUSIONES

La comunidad internacional ha mantenido tradicionalmente una reticente posición de desatención sobre la situación de la mujer. Teniendo en cuenta el marcado carácter androcéntrico del Derecho internacional, los derechos de las mujeres no se han visto atendidos adecuadamente hasta mitad del s. XX, momento en el que se recono-

---

[34] Por ello, debe fomentarse un "cambio estructural de la sociedad patriarcal a través de medidas educativas de carácter integral y de la activación de un proceso de reeducación" como defienden BUSTELO, M. & LOMBARDO, E., "Los 'marcos interpretativos' de las políticas de igualdad en Europa: conciliación, violencia y desigualdad de género en la política", *Revista Española de Ciencia Política*, 2006, núm. 14, p. 130.

cen de forma directa y se identifican las situaciones de vulneración de derechos que se han venido tolerando a lo largo de toda la historia.

En este sentido, la labor de las Naciones Unidas ha sido esencial pues, a través de diferentes textos se ha promovido una auténtica identificación de los derechos de las mujeres, reparando en las situaciones de violencia sufridas y reivindicando la labor de los Estados en la erradicación de la mismas.

A raíz de los primeros pasos llevados a cabo por las Naciones Unidas, la UE ha tomado el relevo y, a medida que su inicial vínculo económico se desarrollaba en pro de una comunidad con una serie de valores y derechos, como la dignidad o la igualdad, se han sucedido los textos que han abordado, en mayor o menor medida, la violencia sobre las mujeres.

Sin embargo, a día de hoy la UE se enfrenta a importantes desafíos en relación al fenómeno de la violencia de género. Por un lado, continuamos ante un fenómeno cuya magnitud sigue siendo aproximada, pues no contamos con datos completos, comparables. Entre otras cuestiones, esto se debe a que el concepto mismo de violencia de género sigue encontrándose ante posturas negacionistas y/o obstinadas a la comprensión de una violencia donde el género —como condición asociada a la mujer— se encuentra presente[35].

Asimismo, la disparidad de contenido del concepto y la ausencia de la perspectiva de género se traducen en una significativa heterogeneidad penal entre los Estados, diferenciando aquellos que sí tienen una tipificación autónoma de los que no, además de las diferentes formas de enfocar el tratamiento de esta violencia que cada uno desarrolla.

De esta situación se deriva que la protección de las víctimas se vea condicionada al lugar en el que se encuentran, pues cada Estado establece medidas diferentes, cuestión que no parece sensata en el marco de la Unión Europea. Por ello, pese a los encomiables esfuerzos realizados, a través de directivas u otro tipo de instrumen-

---

35 A pesar de que el género constituye un factor esencial, no se debe obviar que nos encontramos ante un fenómeno donde confluyen otros aspectos que posicionan a las víctimas en escenarios de mayor vulnerabilidad. Así, al género se le suman diversos factores, como la clase o la etnia, entre otros.

tos que han intentado abordar este fenómeno, lo cierto es que es necesario un enfoque directo de la violencia de género, que palie los nefastos efectos de la continua normativa limitada que se ha producido, aspecto este que parece que será abordado por la Directiva del Parlamento Europeo y del Consejo sobre la lucha contra la violencia contra las mujeres y la violencia doméstica.

Al respecto, efectivamente, es preciso un texto vinculante que promueva un cambio en la estructura social que compone el sustrato de la violencia, abogando por un reconceptualización de los géneros[36], apostando por una sociedad más igualitaria, contraria a situaciones de subordinación que todavía se encuentran presentes. Solo cuando se acuda al fondo de la violencia, a las causas que la producen y se atienda al fenómeno en su conjunto, comprendiendo todas sus expresiones como un todo y no cada parte de forma individualizada, podremos encontrarnos ante un tratamiento eficiente que advierta las especificidades de la violencia y que abandone la exclusiva protección inmediata de las víctimas, por un objetivo más ambicioso que suponga un futuro más igualitario, un futuro sin violencia. Si bien no contamos todavía con la materialización de la propuesta planteada, las esperanzas están puestas en que esta vea finalmente la luz y aborde, entre otras, las cuestiones planteadas en este texto.

La UE, como se ha podido advertir, ha dado significativos pasos en el camino. Sigamos recorriéndolo.

REFERENCIAS BIBLIOGRÁFICAS

BERMÚDEZ, M. P. Y MELÉNDEZ-DOMÍNGUEZ, M., "Análisis epidemiológico de la violencia de género en la Unión Europea", *anales de psicología*, 2020, núm.3, pp. 380-385.

BUSTELO, M. & LOMBARDO, E., "Los 'marcos interpretativos' de las políticas de igualdad en Europa: conciliación, violencia y desigualdad de

[36] como señala LÓPEZ-SAEZ, M. & GARCÍA-DAUDER, D., "Los test de masculinidad/feminidad como tecnologías psicológicas de control de género, *Athenea Digital*, 2020, núm. 20 "las normas de género no son universales y cambian con los contextos sociales y epocales" por lo que ya ha llegado el momento -aun tardío- en el que cuestionemos nuestras normativas de género que tanta violencia han producido.

género en la política", *Revista Española de Ciencia Política*, 2006, núm. 14, pp. 117-140.

CARRERAS, A., "El tratamiento sensitivo de género en la norma como protección internacional frente a la violencia de género: una cuestión pendiente en el ordenamiento jurídico español (Tesis doctoral)" Universidad Rey Juan Carlos, Madrid.

Carta de los Derechos fundamentales de la Unión Europea. Disponible en: https://www.europarl.europa.eu/charter/pdf/text_es.pdf.

CHARLESWORTH, H., "What are «Women's International Human Rights»?" en COOK, R. (ed[a].) *Human Rights of Women: National and International Perspectives*, Pensilvania, Estados Unidos, University of Pennsylvania Press, 1994, pp. 58-84.

Convenio del Consejo de Europa sobre prevención y lucha contra la violencia contra las mujeres y la violencia doméstica. Disponible en: https://rm.coe.int/1680462543.

DE MIGUEL, A., *Neoliberalismo sexual. El mito de la libre elección*, Madrid, ediciones cátedra, 2015

Declaración de la Asamblea General de Naciones Unidas sobre la eliminación de la violencia contra la mujer, de 20 de diciembre de 1993. Disponible en: https://www.ohchr.org/SP/ProfessionalInterest/Pages/ViolenceAgainstWomen.aspx.

Declaración y plataforma de acción de Beijing, de 1995. Disponible en: https://www.unwomen.org/-/media/headquarters/attachments/sections/csw/bpa_s_final_web.pdf?la=es&vs=755.

Declaración y programa de acción de Viena, de 25 de junio de 1993. Disponible en: https://www.ohchr.org/EN/ProfessionalInterest/Pages/Vienna.aspx.

DEL POZO, M., "La orden europea de protección. Especial referencia a las víctimas de violencia de género", *Revista Europea de Derechos Fundamentales*, 2012, núm. 19, pp. 157-183.

DÍEZ PERALTA, E., "Los derechos de la mujer en el derecho internacional", *revista española de derecho internacional*, 2011, núm. 63, pp. 87-121.

Directiva 2011/99/UE del Parlamento Europeo y del Consejo, sobre la Orden Europea de Protección. Disponible en: https://eur-lex.europa.eu/legal-content/ES/TXT/PDF/?uri=CELEX:32011L0099&from=ES.

Directiva 2012/29/UE del Parlamento Europeo y del Consejo, de 25 de octubre 2012, por la que se establecen normas mínimas sobre los derechos, el apoyo y la protección de las víctimas de delitos. Disponible en: https://www.boe.es/doue/2012/315/L00057-00073.pdf

Estrategia para la igualdad de género 2020-2025. Disponible en: https://op.europa.eu/en/publication-detail/-/publication/4ed128c0-5ec5-11ea-b735-01aa75ed71a1/language-es/format-PDF.

ETXEBARRIA, K. "La protección de las víctimas de violencia de género en la Unión Europea. Especial referencia al reconocimiento mutuo de medidas de protección en materia civil", *Revista Brasileira de Direito Processual Penal*, vol. 5, 2019, núm. 2, pp. 961-998.

European Institute for Gender Equality (EIGE), "Understanding intimate partner violence in the UE: the role of data", 2019. Disponible en: https://eige.europa.eu/publications/understanding-intimate-partner-violence-eu-role-data.

GARCÍA SÁNCHEZ, B., "Pluralismo constitucional en la Unión Europea y heterogeneidad de las normativas penales de los estados miembros: problemas del principio de reconocimiento mutuo", *cuadernos de política criminal*, 2012, núm. 106, pp. 191-222.

LARRAURI, L., "Violencia doméstica y legítima defensa: una aplicación masculina del Derecho penal", *Jueces para la Democracia*, 1994, núm. 23, pp. 22-23.

LIROLA, I." La protección de los Derechos Humanos en la Unión Europea. Reflexiones a la luz de la Carta de Derechos Fundamentales de la Unión Europea", *Agenda Internacional*, 2004, núm. 20, pp. 93-111.

LOMBARDO, E., "El mainstreaming de género en la unión europea ", *Aequalitas. Revista Jurídica de Igualdad de Oportunidades entre Mujeres y Hombres*, vol. 10-15, 2003, pp. 6-11.

LOMBARDO, E., "La europeización de la política española de igualdad de género", *Revista Española de Ciencia Política*, 2003, núm. 9, pp. 65-82.

LÓPEZ-SAEZ, M., GARCÍA-DAUDER, D., "Los test de masculinidad/feminidad como tecnologías psicológicas de control de género, *Athenea Digital*, 2020, núm. 20.

MARTÍN MARTÍNEZ, M., "Protección a las víctimas, violencia de género y cooperación judicial penal en la unión europea post-Lisboa", *Revista de Derecho Comunitario Europeo*, 2011, núm. 39, pp. 407-442.

MONTIEL, G., "Indicadores sociales y violencia de género: protección de las víctimas y cambio social en la UE", *BARATARIA, Revista Castellano-Manchega de Ciencias Sociales*, 2015, núm. 20, pp. 161-170.

Pacto Europeo por la Igualdad de Género (2011-2020) (DOUE C 155/02, 25.5.2011) Disponible en: https://eur-lex.europa.eu/legal-content/ES/TXT/PDF/?uri=CELEX:52011XG0525(01)&from=ES.

PEYRÓ, A., "La protección de las víctimas en la unión europea: la orden europea de protección", *Revista de Derecho Europeo*, 2013, núm. 46, p. 9-28.

Propuesta de Directiva del Parlamento Europeo y del Consejo sobre la lucha contra la violencia contra las mujeres y la violencia doméstica, Estrasburgo, 2022/0066. Disponible en: https://eur-lex.europa.eu/legal-content/ES/TXT/?uri=CELEX:52022PC0105.

PILLAY, N. "Introducción al documento por el 20 aniversario de la Declaración y Programa de Acción de Viena de 1993", 2013. Disponible en:

https://www.ohchr.org/Documents/Events/OHCHR20/VDPA_booklet_Spanish.pdf.

Recomendación general nº 19 del Comité general de la CEDAW, de 29 de enero de 1992. Disponible en: https://violenciagenero.org/sites/default/files/cedaw_1992.pdf.

Reglamento (UE) Nº 606/2013 del Parlamento Europeo y del Consejo de 12 junio 2013 relativo al reconocimiento mutuo de las medidas de protección en materia civil. Disponible en: https://eur-lex.europa.eu/legal content/ES/TXT/PDF/?uri=CELEX:32013R0606&from=EM.

Resolución 217 A (III) de la Asamblea General de Las Naciones Unidas, de 10 de diciembre de 1948. Disponible en: *https://www.ohchr.org/EN/UDHR/Documents/UDHR_Translations/spn.pdf.*

ROPERO, J., "Inmigración, integración y diversidad: un análisis crítico a partir del tratamiento de la mutilación genital femenina en la Unión Europea", *Cuadernos Europeos de Deusto*, 2017, núm. 57, pp. 133-165.

SIMÓ, E., "La orden europea de protección puesta en cuestión: su aplicación a las víctimas de violencia de género", *Revista de Estudios Europeos*, 2018, núm. 71, pp. 206-219

THILL, M., "Erradicar la violencia de género: un recorrido por las intenciones y los instrumentos europeos", *Themis, Revista Jurídica de Igualdad de Género*, 2013, núm. 13, pp. 7-19

THILL, M., "El enfoque de género: un requisito necesario para el abordaje de la trata de seres humanos con fines de explotación sexual", *Revista Europea de Derechos Fundamentales*, 2016, núm. 27, pp. 439-459

THILL, M., "El convenio de Estambul: análisis iusfeminista del primer instrumento europeo vinculante específico sobre violencia de género", *IgualdadES*, 2020, núm. 2, p. 157-196.

REPERCUSIONES DE LA LUCHA CONTRA LA COVID-19 EN LA LIBERTAD DE CIRCULACIÓN PERSONAS Y EL CONTROL DE FRONTERAS EXTERIORES DE LA UNIÓN EUROPEA

ÁNGELES CANO LINARES[1]

SUMARIO: INTRODUCCIÓN. 1. UNA RÁPIDA MIRADA A LA RESPUESTA DE LA UE ANTE LA COVID-19. 2. MEDIDAS ADOPTADAS EN EL ESPACIO DE LIBERTAD, SEGURIDAD Y JUSTICIA. 2.1 Restablecimiento de los controles en las fronteras interiores de la UE. 2.2 Control de las fronteras exteriores. 2.3 La libre circulación de determinados colectivos de trabajadores. 2.4 Impacto en los procedimientos de asilo, retorno y reasentamiento. 2.5 Enfoque gradual y coordinado de la restauración de la libertad de circulación y del levantamiento de los controles en las fronteras interiores y de la gestión de las fronteras exteriores. 2.5.1 Levantamiento de los controles en las fronteras interiores. 2.5.2 Reapertura condicionada de las fronteras exteriores. 3. ENFOQUE COORDINADO DE LA RESTRICCIÓN DE LA LIBRE CIRCULACIÓN ANTE LOS REBROTES GENERALIZADOS. 4. CONSIDERACIONES FINALES.

INTRODUCCIÓN

Los datos publicados por la Organización Mundial de la Salud ponen claramente de manifiesto que el SARS-CoV-2 y la enfermedad por él desencadenada no hacen distinción de fronteras y afectan potencialmente a todos por igual· En marzo de 2020 todos los Estados miembros de la Unión Europea (UE) habían notificado ya casos de COVID-19. Desde entonces, el número solo ha ido en aumento.

Esta pandemia ha supuesto y sigue suponiendo un desafío de alcance global que exige respuestas coordinadas a nivel mundial. Una coordinación que es especialmente necesaria en el caso de UE y de sus Estados Miembros que se han visto compelidos a luchar contra

1 Profesora Titular de Derecho Internacional Público y RR.II. Universidad Rey Juan Carlos. (angeles.cano.linares@urjc.es)

un desafío sin precedentes en un momento histórico especialmente delicado tras la salida del Reino Unido del laborioso proyecto de integración europea.

En este contexto, la Unión se ha visto en la necesidad de buscar un equilibrio entre las medidas necesarias para proteger la salud pública, la seguridad ciudadana y los derechos fundamentales al tiempo que trataba de compensar las devastadoras consecuencias económicas con un plan de recuperación.

"Debemos velar los unos por los otros y hemos de apoyarnos mutuamente en este trance. Porque si hay algo más contagioso que este virus es el amor y la compasión. Y frente a la adversidad, el pueblo europeo está mostrando cuán fuertes pueden ser. Debemos velar los unos por los otros y hemos de apoyarnos mutuamente en este trance." afirmaba la presidenta de la Comisión Europea en la sesión plenaria del Parlamento Europeo de 26 de marzo.

La importancia de las medidas económicas no admite discusión pues la pandemia va mucho va más allá de una emergencia sanitaria al haber desencadenado una crisis económica, humanitaria, de seguridad y de derechos humanos que ha puesto de manifiesto fragilidades y desigualdades muy graves entre países y dentro de ellos, poniendo a prueba, en el caso de la UE, algunos de sus principios y valores fundamentales al igual que algunas de sus más importantes realizaciones.

Así, este trabajo se centrará, dada la importancia de la libre circulación como uno de los derechos de los ciudadanos de la Unión, uno de los mayores logros del proceso integrador y un importante motor de su economía, en las consecuencias que esta situación ha tenido en relación con la libre circulación de personas y en el control de las fronteras exteriores. Y ello porque para limitar la propagación del brote de COVID-19, los Estados miembros han adoptado diversas medidas, algunas con un impacto directo en este derecho de los ciudadanos imponiendo restricciones a la entrada en los territorios estatales. Además, se han establecido igualmente requisitos, como la exigencia de seguir cuarentenas aplicables a viajeros fronterizos, incluidos los que se desplazan por motivos económicos, como son trabajadores y emprendedores. Las graves consecuencias de estas medidas, adoptadas con el fin de salvaguardar la salud y el bienestar de los ciudadanos, han afectado igualmente al mercado interior.

Es lugar común afirmar que las crisis representan oportunidades y abren grandes posibilidades de mejora. Por ello cabe preguntarse si para la UE la pandemia ha sido ocasión de actuación coordinada y solidaria o si han primado las respuestas individuales. Con independencia de la valoración final lo cierto es que, frente a las iniciales actuaciones individuales de los Estados, a lo largo de todos estos meses han proliferado, en función de las competencias atribuidas, las iniciativas comunitarias para articular y coordinar una respuesta europea común.

1. UNA RÁPIDA MIRADA A LA RESPUESTA DE LA UE ANTE LA COVID-19

Si bien como se verá en el siguiente epígrafe las primeras y principales respuestas frente a la pandemia en relación con el cierre de fronteras fueron de carácter nacional, las instituciones de la UE, visibilizadas en la Comisión, hicieron un gran esfuerzo por poner en marcha diversos mecanismos que abarcaran todos los frentes posibles para contener la propagación del coronavirus, apoyar los sistemas nacionales de salud y luchar contra el impacto socioeconómico de la pandemia a través de medidas sin precedentes, tanto a nivel nacional como de la Unión.

Lo cierto es que tras la alerta emitida por la Organización Mundial de la Salud, se abrió de inmediato, el 9 de enero, una notificación de alerta en el Sistema de Alerta Precoz y Respuesta permitiendo a la mayoría de los Estados miembros compartir desde entonces información sobre las medidas de respuesta y comunicación, reuniéndose el Comité de se Seguridad Sanitaria poco después.

Otra respuesta temprana fue la activación, a finales de enero, del Mecanismo de Protección Civil de la Unión con el objetivo de repatriar a los cerca de 600.000 ciudadanos de la UE afectados en todo el mundo por las restricciones de viaje a causa del coronavirus. Los primeros devueltos a sus países de origen fueron 447 ciudadanos europeos que se encontraban en Wuhan, habiéndose beneficiado en mayo de 2020 unos 625.000 ciudadanos de la UE en una operación coordinada de asistencia consultar digna de elogio.

La protección de la salud, paliar las secuelas económicas y coordinar las restricciones de movimientos han sido los ámbitos prioritarios que han centrado los esfuerzos de la UE pero no los únicos.

Por lo que respecta a las medidas de protección de la salud, además de coordinar la evaluación de riesgos y dar orientaciones sobre las recomendaciones de viaje, la UE ha procedido junto con los Estados a la adquisición conjunta de equipos médicos buscado en todo momento garantizar el suministro de material médico[2]. Por otro lado, se activó, el 2 de abril el Instrumento de Ayuda de Emergencia de la UE en apoyo directo a los sistemas sanitarios de los Estados miembros en su lucha contra la pandemia. Además, la UE junto a los Estados miembros colaboran en el desarrollo de un enfoque conjunto para obtener vacunas seguras contra la COVID-19, preparar las estrategias nacionales de vacunación, impulsar y coordinar las aplicaciones móviles de rastreo así como la realización de pruebas sin olvidar la búsqueda de tratamientos eficaces, potenciando la investigación.

El 28 de mayo de 2020, la Comisión Europea presentó su propuesta de nuevo programa sanitario reforzado de la UE para el periodo 2021-2027, denominado "La UE por la salud". Concebido para realizar una contribución significativa a la recuperación tras la COVID-19, tiene como objetivos reforzar la resiliencia de los sistemas sanitarios y fomentar la innovación en el sector de la salud con un refuerzo sustancial de la UE para complementar y respaldar a los Estados miembros en el ámbito de la política de salud pública, multiplicando por 25 el presupuesto del actual programa de salud[3].

Por su parte, las medidas económicas representan sin duda el mayor y más llamativo esfuerzo con, en primer lugar, la adopción por

---

2 Entre otras, se han realizado cuatro contrataciones públicas conjuntas por una cantidad total de 1 500 millones de euros, con carriles prioritarios para facilitar la libre circulación de mercancías y personas que necesitan cruzar las fronteras, normas europeas para suministros médicos armonizados y de acceso libre a fin de facilitar el aumento de la producción. ha creado una nueva reserva europea común de equipos médicos de emergencia, como respiradores, mascarillas de protección y material de laboratorio para ayudar a los países de la UE que lo necesiten (RescEU).

3 El programa de salud actual asciende a cerca de 450 millones de euros para el periodo 2014-2020.

parte de la Comisión, el 19 de marzo, del Marco Temporal, con el fin de respaldar la economía en el contexto del brote de COVID-19, que permitió a los Estados miembros utilizar plenamente la flexibilidad prevista en las normas sobre ayudas estatales. Le siguió la activación de la cláusula general de salvaguardia del Pacto de Estabilidad y Crecimiento y, finalmente, la presentación en mayo de un plan de recuperación para Europa y la creación de un fondo de recuperación destinado a mitigar los efectos de la crisis. La movilización de recursos llevo al Eurogrupo a presentar en abril tres redes de seguridad inmediatas[4], que fueron completadas en mayo de 2020, concebidas para apoyar al empleo y los trabajadores[5], a las empresas[6] y a los Estados miembros[7].

Con clara incidencia económica, vinculadas a la libertad de movimientos, en mayo se presentó un conjunto de orientaciones y recomendaciones para ayudar a los Estados miembros a retirar gradualmente las restricciones de viaje y permitir que las empresas del sector turístico volviesen a abrir tras meses de confinamiento[8].

Finalmente y dado que la pandemia ha desencadenado igualmente una infodemia[9] debe reseñarse el refuerzo de las medidas para

---

4 Por un valor de 540 000 millones de euros.

5 Creación de un instrumento que ofrece apoyo temporal para mitigar los riesgos de desempleo en caso de emergencia (SURE) con objeto de ayudar a los trabajadores a conservar sus empleos durante la crisis.

6 El Grupo del Banco Europeo de Inversiones (BEI) ha creado un nuevo fondo de garantía paneuropeo de 25 000 millones de euros. El fondo proporcionará préstamos de hasta 200 000 millones para empresas, en especial para pequeñas y medianas empresas en toda la UE. Esto se suma a más fondos de emergencia ya movilizados por el BEI para cubrir las necesidades de financiación a corto plazo de las pymes y apoyar al sector sanitario.

7 El Mecanismo Europeo de Estabilidad estableció el apoyo ante una crisis pandémica a partir de una línea de crédito precautoria ya existente, ajustada a raíz de la crisis de la COVID-19. Esta línea de crédito puede proporcionar préstamos a todos los Estados miembros de la zona del euro, con un límite del 2% de su PIB, hasta un valor total de 240 000 millones de euros.

8 COM(2020) 550 final, Comunicación de la Comisión al Parlamento Europeo, al Consejo, al Comité Económico y Social Europeo y al Comité de las Regiones, El turismo y el transporte en 2020, Bruselas, 13.5.2020.

9 Término ha sido empleado y definido por la OMS para referirse a una cantidad desmesurada de información sobre un problema, que dificulta la búsqueda

combatir la desinformación recogidas en la Comunicación conjunta dela Comisión y el Alto Representante de la Unión para Asuntos Exteriores y Política de Seguridad[10].

2. MEDIDAS ADOPTADAS EN EL ESPACIO DE LIBERTAD, SEGURIDAD Y JUSTICIA

El artículo 3 del Tratado de la Unión Europea (TUE), que recoge los objetivos de la Unión afirma en su apartado 2, que la Unión ofrecerá a sus ciudadanos un espacio de libertad, seguridad y justicia sin fronteras interiores, en el que esté garantizada la libre circulación de personas conjuntamente con medidas adecuadas en materia de control de las fronteras exteriores, asilo, inmigración y de prevención y lucha contra la delincuencia. Se trata de un objetivo desarrollado en el Título V TFUE, arts. 67 a 89, dedicado al Espacio de Libertad, Seguridad y Justicia.

Como ya se ha indicado, el desarrollo de ese espacio sin fronteras interiores constituye uno de los logros fundamentales de la Unión con incidencia y beneficio directo en los ciudadanos.

La ausencia de un tratamiento eficaz o una vacuna para hacer frente a la pandemia de COVID- 19 combinada con un crecimiento exponencial de las infecciones en Europa desde febrero de 2020, indujo a muchos Estados miembros de la UE y países asociados a Schengen a aplicar medidas como el confinamiento y el distanciamiento físico. En casi todos los Estados miembros, las restricciones a la libre circulación con el objetivo de proteger la salud pública, incluidos los controles temporales en las fronteras interiores han formado parte de estas medidas.

---

de una solución. Puede consistir en la difusión de información errónea, desinformación y rumores durante una situación de emergencia sanitaria, pudiendo entorpecer la respuesta eficaz de la sanidad pública y generar confusión y desconfianza.

10 JOIN (2020) 8 final. Comunicación Conjunta al Parlamento Europeo, al Consejo Europeo, al Consejo, al Comité Económico y Social Europeo y al Comité de las Regiones La lucha contra la desinformación acerca de la COVID-19: contrastando los datos, Bruselas, 10.6.2020.

2.1 Restablecimiento de los controles en las fronteras interiores de la UE

Como ya se ha señalado las principales medidas adoptadas por los Estados han afectado directamente al derecho de todo ciudadano de la Unión a la libre circulación reconocido, junto con el de libertad de residencia, como derecho fundamental en el artículo 45 de la Carta de los Derechos Fundamentales de la UE, además de estar recogido en el artículo 21.1 del Tratado de Funcionamiento de la UE (TFUE) y desarrollado en la Directiva 2004/38/CE sobre el derecho de los ciudadanos de la UE y de sus familias a circular y residir libremente en el territorio de la UE[11].

El ejercicio de este derecho se ve facilitado por la ausencia de controles fronterizos de las personas que crucen las fronteras interiores de los Estados miembros de la UE establecida en el Título III del conocido como Código Schengen[12], que recoge igualmente normas aplicables al control fronterizo de las personas que crucen las fronteras exteriores de los Estados miembros de la Unión.

El Capítulo II del Título III del Reglamento Schengen recoge las normas relativas al restablecimiento temporal de los controles en las fronteras interiores. De acuerdo con su articulado, cuando se presente una amenaza grave para el orden público o la seguridad interior de un Estado miembro, este podrá restablecer los controles fronterizos en partes específicas o en la totalidad de sus fronteras interiores, con carácter excepcional y durante un período de tiempo limitado no superior a 30 días, o mientras se prevea que persiste la amenaza grave cuando su duración sobrepase el plazo de 30 días. La amplitud y la duración del restablecimiento temporal de controles fronterizos en las fronteras interiores no excederán de lo que sea estrictamente necesario para responder a la amenaza grave[13]. La duración total

---

11 Directiva 2004/38/CE del Parlamento Europeo y del Consejo, de 29 de abril de 2004, relativa al derecho de los ciudadanos de la Unión y de los miembros de sus familias a circular y residir libremente en el territorio de los Estados miembros.

12 Reglamento (CE) n o 562/2006 del Parlamento Europeo y del Consejo, de 15 de marzo de 2006, por el que se establece un Código comunitario de normas para el cruce de personas por las fronteras (Código de fronteras Schengen).

13 Artículo 25 del Reglamento (CE) n o 562/2006 del Parlamento Europeo y del Consejo, de 15 de marzo de 2006.

del restablecimiento de los controles fronterizos en las fronteras interiores no deberá superar los seis meses si bien en circunstancias excepcionales este período total podrá prolongarse hasta una duración máxima de dos años[14].

Además, como último recurso y como medida orientada a proteger los intereses comunes dentro del espacio, ante la ineficacia del resto de las medidas para hacer frente de manera efectiva a la amenaza grave, el Consejo podrá recomendar que uno o más Estados miembros decidan restablecer los controles fronterizos en todas sus fronteras interiores o en partes concretas de ellas. La recomendación del Consejo se basará en una propuesta de la Comisión. Los Estados miembros podrán solicitar a la Comisión que presente al Consejo dicha propuesta de recomendación.

Una amenaza tan grave como la prevista en el Reglamento ha sido la pandemia de COVID-19, desencadenando el restablecimiento de los controles en las fronteras interiores, afectando directamente a este aspecto esencial del ELSJ.

Ante el ejercicio dispar de esta competencia estatal, emergieron como prioridades para la Unión el restablecimiento de algunos aspectos del funcionamiento del mercado único, en particular el suministro de bienes y servicios esenciales en toda Europa y la libre circulación para los viajes transfronterizos esenciales, procurando alcanzar un equilibrio entre, por un parte, los objetivos de retrasar la propagación de la pandemia y reducir el riesgo de una excesiva presión sobre los sistemas sanitarios y, por otra, la necesidad de limitar los efectos negativos sobre la libre circulación de personas, mercancías y servicios.

Así, en marzo la Comisión presentó unas directrices con el fin de proteger la salud y asegurar la disponibilidad de bienes y servicios esenciales mientras que los ministros de Transporte de la UE,

---

[14] Artículo 29 del Reglamento (CE) n o 562/2006 del Parlamento Europeo y del Consejo, de 15 de marzo de 2006 que hace referencia a circunstancias excepcionales que pongan en riesgo el funcionamiento general del espacio que representen una amenaza grave para el orden público o para la seguridad interior en el espacio, frente a las que los Estados miembros podrán restablecer los controles fronterizos en las fronteras interiores por un período que no supere los seis meses, prorrogable como máximo en tres ocasiones.

junto con la Comisión Europea, acordaron colaborar estrechamente para minimizar las perturbaciones del tráfico, especialmente en relación con las mercancías esenciales y garantizar el flujo continuo de mercancías en toda la UE a través de los denominados "carriles verdes"[15]. También se aprueban muy tempranamente Directrices para garantizar que los derechos de los pasajeros de la UE se protejan y apliquen de manera coherente en toda la UE, en vista de las cancelaciones y los retrasos masivos[16].

2.2 Control de las fronteras exteriores

El 10 de marzo de 2020, los jefes de Estado o de Gobierno de los Estados miembros de la Unión Europea destacaron la necesidad de un planteamiento europeo común y una coordinación estrecha con la Comisión que adoptó el 16 de marzo de 2020 una Comunicación al Parlamento Europeo, al Consejo Europeo y al Consejo en la que abogaba por una restricción temporal de los viajes no esenciales a la UE ante la propagación de la COVID-19[17] con el objetivo de garantizar la pertinencia y coherencia de las medidas adoptadas en las fronteras exteriores de la UE y complementar las Directrices sobre medidas de gestión de fronteras para proteger la salud y garantizar la disponibilidad de los bienes y de los servicios esenciales.

La Comunicación se subraya que las fronteras exteriores de la UE deben servir de perímetro de seguridad y que los Estados miembros y los Estados asociados de Schengen han de limitar los viajes no esenciales desde terceros países al espacio UE+[18], especificando que los

---

15 En las Directrices se pide a los Estados miembros que designen como "carriles verdes" todos los pasos fronterizos internos pertinentes de la red transeuropea de transporte que deben estar abiertos a todos los vehículos de mercancías, independientemente de las mercancías que transporten.

16 Comunicación de la Comisión Directrices interpretativas sobre los Reglamentos de la UE en materia de derechos de los pasajeros en el contexto de la situación cambiante con motivo de la COVID-19 (2020/C 89 I/01). 18.3.2020.

17 Bruselas, 16.3.2020 COM (2020) 115 final Comunicación de la Comisión al Parlamento Europeo, al Consejo Europeo y al Consejo COVID-19: Restricción temporal de los viajes no esenciales a la UE.

18 El espacio UE+ abarca todos los Estados miembros del ELSJ (incluidos Bulgaria, Croacia, Chipre y Rumanía) y los cuatro Estados asociados de Schengen,

Estados podían denegar la entrada a los nacionales de terceros países no residentes cuando presentasen síntomas o hubiesen estado especialmente expuestos al riesgo de infección y se consideren una amenaza para la salud pública,

El 17 de marzo de 2020, los jefes de Estado o de Gobierno respaldaron el llamamiento para reforzar las fronteras exteriores mediante la aplicación de una restricción temporal coordinada de los viajes no esenciales a la UE durante un período de treinta días, sobre la base del planteamiento propuesto por la Comisión. Los jefes de Estado o de Gobierno también aprobaron las Directrices sobre la gestión de las fronteras[19]. Las restricciones fueron periódicamente prorrogadas y aplicadas por los Estados de mes en mes hasta el 15 de junio de 2020[20].

El 11 de junio de 2020, la Comisión adoptó una Comunicación que recomendaba prorrogar la restricción de los viajes no esenciales a la UE hasta el 30 de junio de 2020 y establecía un enfoque para el levantamiento gradual de la restricción de los viajes no esenciales a la UE a partir del 1 de julio de 2020. Todos los Estados miembros aplicaron la prórroga suplementaria hasta el 30 de junio.

La esencialidad de esta medida se aprecia con facilidad si se tiene en cuenta que las restricciones de viaje no coordinadas aplicadas por los Estados miembros a su parte de las fronteras exteriores corren el riesgo de ser ineficaces al verse menoscabada por quienes entren en el espacio Schengen por otra parte de dichas fronteras. Así la eficacia de la restricción temporal de viaje de la decisión y ejecución de todos los Estados Schengen y de su aplicación en la totalidad de las fronteras exteriores de forma simultánea y uniforme,

---

pudiendo abarcar igualmente a Irlanda y Reino Unido si así lo deciden.

19 Comunicación de la Comisión COVID-19 Directrices sobre la aplicación de la restricción temporal de los viajes no esenciales a la UE, sobre la facilitación del régimen de tránsito para la repatriación de los ciudadanos de la UE y sobre sus efectos en la política de visados (2020/C 102 I/02) 30. 03.3030.

20 El 26 de marzo de 2020, los jefes de Estado o de Gobierno de la Unión Europea acordaron aplicar una restricción temporal coordinada de los viajes no esenciales a la UE como consecuencia de la pandemia de COVID-19., seguidas de otras dos Comunicaciones complementarias, cada una de las cuales recomendaba ampliar en un mes las restricciones de los viajes no esenciales, de 8 de abril y de 8 de mayo de 2020.

Su ámbito de aplicación es el de todos los viajes no esenciales de terceros países al espacio UE+ con limitadas excepciones a los desplazamientos con fines esenciales

Para que una restricción temporal de viaje tenga el efecto deseado en términos de disminución de la propagación del virus, es necesario limitar las excepciones. Así, se establece una exención para todos los ciudadanos de la UE y de los Estados asociados de Schengen y los miembros de su familia; los nacionales de terceros países residentes de larga duración, personas con derecho de residencia o que posean visados nacionales de larga duración. Y se establece una excepción para los viajeros que tengan una función o necesidad esenciales, enumerando en ese supuesto los profesionales de la salud, investigadores sanitarios y profesionales de ayuda a los ancianos; trabajadores fronterizos; personal de transporte dedicado al transporte de mercancías; diplomáticos, personal de organizaciones internacionales, militares y trabajadores humanitarios en el ejercicio de sus funciones; pasajeros en tránsito; pasajeros que viajen por motivos familiares imperativos y personas necesitadas de protección internacional o por otras razones humanitarias.

2.3 La libre circulación de determinados colectivos de trabajadores

Las Directrices sobre medidas de gestión de fronteras para proteger la salud y garantizar la disponibilidad de los bienes y de los servicios esenciales[21] ya habían establecido que los Estados miembros debían permitir y facilitar el cruce de fronteras por parte de los trabajadores fronterizos, especialmente, aunque no exclusivamente, de quienes trabajasen en el sector de la salud y la alimentación, y otros servicios esenciales como cuidado de niños, la atención a las personas mayores y personal crítico de los servicios públicos con el fin de garantizar la continuidad de la actividad profesional.

Sin embargo, la reintroducción de controles en sus fronteras interiores impidió la libre circulación de los trabajadores fronterizos, los

---

21 COVID-19 Directrices sobre medidas de gestión de fronteras para proteger la salud y garantizar la disponibilidad de los bienes y de los servicios esenciales (2020/C 86 I/01).

trabajadores desplazados y los trabajadores de temporada que viven en un país y trabajan en otro, por lo que resultó prioritario posibilitar la libre circulación de ciertos trabajadores esenciales[22] y facilitarles el acceso a su lugar de trabajo. Si bien las restricciones al derecho a la libre circulación de los trabajadores pueden estar justificadas por razones de orden público, seguridad pública o salud pública, deben ser necesarias y proporcionales y estar basadas en criterios objetivos y no discriminatorios. Por ello, resultaba fundamental tener un enfoque coordinado a escala de la UE, que permitiese los trabajadores cruzar las fronteras interiores, entrar en el territorio del Estado miembro de acogida y acceder sin problemas a su lugar de trabajo si ejercen, determinadas ocupaciones en particular[23].

Las Directrices sobre la aplicación de la restricción temporal de los viajes no esenciales a la UE, sobre la facilitación del régimen de tránsito para la repatriación de los ciudadanos de la UE y sobre sus efectos en la política de visados, contienen medidas relacionadas con los trabajadores transfronterizos y de temporada procedentes de terceros países.

Además, estimando que la crisis de la COVID-19 requería de medidas inmediatas y excepcionales en el ámbito de la salud pública, se dieron orientaciones específicas para la libre circulación de los

---

22 Comunicación de la Comisión Directrices relativas al ejercicio de la libre circulación de los trabajadores (2020/C 102 I/03). 30.3.2020.

23 Se trata de los profesionales de la salud; trabajadores de los cuidados personales en servicios de salud, incluidos los cuidadores de niños, de personas con discapacidad y de personas mayores; científicos de industrias relacionadas con la salud; trabajadores del sector farmacéutico y de productos sanitarios; trabajadores que participan en el suministro de mercancías; profesionales de tecnología de la información y las comunicaciones; técnicos de la tecnología de la información y las comunicaciones y otros técnicos encargados del mantenimiento esencial de los equipos; ingenieros,; personas que trabajan en infraestructuras críticas o esenciales; profesionales de las ciencias y la ingeniería de nivel medio; personal de los servicios de protección; bomberos/policías/guardianes de prisión/guardias de protección/personal de protección civil; oficiales y operarios de fabricación, procesamiento y conservación de alimentos y afines; operadores de máquinas para elaborar alimentos y productos afines y trabajadores del transporte,

profesionales sanitarios y la armonización mínima de la formación en relación con las medidas de emergencia contra la COVID-19[24].

Asimismo en julio la Comisión presentó otras Directrices para proteger a los trabajadores de temporada[25] dada la dependencia de algunos sectores de la economía europea, en particular los sectores agroalimentario y del turismo y que responden a la petición del Parlamento Europeo en su Resolución del 19 de Junio de 2020 sobre la protección de los trabajadores transfronterizos y temporeros.

2.4 *Impacto en los procedimientos de asilo, retorno y reasentamiento*

Como se señaló anteriormente, las excepciones a las restricciones temporales para el cruce de las fronteras exteriores se extienden a las personas necesitadas de protección internacional o que deban ser admitidas en el territorio de los Estados miembros por otras razones humanitarias. Sin embargo, la Comisión consideró necesario elaborar unas Directrices específicas en relación a la aplicación de pertinentes las disposiciones de la UE en materia de procedimientos de asilo y retorno y de reasentamiento[26] puesto que la pandemia tiene consecuencias directas sobre el modo en que los Estados miembros aplican las normas de la UE relativas al asilo y al retorno, además de provocar un efecto distorsionador sobre los reasentamientos.

En realidad, los cierres de fronteras en respuesta a la pandemia de COVID-19 han suspendido de hecho el derecho de las personas a buscar asilo en muchos países del mundo. Además, los solicitantes de asilo están siendo rechazados en las fronteras terrestres y marítimas lo que ha dejado a personas atrapadas en zonas de conflicto y en

---

[24] 2020, Comisión Europea, Comunicación de la Comisión, Orientaciones sobre la libre circulación de los profesionales sanitarios y la armonización mínima de la formación en relación con las medidas de emergencia contra la COVID-19 y Recomendaciones relativas a la Directiva 2005/36/CE (2020/C 156/01).

[25] Bruselas, 16.7.2020C (2020) 4813 final Comunicación de la Comisión, Directrices relativas a los trabajadores de temporada en la UE en el contexto de la pandemia de COVID-19.

[26] Comunicación de la Comisión COVID-19: Directrices sobre la aplicación de las disposiciones pertinentes de la UE en materia de procedimientos de asilo y retorno y de reasentamiento (2020/C 126/02). 14. 4. 2020.

situaciones precarias en los países de tránsito, a menudo en condiciones que son el caldo de cultivo perfecto para los brotes de COVID-19.

En todo caso, la Comisión recuerda que toda restricción en el ámbito del asilo, el retorno y el reasentamiento debe ser proporcionada, ha de aplicarse en condiciones no discriminatorias y debe tomar en consideración el principio de no devolución y las obligaciones que impone el Derecho internacional si bien es consciente de las dificultades a las que se enfrentan los Estados miembros en el contexto de lucha contra la pandemia. Por otro lado, cualquier medida adoptada en el ámbito del asilo, el reasentamiento y el retorno también debe tener en cuenta las medidas de protección sanitaria introducidas por los Estados miembros en sus territorios para impedir y contener la propagación de la enfermedad.

Los principales aspectos en la Comunicación en relación con el asilo son el registro y la presentación de solicitudes, las modalidades para llevar a cabo entrevistas y aspectos relacionados con las condiciones de acogida, incluido el internamiento, así como los procedimientos recogidos en el Reglamento (UE) nª 604/2013. En relación con el reasentamiento se atiende a las modalidades prácticas para continuar, en la medida en que sea viable, las actividades preparatorias para permitir una reanudación fluida de los reasentamientos tan pronto como vuelvan a ser posibles. Y finalmente, en relación con el retorno, se contemplan medidas prácticas que podrían facilitar la aplicación de procedimientos de retorno en las circunstancias actuales, el apoyo al retorno voluntario y la reintegración, la protección de los migrantes frente a las consecuencias no deseadas de las medidas restrictivas sobre los viajes internacionales, la garantía del acceso a servicios esenciales adecuados, y la precisión de las condiciones en las que resulta razonable y proporcionado internar a los migrantes irregulares.

2.5 Enfoque gradual y coordinado de la restauración de la libertad de circulación y del levantamiento de los controles en las fronteras interiores y de la gestión de las fronteras exteriores

En fecha tan temprana como el 15 de abril la Comisión presentó una hoja de ruta de ruta europea para levantar progresivamente las medidas de confinamiento adoptadas como consecuencia del brote de coronavirus que enumera los principios y recomendaciones que los Estados miembros deben tener en cuenta al planificar el levantamiento de las medidas de confinamiento

Además, a medida que mejoraba la situación epidemiológica, comenzaron a alzarse las voces para que fueran levantadas las restricciones a la libre circulación, respondiendo a la necesidad de una vuelta a la normalidad de un ELSJ sin fronteras interiores.

Siguiendo la línea marcada por la hoja de ruta, y dado que la situación sanitaria estaba mejorando, el 15 de mayo de 2020 la Comisión presentó la Comunicación de *Por un enfoque gradual y coordinado de la restauración de la libertad de circulación y del levantamiento de los controles en las fronteras interiores-COVID-19*[27]. Su fin de que los Estados miembros participasen en un proceso de reapertura gradual de la circulación transfronteriza sin restricciones dentro de la Unión y del retorno a la libre circulación sin restricciones, tomando en consideración la importancia del levantamiento de las restricciones, supeditada a las exigencias de salud pública, para la recuperación económica. Pone el acento en la coordinación, la no discriminación por razón de nacionalidad, el respeto de la salud común y el cumplimiento de criterios comunes de acuerdo con las directrices del Centro Europeo para la Prevención y el Control de las Enfermedades siguiendo los criterios esenciales de la hoja de ruta. Las recomendaciones fueron de retirada progresiva de las medidas adoptadas, abogando por un enfoque gradual de la restauración de la libertad de circulación sin restricciones y del levantamiento de los controles temporales en las fronteras interiores aplicados por la mayoría de los Estados miembros. Tras ello, en una segunda fase, procedería el levantamiento de las restricciones a los viajes no esenciales a la UE a través de la frontera exterior,

Los ministros del Interior de la UE confirmaron el 5 de junio que la mayoría de los Estados miembros habrían levantado los controles en sus fronteras internas y las restricciones de viaje relacionadas antes del 15 de junio, y que otros lo harían antes de fin de mes. Los

---

27 Comunicación de la Comisión Por un enfoque gradual y coordinado de la restauración de la libertad de circulación y del levantamiento de los controles en las fronteras interiores — COVID-19 (2020/C 169/03)

ministros acordaron continuar coordinándose estrechamente bajo el liderazgo de la Comisión. Antes del 15 de junio, la Comisión emitió nuevas recomendaciones sobre cómo levantar las restricciones con países no pertenecientes a la UE después del 1 de julio de 2020.

2.5.1 Levantamiento de los controles en las fronteras interiores

La situación epidemiológica, complementada con otras medidas es la clave para el levantamiento progresivo de los controles en las fronteras interiores de la UE.

Para realizarla, la Comunicación de la Comisión fija una serie de criterios y fases, adoptando un enfoque gradual, flexible y coordinado del levantamiento de los controles y las restricciones de los viajes que impida un levantamiento excesivamente rápido o descoordinado que podría provocar brotes repentinos.

Por lo que respecta a los criterios, se señala que las medidas a adoptar tendrán en cuenta la evaluación de la aproximación de las situaciones epidemiológicas en los Estados miembros, combinada con la necesidad de aplicar medidas de contención, en particular el distanciamiento físico, y la proporcionalidad, es decir, la comparación de los beneficios de mantener las restricciones generales con las consideraciones económicas y sociales, en particular el impacto en la movilidad laboral y el comercio transfronterizos de la UE.

El enfoque gradual se concretó en tres fases distintas, partiendo de la fase 0 correspondiente a la situación de aplicación de medidas de contención y restricción de movimientos, tanto en el interior de los países como entre países. En la Fase 1 las restricciones de los viajes y los controles fronterizos se levantan progresivamente en toda la UE si la evolución epidemiológica lo permite y, en caso contrario, solo en las regiones, zonas y Estados miembros con una evolución positiva y una situación epidemiológica suficientemente similar. En aquellos casos en que la situación epidemiológica no sea tan semejante, se deberán aplicar medidas y garantías adicionales y efectuar un seguimiento. Finamente, la fase 2 se producirá cuando la situación epidemiológica en toda la UE sea suficientemente positiva y convergente y consistirá en el levantamiento de todas las restricciones y controles relacionados con la COVID-19 en las fronteras interiores, manteniendo al mismo tiempo las medidas sanitarias necesarias.

En la práctica, la mejora en los datos permitió que las fronteras interiores de la UE quedaron abiertas el 21 de junio, si bien pocas semanas después algunos Gobiernos empezaron a imponer restricciones a los viajeros procedente de algunos paires, entre ellos España[28], incurriendo de nuevo en la descoordinación debido a la dispar evolución epidemiológica en los diferentes Estados.

2.5.2 Reapertura condicionada de las fronteras exteriores

La reapertura de las fronteras exteriores corresponde a la segunda fase, teniendo presente que el control fronterizo no se efectúa únicamente en interés del Estado miembro en cuyas fronteras exteriores se realiza, sino también en interés del conjunto de los Estados miembros que han suprimido los controles en sus fronteras interiores. Por consiguiente, y para preservar el buen funcionamiento del espacio Schengen, los Estados miembros deben garantizar que las medidas que adoptan en las fronteras exteriores estén coordinadas y levantar de ese modo la restricción temporal de los viajes no esenciales a la UE.

En este caso, al igual que con los controles en las fronteras interiores, es la situación epidemiológica la llave para la reapertura, el criterio principal para la selección de países terceros asegurar que su número de contagios sea cercano o inferior a la media europea. El proceso se lleva de forma coordinada y subsiguiente a la reapertura de las fronteras interiores.

Desde el 23 de junio, la gran mayoría de los controles internos se habían levantado, por lo que se daba la condición necesaria para empezar a abrir el paso a pasajeros procedentes de países de fuera de la UE y el 30 de junio se adoptó por el Consejo de la UE una Recomendación sobre la restricción temporal de los viajes no esenciales a la UE y el posible levantamiento de dicha restricción, que ha de ser aplicada por todos los Estados miembros en todas las fronteras exteriores[29].

---

[28] Entre ellos Noruega y Bélgica y Reino Unido.

[29] Recomendación (UE) 2020/912 del Consejo, de 30 de junio de 2020 obre la restricción temporal de los viajes no esenciales a la UE y el posible levantamiento de dicha restricción.

La fecha del levantamiento gradual de la restricción temporal para los viajes no esenciales a la UE de manera coordinada se fijó el 1 de julio de 2020 para los residentes de los terceros países que figuran en el anexo I[30] que recoge una lista que se actualiza periódicamente[31].

La reapertura se basa en la responsabilidad de los Estados de controlar las condiciones de entrada para los nacionales de terceros países[32].

Para la determinación de estos países se aplican los criterios establecidos en la Comunicación de la Comisión, de 11 de junio de 2020 sobre la tercera evaluación de la aplicación de la restricción temporal de los viajes no esenciales a la UE. Los criterios corresponden a la situación epidemiológica y a las medidas de contención, que incluyen el distanciamiento físico, así como a consideraciones económicas y sociales y se aplican de forma acumulativa[33].

Dado que el levantamiento es gradual, en realidad se mantiene en vigor el régimen de cierre de fronteras exteriores para los países excluidos de la lista, con las excepciones relativas a los ciudadanos de

---

30 Recoge 15 países: Argelia, Australia, Canadá, Georgia Japón, Montenegro, Marruecos, Nueva Zelanda, Ruanda, Serbia, Corea del Sur, Tailandia, Túnez, Uruguay y China, sujeta a condición de reciprocidad.

31 Cada dos semanas, el Consejo debe revisar y, si procede, actualizar, la lista, tras consultar plenamente a la Comisión y a los organismos y servicios competentes de la UE. El número de países se ha reducido de los quince iniciales a 9 en la última actualización hasta la fecha. Salieron Canadá, Georgia y Túnez mientras que se incorporó Singapur.

32 En referencia a constatar, caso por caso, que no suponen una amenaza para el orden público, la seguridad interior, la salud pública o las relaciones internacionales de ninguno de los Estados miembros ni, en particular, estar inscrito como no admisible en las bases de datos nacionales de ningún Estado miembro por iguales motivos.

33 La situación epidemiológica de los terceros países del Anexo I debe cumplir los siguientes criterios: una cifra próxima o inferior a la media de la UE, a fecha de 15 de junio de 2020, de nuevos casos de COVID-19 por 100 000 habitantes en los últimos 14 días; una tendencia estable o descendente de aparición de nuevos casos durante ese mismo período en comparación con los 14 días anteriores, y, teniendo en cuenta la información disponible sobre aspectos como la realización de pruebas, las medidas de vigilancia, el rastreo de contactos, la contención, el tratamiento y la notificación de los casos, así como la fiabilidad de la información y las fuentes de datos disponibles y, de ser necesario, la puntuación media total en todas las dimensiones del Reglamento Sanitario Internacional.

la Unión y nacionales de terceros países que gocen de derechos de libre circulación equivalentes así como sus familiares y nacionales de terceros países que sean residentes de larga duración o que sean titulares de visados nacionales de larga duración, así como sus familiares si bien los Estados pueden adoptar respecto a ellos, a su regreso de un tercer país respecto del que se mantenga la restricción temporal de los viajes, las disposiciones que estimen oportunas, como exigir aislamientos o medidas similares siempre que impongan los mismos requisitos que a los propios nacionales. E igualmente, se deben permitir los desplazamientos esenciales a las categorías específicas de viajeros con funciones o necesidades esenciales enumeradas en el anexo II[34], con la posibilidad igualmente de introducir medidas de seguridad adicionales.

3. ENFOQUE COORDINADO DE LA RESTRICCIÓN DE LA LIBRE CIRCULACIÓN ANTE LOS REBROTES GENERALIZADOS

El empeoramiento progresivo de los datos epidemiológicos con el consiguiente riesgo de nuevas medidas nacionales de restricción de la libre circulación llevo a la Comisión a presentar a principios de setiembre una propuesta de Recomendación al Consejo[35] sobre un enfoque coordinado de la restricción de la libre circulación en respuesta a la pandemia de COVID-19. Un mes después, el 13 de octubre vio la luz como Recomendación del Consejo por la que se establecen criterios comunes y un marco común sobre medidas de viaje en respuesta a la pandemia de COVID-19 con el objetivo ayudar a los Estados miembros a tomar decisiones basadas en la situación epidemiológica región por región[36] con el convencimiento de que una mayor coordinación aumentará la transparencia y la previsibili-

---

[34] Las mismas ya recogidas en relación con el cierre de fronteras.

[35] COM (2020) 499 final 2020/0256 (NLE) Propuesta de Recomendación del Consejo sobre un enfoque coordinado de la restricción de la libre circulación en respuesta a la pandemia de COVID-19 Bruselas, 4.9.2020.

[36] Recomendación (UE) 2020/1475 del Consejo de 13 de octubre de 2020 sobre un enfoque coordinado de la restricción de la libre circulación en respuesta a la pandemia de COVID-19.

dad para los ciudadanos y las empresas, evitando la fragmentación y la interrupción de los servicios.

Se destaca que las medidas de protección de la salud pública deberán coordinarse en la medida de lo posible con los principios generales y responder a razones de interés público sin que deban ir más allá de lo estrictamente necesario para salvaguardar la salud pública además de levantarse tan pronto como la situación epidemiológica lo permita.

Cabe destacar que su aplicación no ha de ser discriminatoria entre Estados miembros ni pueden estar basadas en la nacionalidad de la persona sino en el lugar o lugares en que la persona haya estado durante los catorce días anteriores a su llegada. Se respeta el derecho de los nacionales de entrar en el Estado de su nacionalidad al igual que a los ciudadanos de la Unión y a los miembros de sus familias que residan en su territorio y se afirma el deber de facilitar el tránsito rápido de aquellos que viajen a través de sus territorios y de proceder al intercambio periódico de información.

La Recomendación recoge los criterios y umbrales comunes para que los Estados puedan decidir, en caso necesario, las restricciones de viaje, con un mapeo de criterios utilizando un código de colores que ha de ser elaborado semanalmente por el Centro Europeo para la Prevención y el Control de Enfermedades (ECDC)[37].

Se establece igualmente un marco común de medidas aplicadas a los viajeros de zonas de alto riesgo en el que destacan la no restricción de la libre circulación de personas que viajan hacia o desde áreas verdes, el respeto a las diferencias en la situación epidemiológica entre las zonas naranja y roja y la actuación de forma proporcionada, teniendo en cuenta la situación epidemiológica en su propio territorio. En principio, no deberían denegar la entrada a personas que viajen desde otros Estados miembros, pero podrían exigir a las personas que viajen desde zonas no verdes que se sometan a cuarentena o una prueba después de su llegada, opción que puede ser

---

37 De acuerdo a los siguientes criterios: número de casos por 100 000 habitantes en los últimos 14 días; número de pruebas por 100 000 habitantes realizadas en la última semana (tasa de pruebas) y porcentaje de pruebas positivas realizadas en la última semana (tasa de positividad de la prueba).

remplazada por una prueba realizada antes de la llegada. Contempla igualmente que se pueda exigir a las personas que entran en el territorio estatal, y por ende en el de la UE, que presenten formularios de localización de pasajeros.

4. CONSIDERACIONES FINALES

La evaluación del alcance y dimensión de las consecuencias del SARS-Cov 19 fueron, pese a los datos disponibles, inicialmente minimizados tanto por las autoridades de la Unión como por los Gobiernos de los Estados Miembros, lo que favoreció que las medidas de contención iniciales fueran adoptadas individualmente por los Estados, competentes, de conformidad con la normativa comunitaria, para la adopción de las medidas necesarias en particular, el restablecimiento temporal de controles fronterizos en las fronteras interiores.

Esa falta de visibilidad inicial de la actuación de la Unión fue objeto de duras críticas llegando a cuestionarse el sentido del esfuerzo integrador si la UE no era capaz de articular una reacción conjunta en un momento de crisis como el desencadenado por la pandemia. La Comisión tomó el liderazgo con importantes medidas y con un notable esfuerzo de visibilización por parte de su Presidenta, garantizando la libre circulación de mercancías, asegurando el suministro y coordinando el levantamiento de las restricciones a la libre circulación y su gradual restablecimiento. Así, frente a la segunda gran oleada, la Comisión ya había adoptado un buen número de recomendaciones y comunicaciones con el fin de apoyar los esfuerzos de coordinación de los Estados miembros y preservar este pilar fundamental de la UE.

Así, se puede concluir que la Unión desempeña un importante papel de coordinación de las actuaciones de los Miembros para el que existe todavía un amplio margen de incremento. Es el caso, sin duda, de las emergencias sanitarias, una amenaza real a la que puede hacer frente liderando la vigilancia internacional de las amenazas de salud, o de la inversión en investigación, del suministro de material y/o potenciando un diálogo constante entre los Estados con el fin de apoyar políticas que beneficien la salud y el bienestar de todos los ciudadanos de la Unión.

Además, la UE tiene una gran responsabilidad en relación con la recuperación económica de la UE, con especial atención a la protección de los trabajadores pues la pandemia ha tenido un gran impacto en el mercado laboral.

Finalmente, si la UE quiere hacer honor a los valores que asume como propios, tanto ella como los Estados miembros debe mostrar solidaridad, tanto *ad intra* como con el resto del mundo, ayudando especialmente a los países necesitados de apoyo, no solo financiero, sino en el ámbito de la salud, tanto a corto, como a medio y largo plazo.

Durante los momentos más duros de la crisis, millones de europeos se han ofrecido como voluntarios para ayudar a los necesitados. Para asegurar una recuperación que no deje a ninguno detrás, los líderes deben cumplir con los esfuerzos de los ciudadanos y sociedad civil en Europa fortaleciendo su apoyo y proporcionando las estructuras necesarias de inversión para estas iniciativas.

Sin duda, la a crisis de la COVID-19 es un desafío mundial que requiere soluciones a escala mundial. La acción colectiva de la UE ha de centrarse en abordar la crisis sanitaria inmediata y las consiguientes necesidades humanitarias, reforzar los sistemas sanitarios, de suministro de agua y de saneamiento de los países, así como sus capacidades en materia de investigación y preparación para hacer frente a la pandemia, y limitar el impacto socioeconómico de esta.

La solidaridad internacional no es solo cuestión de fidelidad a los valores de la Unión sino que se trata de vencer conjuntamente al virus que no quedará derrotado hasta que no sea derrotado en todo el mundo pues aunque respeta a priori la no discriminación, afectando potencialmente a todos, lo cierto es que en la práctica, los más vulnerables son los que en mayor medida sufren sus consecuencias. Por ello, esta amenaza invisible que ha puesto en peligro a la humanidad entera debe ser combatida conjuntamente, sobre la base de la cooperación leal y la solidaridad, sin dejar a nadie atrás pues respecto a ella el mundo es tan fuerte como su sistema sanitario más débil.

LA PARTICIPACIÓN DEL PROFESORADO EN LA POLÍTICA CRIMINAL CONTEMPORÁNEA: EL CASO DEL TERRORISMO YIHADISTA

CARLOS FERNÁNDEZ ABAD[1]

SUMARIO: INTRODUCCIÓN. 1. EL "DISCURSO SOBRE LA RADICALIZACIÓN" Y SU IMPACTO EN LA COPRODUCCIÓN DE LA SEGURIDAD. 2. LA PARTICIPACIÓN DEL PROFESORADO EN LA PREVENCIÓN DEL TERRORISMO DE INSPIRACIÓN YIHADISTA. 3. APROXIMACIÓN CRÍTICA. REFERENCIAS BIBLIOGRÁFICAS.

INTRODUCCIÓN

La radicalización se presenta actualmente como un concepto hegemónico a la hora de pensar e intervenir sobre el terrorismo de inspiración yihadista[2]. Es decir, este término no solo ha estado ampliamente presente en el campo académico durante la mayor parte de los últimos veinte años sino que, a nivel político, también ha llegado a erigirse como uno de los ejes vertebradores de las estrategias antiterroristas contemporáneas[3], lo que ha propiciado el desarrollo de numerosos planes que, estando localizados en ámbitos muy diversos —ya sea en el plano físico o virtual—, han estado principalmente orientados a prevenir la aparición de estos procesos o, en su caso, neutralizar su existencia[4].

---

1 Universidad Rey Juan Carlos - carlos.abad@urjc.es.

2 ANTÓN MELLÓN, J. y PARRA, A.: "Concepto de radicalización", en ANTÓN MELLÓN, J. (Ed.), *Islamismo yihadista. Radicalización y contrarradicalización*, Valencia, Tirant lo Blanch, 2015, p. 18.

3 DE LA CORTE IBÁÑEZ, L.: "¿Qué sabemos y qué ignoramos sobre la radicalización yihadista?, en ANTÓN MELLÓN, J. (Ed.), *Islamismo yihadista. Radicalización y contrarradicalización*, Valencia, Tirant lo Blanch, 2015, p. 40.

4 Sobre esta cuestión, véase, CANO PAÑOS, M. A.: "La lucha contra la amenaza yihadista más allá del Derecho penal: Análisis de los programas de prevención

Entre las diversas causas que explicanesta situación, HEATH-KELLY ha postulado que tal hegemonía viene en gran parte motivada por la capacidad que tiene este discurso para ofrecer a los poderes públicos numerosas líneas de intervención antes de que la amenaza llegue a materializarse en la planificación y/o ejecución de un atentado, recayendo precisamente en este punto uno de sus mayores atractivos[5]. En este sentido, al partir de la consideración de que la participación del individuo en el fenómeno terrorista requiere necesariamente de la existencia de un proceso de radicalización previo, este marco epistemológico hace posible desarrollar toda una serie de actuaciones que, en sí mismas, están muy alejadas del hecho delictivo y, en consecuencia, de los efectos negativos que se derivan de su existencia[6].

En este contexto, conviene notar que, al amparo de este discurso, se han impulsado numerosas medidas que, estando situadas estrictamente en el ámbito de lo predelictivo, han abarcado desde la promoción de una determinada visión del islam hasta el uso de contranarrativas, pasando también por otras muchas dirigidas a reducir las situaciones de vulnerabilidad o a favorecer la cohesión social[7]. Como resultado, no debe resultar particularmente sorprendente que el número de agentes implicados en la lucha contra el terrorismo se haya visto seriamente incrementado y diversificado durante los últimos años. Dicho de otro modo, si anteriormente esta era una responsabilidad prácticamente exclusiva del Estado —principalmente, de las fuerzas policiales y las agencias de inteligencia—, ahora también

de la radicalización y des-radicalización a nivel europeo", en *Revista de Estudios en Seguridad Internacional*, 4 (2), 2018, pp. 177-205.

5 HEATH-KELLY, C.: "Counter-Terrorism and the Counterfactual: Producing the Radicalisation Discourse and the UK PREVENT Strategy", en *The British Journal of Politics and International Relations*, 15 (3), 2012, p. 5.

6 MYTHEN, G., WALKLATE, S. y PEATFIELD, E.: "Assembling and deconstructing radicalisation in PREVENT: A case of policy-based evidence making?", en *Critical Social Policy*, 37 (2), 2017, p. 186.

7 En este sentido, véase, CANO PAÑOS, M. A.: "La lucha contra la amenaza yihadista más allá del Derecho penal: Análisis de los programas de prevención de la radicalización y des-radicalización a nivel europeo", *op. cit.*, pp. 177-205.

se involucraría en esta tarea a otras organizaciones y personas que, al menos en un principio, son ajenas al ámbito de la seguridad[8].

Precisamente, el objetivo principal de este capítulo reside en examinar críticamente cómo, en el contexto definido por la hegemonía del "discurso sobre la radicalización", los profesores han sido paulatinamente involucrados en la lucha contra el terrorismo, ya sea responsabilizándolos de la detección de posibles casos de radicalización entre sus alumnos o incorporando al currículum académico la obligación de promocionar determinados valores como medio para crear una suerte de resiliencia frente al extremismo.

1. EL "DISCURSO SOBRE LA RADICALIZACIÓN" Y SU IMPACTO EN LA COPRODUCCIÓN DE LA SEGURIDAD

Conviene notar que, lejos de ser una naturalidad, la hegemonía que actualmente rodea al término radicalización es relativamente novedosa en el tiempo[9], existiendo un amplio consenso en la literatura especializada al señalarse que esta se encuentra íntimamente conectada con la emergencia e importancia que ha adquirido el terrorismo doméstico de inspiración yihadista durante los últimos años[10]. En este sentido, especialmente tras los atentados de Madrid

---

8 DE GOEDE, M.: "The Politics of Preemption and the War on Terror in Europe", en *European Journal of International Relations*, 4 (1), 2008, p. 163.

9 KUNDNANI, A.: *A Decade Lost. Rethinking Radicalisation and Extremism*, London, Claystone, 2015.

10 Entre otros, SEDGWICK, M.: "The concept of Radicalization as a Source of Confusion", en *Terrorism and Political Violence*, 22 (4), 2010, pp. 479-494; KUNDNANI, A.: "Radicalisation: the journey of a concept", en *Race & Class*, 54 (2), 2012, pp. 3-25; PISOIU, D. *Islamist Radicalisation in Europe. An occupational change process*, London/New York, Routledge, 2012, pp. 10-30. Por su parte, en lo que se refiere al término "terrorismo doméstico", conviene señalar que, de forma previa a los atentados de Madrid en 2004 y Londres en 2005, la amenaza que representaba el terrorismo de inspiración yihadista para Occidente era visualizada como el producto de ataques llevados a cabo por organizaciones y personas situadas en otros lugares del planeta. Sin embargo, a raíz de tales sucesos, se puso de manifiesto que los ciudadanos nacidos y criados en los países occidentales también pueden participar en la planificación y/o ejecución de atentados terroristas contra sus países de residencia, evidenciando de este modo que se trata de un problema interno. Para un mayor detalle sobre el origen y la evolución

en 2004 y Londres en 2005, habría surgido la necesidad de articular un modelo interpretativo que permita explicar por qué algunos ciudadanos occidentales deciden involucrarse en este fenómeno e, incluso, llegar a participar en la planificación y/o ejecución de actos de terrorismo contra sus países de residencia[11].

Por su parte, resulta importante notar que el interés por responder a esta pregunta no solo ha provenido del campo académico sino que, desde un inicio, los operadores políticos también han estado especialmente interesados en esclarecer esta cuestión y utilizar los fundamentos teóricos señalados por la literatura especializada para articular diferentes políticas públicas en materia antiterrorista. Precisamente, ante esta suerte de sinergia establecida entre el ámbito académico e institucional, se situaría la emergencia del "discurso sobre la radicalización" y su célere consolidación como el marco de referencia para pensar e intervenir sobre el terrorismo de inspiración yihadista. Al fin y al cabo, como señala HEATH-KELLY, el atractivo principal de este marco epistemológico estribaría en su capacidad para ofrecer a los poderes públicos numerosas líneas de intervención antes de que la amenaza llegue a materializarse en la planificación y/o ejecución de un atentado[12]. Pero, ¿en qué se basa exactamente el "discurso sobre la radicalización"?

Con carácter previo, resulta necesario señalar que, del mismo modo que sucede con el concepto de "terrorismo"[13], tampoco existe una definición universalmente aceptada del término "radicalización"[14],

---

de este concepto, véase especialmente, CRONE, M. y HARROW, M.: "Homegrown Terrorism in the West", en *Terrorism and Political Violence*, 23 (4), 2011, pp. 521-536.

11 VELDHUIS, T. y STAUN, J.: *Islamist Radicalisation: A Root Cause Model*, The Hague, Netherlands Institute of International Relations Clingendael, 2009, p. 1.

12 HEATH-KELLY, C.: "Counter-Terrorism and the Counterfactual: Producing the Radicalisation Discourse and the UK PREVENT Strategy", *op. cit.*, p. 5.

13 Para un mayor detalle sobre esta problemática, véase entre otros muchos, SCHMID, A. P.: "The definition of Terrorism", en SCHMID, A. P. (Ed.), *The Routledge Handbook of Terrorism Research*, New York, Routledge, 2011, pp. 39-98 y RICHARDS, A.: "Conceptualizing Terrorism", en *Studies in Conflict & Terrorism*, 37, 2014, pp. 213-236.

14 DALGAARD-NIELSEN, A.: "Violent Radicalization in Europe: What We Know and What We Do Not Know", en *Studies in Conflict & Terrorism*, 33 (9), 2010, p.

siendo esta cuestión una fuente frecuente de tensiones y disputas[15]. En este sentido, la radicalización ha tendido a ser sobre todo visualizada como un proceso gradual que implica la asunción de una ideología extremista —en el caso del yihadismo, particularmente la de tipo salafista[16]— que, a la postre, puede terminar propiciando que el individuo participe en la planificación y/o ejecución de actos violentos[17]. En este contexto, la mayor parte de la bibliografía ha concentrado su atención en desentrañar cuál es la cronología de este proceso y, sobre todo, las causas que motivan su existencia, articulándose un número significativo de modelos teóricos al respecto[18].

798.

15 FERNÁNDEZ DE MOSTERYN, L. M. y LIMÓN LÓPEZ, P.: "Paradigmas y prevención del terrorismo: una aproximación al Plan Estratégico Nacional de Lucha contra la Radicalización Violenta (PENLCRV 2015)", en *Política y Sociedad,* 54 (3), 2017, p. 806.

16 Para un análisis del término salafismo y su significado, véase por ejemplo, CANO PAÑOS, M. A.: "Aproximación criminológica al fenómeno del *homegrown terrorism.* Un análisis de la radicalización islamista desde la teoría de las subculturas", en *Revista de Derecho Penal y Criminología,* 16, 2016, pp. 317 y ss.

17 HAFEZ, M. y MULLINS, C.: "The Radicalization Puzzle: A Theoretical Synthesis of Empirical Approaches to Homegrown Extremism", en *Studies in Conflict & Terrorism,* 38 (11), 2015, p. 960. Aunque, así entendida, la radicalización no es en ningún caso un producto exclusivo del terrorismo de inspiración yihadista, lo cierto es que, salvo excepciones muy limitadas, la mayor parte de atención -tanto académica como institucional- se ha concentrado en esta modalidad del fenómeno, empleando para ello el uso de términos compuestos como "radicalización islamista" o "radicalización yihadista". En este sentido, REINARES y sus colaboradores la definen como la "paulatina asunción, en mayor o menor grado, de actitudes y creencias propias del salafismo, que a través de sus diversas expresiones ofrece desde una visión fundamentalista y excluyente del credo islámico hasta una justificación religiosa del terrorismo (REINARES, F., GARCÍA-CALVO, C. y VICENTE, A.: *Yihadismo y yihadistas en España. Quince años después del 11-M,* Madrid, Real Instituto Elcano, 2019, p. 67).

18 Entre otros muchos, véase por ejemplo, WIKTOROWICZ, Q.: *Radical Islam Rising. Muslim Extremism in the West,* Lanham, Rowman & Littlefield, 2005; KRUGLANSKI, A., WEBBER, D., JASKO, K., CHERNIKOVA, M. y MOLINARIO, E.: "The Making of Violent Extremists", en *Review of General Psychology,* 22 (1), 2018, pp. 107-120; GARCÍA-CAVO, C. y REINARES, F.: "Radicalización yihadista y asociación diferencial: un estudio cuantitativo del caso español", en BERMEJO CASADO, R. y BAZAGA FERNÁNDEZ, I. (Eds.), *Radicalización violenta en España. Detección, gestión y respuesta,* Valencia, Tirant lo Blanch, 2019, pp. 29-42.

Por ejemplo, en lo que se refiere a la primera cuestión, MOGHADAMM ha empleado la metáfora de una escalera compuesta por una base y cinco pisos superiores para explicar cómo se desarrolla el proceso de radicalización, advirtiendo el autor que, a medida que el individuo va subiendo por la misma, las opciones disponibles de acción se van reduciendo considerablemente hasta que la violencia se presenta como la única alternativa posible[19] . Por otra parte, en relación con las causas que motivan el acometimiento de estos procesos, KING y TAYLOR han señalado que la mayor parte de los modelos teóricos coinciden en advertir la importancia de la privación relativa —esto es, el hecho de sentirse injustamente tratado— y las crisis de identidad[20]:

Para GITHENS-MAZER y LAMBERT, todo ello habría dado lugar a una suerte de "sabiduría convencional sobre la radicalización" que, orbitando en torno a la existencia de una supuesta diferencia islámica, parte de la consideración ampliamente compartida de que, debido a cómo interpretan su situación material o la de su grupo de referencia, ciertos sujetos son más proclives que otros a experimentar crisis de identidad y, en consecuencia, a asumir una visión radical y belicosa del islam que, a la postre, puede conducir a la justificación y/o realización de actos violentos[21]. En este punto, precisamente, se situaría la noción de vulnerabilidad y cómo esta, combinada con una ideología concreta y la presencia de ciertos factores situacionales —especialmente en lo que se refiere a los lazos sociales previos[22]—,

---

19 MOGHADDAM, F. M.: "The Staircase to Terrorism", en *American Psychologist*, 60 (2), 2005 pp. 161-169.

20 KING, M. y TAYLOR, D.: "The Radicalization of Homegrown Jihadists: A Review of Theoretical Models and Social Psychological Evidence", en *Terrorism and Political Violence*, 23 (4), 2011, pp. 608 y ss.

21 GITHENS-MAZER, J. y LAMBERT, R.: "Why conventional wisdom on radicalization fails: the persistence of a failed discourse", en *International Affairs*, 86 (4), 2010, pp. 889- 901.

22 Sobre la importancia de los vínculos sociales en el proce
so de radicalización, véase entre otros, SAGEMAN, M.: *Understanding Terror Networks*, Philadelphia, University of Pennsylvania, 2004; BAKKER, E.: *Jihadi terrorists in Europe*, The Hague, Cliengendael, 2006; GARCÍA-CAVO, C. y REINARES, F.: "Radicalización yihadista y asociación diferencial: un estudio cuantitativo del caso español", *op. cit.*, pp. 29-42

no hace sino sentar las bases adecuadas para que la persona termine participando en el fenómeno terrorista[23].

Tal y como se ha esgrimido más arriba, los fundamentos teóricos señalados por el "discurso de la radicalización" han sido ampliamente utilizados por los operadores políticos para articular políticas públicas en materia antiterrorista, reconvirtiéndolos en factores de riesgo que, de una u otra forma, permiten anticipar la participación del individuo en este fenómeno y desarrollar toda una serie de actuaciones tempranas que, en esencia, están dirigidas a evitar este desenlace. Por ello, no debe resultar particularmente sorprendente que las referencias a la vulnerabilidad, la ideología o los lazos sociales hayan sido una constante en estos planes, presentándose como líneas prioritarias de intervención. En otras palabras, el foco de interés ya no residiría tanto en desarticular un grupo que planea la comisión de un atentado inminente como en evitar que los individuos se radicalicen y lleguen al extremo de justificar o estar dispuestos a utilizar la violencia como medio para conseguir objetivos políticos.

Esto, por su parte, ha dado lugar a una situación en cierta parte novedosa —al menos en el campo del terrorismo[24]— en donde la responsabilidad sobre la lucha contra este fenómeno ya no recae ex-

---

23 HEATH-KELLY, C., BAKER-BEALL, C. y JARVIS, L.: "Introduction", en HEATH-KELLY, C., BAKERBEALL, C. Y JARVIS, L. (Eds.), *Counter-Radicalisation. Critical perspectives*, London/New York, Routledge, 2015, p. 6.

24 Según advierte ZEDNER, las últimas décadas del siglo XX se corresponden con la transición acaecida desde una "sociedad postdelictiva" hacia otra de naturaleza predelictual en la que uno de sus rasgos más distintivos reside en el hecho de que la responsabilidad sobre la seguridad ya no recae exclusivamente sobre el Estado sino que, en un movimiento que trasciende sus fronteras, esta se extiende también hacia las empresas privadas, las comunidades y los individuos en particular (ZEDNER, L.: "Pre-crime and post-criminology?", en *Theoretical Criminology*, 11 (2), 2007, pp. 261-281). De este modo, lo sucedido en el campo del terrorismo -especialmente a partir de la hegemonía del "discurso sobre la radicalización"- no es algo particularmente novedoso y aislado sino que, más bien, la participación de la comunidad en la lucha contra este fenómeno debe ser leída en íntima relación con la emergencia de un modelo de sociedad en donde el futuro se convierte en la dimensión temporal de referencia. En este sentido, véase especialmente, FERNÁNDEZ ABAD, C.: "El discurso sobre la radicalización como base para gobernar un futuro incierto. Una aproximación crítica a su naturaleza performativa y los efectos que se derivan de su existencia", en *InDret. Revista para el análisis del Derecho*, 1, 2022, pp. 337-366.

clusivamente sobre las fuerzas policiales y las agencias de seguridad sino que, en una dimensión más amplia, esta también se extiende a otros agentes muy diversos que, tradicionalmente, no han sido involucrados en este ámbito. En este sentido, la naturaleza eminentemente preventiva de este marco epistemológico habría impulsado toda una serie de actuaciones que, estando estrictamente situadas en el ámbito de lo predelictivo, exigen la participación de otros actores que no se encuentran vinculados al campo de la seguridad. Dicho de otro modo, en el contexto definido por la hegemonía del "discurso sobre la radicalización", la seguridad debe ser coproducida.

2. LA PARTICIPACIÓN DEL PROFESORADO EN LA PREVENCIÓN DEL TERRORISMO DE INSPIRACIÓN YIHADISTA

Atendiendo a sus propias características, los jóvenes han sido considerados por la literatura especializada como un colectivo especialmente vulnerable ante el proceso de radicalización[25]. Sobre esta cuestión, por ejemplo, SIECKELINCK, KAULINGFREKS y DE WINTER esgrimen que es precisamente durante la transición a la vida adulta cuando las personas tienen más probabilidades de subvertir las normas sociales[26]. Al fin y al cabo, a lo largo de este periodo, no solo son frecuentes las crisis existenciales y la presión ejercida por el grupo de pares sino que, además, también tendrían un especial protagonismo el deseo de experimentar aventuras y la búsqueda de emociones, enfrentando los jóvenes toda una serie de cambios en

25 Entre otros muchos, ALCAN, N. y CITAK, M. C.: "Youth and Terrorism", en DURMAZ, H., SEVINC, B., SAIT YAYLA, A. y EKICI, S. (Eds.), *Understanding and Responding to Terrorism,* Amsterdam, IOS Press, 2007, pp. 285-306; TRUJILLO, M. y MOYANO, M.: "El sistema educativo español en la prevención de la radicalización yihadista", en *Athena Intelligence Journal,* 3 (2), 2008, pp. 75-84; BUGA BERŠNAK, J. y PREZELJ, I.: "Recognizing youth radicalization in schools: Slovenian 'frontline' school workers in search of a compass", en *International Sociology,* 36 (1), 2020 pp. 49-70.

26 SIECKELINCK, S., KAULINGFREKS, F. y DE WINTER, M.: "Neither Villains nor Victims: Towards an Educational Perspective on Radicalisation", en *British Journal of Educational Studies,* 63 (3), 2015, pp. 329-343.

sus vidas que les sitúan en una posición especialmente delicada[27]. Por este motivo, no debe resultar sorprendente que la propaganda difundida por las organizaciones yihadistas haya apelado fundamentalmente a este sector.

En este contexto donde los menores son identificados como un colectivo potencialmente vulnerable frente a la radicalización, los espacios educativos han sido visualizados como un lugar idóneo para articular políticas preventivas en esta materia[28], lo que, en la práctica, se ha traducido en la asunción de toda una serie de nuevas responsabilidades por parte del profesorado[29]. En estos términos, si se toma en consideración variables como el elevado número de contactos que estos tienen con sus alumnos o la influencia decisiva que ejercen sobre ellos[30], parece evidente que los profesores se encuentran en una posición privilegiada para identificar posibles casos de radicalización y reportarlos debidamente a las autoridades[31].

Sobre este punto, THOMAS y sus colaboradores señalan que son precisamente las personas más cercanas al individuo las que suelen estar mejor posicionadas para detectar los primeros indicios de radi-

---

27 ALCAN, N. y CITAK, M. C.: "Youth and Terrorism", *op. cit.*, pp. 285-306.

28 Entre otros muchos, ALY, A., TAYLOR, E., y KARNOVSKY, S.: "Moral Disengagement and Building Resilience to Violent Extremism: An Education Intervention", en *Studies in Conflict & Terrorism,* 37 (4), 2014, pp. 369-385; SHIRAZI, R.: "When Schooling Becomes a Tactic of Security: Educating to Counter "Extremism", en *Diaspora, Indigenous, and Minority Education Studies of Migration, Integration, Equity, and Cultural Survival,* 11 (1), 2017, pp. 2-5; SJØEN, M. M. y MATTSSON, C.; "Preventing radicalisation in Norwegian schools: how teachers respond to counter-radicalisation efforts", en *Critical Studies on Terrorism,* 13 (2), 2020, pp. 218-236.

29 En este sentido, véase, MOFFAT, A. y GERARD, F. J.: "Securitising education: an exploration of teachers' attitudes and experiences regarding the implementation of the Prevent duty in sixth form colleges", en *Critical Studies on Terrorism,* 13 (2), 2019, pp. 1 y ss.

30 RAN.: "Manifesto for Education-Empowering Educators and Schools", *Radicalisation Awareness Network,* 2016, p. 1.

31 MOFFAT, A. y GERARD, F. J.: "Securitising education: an exploration of teachers' attitudes and experiences regarding the implementation of the Prevent duty in sixth form colleges", *op. cit.*, p. 3.

calización[32]. En una línea parecida, WILLIAM, HORGAN, EVANS y BÉLANGER sugieren que los profesores pueden ser concebidos como una suerte de *gatekeepers* frente al extremismo. Esto es, debido a su posición, tales profesionales se encontrarían en disposición de identificar situaciones problemáticas y derivarlas a las autoridades competentes[33]. Ahora bien, conviene advertir que el rol los profesores en esta materia no se agotaría en este punto sino que, en una dimensión más amplia, estos también pueden ser involucrados en la tarea de contrarrestar las ideologías radicales mediante la promoción de unas ideas y valores determinados[34].

En definitiva, tal y como sugiere RAGAZZI, la participación de los profesores en la prevención de la radicalización se movería en torno a dos puntos diferenciados: mientras que, de un lado, estos serían responsabilizados de detectar y reportar a las autoridades posibles casos de radicalización, también se les encomendaría al mismo tiempo la función de fomentar ciertos valores como medio para crear una suerte de resiliencia frente al extremismo[35].

Una vez establecidas estas premisas, REVELL sostiene que la prevención de la radicalización en el ámbito educativo se ha convertido en una prioridad internacional[36], despertando el interés de numerosos organismos internacionales. Así, en 2016, la UNESCO publicó

---

32 THOMAS, P., GROSSMAN, M., MIAH, S. y CHRISTMANN, K.: *Community Reporting Thresholds Sharing information with authorities concerning violent extremist activity and involvement in foreign conflict. A UK Replication Study*, Lancaster, Centre for Research and Evidence on Security Threats, 2017, p. 10.

33 WILLIAMS, M. J., HORGAN, J. G., EVANS, W. P., y BÉLANGER, J. J.: "Expansion and replication of the theory of vicarious help-seeking", en *Terrorism and Political Violence,* 12 (2), 2018, p. 2.

34 EL-MUHAMMADY, A.: "The Role of Universities and Schools in Countering and Preventing Violent Extremism: Malaysian Experience", en ECHLE, C., GUNARATNA, R., RUEPPEL, P. y SARMAH, M. (Eds.), *Combatting Violent Extremism and Terrorism in Asia and Europe. From Cooperation to Collaboration,* Singapore, International Centre for Political Violence and Terrorism Research, 2018, p. 105.

35 RAGAZZI, F.: *Students as suspects? The challenges of counter-radicalisation policies in education in the Council of Europe member states,* Strasburg, Council of Europe Publishing, 2017, p 10.

36 REVELL, L.: "Teacher practice and the pre-crime space: prevent, safeguarding and teacher engagement with extremism and radicalisation", en *Practice,* 1 (1), 2019, p. 22.

una guía para asistir a los países en la tarea de desarrollar este tipo de intervenciones[37]. Por otra parte, también resulta paradigmático que, bajo la consideración de que los profesores son uno de los actores más relevantes en la prevención de este fenómeno, la denominada *Radicalisation Awareness Network* (RAN) diese a conocer este mismo año un manifiesto que, según se desprende de la literalidad del texto, es una llamada dirigida a empoderar la acción de los profesores y los centros educativos en esta materia[38].

En este contexto, no debe resultar particularmente sorprendente que, a nivel nacional, se hayan sucedido numerosos programas que, de un modo u otro, responden a una lógica similar. En Francia, por ejemplo, además de contar con diversos medios para reportar a las autoridades posibles casos de radicalización, los profesores han sido involucrados en la tarea de enseñar a sus alumnos los valores de la República como medio para crear una suerte de resiliencia frente al extremismo[39]. En Alemania, con esta misma finalidad, existen diversas iniciativas dirigidas a promocionar en los colegios la integración política y cultural de los jóvenes musulmanes[40]. Por su parte, en lo que se refiere de forma específica al caso español, los Mossos d'Esquadra anunciaron en 2016 la puesta en marcha de un protocolo en los centros públicos catalanes orientado a involucrar a los profesores en la identificación de sujetos en riesgo de radicalización[41].

Ahora bien, sin ningún género de dudas, este tipo de políticas han obtenido su mayor grado de desarrollo y extensión en Reino Unido tras la aprobación del denominado *Prevent Duty* en el año 2015. En este sentido, gracias al mismo, los profesores —entre otros profesionales— tendrían ahora la obligación legal de reportar entre

---

37 UNESCO.: *A Teacher´s Guide on the Prevention of Violent Extremism,* Paris, UNESCO, 2016.

38 RAN, "Manifesto for Education-Empowering Educators and Schools", *op. cit.*, p. 1.

39 BRYAN, H.: "Developing the political citizen: How teachers are navigating the statutory demands of the Counter-Terrorism and Security Act 205 and the Prevent Duty", en *Education, Citizenship and Social Justice,* 12 (3), 2017, p. 6.

40 REVELL, L. "Teacher practice and the pre-crime space: prevent, safeguarding and teacher engagement with extremism and radicalisation", *op. cit.*, p. 22.

41 FERNÁNDEZ ABAD, C. "El discurso sobre la radicalización como base para la securitización de la política social", *op. cit.*, p. 211.

sus alumnos posibles casos de radicalización y de promocionar los valores británicos en sus clases para crear una suerte de resiliencia frente al extremismo[42]. Pero, ¿puede considerarse esta estrategia como eficaz para prevenir la participación del individuo en el fenómeno terrorista?

3. APROXIMACIÓN CRÍTICA

Antes de contestar esta pregunta, conviene tener en cuenta dos limitaciones previas: de un lado, como señalan PARKER y sus colaboradores, además de ser escasa, la evidencia empírica que existe actualmente sobre esta cuestión dista de ser concluyente, pudiendo encontrarse con relativa facilidad estudios cuyas conclusiones apuntan en una y otra dirección[43]; de otro lado, salvo excepciones muy limitadas[44], la inmensa mayoría de esta evidencia proviene del caso británico[45], algo que, aunque es entendible si se toma en consideración el mayor grado de desarrollo que han alcanzado tales políticas

---

42 BUSHER, J., CHOUDHURY, T., THOMAS, P. y HARRIS, G.: "What the Prevent duty means for schools and colleges in England: An analysis of educationalists' experiences", *Aziz Foundation*, 2017, p. 1.

43 PARKER, D., LINDEKILDE, L. y GOTZSCHE-ASTRUP, O.: "Recognising and responding to radicalisation at the 'frontline': Assessing the capability of school teachers to recognise and respond to radicalisation", en *British Educational Research Journal*, 45 (3), 2020, p. 2.

44 Entre otros ejemplos, véase, FLENSNER, K. K., LARSSON, G. y SÄLJÖ, R.: "Jihadists and Refugees at the Theatre: Global Conflicts in Classroom Practices in Sweden", en *Education Sciences*, 9 (2), 2019, pp. 1-17; BUGA BERŠNAK, J. y PREZELJ, I.: "Recognizing youth radicalization in schools: Slovenian 'frontline' school workers in search of a compass", en *International Sociology*, 36 (1), 2020 pp. 49-70.; SJØEN, M. M. y MATTSSON, C.: "Preventing radicalisation in Norwegian schools: how teachers respond to counter-radicalisation efforts", en *Critical Studies on Terrorism*, 13 (2), 2020, pp. 218-236.

45 Entre otros muchos, SIECKELINCK, S., KAULINGFREKS, F. y DE WINTER, M.: "Neither Villains Nor Victims: Towards an Educational Perspective on Radicalisation", *op. cit.*, pp. 329-343; O´DONNEL, A.: "Securisation, Counterterrorism and the silencing of dissent: the educational implications of Prevent", en *British Journal of Educational Studies*. 64 (1), 2016, pp. 53-76; ELTON-CHALCRAFT, S., LANDER, V., REVELL, L. WARNER, D. y WHITWORTH, L.: "To promote, or not to promote fundamental British values? Teachers' standards, diversity and teacher Education", en *British Educational Research Journal*, 43 (1), 2016, pp. 1-20.

en este país, exige tomar ciertas precauciones a la hora de generalizar los resultados.

Ahora bien, incluso con estas limitaciones, se estima que la realización de esta tarea es estrictamente necesaria ya que, al fin y al cabo, la articulación de una política eficiente en materia antiterrorista no puede dar la espalda a la realidad que subyace bajo su existencia. En otras palabras, antes de proclamar la ineludible necesidad de dar un mayor protagonismo a los profesores en la prevención de la radicalización, es imprescindible valorar entre otros aspectos si estos se encuentran preparados para realizar tal cometido, cuáles son las efectos que genera esta pretensión sobre la relación de confianza que debe mediar entre profesor y alumno o cómo repercute sobre estos últimos el hecho de ser considerados como sujetos en riesgo de radicalización.

Partiendo de estas coordenadas, un primer aspecto que debe señalarse reside en el hecho de que, con carácter general, la investigación empírica existente sugiere que la radicalización es un proceso complejo que, en numerosas ocasiones, resulta difícil de identificar[46]. Es decir, como señala FERNÁNDEZ ABAD, el "discurso sobre la radicalización" se basa actualmente en toda una serie de elementos teóricos que, en esencia, presentan una naturaleza sumamente ambigua e inespecífica[47]. Dicho de otro modo, lejos de estar presentes únicamente en las personas que terminan legitimando y/o participando en actividades terroristas, aspectos como el hecho de sentirse injustamente tratado, encontrarse en una posición de vulnerabilidad o abrazar un sistema de creencias adjetivado como radical también tienen representación en categorías más amplias de población que, de ningún modo, están involucradas en este fenómeno[48]. Como consecuencia, no debe resultar sorprendente que, a la hora de

---

46 PARKER, D., LINDEKILDE, L. y GOTZSCHE-ASTRUP, O.: "Recognising and responding to radicalisation at the 'frontline': Assessing the capability of school teachers to recognise and respond to radicalisation", *op. cit.*, 2020, p. 2.

47 FERNÁNDEZ ABAD, C. "El discurso sobre la radicalización como base para la securitización de la política social", *op. cit.*, p. 219.

48 Sobre esta cuestión, véase especialmente, BARTLETT, J. y MILLER, C.: "The Edge of Violence: Towards Telling the Difference Between Violent and Non-Violent Radicalization", en *Terrorism and Political Violence,* 24 (1), 2012, pp. 1-21.

identificar posibles casos, los errores sean frecuentes, desempeñando un papel importante a la hora de denunciar tanto los estereotipos como los sesgos raciales[49].

Esta dificultad para identificar posibles casos de radicalización también ha sido notada en el contexto concreto del ámbito educativo. Así, entre otros ejemplos de notable interés, el informe elaborado por la organización RIGHTS WATCH cita el caso de un menor de cuatro años que, tras pronunciar incorrectamente la palabra *cucumber,* fue reportado por su profesor a *Channel* al entender que había dicho *cooker-bomb*, despertando la consiguiente respuesta institucional[50]. En una línea parecida, OPEN SOCIETY JUSTICE INITIATIVE alude al caso de un menor de 12 años que, al interpretar a un terrorista en una clase de teatro, fue considerado como un sujeto en riesgo de radicalización, lo que motivó que el colégio contactase con sus padres y se interesase por toda una serie de cuestiones de naturaleza estrictamente personal[51].

En este contexto, conviene advertir que, a pesar de recibir formaciones previas en la materia, la evidencia empírica existente tiende a sugerir que los profesores tienen una marcada dificultad a la hora de reconocer posibles casos de radicalización[52]. Por ejemplo,

---

49 Para numerosos autores, la naturaleza inespecífica del "discurso sobre la radicalización" ha contribuido a identificar a los musulmanes como una comunidad intrínsecamente sospechosa -y potencialmente peligrosa- que, por su parte, debe ser objeto de una vigilancia permanente. Sobre esta cuestión, véase especialmente, PANTAZIS, C. y PEMBERTON, S.: "From the old to the new suspect community. Examining the Impacts of Recent UK Counter-Terrorist Legislation", en *British Journal of Criminology*, 49, 2009, pp. 646-666; HICKMAN, M. J., THOMAS, L., NICKELS, H. y SILVESTRI, S.: "Social cohesion and the notion of suspect communities: a study of the experiences and impacts of being suspect for Irish communities and Muslim communities in Britain", en *Critical Studies on Terrorism*, 5 (1), 2012, pp. 89-106; BREENSMYTH, M.: "Theorising the suspect community: counterterrorism, security practices and the public imagination ", en *Critical Studies on Terrorism*, 7 (2), 2014, pp. 223-240.

50 RIGHTS WATCH.: "Preventing Education? Human Rights and UK Counter-Terrorism Policy in Schools", *Rights Watch, 2016,* p. 45.

51 OPEN JUSTICE.: Eroding Trust. The UK´s Prevent Counter-Terrorism Strategy in Health and Education, New York, Open Society Foundations, 2016, p. 74.

52 MOFFAT, A. y GERARD, F. J.: "Securitising education: an exploration of teachers' attitudes and experiences regarding the implementation of the Prevent

en la investigación realizada por MOFFAT y GERARD, basada en la realización de entrevistas a catorce profesores que ejercen sus funciones en colegios londinenses, la totalidad de su muestra mostró serias dudas sobre su capacidad para prevenir la radicalización del alumnado, siendo un tema frecuentemente discutido la complejidad que entraña reconocer los signos que evidencian el acometimiento de estos procesos[53]. El estudio de REVELL, por su parte, también es especialmente interesante en este punto ya que, a pesar de que solo una pequeña parte de su muestra expresó dudas sobre su capacidad para cumplir con esta tarea, la práctica totalidad de ella manifestó al mismo tiempo criterios dispares sobre los factores que denotan el acometimiento de estos procesos[54].

De este modo, como se puede apreciar, una primera gran dificultad para involucrar a los profesores en esta materia vendría motivada por la complejidad que entraña reconocer estos procesos. Sin duda, este aspecto podría ser mejorado a través de una formación de calidad. Sin embargo, cabe cuestionarse hasta qué punto este es un objetivo plausible ya que, tal y como se ha señalado más arriba, el "discurso sobre la radicalización" se basa en toda una serie de elementos teóricos que presentan una naturaleza sumamente ambigua e inespecífica. Dicho de otro modo, las posibilidades de ofrecer una formación adecuada en este campo no solo dependerían de los conocimientos y habilidades del formador sino que, en una dimensión más amplia, también es importante tener en cuenta las limitaciones que ofrece la radicalización como marco epistemológico.

Sobre esta cuestión, por ejemplo, el informe elaborado por OPEN SOCIETY JUSTICE INITIATIVE recoge algunos testimonios de profesores donde se pone de manifiesto el carácter sesgado y discriminatorio de la formación recibida, señalándose como indicios de radicalización aspectos tan banales como la presencia de una mayor

---

duty in sixth form colleges", *op. cit.*, p. 10.

53 MOFFAT, A. y GERARD, F. J.: "Securitising education: an exploration of teachers' attitudes and experiences regarding the implementation of the Prevent duty in sixth form colleges", *op. cit.*, p. 10.

54 REVELL, L.: "Teacher practice and the pre-crime space: prevent, safeguarding and teacher engagement with extremism and radicalisation", *op. cit.*, pp. 28 y ss.

religiosidad o llevar una vestimenta determinada[55]. En definitiva, más que en el conocimiento científico disponible, cabe la posibilidad de que las denuncias se realicen en base a estereotipos y sesgos racionales, lo que daría lugar a prácticas claramente discriminatorias y estigmatizantes.

En otro orden de las cosas, también se ha puesto en evidencia desde la literatura especializada los efectos que generan estas prácticas en los alumnos. En este sentido, cabría preguntarse qué posibilidades tiene un joven musulmán de expresar sus opiniones o estilo de vida en el aula sin el temor de ser considerado como un sujeto en riesgo de radicalización y despertar la consiguiente respuesta institucional. Por ello, no debe resultar sorprendente que se haya identificado una suerte de *chilling effect*. Es decir, donde los alumnos se autocensuran para evitar ser etiquetados como terroristas potenciales, limitándose de este modo la libertad y capacidad de expresarse de los mismos[56]. En estos términos, MOFFAT y GERARD sostienen que, según se deriva de sus resultados, más de la mitad de su muestra manifestó que los estudiantes tenían ahora un menor número de oportunidades para expresarse libremente en el aula sin el temor de ser considerados como sujetos en riesgo de radicalización, siendo el silencio y la autocensura estrategias adaptativas frecuentes[57]. TAYLOR y SONY, por su parte, también han advertido esta cuestión, señalando que existe una precaución especial a la hora de abordar ciertas conversaciones que, en esencia, pueden dar lugar a la manifestación de expresiones problemáticas[58].

---

55 OPEN JUSTICE.: *Eroding Trust. The UK´s Prevent Counter-Terrorism Strategy in Health and Education, op. cit.*, pp. 43-45.

56 TAYLOR, L. y SONI, A.: "Preventing radicalisation: a systematic review of literature considering the lived experiences of the UK's Prevent strategy in educational settings", en *Pastoral Care in Education An International Journal of Personal, Social and Emotional Development*, 35 (4), 2017, pp. 1-12.

57 MOFFAT, A. y GERARD, F. J.: "Securitising education: an exploration of teachers' attitudes and experiences regarding the implementation of the Prevent duty in sixth form colleges", *op. cit.*, p. 9.

58 TAYLOR, L. y SONI, A.: "Preventing radicalisation: a systematic review of literature considering the lived experiences of the UK's Prevent strategy in educational settings", *op. cit.*, p. 4.

Por otra parte, también se ha puesto en evidencia como todo ello podría quebrar de forma irreparable la necesaria relación de confianza que debe mediar entre el profesorado y el alumnado. De nuevo, según se deriva del estudio llevado a cabo por MOFFAT y GERARD, más de la mitad de su muestra expresó alguna inquietud con respecto a este tema, advirtiendo que su participación en esta tarea no solo podía romper de un modo irreparable esta relación sino que, además, también podría ocasionar en una dimensión más amplia que el menor dejase de confiar en cualquier otra figura de autoridad que tenga alrededor[59]. En términos parecidos, OPEN SOCIETY JUSTICE INIATIVE señala que, en síntesis, la implementación de este tipo de políticas supone una marcada securitización de las relaciones educativas, lo que, paradójicamente, podría situar a los profesores en una posición menos favorable para proteger a sus alumnos frente a cualquier situación problemática que pueda darse ya que, al final y al cabo, estos últimos no tendrían el suficiente grado de confianza en los primeros para hacerles copartícipes de sus problemas[60].

Al margen de estas cuestiones, la evidencia empírica también sugiere que la pretensión de involucrar al profesorado en la promoción de ciertos valores como medio para crear una suerte de resiliencia frente al extremismo también es problemática. En el caso de Reino Unido, por ejemplo, se ha criticado el uso de la etiqueta "valores británicos". En este sentido, a pesar de que el Gobierno Británico ha afirmado que estos no son otros que la democracia, el Estado de derecho, la libertad individual y la tolerancia con otras expresiones religiosas, lo cierto es que existen serias dudas de que, en la práctica, se limiten a tales contenidos.

Tras analizar los carteles colgados en las aulas para representar los "valores británicos", MONCRIEFFE y MONCRIEFFE han llegado a la conclusión de que estos han sido generalmente asociados a iconos culturales como la taza de té, el autobús rojo, Winston Churchill o la Reina Isabel II, presentando una visión etnocentrista y nacionalista

---

59 MOFFAT, A. y GERARD, F. J.: "Securitising education: an exploration of teachers' attitudes and experiences regarding the implementation of the Prevent duty in sixth form colleges", *op. cit.*, p. 9.

60 OPEN SOCIETY JUSTICE INITIATIVE.: *Eroding Trust. The UK's Prevent Counter-Extremism Strategy in Health and Education*, *op. cit.*, p. 45.

de lo que representa ser británico[61]. En una línea parecida, ELTON-CHALCRAFT y sus colaboradores señalan que, de los participantes de su muestra que sí reconocieron la existencia de valores exclusivamente británicos, algunos de ellos señalaron que estos se relacionaban con cuestiones tan dispares como el hecho de apoyar a la Monarquía, tener un humor determinado o ser conservador y educado[62]. Sobre esta cuestión, BUSHER y sus colaboradores citan el ejemplo de un colegio de su muestra en donde la promoción de los valores británicos había sido utilizada para celebrar más abiertamente la navidad o incentivar el canto del himno nacional[63].

En este contexto, no debe resultar especialmente sorprendente que algunos autores hayan apuntado a que esta visión estereotipada de lo que representa ser británico ha dado lugar a la configuración de una identidad excluyente en la que algunos alumnos, ya sea por su origen cultural o estilo de vida, tienen un difícil encaje. En estos términos, MOFFAT y GERARD sostienen que, de la totalidad de los profesores que componen su muestra, ninguno de ellos se sentía especialmente cómodo con la obligación de promocionar los "valores británicos" en sus clases, entendiendo que tal actividad podía ser escasamente inclusiva y poco respetuosa con los valores culturales de las minorías[64]. En sentido similar, REVELL y BRYAN sugieren que, aunque formalmente puedan parecer neutrales, los valores británicos son en la práctica abiertamente hostiles con la diferencia[65]. ELTON-CHALCRAFT y sus colaboradores, por último, también apun-

---

61 MONCRIEFFE, M. y MONCRIEFFE, A.: "An examination of imagery used to represent fundamental British values and British identity on primary school display boards", en *London Review of Education*, 17 (1), 2019, pp. 52-69.

62 ELTON-CHALCRAFT, S., LANDER, V., REVELL, L. WARNER, D. y WHITWORTH, L.: "To promote, or not to promote fundamental British values? Teachers' standards, diversity and teacher Education", *op. cit.*, p. 8.

63 BUSHER, J., CHOUDHURY, T., THOMAS, P. y HARRIS, G.: "What the Prevent duty means for schools and colleges in England: An analysis of educationalists' experiences", *op. cit.*, p. 27.

64 MOFFAT, A. y GERARD, F. J.: "Securitising education: an exploration of teachers' attitudes and experiences regarding the implementation of the Prevent duty in sixth form colleges", *op. cit.*, p. 9.

65 REVELL, L. y BRYAN, H.: *Fundamental British values in education: Radicalisation, national identity and Britishness*, Bingley, Emerald Publishing, 2018, p. 55.

tan en una dirección parecida cuando señalan que, al estigmatizar y problematizar la diferencia, esta pretensión (re)produce una suerte de división permanente entre "ellos" y "nosotros" en la que la única solución posible para enfrentar el extremismo pasa por la homogeneidad cultural, rechazándose de este modo el multiculturalismo y abrazándose una política estrictamente basada en la asimilación[66].

En definitiva, tal y como se ha podido apreciar a lo largo de estas páginas, parece claro que la pretensión de incorporar a los profesores en la lucha contra el terrorismo genera una serie de efectos que deben ser necesariamente tenidos en cuenta si se quiere articular una política antiterrorista que resulte eficiente.

REFERENCIAS BIBLIOGRÁFICAS

ALCAN, N. y CITAK, M. C.: "Youth and Terrorism", en DURMAZ, H., SEVINC, B.,

SAIT YAYLA, A. y EKICI, S. (Eds.), *Understanding and Responding to Terrorism,* Amsterdam,

IOS Press, 2007.

ALY, A., TAYLOR, E., y KARNOVSKY, S.: "Moral Disengagement and Building Resilience to Violent Extremism: An Education Intervention", en *Studies in Conflict & Terrorism,* 37 (4), 2014.

ANTÓN MELLÓN, J. y PARRA, A.: "Concepto de radicalización", en ANTÓN MELLÓN, J. (Ed.), *Islamismo yihadista. Radicalización y contrarradicalización,* Valencia, Tirant lo Blanch, 2015.

BAKKER, E.: *Jihadi terrorists in Europe,* The Hague, Cliengendael, 2006.

BARTLETT, J. y MILLER, C.: "The Edge of Violence: Towards Telling the Difference Between Violent and Non-Violent Radicalization", en *Terrorism and Political Violence,* 24 (1), 2012.

BREENSMYTH, M.: "Theorising the suspect community: counterterrorism, security practices and the public imagination ", en *Critical Studies on Terrorism,* 7 (2), 2014.

BRYAN, H.: "Developing the political citizen: How teachers are navigating the statutory demands of the Counter-Terrorism and Security Act 205 and the Prevent Duty ", en *Education, Citizenship and Social Justice,* 12 (3), 2017.

---

[66] ELTON-CHALCRAFT, S., LANDER, V., REVELL, L. WARNER, D. y WHITWORTH, L.: "To promote, or not to promote fundamental British values? Teachers' standards, diversity and teacher Education", *op. cit.*, p. 13.

BUGA BERŠNAK, J. y PREZELJ, I.: "Recognizing youth radicalization in schools: Slovenian 'frontline' school workers in search of a compass", en *International Sociology,* 36 (1), 2020.

BUSHER, J., CHOUDHURY, T., THOMAS, P. y HARRIS, G.: "What the Prevent duty means for schools and colleges in England: An analysis of educationalists' experiences", *Aziz Foundation,* 2017.

CANO PAÑOS, M. A.: "Aproximación criminológica al fenómeno del *homegrown terrorism.* Un análisis de la radicalización islamista desde la teoría de las subculturas", en *Revista de Derecho Penal y Criminología,* 16, 2016.

CANO PAÑOS, M. A.: "La lucha contra la amenaza yihadista más allá del Derecho penal: Análisis de los programas de prevención de la radicalización y des-radicalización a nivel europeo", en *Revista de Estudios en Seguridad Internacional,* 4 (2), 2018.

CRONE, M. y HARROW, M.: "Homegrown Terrorism in the West", en *Terrorism and Political Violence,* 23 (4), 2011.

DALGAARD-NIELSEN, A.: "Violent Radicalization in Europe: What We Know and What We Do Not Know", en *Studies in Conflict & Terrorism,* 33 (9), 2010.

DE GOEDE, M.: "The Politics of Preemption and the War on Terror in Europe", en *European Journal of International Relations,* 4 (1), 2008.

DE LA CORTE IBÁÑEZ, L.: "¿Qué sabemos y qué ignoramos sobre la radicalización yihadista?, en ANTÓN MELLÓN, J. (Ed.), *Islamismo yihadista. Radicalización y contrarradicalización,* Valencia, Tirant lo Blanch, 2015.

EL-MUHAMMADY, A.: "The Role of Universities and Schools in Countering and Preventing Violent Extremism: Malaysian Experience", en ECHLE, C., GUNARATNA, R., RUEPPEL, P. y SARMAH, M. (Eds.), *Combatting Violent Extremism and Terrorism in Asia and Europe. From Cooperation to Collaboration,* Singapore, International Centre for Political Violence and Terrorism Research, 2018.

ELTON-CHALCRAFT, S., LANDER, V., REVELL, L. WARNER, D. y WHITWORTH, L.: "To promote, or not to promote fundamental British values? Teachers' standards, diversity and teacher Education", en *British Educational Research Journal,* 43 (1), 2016.

FERNÁNDEZ ABAD, C.: "El discurso sobre la radicalización como base para gobernar un futuro incierto. Una aproximación crítica a su naturaleza performativa y los efectos que se derivan de su existencia", en *InDret. Revista para el análisis del Derecho,* 1, 2022.

FERNÁNDEZ DE MOSTERYN, L. M. y LIMÓN LÓPEZ, P.: "Paradigmas y prevención del terrorismo: una aproximación al Plan Estratégico Nacional de Lucha contra la Radicalización Violenta (PENLCRV 2015)", en *Política y Sociedad,* 54 (3), 2017.

FLENSNER, K. K., LARSSON, G. y SÄLJÖ, R.: "Jihadists and Refugees at the Theatre: Global Conflicts in Classroom Practices in Sweden", en *Education Sciences*, 9 (2), 2019.

GARCÍA-CAVO, C. y REINARES, F.: "Radicalización yihadista y asociación diferencial: un estudio cuantitativo del caso español", en BERMEJO CASADO, R. y BAZAGA FERNÁNDEZ, I. (Eds.), *Radicalización violenta en España. Detección, gestión y respuesta*, Valencia, Tirant lo Blanch, 2019.

GITHENS-MAZER, J. y LAMBERT, R.: "Why conventional wisdom on radicalization fails: the persistence of a failed discourse", en *International Affairs*, 86 (4), 2010.

HAFEZ, M. y MULLINS, C.: "The Radicalization Puzzle: A Theoretical Synthesis of Empirical Approaches to Homegrown Extremism", en *Studies in Conflict & Terrorism*, 38 (11), 2015.

HEATH-KELLY, C., BAKER-BEALL, C. y JARVIS, L.: "Introduction", en HEATH-KELLY, C., BAKERBEALL, C. Y JARVIS, L. (Eds.), *Counter-Radicalisation. Critical perspectives*, London/New York, Routledge, 2015.

HEATH-KELLY, C.: "Counter-Terrorism and the Counterfactual: Producing the Radicalisation Discourse and the UK PREVENT Strategy", en *The British Journal of Politics and International Relations*, 15 (3), 2012.

HICKMAN, M. J., THOMAS, L., NICKELS, H. y SILVESTRI, S.: "Social cohesion and the notion of suspect communities: a study of the experiences and impacts of being suspect for Irish communities and Muslim communities in Britain", en *Critical Studies on Terrorism*, 5 (1), 2012.

KING, M. y TAYLOR, D.: "The Radicalization of Homegrown Jihadists: A Review of Theoretical Models and Social Psychological Evidence", en *Terrorism and Political Violence*, 23 (4), 2011.

KRUGLANSKI, A., WEBBER, D., JASKO, K., CHERNIKOVA, M. y MOLINARIO, E.: "The Making of Violent Extremists", en *Review of General Psychology*, 22 (1), 2018.

KUNDNANI, A.: "Radicalisation: the journey of a concept", en *Race & Class*, 54 (2), 2012.

KUNDNANI, A.: A Decade Lost. Rethinking Radicalisation and Extremism, London, Claystone, 2015.

MOFFAT, A. y GERARD, F. J.: "Securitising education: an exploration of teachers' attitudes and experiences regarding the implementation of the Prevent duty in sixth form colleges", en *Critical Studies on Terrorism*, 13 (2), 2019.

MOGHADDAM, F. M.: "The Staircase to Terrorism", en *American Psychologist*, 60 (2), 2005.

MONCRIEFFE, M. y MONCRIEFFE, A.: "An examination of imagery used to represent fundamental British values and British identity on primary school display boards", en *London Review of Education*, 17 (1), 2019.

MYTHEN, G., WALKLATE, S. y PEATFIELD, E.: "Assembling and deconstructing radicalisation in PREVENT: A case of policy-based evidence making?", en *Critical Social Policy,* 37 (2), 2017.

O´DONNEL, A.: "Securisation, Counterterrorism and the silencing of dissent: the educational implications of Prevent", en *British Journal of Educational Studies.* 64 (1), 2016.

OPEN JUSTICE.: Eroding Trust. The UK´s Prevent Counter-Terrorism Strategy in Health and Education, New York, Open Society Foundations, 2016, p. 74.

PANTAZIS, C. y PEMBERTON, S.: "From the old to the new suspect community. Examining the Impacts of Recent UK Counter-Terrorist Legislation", en *British Journal of Criminology,* 49, 2009.

PARKER, D., LINDEKILDE, L. y GOTZSCHE-ASTRUP, O.: "Recognising and responding to radicalisation at the 'frontline': Assessing the capability of school teachers to recognise and respond to radicalisation", en *British Educational Research Journal,* 45 (3), 2020.

PISOIU, D. *Islamist Radicalisation in Europe. An occupational change process,* London/New York, Routledge, 2012.

RAGAZZI, F.: *Students as suspects? The challenges of counter-radicalisation policies in education in the Council of Europe member states,* Strasburg, Council of Europe Publishing, 2017.

RAN.: "Manifesto for Education-Empowering Educators and Schools", *Radicalisation Awareness Network,* 2016.

REINARES, F., GARCÍA-CALVO, C. y VICENTE, A.: *Yihadismo y yihadistas en España. Quince años después del 11-M,* Madrid, Real Instituto Elcano, 2019.

REVELL, L.: "Teacher practice and the pre-crime space: prevent, safeguarding and teacher engagement with extremism and radicalisation", en *Practice,* 1 (1), 2019.

RICHARDS, A.: "Conceptualizing Terrorism", en *Studies in Conflict & Terrorism,* 37, 2014.

RIGHTS WATCH.: "Preventing Education? Human Rights and UK Counter-Terrorism Policy in Schools", *Rights Watch, 2016.*

SAGEMAN, M.: *Understanding Terror Networks,* Philadelphia, University of Pennsylvania, 2004.

SCHMID, A. P.: "The definition of Terrorism", en SCHMID, A. P. (Ed.), *The Routledge Handbook of Terrorism Research,* New York, Routledge, 2011.

SEDGWICK, M.: "The concept of Radicalization as a Source of Confusion", en *Terrorism and Political Violence,* 22 (4), 2010.

SHIRAZI, R."When Schooling Becomes a Tactic of Security: Educating to Counter "Extremism", en *Diaspora, Indigenous, and Minority Education Studies of Migration, Integration, Equity, and Cultural Survival,* 11 (1), 2017.

SIECKELINCK, S., KAULINGFREKS, F. y DE WINTER, M.: "Neither Villains nor Victims: Towards an Educational Perspective on Radicalisation", en *British Journal of Educational Studies,* 63 (3), 2015.

SJØEN, M. M. y MATTSSON, C.: "Preventing radicalisation in Norwegian schools: how teachers respond to counter-radicalisation efforts", en *Critical Studies on Terrorism,* 13 (2), 2020.

TAYLOR, L. y SONI, A.: "Preventing radicalisation: a systematic review of literature considering the lived experiences of the UK's Prevent strategy in educational settings", en *Pastoral Care in Education An International Journal of Personal, Social and Emotional Development,* 35 (4), 2017, pp. 1-12.

THOMAS, P., GROSSMAN, M., MIAH, S. y CHRISTMANN, K.: Community Reporting Thresholds Sharing information with authorities concerning violent extremist activity and involvement in foreign conflict. A UK Replication Study, Lancaster, Centre for Research and Evidence on Security Threats, 2017.

TRUJILLO, M. y MOYANO, M.: "El sistema educativo español en la prevención de la radicalización yihadista", en *Athena Intelligence Journal,* 3 (2), 2008.

UNESCO.: *A Teacher´s Guide on the Prevention of Violent Extremism,* Paris, UNESCO, 2016.

VELDHUIS, T. y STAUN, J.: *Islamist Radicalisation: A Root Cause Model,* The Hague, Netherlands Institute of International Relations Clingendael, 2009.

WIKTOROWICZ, Q.: *Radical Islam Rising. Muslim Extremism in the West,* Lanham, Rowman & Littlefield, 2005.

WILLIAMS, M. J., HORGAN, J. G., EVANS, W. P., y BÉLANGER, J. J.: "Expansion and replication of the theory of vicarious help-seeking", en *Terrorism and Political Violence,* 12 (2), 2018.

ZEDNER, L.: "Pre-crime and post-criminology?", en *Theoretical Criminology,* 11 (2), 2007.

EL DELITO DE ABANDONO DEL LUGAR DEL ACCIDENTE: ¿DEROGACIÓN COMO PROPUESTA DE *LEGE FERENDA*?

CARLOS GONZÁLEZ LEÓN[1]

SUMARIO: INTRODUCCIÓN. 2. EVOLUCIÓN DEL DELITO DE ABANDONO DEL LUGAR DEL ACCIDENTE HASTA LA ENTRADA EN VIGOR DEL CÓDIGO PENAL DE 1995. 3. EL DELITO DE ABANDONO TRAS LA ENTRADA EN VIGOR DE LA LEY ORGÁNICA 2/2019. 4. BIEN JURÍDICO PROTEGIDO EN EL DELITO DE ABANDONO DEL LUGAR DEL ACCIDENTE DEL CÓDIGO PENAL ESPAÑOL. 4.1 Antecedentes. 4.2 ¿Deberes de solidaridad humana? 4.3 ¿Seguridad vial? 4.4 ¿Administración de Justicia? 5. EL ABANDONO DEL LUGAR DEL ACCIDENTE EN ALEMANIA E ITALIA. 6. CONSIDERACIONES FINALES. REFERENCIAS BIBLIOGRÁFICAS.

Resumen: El presente trabajo tiene como finalidad realizar un análisis del delito de abandono del lugar del accidente y su evolución en España hasta su (re) incorporación al Código Penal español tras la entrada en vigor de la Ley Orgánica 2/2019, de 1 de marzo. Además, poniendo de manifiesto su evolución —y transformación— a lo largo del siglo XXI y que el delito de abandono del lugar del accidente se encuentra actualmente tipificado por normativa administrativa en diversos textos legales, se abordan las razones que podrían justificar —o no— una razonable regulación penal no limitadora de las principales garantías de un Derecho penal liberal propio de Estados Democráticos de Derecho. De esta forma, la búsqueda de un bien jurídico de especial gravedad que lo evidencie resulta fundamental. Pues, de lo contrario, podría suponer una más que coherente propuesta de *lege ferenda:* su derogación.

Palabras clave: Delito de abandono del lugar del accidente; delito de huida; deberes de solidaridad humana; seguridad vial; Administración de Justicia.

Abstract: The purpose of this paper is to analyse the crime of leaving the scene of an accident and its evolution in Spain until its (re)incorporation into the Spanish Criminal Code after the entry into force of Organic Law 2/2019, of 1 March. Furthermore, highlighting its evolution —and transformation— throughout the 21st century and the fact that the offence of leaving the scene of the accident is currently typified by administrative regulations in various legal texts, the reasons

[1] Doctor en Derecho. Universidad Rey Juan Carlos. E-mail: carlos.gonzalez.leon@urjc.es. Profesor Visitante (acreditado como Profesor Contratado Doctor por la ANECA).

that could justify —or not— a reasonable criminal regulation that does not limit the main guarantees of a liberal criminal law typical of democratic states governed by the rule of law are addressed. In this way, the search for a legal asset of particular gravity that evidences this is fundamental. Otherwise, it could lead to a more than coherent proposal de lege ferenda: its repeal.

Keywords: Abandonment crime; escape crime; duties of human solidarity; road safety; Administration of Justice.

INTRODUCCIÓN

El pasado día 14 de septiembre de 2022 se publicaba en el Boletín Oficial del Estado la Ley Orgánica 11/2022, de 13 de septiembre, de modificación del Código Penal en materia de imprudencia en la conducción de vehículos a motor o ciclomotor. Esta es, por el momento, la última modificación del Código Penal en materia de imprudencia. Sin embargo, el delito de abandono del lugar del accidente —también conocido como delito de fuga o *hit and run*— se (re)incorpora en la legislación española con la publicación de la Ley Orgánica 2/2019, de 1 de marzo, de modificación de la Ley Orgánica 10/1995, de 23 de noviembre, del Código Penal, en materia de imprudencia en la conducción de vehículos a motor o ciclomotor y sanción del abandono del lugar del accidente. Ahora bien, hagamos un breve recorrido histórico de este delito para comprobar como parece ser un «viejo» conocido en el ordenamiento jurídico español. Y después, analicemos su redacción actual en tras su entrada en vigor para estudiar los posibles bienes jurídicos que el legislador pretende proteger con su introducción, así como la comparación con otros países europeos. Veámoslo.

2. EVOLUCIÓN DEL DELITO DE ABANDONO DEL LUGAR DEL ACCIDENTE HASTA LA ENTRADA EN VIGOR DEL CÓDIGO PENAL DE 1995

En primer lugar, el Código Penal de 1928 tipificaba por entonces una figura similar. Concretamente, el art. 537 señalaba que «el automovilista, motorista, conductor de un vehículo cualquiera, ciclista o jinete que deje en estado de abandono sin prestarle o facilitarle asistencia a persona a quien mató o lesionó por imprevisión, imprudencia o impericia, será castigado con la pena de dos meses y un día a seis meses de prisión y multa de 1.000 a 10.000 pesetas, sin perjuicio de las responsabilidades en que incurriere por el homicidio o por las lesiones causadas». Sobre este tipo penal, es preciso destacar algunas características. La primera, que solo hiciera referencia al tipo imprudente —y no al fortuito—. La segunda, la penalidad; siendo de hasta seis meses de prisión y multa, simultáneamente, sin perjuicio del resto de delitos en que hubiera incurrido su autor.

Años más tarde, a nivel administrativo, el art. 49 a) del Código de Circulación de 1934 hacía también referencia a esta cuestión en los siguientes términos: «Todo conductor de un vehículo cualquiera que, sabiendo que ha causado u ocasionado un accidente, no se pare, escape o intente escapar para eludir la responsabilidad penal o civil en que pueda haber incurrido, será castigado con 100 pesetas de multa, sin perjuicio de las demás responsabilidades que resulten de la aplicación de las leyes vigentes»[2].

En 1950, el art. 5 de la Ley de 9 de mayo de 1950, sobre uso y circulación de vehículos a motor —conocida como ley penal del automóvil—, advirtiendo el progresivo aumento de la circulación con vehículos a motor y los riesgos que podrían derivarse, recogía que «el conductor de un vehículo a motor que no auxiliare a la víctima por él causada, será castigado con la pena de prisión menor y multa de mil a cien mil pesetas». Meses más tarde, la Ley de 17 de julio de 1951 añadía en el Código Penal de 1944 el delito de omisión del deber de socorro sin referencia alguna al ámbito de la seguridad vial, a través del art. 489 bis. En él se sancionaba «el que no socorriere a una persona que se encontrare desamparada y en peligro manifiesto y grave, cuando pudiere hacerlo sin riesgo propio ni de tercero, será castigado con la pena de arresto mayor o multa de mil a cinco mil pesetas», así como la misma penalidad al que estando «impedido de prestar socorro, no demandare con urgencia auxilio ajeno». Esto,

---

2 En su artículo 49 a) puede leerse: «Todo conductor de un vehículo cualquiera que, sabiendo que ha causado u ocasionado un accidente, no se pare, escape o intente escapar para eludir la responsabilidad penal o civil en que pueda haber incurrido, será castigado con 100 pesetas de multa, sin perjuicio de las demás responsabilidades que resulten de la aplicación de las leyes vigentes».

como puede verse, es lo que encontramos de forma similar en la redacción actual del delito de omisión del deber de socorro en el art. 195 del Código Penal.

¿Qué diferencias por tanto pueden analizarse entre los dos tipos previamente señalados? La primera de ellas en el sujeto —activo y pasivo—; la segunda, en la penalidad. A este respecto, el art. 5 de la Ley 9 de mayo de 1950 exigía para su realización un conductor de un vehículo a motor sobre la víctima a la que se le causara el daño, sin más concreción; y la penalidad era pena de prisión menor y multa de mil a cien mil pesetas. Y el art. 489 bis del Código Penal de 1944 que admitía para su realización a cualquier persona que pudiera socorrer a la víctima inmersa en un peligro manifiesto y grave —sin riesgo propio ni de terceros—; y pena de arresto mayor o multa de 1.000 a 5.000 pesetas.

Una década más tarde, la Ley 122/1962, de 24 de diciembre, sobre uso y circulación de vehículos a motor, introduce a través del art. 7 un nuevo precepto que buscaba mejorar el antiguo art. 5 de la Ley de 9 de mayo de 1950 —y que quedaría derogado con la entrada de esta ley—. En concreto, ampliaba el ámbito de aplicación a conductores que no hubieran causado la víctima (apartado primero)[3], introducía un tipo agravado para aquellos que sí fueran causantes (apartado segundo)[4] y ampliaba la responsabilidad penal a dueños y ocupantes que no ordenaran la prestación de socorro al conductor (apartado tercero)[5]. Sin embargo, este artículo —tal y como ocurría en el que resultaba derogado— no hacía referencia alguna a la situación en la que debía quedar la víctima —cosa que sí contenía el art. 489 bis del Código Penal de 1944—; es decir, no preveía que la víctima debiera encontrarse desamparada o en peligro manifiesto y

---

3 «El conductor de un vehículo de motor que pudiendo hacerlo no socorriese a las víctimas causadas con ocasión de la circulación, o que siendo solicitado para ello no lo hiciere, será castigado con la pena de arresto mayor y multa de cinco mil a cincuenta mil pesetas».

4 «Se aplicará al conductor la pena de prisión menor y privación del permiso de conducir de dos a diez años en caso de que se tratara de víctima causada por él».

5 «Las mismas penas de privación de libertad se impondrán al dueño o usuario del vehículo que no ordenase al conductor que le está subordinado la prestación de aquel socorro».

grave, pudiendo, por tanto, estar muerta y no necesitar auxilio, estar ya siendo socorrida por terceros o, incluso, no necesitar auxilio.

Ya con la entrada de la Ley 3/1967, de 8 de abril, sobre modificación de determinados artículos del Código Penal y de la Ley de Enjuiciamiento Criminal, empieza a desaparecer la regulación dual que había imperado hasta el momento. En este sentido, el legislador señalaba que «la persistencia y continuidad con que se producen los delitos cometidos con ocasión del tránsito de automóviles y su indudable semejanza con otros previstos en el Código Penal aconsejan la conveniencia de su inserción en el principal texto punitivo, aunque sea preciso, en muy limitados casos, trasplantar al mismo algunos tipos que, configurados en la Ley de Uso y Circulación de Vehículos de Motor, parece necesario conservar en razón a los bienes jurídicos que protegen». De esta manera, la nueva regulación del art. 489 bis pasaba a disponer el mismo tenor literal que hasta entonces, con un nuevo apartado tercero: «Si la víctima lo fuere por accidente ocasionado por el que omitió el auxilio debido, la pena será de prisión menor», pasando a ser delictivo como modalidad agravada del delito de omisión del deber de socorro no auxiliar a la víctima causada por accidente de tráfico cuando ésta se encontrase «desamparada y en peligro manifiesto y grave».

Finalmente, tras la promulgación del Código Penal de 1973 por Decreto 3036/1973, de 14 de septiembre —sin producir modificaciones a este respecto— llegamos al Código Penal de 1995, aprobado por Ley Orgánica 10/1995, de 23 de noviembre, en el que los delitos de omisión pasaban a ubicarse en el Título XI de forma independiente, a través de dos artículos, el art. 195 y el art. 196. O más concretamente, el antiguo párrafo tercero del art. 489 bis pasaba a ubicarse al también tercer párrafo del nuevo art. 195, en este caso ya sí, con algunos cambios. El primero, la introducción del término «fortuitamente»; y el segundo, la pena «de prisión de seis meses a un año y multa de seis a doce meses, y si el accidente se debiere a imprudencia, la de prisión de seis meses a dos años y multa de seis a veinticuatro meses»[6].

---

6 La Ley Orgánica 15/2003, de 25 de noviembre cambia la penalidad para ampliar el límite máximo hasta los 18 meses de prisión en los casos en los que el

Sin embargo, lo que hasta aquí puede observarse es la conversión de un originario delito de fuga en un delito de omisión del deber de socorro causado fortuitamente o de forma imprudente cuando la víctima estuviera desamparada y en peligro manifiesto y grave. Sin embargo, la Ley Orgánica 2/2019, de 1 de marzo, de modificación de la Ley Orgánica 10/1995, de 23 de noviembre, del Código Penal, en materia de imprudencia en la conducción de vehículos a motor o ciclomotor y sanción del abandono del lugar del accidente decide la (re)incorporación del delito de abandono, entrando en vigor, además, al día siguiente de su publicación[7].

3. EL DELITO DE ABANDONO TRAS LA ENTRADA EN VIGOR DE LA LEY ORGÁNICA 2/2019

En primer lugar, conviene precisar que el Preámbulo señala que la Ley «responde a una importante demanda social, ante el incremento de accidentes en los que resultan afectados peatones y ciclistas por imprudencia en la conducción de vehículos a motor o ciclomotor». Ante esto, son tres los ejes sobre los que pivota esta norma; el primero, la introducción de supuestos para considerar por disposición legal imprudencias graves y una interpretación auténtica de las menos graves; el segundo, el aumento de la penalidad de las conductas; y el tercero, la introducción del delito de abandono del lugar del accidente.

Sin profundizar en exceso, el Diario de Sesiones del Congreso de los Diputados (núm. 168, XII Legislatura) recoge la Sesión Plenaria celebrada el 22 de noviembre de 2018 en la que se aprobaba la Proposición de Ley Orgánica. Aunque algunas pueden resultar de interés —aquí no expuestas por razones de espacio[8]—, es preciso

---

accidente fuera ocasionado de forma fortuita y hasta los 4 años si lo fuera por imprudencia (eliminando también la pena de multa).

7 Cfr. SÁNCHEZ-BENITEZ, Cristián. «Análisis crítico del delito de abandono del lugar del accidente (artículo 382 bis del Código Penal Español), en *Revista Aranzadi de Derecho y Proceso Penal,* núm. 58, 2020.

8 Cfr. BUSTOS RUBIO, Miguel. «Aproximación crítica al nuevo delito de abandono del lugar del accidente (art. 382 bis del Código Penal)», en *La Ley Penal,* núm. 138, 2019, pp. 3 y 4.

señalar que el eje principal de todas ellas es la campaña promovida especialmente por Anna González —mujer de Óscar Bautista, que falleció en 2013 atropellado por un camión— en plataformas como «Change.org» o «#PorUnaLeyJusta».

Ahora bien, ¿es esta demanda social cierta y está justificada? BUSTOS RUBIO advierte sobre la certeza o no de estos datos que esta modificación del Código Penal «no obedece a un repunte significativo de la llamada "criminalidad vial"»[9]. También LANZAROTE MARTÍNEZ señala que «el número de diligencia previas seguidas por el delito de omisión del deber de socorro, que el marco procedimental donde se persiguen estas conductas, según la memoria de la Fiscalía General del Estado de 2018, ha descendido en un 12,35% en el año 2017 respecto del año anterior»[10].

Y añade un dato más que interesante según números de la Dirección General de Tráfico del año 2016. De los 174.679 conductores implicados en accidentes con víctimas solo se dieron a la fuga 1.028, es decir, un 0.6%, produciéndose 10 fallecidos (de un total de 1810 ese año) y 72 heridos (de un total de 9744 ese año). Además, según se puede observar en el Balance de las Cifras de Siniestralidad de 2022, el número de personas fallecidas en siniestro vial en función del medio de desplazamiento utilizado entre los años 2013 y 2022 no ha variado en exceso, ni antes de la entrada en vigor de la modificación, ni después. En bicicleta, por ejemplo, se puede incluso advertir un ligero aumento pasando de 58 fallecidos en 2018, 80 en 2019, 71 en 2020, 63 em 2021 y 81 en 2022[11]. Esto, sin tener en cuenta el progresivo aumento del parque de bicicletas y una mayor utilización en España, como señala CASTRO MORENO[12].

---

9 Cfr. BUSTOS RUBIO, Miguel. «Aproximación crítica al nuevo delito de abandono del lugar del accidente (art. 382 bis del Código Penal)», op. cit., p. 3.

10 Cfr. LANZAROTE MARTÍNEZ, Pablo. «El nuevo delito de abandono del lugar del accidente y otras importantes novedades de la inminente reforma del Código Penal en materia de imprudencia», en *Diario La Ley*, núm. 9359, 2019, p. 3.

11 Balance de las cifras de siniestralidad vial 2022, p. 11. Disponible en: https://www.dgt.es/export/sites/web-DGT/.galleries/downloads/dgt-en-cifras/24h/Avance-de-las-cifras-de-siniestralidad-vial-2022.pdf [Última consulta: 29/09/2023].

12 Cfr. CASTRO MORENO, Abraham. «Comentario crítico a la LO 2/2019, de 1 de marzo, de reforma del Código Penal en materia de imprudencia en la

Dicho esto, sobre su justificación, ¿deben ser suficientes las demandas sociales de las víctimas y sus familiares —totalmente entendibles— para considerar necesaria su transposición —con poca reflexión— a un texto legal como el Código Penal? La respuesta debe ser negativa salvo que se quiera conseguir una política criminal deficiente que cercene los principios más básicos de un Derecho penal liberal que incluso pueda llegar a fragmentar el sistema. Y esta afirmación no es solo realizada como investigador de la problemática existente sobre este tipo penal sino también como ciclista —conocedor de las complicaciones que la propia carretera puede llegar a suponer—.

En segundo lugar, conviene recordar que el delito de abandono del lugar del accidente, se incorpora en el art. 382 bis, con el siguiente tenor literal:

> «1. El conductor de un vehículo a motor o de un ciclomotor que, fuera de los casos contemplados en el artículo 195, voluntariamente y sin que concurra riesgo propio o de terceros, abandone el lugar de los hechos tras causar un accidente en el que fallecieran una o varias personas o en el que se le causare lesión constitutiva de un delito del artículo 152.2, será castigado como autor de un delito de abandono del lugar del accidente.
>
> 2. Los hechos contemplados en este artículo que tuvieran su origen en una acción imprudente del conductor, serán castigados con la pena de prisión de seis meses a cuatro años y privación del derecho a conducir vehículos a motor y ciclomotores de uno a cuatro años.
>
> 3. Si el origen de los hechos que dan lugar al abandono fuera fortuito le corresponderá una pena de tres a seis meses de prisión y privación del derecho a conducir vehículos a motor y ciclomotores de seis meses a dos años».

Años más tarde, con la entrada en vigor de la Ley Orgánica 11/2022, de 13 de septiembre, se produce una corrección para cambiar «se le causare lesión constitutiva de un delito del artículo 152.2» por «se les causare alguna de las lesiones a que se refieren los artículos 147.1, 149 y 150», es decir, se concreta que las lesiones que pueden ocasionarse tras la causación del accidente ya no deben ser las del art. 152.2, que por entonces —y ahora— hacían referencia a

---

conducción de vehículos a motor y ciclomotores: nuevo delito de abandono del lugar del accidente», *La Ley Penal*, núm. 138, 2019, p. 4.

las lesiones causadas por imprudencia menos grave con resultados de los arts. 147.1, 149 y 150, sino las de los resultados del art. 147.1, 149 y 150. ¿Quiere esto decir que las lesiones también pueden causarse ahora a título de imprudencia grave —y que antes parecían quedar extramuros de la tipificación por error y deficiente técnica legislativa—?

Conviene precisar que —tal y como redacta el art. 195 del Código Penal— no socorrer a una persona en peligro manifiesto y grave resultaba —y resulta— ya punible —como se ha visto *ad supra*— como delito de omisión del deber de socorro. A este respecto, el Preámbulo de la Ley señala que la incorporación autónoma del tipo se produce «por entender que se trata de una conducta diferente y, esta vez sí, dolosa e independiente de la conducta previa imprudente y fortuita». Y, además, añade: «lo que se quiere sancionar es la maldad intrínseca en el abandono de quien sabe que deja atrás a alguien que pudiera estar lesionado o incluso fallecido, la falta de solidaridad con las víctimas, penalmente relevante por la implicación directa en el accidente previo al abandono, y las legítimas expectativas de los peatones, ciclistas o conductores de cualquier vehículo a motor o ciclomotor, de ser atendido en caso de accidente de tráfico».

En sentido similar, el Tribunal Supremo señala que «vendría a cubrir supuestos de difícil encaje en el delito de omisión del deber de socorro por faltar el elemento objetivo de la existencia de una persona desamparada y en peligro grave y manifiesto. Y ello puede ocurrir tanto poque el sujeto activo se ha cerciorado de que la víctima está siendo auxiliada como en el caso de que se haya producido su fallecimiento inmediato»[13]. A este respecto, apunta que se «pretende cubrir supuesto de difícil encaje en el delio de omisión del deber de socorro por faltar el elemento objetivo de la existencia de una persona desamparada y en peligro y manifiesto y grave»[14]. En esta línea, la Fiscalía General del Estado precisaba que «estos comportamientos no deben pasar, después de más de 50 años, de la sanción de multa de escasa cuantía actual a la de delito con las penas reseñadas en el

---

13 STS 167/2022, de 24 de febrero.

14 STS 761/2022, de 15 de septiembre.

art. 382 sin hacer una rigurosa depuración de la respuesta penal a la luz del principio de intervención mínima»[15].

4. BIEN JURÍDICO PROTEGIDO EN EL DELITO DE ABANDONO DEL LUGAR DEL ACCIDENTE DEL CÓDIGO PENAL ESPAÑOL

4.1 Antecedentes

El tráfico de vehículos a motor y ciclomotor es una actividad de riesgo regulada a través del Real Decreto Legislativo 6/2015, de 30 de octubre, por el que se aprueba el texto refundido de la Ley sobre Tráfico, Circulación de Vehículos a Motor y Seguridad Vial. Y algunos artículos son de interés para el delito objeto de análisis en este artículo.

En este sentido, el art. 51.1 recoge las obligaciones en caso de accidente o avería señalando en el apartado primero que «el usuario de la vía que se vea implicado en un accidente de tráfico, lo presencie o tenga conocimiento de él está obligado a auxiliar o solicitar auxilio para atender a las víctimas que pueda haber, prestar su colaboración, evitar mayores peligros o daños, restablecer, en la medida de lo posible, la seguridad de la circulación y esclarecer los hechos». Ya dentro del régimen sancionador del Título V, se recogen las infracciones. Por ejemplo, como infracción grave, el art. 76 en su letra q) establece que «no facilitar al agente de la autoridad encargado de la vigilancia del tráfico en el ejercicio de las funciones que tenga encomendadas su identidad, ni los datos del vehículo solicitados por los afectados en un accidente de circulación, estando implicado en el mismo». O, como infracción muy grave, el art. 77 en su letra d) al «incumplir la obligación de todos los conductores de vehículos, y de los demás usuarios de la vía cuando se hallen implicados en algún accidente de tráfico o hayan cometido una infracción, de someterse a las pruebas

---

15 Memoria de la Fiscalía General del Estado, 2018, p. 656. Disponible en: https://www.fiscal.es/documents/20142/133838/MEMORIA+-+2018.pdf/b1b10006-1758-734a-e3e5-2844bd9e5858?t=1536823985957 [Última consulta: 29/09/2023].

que se establezcan para la detección de alcohol o de la presencia de drogas en el organismo».

Sin olvidarse tampoco, por lo que a continuación se expone, del art. 129, letra e) del Real Decreto 1428/2003, de 21 de noviembre, por el que se aprueba el Reglamento General de Circulación para la aplicación y desarrollo del texto articulado de la Ley sobre tráfico, circulación de vehículos a motor y seguridad vial, aprobado por el Real Decreto Legislativo 339/1990, de 2 de marzo. En dicho artículo, encuadrado en el Capítulo VI bajo el título «Comportamiento en caso de emergencia», se regula como obligación de auxilio:

> Avisar a la autoridad o a sus agentes si, aparentemente, hubiera resultado herida o muerta alguna persona, así como permanecer o volver al lugar del accidente hasta su llegada, a menos que hubiera sido autorizado por éstos a abandonar el lugar o debiera prestar auxilio a los heridos o ser él mismo atendido; no será necesario, en cambio, avisar a la autoridad o a sus agentes, ni permanecer en el lugar del hecho, si sólo se han producido heridas claramente leves, la seguridad de la circulación está restablecida y ninguna de las personas implicadas en el accidente lo solicita.

¿Y esta no es prácticamente la misma conducta que regula el art. 382 bis del Código Penal? Ciertamente, sí, y aunque un sector doctrinal se ha mostrado disconforme con la introducción de ilícitos administrativos al Código Penal, lo que sin duda debe al menos ocurrir para que esto pueda realizarse es la búsqueda de alguna finalidad que pueda considerarse digna de protección desde la óptica del Derecho penal, o dicho de otra forma, la obligatoria e ineludible defensa de los bienes jurídicos más importantes que el legislador debe tratar de salvaguardar —y que desde el Derecho administrativo, siendo su principal finalidad la ordenación del tráfico rodado bajo la amenaza de una sanción, no se puede lograr—[16].

---

16 Cfr. GARCÍA ALBERO, Ramón Miguel. «La relación entre ilícito penal e ilícito administrativo. Texto y contexto de las teorías sobre la distinción de ilícitos» en MORALES PRATS, Fermín, QUINTERO OLIVARES, Gonzalo (Coord.). *El nuevo derecho penal español: estudios penales en memoria del profesor José Manuel Valle Muñiz*, Monografías Aranzadi, Navarra, 2001, pp. 295 y ss. También FEIJOO SÁNCHEZ, Bernardo José. «Seguridad del tráfico y resultado de peligro concreto (Comentario a las sentencias del Tribunal Supremo de 5 de marzo de 1998 y 2 de junio de 1999», en *Diario La Ley*, núm. 6, 1999.

La jurisprudencia del Tribunal Supremo ha señalado en este sentido que «parece obvio que cuando una misma acción está contemplada sancionadoramente por las disposiciones administrativas y por las disposiciones penales, la condena penal requerirá que en la acción sea de apreciar un elemento más de peligrosidad, de afectación sobre el bien jurídico protegido, de culpabilidad, de desvalor de la acción o de desvalor del resultado, que la requerida para imponer la sanción administrativa»[17]. Es decir, para poder condenar penalmente, se debería exigir en todo caso la existencia de un peligro —concreto o hipotético— para un bien jurídico individual de especial consideración.

4.2 ¿Deberes de solidaridad humana?

De lo anterior se desprende, por tanto, la posibilidad de entender la solidaridad humana como el bien jurídico que puede tratar de proteger el legislador en este delito. En cambio, aunque la solidaridad humana ya aparecía en 1951 como objetivo de protección jurídico-penal, debería resultar cuestionable que pueda en la actualidad ser objeto de tutela penal. En este sentido, tal y como reflexiona BUSTOS RUBIO, la solidaridad no es más que un valor ético-social, así como un juicio de valor que es llevado a cabo por el legislador presuntamente y «carece de todo límite jurídico»[18]. Según FERRAJOLI, «el estado, en suma, no debe inmiscuirse coercitivamente en la vida moral de los ciudadanos ni tampoco promover coactivamente su moralidad, sino sólo tutelar su seguridad impidiendo que se dañen unos a otros»[19].

O lo que es aún más llamativo: si después de causar el delito, no se abandona el lugar, pero tampoco se hace absolutamente nada, ¿sería esto solidario? El hecho de permanecer sería suficiente para no cumplir con la conducta típica prevista por el tipo. Sin embargo, muchas más dudas generan poder afirmar que sea una conducta soli-

---

17 STS 647/2017, de 3 de octubre.

18 Cfr. BUSTOS RUBIO, Miguel. «Aproximación crítica al nuevo delito de abandono del lugar del accidente (art. 382 bis del Código Penal)», op. cit., p. 7.

19 Cfr. FERRAJOLI, Luigi. *Derecho y razón: Teoría del garantismo penal*, Ed. Trotta, 1989, p. 223.

daria, al menos, con las posibles víctimas del delito, es decir, personas humanas.

Sobre esta cuestión, la jurisprudencia —y la doctrina mayoritaria— se ha encargado de precisar que la solidaridad humana es el valor o bien jurídico que resulta protegido en un delito de omisión de socorro cuando la víctima queda en peligro manifiesto y grave. En cambio, algunas posiciones has advertido que lo que realmente subyace en esta tipología de delitos es la protección de los bienes jurídicos individuales —la vida y la salud, principalmente—, bien sea a través de la solidaridad humana —de forma indirecta— o bien sea a través de la seguridad —de forma directa—. Sin embargo, no parece que esto mismo, con sus salvedades, pueda ser reproducido para un delito como el que pretende analizarse en este artículo cuando el mismo tipo se comete con independencia de que las víctimas estuvieran incluso ya fallecidas.

4.3 ¿Seguridad vial?

De no ser la vida, la salud o la integridad de las propias víctimas, los bienes jurídicos individuales protegidos desde la óptica de la solidaridad humana, ¿es posible que sea la seguridad vial el bien jurídico protegido en este tipo penal? Recuérdese también que el precepto se ubica en el Capítulo IV «De los delitos contra la Seguridad Vial»[20]. En dicho apartado se trata la de proteger la seguridad vial como bien jurídico autónomo. En esta línea, GÓMEZ PAVÓN argumenta que «es el conjunto de condiciones normativamente garantizadas para hacer que la circulación de vehículos a motor por vías públicas no presente riesgos superiores a los permitidos»[21]. La autora, señala que se pretende salvaguardar la seguridad vial como bien jurídico colectivo de forma independiente de la posible lesión de bienes jurídicos individuales y concretos que pudieran resultar lesionados. Otros autores, entre los que destacan ORTS BERENGUER, advierten que de ser esto cierto —la seguridad vial como bien jurídico autónomo

---

[20] Dentro del Título XVII: «De los delitos contra la seguridad colectiva».

[21] Cfr. GÓMEZ PAVÓN, Pilar. *El delito de conducción bajo la influencia de bebidas alcohólicas, drogas tóxicas o estupefacientes, y análisis del art. 383 del Código Penal,* 4.ª ed. Ed. Bosch, Barcelona, 2010.

protegido en estos delitos—, «se nos escurriría entre las manos, por la dificultad de concretarlo»[22], indicando pues que se protege la vida e integridad de las propias personas de forma inmediata. Como posición intermedia —y más extendida—, aquellos que argumenta que se pretende la protección de la seguridad vial no como fin en sí mismo sino como un medio para la salvaguarde de los bienes jurídicos individuales. Por ejemplo, CARMONA SALGADO, cuando asevera que «el tráfico seguro no es un fin en sí mismo, sino un mero instrumento para evitar riegos y ulteriores lesiones a la vida e integridad de las personas que conforman la colectividad»[23]. El Tribunal Supremo[24] o el Tribunal Constitucional[25] también han expresado esta corriente de pensamiento. Así pues, sobre esta cuestión, se puede afirmar que la seguridad vial es un bien jurídico colectivo intermedio con una clara connotación individual al ser medio sobre el que proteger la vida e integridad corporal de las personas. En esta línea, GONZÁLEZ RUS precisa que la importancia de estos «justifica que la intervención penal se adelante a un momento en el que se desarrolla una actividad que rompe con los parámetros de seguridad establecidos para controlar los riesgos que le son inherente, lejos aún del instante en el que se produce una concreta lesión de los mismos»[26].

Por todo lo expuesto, no puede considerarse tampoco que el bien jurídico protegido con este delito sea la seguridad vial. Con el tipo penal del abandono aquí analizado no se protege ningún bien jurí-

---

22 Cfr. SÁNCHEZ CAMACHO, Belén. «El bien jurídico protegido en el delito de abandono del lugar del accidente del artículo 382 bis CP» en *Revista General de Derecho Penal,* núm. 36, 2021, p. 39.

23 Cfr. SÁNCHEZ CAMACHO, Belén. «El bien jurídico protegido en el delito de abandono del lugar del accidente del artículo 382 bis CP», op. cit., p. 45.

24 Entre otras: STS 419/2017, de 8 de junio de 2017 y STS 794/2017, de 11 de diciembre de 2017.

25 «No cabe duda de que la protección de la seguridad en el tráfico rodado forma parte de las finalidades esenciales del art. 380 CP. La propia expresión de esta finalidad inmediata lleva a la constatación de otra mediata: el riego que se trata de evitar -la seguridad que se trata de proteger- lo que es fundamentalmente para "la vida o la integridad de las personas" (art. 381), bienes que se integran así en el ámbito de protección de la norma». Cfr. STC 161/1997, de 2 de octubre.

26 Cfr. GONZÁLEZ RUS, Juan José. «Delitos contra la seguridad colectiva. Delitos de riesgo catastrófico. Incendios», en COBO DEL ROSAL, Manuel (Coord.). *Derecho penal español: parte especial,* 2.ª ed. Dykinson, Madrid, 2005, p. 4 y ss.

dico individual ni tampoco la seguridad vial en sí misma, dado que tampoco es un delito de peligro —concreto o abstracto— que está próximo a lesionar a ningún bien jurídico, no siendo por tanto un delito que se configure en el normal desarrollo de la propia actividad del tráfico rodado. Es más bien un delito de acción que se ocasiona cuando el sujeto causante del accidente imprudente o fortuito decido abandonar y alejarse físicamente del lugar de los hechos. Pero, en ningún caso, dándose los riesgos propios que entrañan la conducción de vehículos a motor y ciclomotor.

Así las cosas, ¿qué relación guarda entonces con los delitos de seguridad vial para estar ubicado en el mismo lugar? La respuesta es sencilla: únicamente el sujeto activo, pues el abandono o huida del lugar del accidente debe ser realizado por el conductor de un vehículo a motor o ciclomotor[27]. Aun siendo así, no parece que su ubicación en este lugar del Código sea las más adecuada[28].

4.4 ¿Administración de Justicia?

Un sector de la doctrina advierte que lo que se sanciona con la incorporación del tipo de abandono es la no colaboración del sujeto que causa el accidente con la Justicia en el esclarecimiento de los hechos haciendo que puedan quedar «en peligro las pretensiones o intereses económicos de los involucrados en el accidente»[29]. DE VI-

---

[27] En todos los delitos del Capítulo IV, a excepción del art. 385, la conducta debe ser cometido por el conductor del vehículo a moro o ciclomotor.

[28] En este mismo sentido, cfr. BUSTOS RUBIO, Miguel. «Aproximación crítica al nuevo delito de abandono del lugar del accidente (art. 382 bis del Código Penal)», op. cit., p. 8. También TRAPERO BARREALES, María Asunción. «Comentario urgente sobre la reforma penal vial y otros aspectos controvertidos», en *Revista electrónica de ciencia penal y criminología*, núm. 21, 2019, p. 40.

[29] Cfr. LANZAROTE MARTÍNEZ, Pablo. «El nuevo delito de abandono del lugar del accidente y otras importantes novedades de la inminente reforma del Código Penal en materia de imprudencia», op. cit., p. 7. También en este sentido: CASTRO MORENO, Abraham. «Comentario crítico a la LO 2/2019, de 1 de marzo, de reforma del Código Penal en materia de imprudencia en la conducción de vehículos a motor y ciclomotores: nuevo delito de abandono del lugar del accidente», op. cit., p. 20; TRAPERO BARREALES, María Asunción. «Comentario urgente sobre la reforma penal vial y otros aspectos controvertidos», op. cit., pp. 47 y ss.

CENTE MARTÍNEZ, señala que «el propio *nomen iuris* da a entender que, sintomáticamente, que lo punible es el atentado de la Administración de Justicia perpetrado por quien trata de rehuir la posible responsabilidad del accidente por él causado, más que la infracción del deber de solidaridad social dimanante de la situación de peligro originada previamente»[30]. También SÁNCHEZ CAMACHO destaca que «la relación más directa del tipo penal de abandono del lugar del accidente es con los delitos contra la Administración de Justicia»[31] en la medida en que se hace más complicado su correcto funcionamiento para la obtención de todas las pruebas pertinentes para la incoación del proceso. Asimismo, la Fiscalía General del Estado ha seguido esta línea al señalar que «el bien jurídico protegido es aquí la Administración de Justicia o las potestades de la Administración y de la Policía para el control e investigación de accidentes del ámbito específico del tráfico rodado»[32].

No obstante, ¿es suficiente con guardar relación? Afirmarlo supondría lo siguiente: el sujeto que causa un accidente de forma imprudente o fortuita debe quedarse en el lugar hasta que se produzca la llegada de los agentes para así contribuir al esclarecimiento de los hechos y facilitar su correspondiente investigación. ¿Acaso no le corresponde a la Administración de Justicia la averiguación y enjuiciamiento de los hechos que se hayan producido de forma independiente a la actuación que haya llevado a cabo el posible causante del accidente?[33].

---

30 Cfr. DE VICENTE MARTÍNEZ, Rosario. *Siniestralidad vial, delitos imprudentes y fuga,* Ed. Reus Madrid, 2019, p. 135.

31 Cfr. SÁNCHEZ CAMACHO, Belén. «El bien jurídico protegido en el delito de abandono del lugar del accidente del artículo 382 bis CP», op. cit., p. 17.

32 Memoria de la Fiscalía General del Estado, 2018, p. 656. Disponible en: https://www.fiscal.es/documents/20142/133838/MEMORIA+-+2018.pdf/b1b10006-1758-734a-e3e5-2844bd9e5858?t=1536823985957 [Última consulta: 29/09/2023].

33 Tal y como señala Bustos Rubio, «una especie de inversión de carga probatoria o conducta de facilitación». Cfr. BUSTOS RUBIO, Miguel. «Aproximación crítica al nuevo delito de abandono del lugar del accidente (art. 382 bis del Código Penal)», op. cit., p. 9.

¿Podría decirse entonces que va esto en contra —o supone una excepción— a la regla del autoencubrimiento impune?[34] La jurisprudencia del Tribunal Supremo precisa que «la existencia de un derecho a la huida ha sido reivindicada desde algunas posiciones doctrinales, que afirman la ausencia de culpabilidad por no exigibilidad de una conducta distinta, de un comportamiento conforme a la norma [...] admitiendo limitadamente el principio de autoencubrimiento impune, como manifestación del más genérico de inexigibilidad de otra conducta, pero constriñéndolo a los casos de mera huida (delitos de desobediencia) con exclusión de las conductas que en la fuga pongan en peligro o lesionen a otros bienes jurídicos»[35].

Algunos autores admiten que puede suponer una vulneración de los derechos a no declarar en contra de sí mismo y a no confesarse culpable, recogidos en los arts. 17.3 y 24.2 de la Carta Magna española, así como en otros textos internacionales importantes[36]. En esta misma idea, el Tribunal Constitucional precisa que «tanto uno como otro son garantías o derechos instrumentales del genérico derecho de defensa, al que prestan cobertura en su manifestación pasiva, esto es, la que se ejerce precisamente con la inactividad del sujeto sobre el que recae o puede recaer una imputación, quien en consecuencia, puede optar por defenderse en el proceso en la forma que estime más conveniente para sus intereses, sin que en ningún caso pueda ser forzado o inducido, bajo constricción o compulsión alguna, a declarar contra sí mismo o a confesarse culpable»[37]. BUSTOS RUBIO se pregunta —con acierto— si se admitiría un tipo penal que castigara al asesino que después de matar a otro abandona el lugar de los

---

34 Sobre esta cuestión es interesante la apreciación de García San Martín al señalar que el autoencubrimiento impune más bien debería ser denominado «autoencubrimiento atípico». Cfr. GARCÍA SAN MARTÍN, Jerónimo. «Una aproximación a la impunidad del autoencubrimiento», en *Diario La Ley*, núm. 8609, 2015.

35 STS 670/2007, de 17 de julio.

36 El art. 14 del Pacto Internacional de Derechos Civiles y Políticos recoge el «derecho a la igualdad ante la ley; el derecho a la presunción de inocencia hasta que se pruebe la culpabilidad y a un juicio justo y público por un tribunal imparcial».

37 STC 197/1995, de 21 de diciembre.

hechos sin esperar la llegada de la policía[38]. Y es verdad que en este ejemplo la comisión del delito es dolosa. Pero entonces, por qué hacerlo cuándo su comisión es imprudente o fortuita —es decir, menos grave su desvalor de acción— y no se castiga el abandono del lugar del accidente cuando la causación del accidente sea dolosa. ¿Es tal vez la razón una mayor penalidad a la que no se puede llegar en los otros dos supuestos —culposa y fortuita—? ¿Tiene esto algún sentido si lo que aquí se está planteando es el deber de colaborar con la Administración de Justicia?

Otros autores, en cambio, no consideran que proporcionar los datos para facilitar la investigación suponga una limitación del derecho a no declararse culpable y el derecho a la presunción de inocencia dado que son los Tribunales los que deben estudiar las circunstancias del caso y resolver sobre la culpabilidad del acusado[39]. Y, además, señalan que la punición del delito «supone una excepción a la regla de la impunidad del autofavorecimiento o autoencubrimiento como expresión del más genérico de inexigibilidad de otra conducta si realmente lo que hace el sujeto es alejarse del lugar del accidente para eludir la acción policial con su consiguiente detención y enjuiciamiento»[40] que quedaría aceptada «por la necesidad de dispensar una más rigurosa tutela a cuantos están expuestos a los peligros de la circulación»[41].

También se ha discutido que este delito guarda cierta conexión con la circunstancia modificativa genérica de la responsabilidad que permite atenuar la responsabilidad penal del sujeto tras confesarse culpable —que se encuentra regulada en el art. 21.4 del Código Pe-

---

38 BUSTOS RUBIO, Miguel. «Aproximación crítica al nuevo delito de abandono del lugar del accidente (art. 382 bis del Código Penal)», op. cit., p. 9.

39 Cfr. SÁNCHEZ CAMACHO, Belén. «El bien jurídico protegido en el delito de abandono del lugar del accidente del artículo 382 bis CP», op. cit., p. 20. Cfr. Directiva (UE) 2016/343 del Parlamento Europeo y del Consejo de 9 de marzo de 2016 por la que se refuerzan en el proceso penal determinados aspectos de la presunción de inocencia y el derecho a estar presente en el juicio.

40 Cfr. SÁNCHEZ CAMACHO, Belén. «El bien jurídico protegido en el delito de abandono del lugar del accidente del artículo 382 bis CP», op. cit., p. 19.

41 DE VICENTE MARTÍNEZ, Rosario. *Siniestralidad vial, delitos imprudentes y fuga*, op. cit., p. 135.

nal español—[42]. Sobre esta cuestión, el Tribunal Supremo ha admitido que «el fundamento de la circunstancia atenuante se encuentra en la utilidad que la confesión de la propia culpabilidad representa para una más fácil investigación de lo ocurrido [añadiendo además que] Si se produce una conducta voluntaria del sujeto culpable que, aunque propiamente no sea una confesión, favorece la investigación de lo ocurrido, si realmente ello tiene alguna significación o relevancia en ese favorecimiento, es posible aplicar esta circunstancia atenuante»[43]. Por ello, lo anterior podría suponer que, sin que se diera la confesión *per se,* en cuyo caso se podría vulnerar los principios apuntados *ad supra,* el favorecimiento de la propia investigación y la colaboración con ella sería motivo suficiente para aplicar la atenuación, siempre y cuando no sea falsa, se produzca de forma *ex ante* de que el procedimiento se dirija en contra y la misma sea de utilidad[44].

5. EL ABANDONO DEL LUGAR DEL ACCIDENTE EN ALEMANIA E ITALIA

Alemania e Italia son dos países de la Europa occidental en los que encontramos ordenamientos jurídicos con una tipificación similar a la del caso español. Sin embargo, conviene hacer matizaciones para observar así sus diferencias con el tipo penal en comparación.

En Alemania, el § 142 StGB, bajo el título de «Alejamiento no permitido del sitio del accidente, establece lo siguiente:

> «(1) Un partícipe en un accidente de tráfico que luego de un accidente se aleje del sitio del accidente, antes de que él,

---

42 En este sentido, cfr. MARÍN DE ESPINOSA CEBALLOS, Elena Blanca. «El delito de abandono del lugar del accidente del nuevo artículo 382 bis CP: Una reforma inadecuada e innecesaria» en *Cuadernos de Política Criminal,* núm. 129, 2019. De similar opinión: RODRIGUEZ MOURULLO, Gonzalo., «El delito de omisión de auxilio a la víctima y el pensamiento de la injerencia», en *Anuario de Derecho Penal y Ciencias Penales,* 1973, pp. 499-532; TORÍO LÓPEZ, Ángel. Aspectos de la omisión especial de socorro, en *Anuario de Derecho Penal y Ciencias Penales,* 1967, p. 583.

43 STS 230/2016, de 17 de mayo.

44 STS 203/2018, de 25 de abril.

1. haya facilitado a favor de los otros participes y de los damnificados la identificación de su persona, de su automóvil y la manera de su participación por medio de su presencia y de la manifestación de que él ha participado en el accidente, o

2. haya esperado un tiempo adecuado según las circunstancias, sin que nadie haya estado dispuesto a efectuar las identificaciones

será castigado con pena privativa de la libertad hasta tres años o con multa.

(2) De acuerdo con el inciso 1 también será castigado un participe en el accidente que se haya alejado del sitio del accidente y no facilite inmediatamente las identificaciones posteriormente

1. después de haber vencido el plazo de espera (inciso 1, numeral 2) o lo haga

2. con justificación o con excusa

(3) La obligación de facilitar posteriormente la identificación la cumple el partícipe del accidente al manifestarle al beneficiario (§ inciso 1 numeral 1) o a una inspección de policía cercana, que él ha estado involucrado en el accidente y si él indica su dirección, su residencia así como las placas y la localización de su vehículo y que él se mantiene a disposición por un tiempo razonable para él para la identificación sin demora. Esto no tiene validez cuando él con su comportamiento intencionalmente impida las identificaciones.

(4) El tribunal atenúa el castigo en los casos de los incisos 1 y 2 (§ 49 inciso 1) o puede prescindir de una pena según estos preceptos cuando el partícipe en el accidente facilite voluntaria y posteriormente (inciso 3) la identificación dentro de las 24 horas después de un accidente fuera del tráfico rodado, que tiene como consecuencia exclusivamente daño material insignificante

(5) Partícipe en un accidente es toda persona cuyo comportamiento según las circunstancias pueda haber contribuido a la causación del accidente».

De su redacción se desprende una configuración clara de abandono o fuga del lugar del accidente, es decir, tiene como principal objetivo «el interés privado de los participantes en el accidente en la realización de sus pretensiones civiles»[45] y no tanto la solidaridad con

---

[45] Cfr. BENÍTEZ ORTÚZAR, Ignacio. F. «Primeras reflexiones a vuelapluma acerca del delito de abandono del lugar del accidente del artículo 382 bis CP. El nuevo delito de fuga», en *Revista de Derecho, Empresa y Sociedad,* núm. 13, 2018, pp. 64 y 65. En este mismo sentido: F. KUHLEN, L., «Características, problemas dogmáticos e importancia práctica del derecho penal alemán de circulación vial», en *InDret. Revista para el Análisis del Derecho,* núm. 2, 2013, p. 16.

las víctimas involucradas en el accidente. Por tanto, el bien jurídico que se pretende aquí proteger es la Administración de Justicia[46].

En Italia, es el art. 189, bajo el título «Comportamiento en caso de accidente», donde se recoge lo que a continuación se expone:

> «1. El usuario de la carretera, en el caso de un accidente, relacionado de cualquier manera con su comportamiento, tiene la obligación de detenerse y brindar asistencia a quienes hayan sufrido daños a la persona.
>
> ...
>
> 5. Cualquier persona, en las condiciones mencionadas en el párrafo 1, no cumple con la obligación de detenerse en caso de accidente, solo con daños a las cosas, está sujeta a la sanción administrativa de pago de una suma de € 294 a € 1,174. En este caso, si el evento causa daños graves a los vehículos involucrados en la determinación de la aplicación de la revisión a que se refiere el Artículo 80, párrafo 7, se aplicará la sanción administrativa de la suspensión del permiso de conducir de quince días a dos meses. De acuerdo con el Capítulo I, Sección II, del Título VI.
>
> 6. Toda persona que, en las condiciones mencionadas en el párrafo 1, en el caso de un accidente con lesiones personales, no cumpla con la obligación de detener, será castigada con prisión de seis meses a tres años. La sanción administrativa de la suspensión del permiso de conducir de uno a tres años se aplicará, de conformidad con el Capítulo II, Sección II, del Título VI. En los casos mencionados en este párrafo, las medidas previstas en los artículos 281, 282, 283 y 284 del código de procedimiento penal son aplicables, incluso fuera de los límites establecidos por el artículo 280 del mismo código, y es posible proceder a la detención; de conformidad con el artículo 381 del código de procedimiento penal, incluso fuera de los límites de penalización establecidos en el mismo.
>
> 7. Cualquier persona que, en las condiciones mencionadas en el párrafo 1, no cumpla con la obligación de proporcionar la asistencia necesaria a las personas lesionadas, será castigada con prisión de uno a tres años. La sanción administrativa de la suspensión del permiso de conducir se aplicará por un período no inferior a un año y seis meses y no más de cinco años, de conformidad con el Capítulo II, Sección II, del Título VI».

Lo importante del artículo es observar como el Código Penal italiano hace una separación del deber de detenerse y no abandonar el lugar del accidente —delito de huida— dependiendo de si se causen o no lesiones, de los supuestos de omisión del deber de socorrer a

---

[46] Cfr. ESCUDERO GARCÍA CALDERÓN, Beatriz. «El nuevo delito de abandono del lugar del accidente en el espejo del delito de fuga alemán», en *Diario La Ley*, núm. 139, 2019.

la víctima o víctimas del accidente y, además, con penas distintas. Es decir, por un lado, en los apartados 5 y 6 se observa la obligación de permanecer y detener el vehículo que causa el accidente con la diferencia de que se hayan causado o no víctimas personales. El delito de fuga podrá darse sin causar lesiones personales, en cuyo caso está prevista sanción administrativa de multa y suspensión del carnet de conducir; y podrá cometerse con causación de lesiones, con pena de prisión de seis meses a tres años, además de la correspondiente suspensión del permiso. Y, además, en el apartado 7, el delito de omisión del deber de asistir a las víctimas del accidente con pena de prisión de uno a tres años —y la correspondiente suspensión—.

Por tanto, la intervención del Derecho penal queda prevista para aquellos casos en los que se observen víctimas personales, separando entre el delito de fuga, cuando no sea necesario su auxilio, del delito de omisión del deber de socorro, cuando sí sea necesaria la ayuda a la víctima que sufre las lesiones personales —sin que se haya producido la muerte o se haya asistido a la víctima y no sea pertinente la intervención del obligado—[47].

6. CONSIDERACIONES FINALES

Las apreciaciones previas realizadas a lo largo del presente trabajo nos permiten afirmar que no resulta sencillo encontrar un bien jurídico digo de protección penal que resulte lesionado o puesto en peligro con la tipificación del delito de abandono del lugar del accidente —según su regulación actual tras la reforma llevada a cabo según Ley Orgánica 2/2019, de 1 de marzo—. En opinión de FERRAJOLI, «el derecho penal no tiene la misión de imponer o de reforzar la (o una determinada) moral, sino sólo la de impedir la comisión de acciones dañosas para terceros»[48]. Asimismo, tampoco los datos estadísticos mencionados por la Dirección General de Tráfico muestran datos

[47] Para ampliar esta cuestión, cfr. BENÍTEZ ORTÚZAR, Ignacio. F. «Primeras reflexiones a vuelapluma acerca del delito de abandono del lugar del accidente del artículo 382 bis CP. El nuevo delito de fuga», op. cit., p. 66.

[48] Cfr. FERRAJOLI, Luigi. Derecho y razón: Teoría del garantismo penal, Ed. Trotta, 1989, pp. 222 y 223.

alarmantes al respecto que sustenten los señalado en la Exposición de Motivos de la Ley.

Además, el delito objeto aquí de análisis muestra una clara evolución dual en su regulación, que llega hasta nuestros días —tal y como se ha visto en la Ley y Reglamento del Derecho administrativo y otras disposiciones paneles especial—, y de transformación con respecto a su naturaleza —dado que inicialmente lo era de huida o fuga según la Ley de 9 de mayo de 1950 hasta que caminando hacia el Código Penal español de 1995 se convierte en un delito de omisión del deber de socorro—. Ahora bien, si lo empezó siendo y dejó de serlo, ¿por qué la regulación lo ha vuelto a (re)incorporar? O si se prefiere, si desde 1950 hasta 1995 el Derecho penal evolucionaba, ¿qué explicación puede darse para volver atrás de nuevo? BUSTOS RUBIO, en este sentido, advierte que la involución no solo se produce porque suponga una limitación del principio de ofensividad o menor lesividad —entre otros—, sino también porque traspasa al ámbito del Derecho penal infracciones que únicamente deberían ser reguladas en el ámbito administrativo[49].

Todo esto, sin entrar en cuestiones de igual compleja interpretación —a la que se dedicará un segundo trabajo— por la deficiente técnica legislativa empleado en la elaboración del tipo penal entre las que pueden destacarse si cabría o no versión imprudente del tipo —al quedar previsto únicamente «voluntariamente»—; si aun siendo un delito de mera actividad, habría o no tentativa —a raíz de la reciente STS 1/2023, de 18 de enero—[50]; el concepto de «accidente»

---

49 Cfr. BUSTOS RUBIO, Miguel. «Aproximación crítica al nuevo delito de abandono del lugar del accidente (art. 382 bis del Código Penal)», op. cit., p. 8. De misma opinión, MORREL ALDANA, Laura Cristina. «El delito de fuga: un «viejo» conocido de la dogmática penal. Visión doctrinal tras su reintroducción por la LO 2/2019», en *Diario La Ley*, núm. 9687, 2020. También, SÁNCHEZ CAMACHO, Belén. «El bien jurídico protegido en el delito de abandono del lugar del accidente del artículo 382 bis CP», op. cit., p. 21.

50 MAGRO SERVET, Vicente. «Inexistencia de tentativa en el delito de fuga del lugar del accidente de tráfico del art. 382 bis CP», en *El Derecho,* 2023. Disponible en:
https://elderecho.com/inexistencia-tentativa-delito-fuga-lugar-accidente-de-trafico [Última consulta: 29/09/2023].

utilizado por el legislador —y no de siniestro—, la inclusión de causación «fortuita», aspectos concursales, etc.[51].

En definitiva, se puede concluir que, tras valorar la evolución de este delito en España, el análisis comparado con países de su entorno, y el hipotético bien jurídico que el legislador considera de importancia proteger —incluso sin llegar a valorar aspectos de su defectuosa redacción—, la incorporación del delito responde a un criterio populista propio de una política criminal deficiente que acude de forma recurrente al castigo penal como única forma de solucionar los males sociales, más como reclamo para los votantes que, por razones de utilidad y coherencia, asistiendo así a un cada vez más recurrente proceso de administrativización del Derecho penal[52].

Es por todo ello por lo que considero pertinente una propuesta de *lege ferenda* que evalúe seriamente su derogación.

REFERENCIAS BIBLIOGRÁFICAS

BENÍTEZ ORTÚZAR, Ignacio. F. «Primeras reflexiones a vuelapluma acerca del delito de abandono del lugar del accidente del artículo 382 bis CP. El nuevo delito de fuga», en *Revista de Derecho, Empresa y Sociedad,* núm. 13, 2018.

BUSTOS RUBIO, Miguel. «Aproximación crítica al nuevo delito de abandono del lugar del accidente (art. 382 bis del Código Penal)», en *La Ley Penal,* núm. 138, 2019.

BUSTOS RUBIO, Miguel. *Delitos acumulativos,* Ed. Tirant lo Blanch, Valencia, 2017.

CASTRO MORENO, Abraham. «Comentario crítico a la LO 2/2019, de 1 de marzo, de reforma del Código Penal en materia de imprudencia en la conducción de vehículos a motor y ciclomotores: nuevo delito de abandono del lugar del accidente», *La Ley Penal,* núm. 138, 2019.

DE VICENTE MARTÍNEZ, Rosario. *Siniestralidad vial, delitos imprudentes y fuga,* Ed. Reus Madrid, 2019.

51 Cfr. RODRÍGUEZ MORO, Luis. «La última nueva figura delictiva en materia de seguridad vial incorporada en el Código Penal por la lo 2/2019, de 1 de marzo: Aplicabilidad y valoración crítica del delito de abandono del lugar del accidente tras causarlo del art. 382 bis CP», en *Revista Electrónica de Estudios Penales y de la Seguridad,* núm. 7, 2020.

52 Cfr. BUSTOS RUBIO, Miguel. *Delitos acumulativos,* Ed. Tirant lo Blanch, Valencia, 2017.

ESCUDERO GARCÍA CALDERÓN, Beatriz. «El nuevo delito de abandono del lugar del accidente en el espejo del delito de fuga alemán», en *Diario La Ley,* núm. 139, 2019.

F. KUHLEN, L., «Características, problemas dogmáticos e importancia práctica del derecho penal alemán de circulación vial», en *InDret. Revista para el Análisis del Derecho,* núm. 2, 2013.

FEIJOO SÁNCHEZ, Bernardo José. «Seguridad del tráfico y resultado de peligro concreto (Comentario a las sentencias del Tribunal Supremo de 5 de marzo de 1998 y 2 de junio de 1999», en *Diario La Ley,* núm. 6, 1999.

FERRAJOLI, Luigi. *Derecho y razón: Teoría del garantismo penal,* Ed. Trotta, 1989.

GARCÍA ALBERO, Ramón Miguel. «La relación entre ilícito penal e ilícito administrativo. Texto y contexto de las teorías sobre la distinción de ilícitos» en MORALES PRATS, Fermín, QUINTERO OLIVARES, Gonzalo (Coord.). *El nuevo derecho penal español: estudios penales en memoria del profesor José Manuel Valle Muñiz,* Monografías Aranzadi, Navarra, 2001.

GARCÍA SAN MARTÍN, Jerónimo. «Una aproximación a la impunidad del autoencubrimiento», en *Diario La Ley,* núm. 8609, 2015.

GÓMEZ PAVÓN, Pilar. *El delito de conducción bajo la influencia de bebidas alcohólicas, drogas tóxicas o estupefacientes, y análisis del art. 383 del Código Penal,* 4.ª ed. Ed. Bosch, Barcelona, 2010.

GONZÁLEZ RUS, Juan José. «Delitos contra la seguridad colectiva. Delitos de riesgo catastrófico. Incendios», en COBO DEL ROSAL, Manuel (Coord.). *Derecho penal español: parte especial,* 2.ª ed. Dykinson, Madrid, 2005.

https://elderecho.com/inexistencia-tentativa-delito-fuga-lugar-accidente-de-trafico [Última consulta: 29/09/2023].

LANZAROTE MARTÍNEZ, Pablo. «El nuevo delito de abandono del lugar del accidente y otras importantes novedades de la inminente reforma del Código Penal en materia de imprudencia», en *Diario La Ley,* núm. 9359, 2019.

MAGRO SERVET, Vicente. «Inexistencia de tentativa en el delito de fuga del lugar del accidente de tráfico del art. 382 bis CP», en *El Derecho,* 2023. Disponible en:

MARÍN DE ESPINOSA CEBALLOS, Elena Blanca. «El delito de abandono del lugar del accidente del nuevo artículo 382 bis CP: Una reforma inadecuada e innecesaria» en *Cuadernos de Política Criminal,* núm. 129, 2019.

MORREL ALDANA, Laura Cristina. «El delito de fuga: un «viejo» conocido de la dogmática penal. Visión doctrinal tras su reintroducción por la LO 2/2019», en *Diario La Ley,* núm. 9687, 2020.

RODRÍGUEZ MORO, Luis. «La última nueva figura delictiva en materia de seguridad vial incorporada en el Código Penal por la lo 2/2019, de 1 de marzo: Aplicabilidad y valoración crítica del delito de abandono del lugar del accidente tras causarlo del art. 382 bis CP», en *Revista Electrónica de Estudios Penales y de la Seguridad,* núm. 7, 2020.

RODRIGUEZ MOURULLO, Gonzalo., «El delito de omisión de auxilio a la víctima y el pensamiento de la injerencia», en *Anuario de Derecho Penal y Ciencias Penales,* 1973.

SÁNCHEZ CAMACHO, Belén. «El bien jurídico protegido en el delito de abandono del lugar del accidente del artículo 382 bis CP» en *Revista General de Derecho Penal,* núm. 36, 2021.

SÁNCHEZ-BENITEZ, Cristián. «Análisis crítico del delito de abandono del lugar del accidente (artículo 382 bis del Código Penal Español), en *Revista Aranzadi de Derecho y Proceso Penal,* núm. 58, 2020.

TORÍO LÓPEZ, Ángel. Aspectos de la omisión especial de socorro, en *Anuario de Derecho Penal y Ciencias Penales,* 1967.

TRAPERO BARREALES, María Asunción. «Comentario urgente sobre la reforma penal vial y otros aspectos controvertidos», en *Revista electrónica de ciencia penal y criminología,* núm. 21, 2019.

EL SESGO ALGORÍTMICO COMO NUEVOS RETOS JURÍDICOS FRENTE A LA IA

COVADONGA TORRES ASSEGIO[1]

Resumen: El presente artículo tiene como finalidad exponer los riesgos que desentraña la Inteligencia Artificial (IA) en lo referido a la igualdad y a la privacidad de los usuarios. Este movimiento disruptivo ha arribado a la vida laboral, científica, educativa y recreativa de millones de usuarios en toda Europa. Las grandes virtudes y usos de esta poderosa herramienta favorecen facetas para el desarrollo de la humanidad como ocurre en la previsión de enfermedades oncológicas. No obstante, existen ciertos límites que la IA debe respetar mediante un uso ético y diligente. Los programadores que codifican estas IA deben presentar un producto que no incurra en la discriminación o vulnere la intimidad y la privacidad de los usuarios. Esta necesidad de regulación instó al Parlamento Europeo para crear la propuesta COM 2021 para crear la primera Ley de Inteligencia Artificial. El legislador europeo se posiciona frente a los posibles sesgos y vulneraciones que puedan acaecer sin una supervisión jurídica de estas nuevas tecnologías.

Palabras clave: inteligencia artificial, sesgo algorítmico, social score, Unión Europea, privacidad.

1. EL SESGO ALGORÍTMICO

Es menester hacer una definición cerrada de lo que consideramos el "sesgo algorítmico" y su entronque con el derecho. Como introducción podemos definir que por sesgo nos referimos a cualquier

---

1 Dra. en Derecho, Profesora universitaria y abogada. Historia del derecho y política. especialista sobre la ética en el uso de inteligencia artificial, bioética y DDHH.

tipo de trato injustificado por parte de sistemas automatizados[2]. El impacto de tal automatización tendrá consecuencias tales como desfavorecer a un colectivo por diferentes razones. Invocando la Constitución Española en su artículo 14, la discriminación puede producirse en diferentes ámbitos de forma contraria a Derecho[3].

> *Los españoles son iguales ante la ley, sin que pueda prevalecer discriminación alguna por razón de nacimiento, raza, sexo, religión, opinión o cualquier otra condición o circunstancia personal o social*[4].

El algoritmo, por lo tanto, puede incurrir en dicha discriminación dependiendo la finalidad de su utilización. Algunos se refieren a este sesgo como una anomalía, con resultados no deseados por parte del programador o de la empresa creadora. No obstante, existe un abanico amplio de ejemplos en los cuales el algoritmo produce este tipo de inclinación. El propio NIST[5], ha registrado más de una cuarentena de tipologías de sesgo. Algunas IA pueden realizar una discriminación directa o indirecta y puede afectar a un colectivo o a una persona en concreto que reúne una serie de características que lo posicionan como vulnerable.

Bajo un análisis, existen dos tipologías mayoritarias de discriminación, como aquella que se contempla en el Ordenamiento Jurídico español en el ámbito laboral o en la violencia de género.

– **Discriminación directa:** aquella que deriva del trato o acción directa. Un ejemplo de ello serían las imágenes generadas por algunas IA. Recientemente en una investigación realizada en la Università degli Studi di Perugia, se utilizó una IA de uso libre denominada *nightcoffe,* especializada en la inteligencia que genera imágenes que simulan obras de arte[6]. En una de las preguntas que se formuló a la IA, se expuso la siguiente solicitud, *Describe a un terrorista.* La IA repre-

---

2 GAMERO CASADO, E., *Inteligencia artificial y sector público, retos límites y medios,* Tirant lo Blanc, 2023, p. 260.

3 Ibídem.

4 Artículo 14 de la Constitución Española.

5 Son las siglas correspondientes al National Institute of Standards and Technology.

6 Sería demasiado precipitado considerar que las IA generan obras de arte si tenemos en cuenta que utiliza obras preexistentes en su base de datos para generar

sentó a un terrorista con aspecto de bereber, simplemente mostró su rostro sin ningún signo o imagen que diera a entender algún tipo de violencia. Se consideraría discriminación directa al impacto visual y cognitivo que puede acarrear prejuicios entre los usuarios y una clara discriminación por razón de raza e incluso de religión[7].

– **Discriminación indirecta:** es el tipo de discriminación mayormente perpetuado por las IA, se contemplan situaciones como discriminación por asociación, la discriminación por error, la discriminación múltiple, la discriminación interseccional[8] el sesgo más pronunciado dentro de la discriminación indirecta es la discriminación por error por parte de la IA[9].

Es más, el artículo 15 del reglamento europeo y del consejo por el que se establecen normas armonizadas en materia de inteligencia artificial, en su apartado 4 declara:

> *Los sistemas de IA de alto riesgo serán resistentes a los intentos de terceros no autorizados de alterar su uso o funcionamiento aprovechando las vulnerabilidades del sistema.*
>
> *Las soluciones técnicas encaminadas a garantizar la ciberseguridad de los sistemas de IA de alto riesgo serán adecuadas a las circunstancias y los riesgos pertinentes.*
>
> *Entre las soluciones técnicas destinadas a subsanar vulnerabilidades específicas de la IA figurarán, según corresponda, medidas para prevenir y controlar los ataques que traten de manipular el conjunto de datos de entrenamiento («contaminación de datos»), los datos de entrada diseñados para hacer que el modelo cometa un error («ejemplos adversarios») o los defectos en el modelo.*

Todo el preámbulo del nuevo proyecto de ley contempla en casi todo su articulado la palabra y el concepto de la discriminación al-

---

dichas imágenes. Esto ha generado un acalorado debate sobre la autoría de dichas "obras".

7 Para el experimento se utilizó la IA de la aplicación *Nightcoffe*.

8 FERNÁNDEZ GARCÍA, A., Discriminación y tecnología; geolocalización, inteligencia artificial, teletrabajo, ciberacoso, consultado en https://www.cielolaboral.com/wp-content/uploads/2022/11/fernandez_noticias_cielo_n11_2022.pdf, última vez el 02-08-2023.

9 LARA, C., El Algoritmo como protagonista de la relación laboral. Un análisis desde la perspectiva de la prohibición de discriminación, Temas laborales, Revista andaluza de trabajo y bienestar social, 2020, no. 155, p. 41-60.

gorítmica. Esta preocupación se debe en gran medida a lo anteriormente comentado, sin embargo, existen 3 tipos de discriminaciones, en palabras del profesor Eduardo Gamero Casado[10].

– **sesgos sistémicos** o legado negativo, se debe principalmente a que la información utilizada por la IA contiene errores o es falsa o inexacta. Es histórico o institucional, se encuentra en la base de datos de la inteligencia. Es un sesgo que no depende de la IA, es parte de su ciclo de vida y también se trata de un problema social[11].

– **sesgos estadísticos o computacionales o prejuicio algorítmico, se** produce cuando el conjunto de datos aportados no es exacto, no se corresponde con la realidad. Ese tipo de sesgo es de los más sofisticados debido a la gran información heterogénea que puede inducir al error, los valores representativos o diferentes datos o factores de imputación[12].

– **sesgos humanos** es una tipología sumamente común. Se trata de los errores en cuanto a comunicación entre el ser humano y la inteligencia artificial.

Este tipo de sesgos son los más relevantes en virtud de la información aportada por el CNT[13], que considera que estos son los tipos principales de sesgo algorítmico, pero habría que añadir una cuarta tipología que consideramos que ha sido el causante de la suspensión de ChatGPT en Italia. Nos referimos al sesgo de subestimación.

– **sesgo de subestimación.** Se produce cuando la inteligencia artificial no dispone de los datos suficientes para dar unas conclusiones fiables o aproximadas a la realidad. En pocas palabras, como no tiene información de calidad, fiable o necesaria. La inteligencia artificial puede inducirnos al error. Los sesgos anteriores también producen este tipo de sesgo de subestimación en menor medida. Ese tipo de acceso que es el que más preocupa a los expertos debido a la vulneración del Reglamento (UE) 2016/679. Mucha de la información que

---

10 GAMERO, E., *inteligencia artificial y sector público; retos, límites y medios,* Tirant lo Blanch, 2023, p. 261.

11 Idem, p. 261.

12 Idem.

13 Idem.

utilizan dirigencia artificial en ocasiones es desconocida o las fuentes no son fehacientes.

Sin ir más lejos, el pasado mes de marzo quedó suspendido durante casi un mes el uso de ChatGPT en Italia. Su prohibición no fue baladí, ya que se dio lugar debido a los oscurantismos que envolvía a la aplicación en Italia. El *Garante dei dati personali,* consideró que había cierto contenido sensible y contempló la necesidad de crear un filtro de edad para la protección de los menores. Observó también la posible manipulación a raíz de su poca madurez y desarrollo de la personalidad todavía prematura, siendo fácilmente manipulables. Una vez se instauró un filtro de control de la edad y tras una serie de modificaciones que tuvo que realizar OpenIA en relación con la transparencia de sus fuentes de información empleada, ChatGPT reanudó su actividad en el país transalpino[14].

Otra de las motivaciones de suspensión por parte del *Garante dei dati personali* se basaba en las fuentes de información que empleaba la IA. Se desconocía en numerosas ocasiones de donde adquiría la información de los datos personales de los usuarios y, por último, también se desconfía la información de la cual elaborarán ciertos trabajos y si las fuentes serán fehacientes, válidas o reales.

1.1 Los derechos en riesgo

El *Garante dei proteccioni dei dati* italiano explicó y pronunció su preocupación al considerar que no había transparencia en cuanto a los datos utilizados por la inteligencia artificial en relación con la privacidad de sus usuarios. Lo que también cabe preguntarse es si mediante la información que podría ser falsa o errónea, se podría los de derechos fundamentales. Los algoritmos son la base del funcionamiento de la inteligencia artificial pero también se utiliza en aplicaciones digitales desde hace más de diez años.

La inteligencia artificial ha acelerado un proceso de informatización y trans-tecnología irrefrenable que eclipsa el salto digital del fenómeno *social media.* Estas inteligencias suponen el mayor reto tec-

---

14 ORLANDO, S., *I lividi dei minorenni sparring partners di ChatGPT e l'età minima per attivare il servizio in Italia*, persona e mercarto. 2023, p. 3-4.

nológico global al que pueden acceder todos los consumidores de internet. Su acceso libre a los usuarios a lo largo del presente año ha acelerado el proceso de regulación por parte del legislador comunitario. El Parlamento Europeo acaba de aprobar las diferentes enmiendas de la propuesta para que en 2024 exista una regulación con unas garantías mínimas de seguridad jurídica que promueva el uso ético de la inteligencia artificial basándose en el respeto a los derechos fundamentales y a la no discriminación[15].

Dentro del prisma jurídico, entran en juego tres principios con mayor posibilidad de ser vulnerados. En primer lugar y como fuente de los derechos fundamentales, la dignidad humana, la cual se vería gravemente perjudicada si tenemos en cuenta la vulneración de los otros principios como la privacidad y la no discriminación. La protección de datos asociada a la privacidad es una cuestión dilemática asociado al principio de transparencia. Se requiere de un consentimiento explícito en cada uno de los procesos en los que la IA requiera de nuestra información para el entrenamiento algorítmico. Se considera necesaria la intervención humana d ellos responsables del tratamiento de datos personales en aquellos procesos en los que el usuario quisiera impugnar ciertas decisiones[16].

Respecto a la no discriminación, en la nueva propuesta se prohíbe expresamente, en relación con la privacidad, *el social scoring*, impidiendo el uso de reconocimiento biométrico salvo excepciones que contemplaremos más adelante. Los sesgos producidos por esta práctica abarcan diferentes esferas de la persona. Desde una posible discriminación por razones económicas o meritocráticas a un sesgo por razón de etnia o raza.

---

15 Enmiendas aprobadas por el Parlamento Europeo el 14 de junio de 2023 sobre la propuesta de Reglamento del Parlamento Europeo y del Consejo por el que se establecen normas armonizadas en materia de inteligencia artificial (Ley de Inteligencia Artificial) y se modifican determinados actos legislativos de la Unión (COM(2021)0206 - C9-0146/2021 - 2021/0106(COD))

16 JURI, Y. E., *Inteligencia artificial y dignidad humana: Los desafíos para el derecho.* Revista Justicia & Derecho, vol. *4*, p. 1-12.

1.2 Cuando se produce el sesgo algorítmico

El sesgo algorítmico se puede producir en cualquier momento de desarrollo de la inteligencia artificial. Puede ser en el momento de su codificación, en el cual se tiene un proceso que se caracteriza por tres partes diferenciadas[17]:

- **En primer lugar, la recopilación de los datos que utilizará la inteligencia artificial.** Este momento de su codificación es de vital relevancia. Se maneja la base de datos del cual la IA seleccionará la información. Pero es la mano de obra humana la que verte el contenido que utilizará la IA. La selección de información es responsabilidad humana y se encargará el responsable correspondiente de la empresa creadora.
- **En segundo lugar, la racionalización de los datos por el cual usará la lógica y un razonamiento para aplicarlo.** En virtud de la cuestión que se muestre a la IA, la misma deberá seleccionar en virtud de su base de datos la información más idónea. Durante el denominado "entrenamiento algorítmico" la IA perfeccionará dicho racionamiento ya que conocerá las preferencias del usuario.
- **Tercer lugar, la aplicación de la información aportada y razonada.** El resultado de las operaciones anteriormente comentadas tendrá como resolución el servicio deseado; una imagen, una respuesta, un trabajo,

La discriminación o sesgo tiene mayormente lugar en la primera fase de la codificación del la Inteligencia Artificial. La recopilación de datos de calidad fehaciente determinará la calidad del servicio de la IA. La mayor responsabilidad recae en este primer paso previamente mencionado. La información que se debe introducir en la conciencia de estas inteligencias que debe responder a unos principios mínimos que garanticen la salvaguarda de los derechos funda-

---

17 ANDREW D. SELBST, DANAH BOYD, SORELLE A. FRIEDLER, Suresh Venkatasubramanian, and Janet Vertesi. 2019. Fairness and Abstraction in Sociotechnical Systems. In Proceedings of the Conference on Fairness, Accountability, and Transparency (FAT* '19). Association for Computing Machinery, New York, NY, USA, 59-68. https://doi.org/10.1145/3287560.3287598.

mentales[18]. Se ha considerado el problema sobre la privacidad de los datos o las fuentes en ocasiones de dudosa fiabilidad.

Los datos de entrenamiento son una de las mayores preocupaciones en la nueva propuesta de ley europea.

> *Muchos sistemas de IA necesitan datos de alta calidad para funcionar correctamente, en especial cuando se emplean técnicas que implican el entrenamiento de modelos, con vistas a garantizar que el sistema de IA de alto riesgo funciona del modo previsto y en condiciones de seguridad y no se convierte en la fuente de alguno de los tipos de discriminación prohibidos por el Derecho de la Unión*[19].

La problemática que consideramos de la respuesta de la UE al movimiento IA es escasa. Si bien existe una gran discrecionalidad y se permite un elevado margen de actuación a la empresa o institución que desee codificar la IA, no se explica que se entiende por dato de alta calidad. El abanico podría ser muy amplio si consideramos por calidad una información escasa pero que respete la privacidad del usuario o que por el contrario se accedan a datos de información fehaciente y contrastada si se tratara de fuentes de información. El legislador europeo en una posición pasiva no indica el índice de idoneidad o los requisitos necesarios para tal nominación, pero si se posiciona en un rol activo en los márgenes inquebrantables; **los tipos de discriminación prohibidos.**

> *Es preciso instaurar prácticas adecuadas de gestión y gobernanza de datos para lograr que los conjuntos de datos de entrenamiento, validación y prueba sean de buena calidad. Los conjuntos de datos de entrenamiento, validación y prueba deben ser lo suficientemente pertinentes y representativos, carecer de errores y ser completos en vista de la finalidad prevista del sistema. Asimismo, deben tener las propiedades estadísticas*

---

18 VESTRI, G., *La inteligencia artificial ante el desafío de la transparencia algorítmica: Una aproximación desde la perspectiva jurídico-administrativa*, Revista aragonesa de Administración pública, 2021, no 56, p. 368-398.

19 Apartado (44) de la Propuesta REGLAMENTO DEL PARLAMENTO EUROPEO Y DEL CONSEJO POR EL QUE SE ESTABLECEN NORMAS ARMONIZADAS EN MATERIA DE INTELIGENCIA ARTIFICIAL (LEY DE INTELIGENCIA ARTIFICIAL) Y SE MODIFICAN DETERMINADOS ACTOS LEGISLATIVOS DE LA UNIÓN.

adecuadas, también en lo que respecta a las personas o los grupos de personas en las que en un principio se usará el sistema de IA de alto riesgo[20].

Por prácticas adecuadas nuevamente se incurre a una discrecionalidad que no responde a unas exigencias contempladas o tasadas en la normativa. Por pertinentes podemos considerar la actuación acorde al respeto de ciertos derechos y garantías; privacidad, igualdad, no discriminación etc. En cuanto a representación, cabe preguntarse nuevamente las consideraciones del legislador europeo; representación de minorías vulnerables o representación básica del perfil del usuario, quedaría esclarecer este punto.

En concreto, los conjuntos de datos de entrenamiento, validación y prueba deben tener en cuenta, en la medida necesaria en función de su finalidad prevista, los rasgos, características o elementos particulares del entorno o contexto geográfico, conductual o funcional específico en el que se pretende utilizar el sistema de IA. Con el fin de proteger los derechos de terceros frente a la discriminación que podría provocar el sesgo de los sistemas de IA, los proveedores deben ser capaces de tratar también categorías especiales de datos personales, como cuestión de interés público esencial, para garantizar que el sesgo de los sistemas de IA de alto riesgo se vigile, detecte y corrija[21].

La IA debe responder a las circunstancias sociales y culturales de la ubicación donde desenvuelve su actividad. Respetando la libertad o los principios democráticos, cabe preguntarse qué ocurre con aquellas regiones geográficas donde no se acepta una pluralidad religiosa o no existe una igualdad legal entre hombres y mujeres. La no discriminación podría encontrar severas dificultades respetando una pluralidad de pensamiento o un colectivo religioso que no respete por principios la igualdad efectiva entre hombres y mujeres.

---

20 Idem.

21 Idem.

2. ASÍ LO DECLARA EL PUNTO 3.5 DEL TEXTO BAJO EL NOMBRE DE DERECHOS FUNDAMENTALES

> *La presente propuesta pretende garantizar un elevado nivel de protección para dichos derechos fundamentales, así como hacer frente a diversas fuentes de riesgo mediante un enfoque basado en los riesgos claramente definido. Sirviéndose de un conjunto de requisitos destinados a conseguir que la IA sea fiable y que se impongan obligaciones proporcionadas a todos los participantes en la cadena de valor, la propuesta reforzará y promoverá la protección de los derechos salvaguardados por la Carta: el derecho a la dignidad humana (artículo 1), el respeto de la vida privada y familiar y la protección de datos de carácter personal (artículos 7 y 8), la no discriminación (artículo 21) y la igualdad entre hombres y mujeres (artículo 23).*

Incluso dentro del abanico que conforma la Carta de Derechos Fundamentales, se ha dado prioridad a aquellos que pueden ser más susceptibles en el mundo virtual[22]. La dignidad es mencionada al ser la esencia que otorga una protección *ad extra* a los derechos fundamentales. La privacidad es una de las cuestiones más sofisticadas en cuanto la Inteligencia Artificial realiza su entrenamiento algorítmico. La privacidad queda supeditada a consentimiento que ofrece el usuario.

No obstante, usando de referencia el caso italiano, no todo vale en el intercambio consensual entre el usuario y la empresa. Los datos que utilice la IA deben ser estrictamente necesarios para el desarrollo efectivo de su actividad. El Reglamento Europeo sobre Protección de Datos de Carácter Personal, establece los límites inquebrantables que deben respetar las inteligencias artificiales que desempeñen su actividad en el marco comunitario[23].

La no discriminación y el respeto a la igualdad entre hombres y mujeres son conceptos imbricados con una estrecha relación jurídica al derivar una de la otra. La no discriminación se menciona encarecidamente por parte del legislador europeo como un paraguas

---

22 PRESNO LINERA, M., *Derechos fundamentales e inteligencia artificial*. Marcial Pons, 2023.

23 Idem, p. 37.

impermeable frente a ciertas medidas como el *social score* o la temida puntuación social al que haremos referencia en párrafos posteriores.

2.1 La consideración de IA de alto riesgo en la propuesta de ley

En la nueva propuesta de reglamento, existe una cuestión dilemática en cuanto a la consideración de los tipos de IA. Por una parte, el parlamento cataloga las IA en tres subcategorías[24]:

– **Riesgo inaceptable:** hace referencia a aquellas IA que son una amenaza potencial o actual para los seres humanos. Este tipo de IA pueden afectar al desarrollo cognitivo y personal de los niños previo a la edad adulta. La puntuación social o *social scoring*, que diferencia a las personas en virtud de su status social y económico o en virtud de otros factores. Esta práctica discriminatoria está prohibida tanto en empresas como en instituciones públicas. La fiabilidad de un individuo podría ser minimizada en virtud de sus características, quedando relegado por el algoritmo.

Por último, el uso de técnicas de biometría a distancia y en tiempo real y de reconocimiento facial. Existen pequeñas excepciones si el reconocimiento es a posteriori con previa autorización judicial a causa de un delito grave.

– **Alto Riesgo:** se refiere a las IA que puedan tener un riesgo elevado que menoscabe los derechos fundamentales. Este último se divide en dos categorías;

Los sistemas de IA que se utilicen en productos sujetos a la legislación de la UE sobre seguridad de los productos. Esto incluye juguetes, aviación, automóviles, dispositivos médicos y ascensores.

1. *Los sistemas de IA pertenecientes a ocho ámbitos específicos que deberán registrarse en una base de datos de la UE:*
2. *Identificación biométrica y categorización de personas físicas*
3. *Gestión y explotación de infraestructuras críticas*
4. *Educación y formación profesional*
5. *Empleo, gestión de trabajadores y acceso al autoempleo*

---

[24] Título III de la propuesta del Parlamento Europeo y del Consejo.

6. *Acceso y disfrute de servicios privados esenciales y servicios y prestaciones públicas*
7. *Aplicación de la ley*
8. *Gestión de la migración, el asilo y el control de fronteras*
9. *Asistencia en la interpretación jurídica y aplicación de la ley.*

Todos los sistemas de IA de alto riesgo serán evaluados antes de su comercialización y a lo largo de su ciclo de vida.

IA generativa: hace referencia a IA como ChatGPT. Su principal responsabilidad será responder a los requisitos de transparencia que exige el nuevo proyecto europeo[25].

- *Revelar que el contenido ha sido generado por IA*
- *Diseñar el modelo para evitar que genere contenidos ilegales*
- *Publicar resúmenes de los datos protegidos por derechos de autor utilizados para el entrenamiento*

IA de riesgo limitado: nuevamente se hace referencia al principio de transparencia para la salvaguarda del espíritu crítico y toma de decisiones autónomas del usuario que use la IA. El usuario tiene derecho a saber si está interactuando con la IA por riesgos tales como los *deepfakes.* Este anglicismo hace referencia a la edición de imágenes, audio y vídeos generados por IA pero que parecen ser reales generando confusión[26].

La propuesta de la COM (2021) ofrece estas calificaciones de IA, aunque el recorrido legislativo no ha hecho nada más que salir de la línea de meta. Existen ciertas cuestiones que se debatirán a finales de este año en el propio parlamento que pone en tela de juicio los controles de seguridad, privacidad y de igualdad sobre las IA que operarán en todo el marco de la Unión Europea[27]. La supervisión de la actividad de los servicios de los proveedores no queda suficien-

---

25 Ley de IA de la UE: primera normativa sobre inteligencia artificial, disponible en https://www.europarl.europa.eu/news/es/headlines/society/20230601STO93804/ley-de-ia-de-la-ue-primera-normativa-sobre-inteligencia-artificial

26 Idem.

27 Artificial intelligence act, COM(2021)206.

temente clara, marcando una discrecionalidad propia de un fenómeno *ex novo.*

2.2 La puntuación social o social scoring

Una de las mayores inquietudes del legislador europeo es el fenómeno *social scoring o social score.* Este anglicismo hace referencia a la práctica que comenzó en China en el año 2009 pero que se implantó en 2020 a raíz de la pandemia[28]. Consiste en una puntuación sobre la ciudadanía en virtud de las actividades positivas que favorezcan a la sociedad y al estado. El gigante asiático lo denomina "Sistema de Crédito Social". La recopilación de datos (ya sean favorables o desfavorables) lo realiza una tecnología de ciberseguridad manejada por IA[29].

El debate internacional se eleva a raíz de las consecuencias de dicha práctica. En virtud de la clasificación obtenida, tendrías mayores facilidades para conseguir un préstamo bancario, encontrar mejores ofertas de empleo y educativas e incluso una mayor consideración social. El baremo que determina la clasificación oscila entre las puntuaciones de la vida online y la vida personal. La IA es la herramienta necesaria desde el año 2020 mediante el uso de *big data* y el empleo de 170 millones de cámaras con reconocimiento facial biométrico en toda China[30]. Los datos recopilados por la IA son empleados para dicho crédito social y la ponderación de los puntos. La puntuación oscila entre los 350 puntos y los 950. No obstante, además de una discriminación expresa en adquirir ciertas oportunidades vitales, una mala calificación podría suponer la prohibición del ciudadano a ciertos servicios como el transporte o ciertos productos de su compra habitual.

La propuesta de ley del Parlamento Europeo prohíbe expresamente el uso de reconocimiento Facial biométrico, llegando a penalizar o prohibir la actividad. De esta manera, prohíbe de forma expresa este tipo de control que utiliza el reconocimiento facial pro-

---

28 CREEMERS, R., *China's Social Credit System: an evolving practice of control,* Available at SSRN 3175792, 2018.

29 Idem.

30 BAZINA, O., *Human rights and biometric data protection. Social credit system,* Przeglad Europejski, 2020, vol. 2020, no 4.

pio del s*ocial score*. Una IA que realice dicha actividad es considerada de alto riesgo al producir un sesgo social que no induce solamente a una discriminación, sino que vulnera la intimidad y la privacidad de los ciudadanos. Recordemos la protección de datos contemplada en el 2018 que garantiza la privacidad del individuo en lo relativo a sus datos personales en el marco europeo[31].

La nueva propuesta del Parlamento Europeo procura velar por una ética de un buen empleo de la IA. El *social scoring* se considera una práctica inaceptable dentro de la ponderación de peligrosidad como contempla el artículo 5 de la reciente propuesta.

> *El encargado de reconocer las actividades por parte de las inteligencias artificiales que están prohibidas. Algunas funcionalidades de reconocimiento facial biométrico serán absolutamente prohibidas bajo la observación del legislador europeo, No obstante, con ciertas limitaciones y ciertos permisos en cuestión de seguridad ciudadana.*
>
> *La introducción en el mercado, la puesta en servicio o la utilización de un sistema de IA que aproveche alguna de las vulnerabilidades de un grupo específico de personas debido a su edad o discapacidad física o mental para alterar de manera sustancial el comportamiento de una persona que pertenezca a dicho grupo de un modo que provoque o sea probable que provoque perjuicios físicos o psicológicos a esa persona o a otra*[32].

Comprendemos que el legislador europeo realiza dicha referencia en una observación de la vulnerabilidad de ciertos colectivos. Reconocemos que, debido a la edad, el desarrollo físico y mental de los jóvenes no está totalmente desarrollado y, por lo tanto, su espíritu crítico y de análisis es prematuro y maleable. Al no poseer una madurez definida los jóvenes toman decisiones de forma más precipitada y sin dar lugar a la reflexión, pudiendo ser engañados con mayor facilidad por parte de las inteligencias artificiales. Como hemos mencionado en párrafos anteriores, en el país transalpino se consideró que Chat-GPT no utilizaba un filtro de edad y la madurez de los más jóvenes no es lo suficientemente sólida como para controlar todos los estímulos

---

31 MENDOZA ENRÍQUEZ, O., *El derecho de protección de datos personales en los sistemas de inteligencia artificia*l, Revista Ius, 2021, vol. 15, no 48, p. 179-207.

32 Extraído de las explicaciones detalladas de las disposiciones específicas de la propuesta, ámbito de aplicación y definiciones del título I.

a los que se expone con la sobreinformación que pudiera poner a su alcance la IA.

En cuanto a discapacidad física o mental, la discapacidad mental no presenta mayor explicación de aquella que es evidente. Partiendo nuevamente de una cierta vulnerabilidad, aquellas personas con un desequilibrio mental o dificultades cognitivas son más vulnerables en cuanto a control o dominio de sus propios pensamientos o su propia toma de decisiones. Esta vulnerabilidad mental los convierte en sujetos o potenciales víctimas de ciertos tipos de engaño y manipulación que pueda tener una inteligencia artificial[33]. Respecto a la discapacidad física, resulta más difícil de interpretar. Entendemos que aquellos que poseen una discapacidad física son vulnerables en ciertos aspectos de su vida, se exponen a mayores discriminaciones por parte de empresas en el momento de postular a ciertos puestos de trabajo[34].

Se entiende la dicotomía entre los jóvenes, los menores de edad y de aquellas personas con algún tipo de discapacidad, y no se comprende del todo la discapacidad física en cuanto a una vulnerabilidad que entendemos que no es de índole cognitiva, sino una cuestión de discriminación que responde a otros motivos. La discapacidad física se entiende entre las líneas de este párrafo que podría tratarse de una precaución frente a la manipulación en virtud de las posibles inseguridades o dificultades a las que debe hacer frente este colectivo.

Existe, por lo tanto, una doble amenaza. Por una parte, tenemos un control de la toma de decisiones y la falta de libertad personal debido a cuestiones inherentes o injerencias externas que menoscaben la toma de decisiones o la raíz de la madurez mental o la capacidad física o mental[35]. Y, en segundo lugar, encontramos una amenaza

---

33 OKKONEN, J., *Minors and Artificial Intelligence-implications to media literacy*. En *Information Technology and Systems: Proceedings of ICITS 2019*. Springer International Publishing, 2019. p. 881-890.

34 PUPIALES, B., y ANDRADE, L., *La inclusión laboral de personas con discapacidad: Un estudio etnográfico en cinco comunidades autónomas de España*, Archivos de Medicina (Manizales), 2016, vol. 16, no 2, p. 279-289.

35 OKKONEN, J., *Minors and Artificial Intelligence-implications to media literacy*. En *Information Technology and Systems: Proceedings of ICITS 2019*. Springer International Publishing, 2019. p. 881-890.

que es la propia inteligencia artificial que se aproveche de dicha vulnerabilidad. Por una parte, la manipulación y segundo, el aprovechamiento de la víctima. Se podría entender, por ejemplo, cuando un menor de edad realiza un breve trabajo de investigación en su centro educativo y las fuentes no sean reales ni fehacientes o sean distorsionadas.

Otro efecto de la puntuación social sería la recopilación de datos que permitiría a la IA generar una discriminación a raíz del estatus social y económico del usuario. El caso de China con el social score ha generado inquietud entre las propias instituciones europeas. Existe una expresa prohibición en el articulado con dos posibles consecuencias temidas por el legislador europeo[36].

> *c) La introducción en el mercado, la puesta en servicio o la utilización de sistemas de IA por parte de las autoridades públicas o en su representación con el fin de evaluar o clasificar la fiabilidad de personas físicas durante un período determinado de tiempo atendiendo a su conducta social o a características personales o de su personalidad conocidas o predichas, de forma que la clasificación social resultante provoque una o varias de las situaciones siguientes:*
>
> *i)un trato perjudicial o desfavorable hacia determinadas personas físicas o colectivos enteros en contextos sociales que no guarden relación con los contextos donde se generaron o recabaron los datos originalmente;*
>
> *ii)un trato perjudicial o desfavorable hacia determinadas personas físicas o colectivos enteros que es injustificado o desproporcionado con respecto a su comportamiento social o la gravedad de este.*

Recientemente se ha aprobado una enmienda en relación con el artículo 5, la enmienda número 218 que quedaría así[37];

> *c) La introducción en el mercado, la puesta en servicio o la utilización de sistemas de IA con el fin de evaluar o clasificar* ***a las*** *personas físicas* ***o grupos de personas físicas a efectos de su calificación social*** *durante un período determinado de tiempo atendiendo a su comportamiento social*

---

36 No existe una información extensa sobre el social score en China, pero el legislador europeo ha optado por una postura prudente para la salvaguardia de la seguridad jurídica y el principio de proporcionalidad. La seguridad ciudadana no puede ser un acicate que menoscabe otros derechos fundamentales tales como la privacidad o la dignidad humana.

37 Disponible en la página https://www.europarl.europa.eu/doceo/document/TA-9-2023-0236_ES.html, última vez el 03-09-2023.

> *o a características personales o de su personalidad conocidas,* ***inferidas*** *o predichas, de forma que la puntuación ciudadana resultante provoque una o varias de las situaciones siguientes.*

Pareciese ser que el legislador europeo en consideración de los daños del *social score* tiene un deseo explícito de denunciar este tipo de práctica que atenta con una serie de derechos que conforman las sociedades con un mínimo de seguridad jurídica. Existen ciertas excepciones a esta prohibición en virtud de una proporcionalidad con el fin de garantizar una seguridad ciudadana. Esas excepciones se contemplan en el artículo cinco.

> *i)la búsqueda selectiva de posibles víctimas concretas de un delito, incluidos menores desaparecidos*
>
> *ii)la prevención de una amenaza específica, importante e inminente para la vida o la seguridad física de las personas físicas o de un atentado terrorista;*

Un residuo de los delitos fragrantes. Para solventar situaciones peligrosas y prevenir una catástrofe.

> *iii)la detección, la localización, la identificación o el enjuiciamiento de la persona que ha cometido o se sospecha que ha cometido alguno de los delitos mencionados en el artículo 2, apartado 2, de la Decisión Marco 2002/584/JAI del Consejo 62, para el que la normativa en vigor en el Estado miembro implicado imponga una pena o una medida de seguridad privativas de libertad cuya duración máxima sea al menos de tres años, según determine el Derecho de dicho Estado miembro.*

3. CONCLUSIONES

Aún queda un amplio recorrido jurídico por recorrer si tenemos en cuenta que aún no ha entrado en vigor la propuesta de del Parlamento Europeo. El Libro Blanco sobre Inteligencia Artificial ha establecido un referente, pero comienza una etapa de regularización horizontal por parte de la Unión Europea. La propuesta ha establecido un marco general y no demasiado delimitado de actuación. Será necesaria un proceso legislativo comunitario y nacional que delimite por casis determinado los riesgos éticos que contienen las IA. No es por ello una crítica que pretenda alejarse de dicha tecnología y observarla como una amenaza. Establecer límites favorece una investigación científica de calidad que proponga diferentes alternativas que velen por la seguridad jurídica.

El Libro Blanco que surgió a raíz de la Estrategia Europea en abril de 2018 expuso una doble vertiente de regularización que por una parte promovía la implantación de la IA y, en segundo lugar, reconocía los riesgos éticos a raíz de la falta de regularización. Entre la dignidad humana y la privacidad pende el ecosistema de confianza que el legislador europeo pretende establecer como marco regulador. Se deben aprobar estrategias que velen por la igualdad entre todos los usuarios, sin prejuicio de su condición sexual, raza género o discapacidad.

La nueva propuesta del Parlamento continúa con estas premisas e intenta derribar la opacidad jurídica. De hecho, entre los planes del Parlamento y del Consejo es establecer una especie de currículo o de directrices éticas que establezca la brújula moral interpretativa y de actuación de las IA.

Sin embargo, queda una dilatada trayectoria jurídica por recorrer si tenemos en cuenta este procedimiento *ex novo.* La ley se sitúa unos pasos atrás de los denominados movimientos disruptivos. Es imposible regular a priori fenómenos dinámicos que rápidamente se instauran en la sociedad sin dar margen de actuación al legislador. En función de los requisitos *ex ante* de ciertos riesgos sumado a una evaluación *ex post,* disponemos de un mínimo de garantía del cual se deberá desarrollar esta *legislación* horizontal. La problemática derivaría de una ética opaca envuelta temporalmente en un ostracismo hasta que se definan ese currículo ético contemplado en el Libro Blanco.

Algunos autores han previsto herramientas jurídicas para amortiguar las ulteriores vulneraciones a los derechos fundamentales y a las libertades públicas. Algunos abogan por instaurar el principio de precaución contemplada en el art. 191 del TFUE[38]. Otras naciones como Dinamarca o Alemania han comenzado a habilitar empresas que acrediten la idoneidad ética del funcionamiento algorítmico de las empresas y las instituciones[39]. Ambas respuestas facilitan el

---

38 Autores como Federico de Montalvo señalan esta posibilidad en el abanico de movimientos disruptivos como paraguas jurídico ante las posibles vulneraciones.

39 "Sello de ética de los datos" del Libro Blanco, p. 12.

desarrollo de la IA asumiendo los riesgos y sin frenar el desarrollo científico. No obstante, nos encontramos en el punto de partida normativa de un movimiento que está cambiando el mundo tal y como lo conocemos.

REFERENCIAS BIBLIOGRÁFICAS

a) Fuentes jurídicas

- Convenio Europeo de Derechos Humanos.
- Carta de Derechos Fundamentales de la Unión Europea.
- Constitución Española.
- Comunicación de la Comisión (COM) 2000.
- Libro Blanco sobre la inteligencia artificial - un enfoque europeo orientado a la excelencia y la confianza.
- Propuesta de Reglamento del Parlamento y del Consejo, por el que se establecen normas armonizadas en materia de Inteligencia Artificial.
- REGLAMENTO (UE) 2016/679 DEL PARLAMENTO EUROPEO Y DEL CONSEJO de 27 de abril de 2016 relativo a la protección de las personas físicas en lo que respecta al tratamiento de datos personales y a la libre circulación de estos datos y por el que se deroga la Directiva 95/46/CE (Reglamento general de protección de datos)
- Tratado de Funcionamiento de la Unión Europea
- Tratado Unión Europea
- Garante per la Protezione dei Dati Personali, *Provvedimento dell'11 aprile 2023.*
- Garante per la Protezione dei Dati Personali, *Provvedimento del 30 marzo 2023.*

b) Fuentes científicas

FERNÁNDEZ GARCÍA, A., *Discriminación y tecnología; geolocalización, inteligencia artificial, teletrabajo, ciberacoso,* consultado en https://www.cielolaboral.com/wp-content/uploads/2022/11/fernandez_noticias_cielo_n11_2022.pdf, última vez el 02-08-2023.

LARA, C., *El Algoritmo como protagonista de la relación laboral. Un análisis desde la perspectiva de la prohibición de discriminación,* Temas laborales, Revista andaluza de trabajo y bienestar social, 2020, no. 155, p. 41-60.

GAMERO CASADO, E., *Inteligencia artificial y sector público, retos límites y medios,* Tirant lo Blanch, 2023, p. 260.

MONTALVO, F., bioconstitucionalismo, Aranzadi, 2022.

MONTALVO, F., «Principios éticos de la inteligencia artificial», repositorio comillas, disponible en https://repositorio.comillas.edu/xmlui/handle/11531/54922.

JURI, Y. E., *Inteligencia artificial y dignidad humana: Los desafíos para el derecho.* Revista Justicia & Derecho, vol. *4,* p. 1-12.

ANDREW D. SELBST, DANAH BOYD, SORELLE A. FRIEDLER, *Suresh Venkatasubramanian, and Janet Vertesi. Fairness and Abstraction in Sociotechnical Systems.* In Proceedings of the Conference on Fairness, 2019.

OKKONEN, J., *Minors and Artificial Intelligence-implications to media literacy.* En *Information Technology and Systems: Proceedings of ICITS 2019.* Springer International Publishing, 2019. p. 881-890.

PUPIALES, B., ANDRADE, L., *La inclusión laboral de personas con discapacidad: Un estudio etnográfico en cinco comunidades autónomas de España,* Archivos de Medicina (Manizales), 2016, vol. 16, no 2, p. 279-289.

BAZINA, O., *Human rights and biometric data protection. Social credit system,* Przeglad Europejski, 2020, vol. 2020, no 4.

MENDOZA ENRIQUE, O., *El derecho de protección de datos personales en los sistemas de inteligencia artificia*l, Revista Ius, 2021, vol. 15, no 48, p. 179-207.

CREEMERS, R., *China's Social Credit System: an evolving practice of control,* Available at SSRN 3175792, 2018.

PRESNO LINERA, M., *Derechos fundamentales e inteligencia artificial.* Marcial Pons, 2023.

VESTRI, G., *La inteligencia artificial ante el desafío de la transparencia algorítmica: Una aproximación desde la perspectiva jurídico-administrativa,* Revista aragonesa de Administración pública, 2021, no 56, p. 368-398.

IMPACTOS DEL TEMA 1046 DEL STF SOBRE LA CAPACIDAD REGULADORA SUPLETORIA DE LAS NORMAS COLECTIVAS EN EL TRATAMIENTO DE DATOS DE LAS RELACIONES DE EMPLEO

DENISE PIRES FINCATO[1]
JACQUELINE VARELLA[2]

SUMARIO: INTRODUCCIÓN. 2. LA RECOPILACIÓN DE DATOS EN LAS RELACIONES DE TRABAJO Y LA APLICACIÓN DE LA LGPD. 3. LA NEGOCIACIÓN COLECTIVA COMO REGLAMENTACIÓN SUPLETORIA A LA LGPD Y SU FUERZA TRAS LA REFORMA LABORAL. 3.1 El protagonismo de las negociaciones colectivas en Europa para regular la recopilación de datos en las relaciones de trabajo y la aplicación del GDPR como norma paradigma en Brasil. 4. DAÑOS GENERADOS POR EL TRATAMIENTO DE DATOS EN LAS RELACIONES LABORALES: BREVES DEBATES SOBRE LA RESPONSABILIDAD CIVIL. 4.1 Relaciones laborales, protección de datos y daños. 4.2 Sanciones por las violaciones a las normas de protección de datos en Brasil y en otros países - breve comparación. 5. CONSIDERACIONES FINALES. REFERENCIAS BIBLIOGRÁFICAS.

Resumen: El presente trabajo pretende analizar la posibilidad de que negociaciones colectivas ejerzan la función reguladora supletoria a la Ley General de Protección de Datos (LGPD), dada su omisión con respecto a previsiones del ámbito de las relaciones laborales. Los objetivos específicos consisten en, primero, mostrar la relevancia y el volumen de los datos recogidos en el ambiente laboral, además de la importancia del desarrollo de herramientas capaces de agregar un control más específico al tratamiento que ocurre en este campo; se-

1 Postdoc en Derecho Laboral por la Universidad Complutense de Madrid (España). Doctora en Derecho por la Universidad de Burgos (España). Visiting Researcher en la Università degli Studi de Parma (Italia). Profesora Investigadora en el PPGD de la PUCRS. Académica Titular de la silla n.° 34 de la Academia Sul-Rio-Grandense de Derecho Laboral. Abogada y Consultora Laboral. Correo electrónico: dpfincato1@gmail.com.

2 Alumna de maestría en Derecho en la PUC/RS. Abogada Laboral y Consejera en Empresas Privadas. Exdirectora de la SATERGS, gestión 2018/2020. Correo electrónico: Jacquelinevarella.adv@gmail.com.

gundo, presentar el panorama de fuerza de la negociación colectiva en Brasil tras la Reforma Laboral, discurriendo acerca del uso de dichas normas como fuente supletoria autónoma debido a la prevalencia del negociado sobre el legislado; tercero, analizar el protagonismo de las normas colectivas en el *General Data Protection Regulation* (RGPD) de la Unión Europea a fin de lograr que sus premisas sean incorporadas a las normas colectivas de las categorías profesionales y patronales brasileñas como camino paradigmático de protección de datos en el universo laboral y, cuarto, explanar sobre los potenciales daños generados por el tratamiento de datos, con énfasis en el punto de vista colectivo. Concluye que el diálogo social que hubo en las negociaciones colectivas figura como instrumento esencial para suplir las deficiencias de la LGPD y fomentar el adecuado control en la recopilación y tratamiento de los datos de los empleados, contribuyendo también, para difundir las buenas prácticas de gobernanza colectiva. La investigación de tipo esencialmente bibliográfico, ha empleado el método de abordaje inductivo, métodos de procedimiento histórico, comparativo y tipológico y método de interpretación sistemático.

Palabras clave: LGPD; RGPD; protección de datos, negociación colectiva; daños colectivos.

Abstract: *The general objective of the present work is to analyze the possibility of collective bargaining exercising a supplementary regulatory function to the LGPD, given the omission of the law in the aspect of predictions within the scope of labor relations. The specific objectives consist of, firstly, showing the relevance of the volume of data collected in the work environment, and the importance of developing tools capable of adding more specific control of the treatment that takes place in this field; second, to present an overview of the strength of collective bargaining in Brazil after the Labor Reform and discuss the use of these norms as an autonomous supplementary source, given the prevalence of negotiated over legislated; third, to analyze the protagonism of collective norms in the GDPR of the European Union in order to enable its premises to be incorporated into the collective norms of Brazilian professional and employer categories, as a paradigmatic path of data protection in the labor universe, and fourth, to explain the potential damages generated by data processing, with emphasis on collective bias. In the end, it is concluded that the social dialogue carried out through collective bargaining is an essential instrument to fill the gaps in the LGPD and encourage adequate control in collect and processing of employee data, also contributing to disseminate good collective governance practices. The research, in its bibliographical essence, took place with the inductive method, during the investigation; moving on to the analytical method when choosing the information, and, when preparing this report in the form of a scientific article, the inductive method is used again.*

Keywords: *collective bargaining; work relationships; LGPD; GDPR; collective damages; sanctions.*

INTRODUCCIÓN

El presente estudio busca discurrir sobre el significativo volumen de recopilación y tratamiento de datos que ocurre más predominantemente en el ámbito de las relaciones laborales, en comparación con otras áreas de una empresa, y frente a la deficiencia de la materia laboral en la Ley de Protección de Datos, investigar si actualmente, en especial tras la Reforma Laboral de 2017, la negociación colectiva se consustanciaría en un instrumento regulador subsidiario adecuado para normatizar de modo más específico y minucioso, la efectiva protección de datos de los empleados en el universo laboral.

Para tal propósito: (i) muestra cuán obsoleto se ha vuelto el debate sobre la efectiva aplicación de la LGPD en el Derecho Laboral, principalmente después de que el derecho a la protección de datos haya sido elevado a la condición de derecho fundamental, con la Enmienda Constitucional 115/2022, y por lo tanto presente en cualquier tipo de relación, y (ii) busca explanar la magnitud de fuerza que los instrumentos colectivos han adquirido con la premisa legal fijada de prevalencia de lo negociado sobre lo legislado, especialmente luego de la declaración de constitucionalidad del art. 611-A de la Consolidación de las Leyes del Trabajo, por el Supremo Tribunal Federal, donde tal axioma quedó fijado en 2022, bajo el Tema 1.046[3].

En seguida, se busca abordar la importancia con la que las relaciones laborales han sido tratadas en el Reglamento Europeo n.° 2016/679 (RGPD), revelando que aquel continente ya se encuentra más maduro con respecto al tema, por lo que tal legislación puede ser usada como paradigma o, incluso, complemento sistemático-normativo en Brasil, lo que se defiende a través de una construcción hermenéutica con interpretación sistemática de las Leyes, que indican un camino de aplicación subsidiaria de normas colectivas para reglamentar la recopilación de datos en esta área laboral.

---

3 Tema 1046 del SUPREMO TRIBUNAL FEDERAL - Validez de norma colectiva laboral que limita o restringe el derecho laboral no asegurado. Disponible constitucionalmente. https://portal.stf.jus.br/jurisprudenciaRepercussao/verAndamentoProcesso.asp?incidente=5415427&numeroProcesso=1121633&claseProcesso=ARE&numeroTema=1046. Fecha de acceso: 23/06/2023.

Todavía a la luz de la LGPD se elabora un panorama célere sobre la responsabilidad civil de los actores del escenario que incluye la recopilación y tratamiento de datos, pasando por los daños con énfasis en el punto de vista colectivo, y finalmente aportando un comparativo de las sanciones presentes en las legislaciones de la Unión Europea, California y Brasil, todo con el objetivo de, también, relevar la importancia de la aplicación de tales sanciones en la práctica para materializar la credibilidad de la ley en este país.

En suma, el texto propone la continuidad del avance normativo y hermenéutico, ya que la sociedad digital y tecnológica exige un mayor compromiso de parte de todos los actores sociales en lo que respecta a la protección de los datos personales (especialmente los sensibles) que circulan en el ambiente laboral. Regular e implementar buenas prácticas de gobernanza colectiva contribuirá para que el tema sea mejor difundido y manejado en diversos niveles y categorías profesionales y patronales, afectando positivamente a toda la colectividad. Es sobre ello que este artículo, en las siguientes líneas, tratará.

2. LA RECOPILACIÓN DE DATOS EN LAS RELACIONES DE TRABAJO Y LA APLICACIÓN DE LA LGPD

Una nueva realidad sociolaboral se materializa por el avance tecnológico de las últimas tres décadas, trayendo alteraciones sensibles a los medios de producción y el surgimiento de nuevas formas de trabajo que migraron a grandes plataformas digitales y aplicaciones, innovando también por el trabajo remoto, intermitente, entre otras formas, antes inusuales. Viene naciendo, para el Derecho Laboral, una ampliación de su aplicabilidad, e incluso de sus conceptos, como forma de proteger, de algún modo, a este trabajador sometido a los actuales medios de ejecución del trabajo.

Es patente, por lo tanto, que el Derecho Laboral viene siendo uno de los principales sectores demandados para resolver, o al menos ayudar a mitigar, los perjuicios sociales que la automatización, la pandemia de COVID-19, los Decretos Gubernamentales y otros cambios vienen trayendo, revelando la deficiencia legislativa, que pide una expresión célere y asertiva lo suficiente como para enfrentar esos cambios.

Con este punto de vista se defiende que, en vez de una desreglamentación de esta importante área del Derecho, como algunos defienden, se reafirmará su carácter imperativo, puesto que será el Derecho Laboral el receptor de las múltiples posibilidades y modalidades de prestación laboral personal, y el responsable por catalogarlas y darles una solución que se adapte a sus peculiaridades, ampliando su espectro normativo. En este punto es que se cuestiona si las normas colectivas no tendrán un papel vital, capaz de socorrer con agilidad necesaria la recuperación del punto jurídico esencial de su existencia, que es el acto-trabajo como elemento de concretización y perfeccionamiento del ser humano, independientemente del modelo de su ejecución. (PEDRASSANI, 2020, p. 15)

Y es justamente en este escenario de sistemas jurídicos abiertos, no encerrados en si mesmos y comunicantes con la realidad cambiante, que se debe analizar el impacto de la Ley Federal 13.709/2018, identificada como Ley General de Protección de Datos Personales —LGPD— en el ámbito de las relaciones de trabajo, puesto que es justamente en la esfera laboral que, en todos los marcos históricos del mercado brasileño, se registra la recopilación y tratamiento de datos de empleados con significativa intensidad, incluyendo datos personales sensibles, por lo que tales relaciones de empleo, más significativamente que otras, merecen el abrigo de la citada Ley.

Es importante registrar que en momentos anteriores a la evolución tecnológica que se vive hoy, ya se recogían datos de los empleados en un universo individual, entre los empleadores, y de forma colectiva, por las manos del Gobierno brasileño, cuya justificaba era buscar informaciones para desarrollar políticas económicas y sociales como las de cobertura de vagas de empleo, en las siguientes hipótesis:

- cuando se llevara a cabo la Libreta de Trabajo y Previsión Social (Decreto 22.035/1932), que fue el primer registro de regularización de derechos laborales en el país, donde los datos de los empleados se recogían, almacenaban y compartían con el gobierno federal para fines estadísticos y para tener acceso a los más relevantes derechos sociales, como el seguro desempleo, beneficios previsionales, Fondo de Garantía por Tiempo de Servicio (FGTS), Programa de Integración Social (PIS), entre otros;

- cuando al trabajador se lo inscribiera en la RAIS (Relación Anual de Informaciones Sociales) como acto obligatorio de las empresas/empleadores (Decreto n.º 76.900/1975). Dicha cadena productiva alimentaba otra que contenía una gama de datos e informaciones estadísticas sobre los trabajadores, para las decisiones gubernamentales y para generar datos para sistemas como el CAGED (Registro General de Empleados y Desempleados), seguro desempleo, abono salarial, PIS (Programa de Integración Social), PASEP (Programa de Formación del Patrimonio del Servidor Público), FGTS (Fondo de Garantía por Tiempo de Servicio) y para sistemas del IBGE, INSS, entre otros. El CAGED y la RAIS fueron actualmente reemplazados por el e-Social.

En la era de la internet, en el ámbito colectivo y gubernamental, la recopilación de datos en masa se desarrolló, amplió y capacitó con el surgimiento de diversos sistemas complejos de captura, como el del e-Social —Sistema de Escrituración Digital de las Obligaciones Fiscales, Previsionales y Laborales (Decreto n.º 8.373/2014)—, que fue creado por el gobierno brasileño para unificar la recopilación de informaciones fiscales, laborales y previsionales de las empresas, que aunque tenga función fiscalizadora del cumplimiento de las obligaciones legales por parte de los empleadores, trabaja con la base de datos: (i) de los empleados, (ii) de vínculos laborales, (iii) de los aportes previsionales, (iv) de la nómina de pago, (v) de las comunicaciones de accidentes de trabajo, (vi) del aviso previo, (vii) de las escrituraciones fiscales, (viii) de la captura de diversas informaciones (datos personales) de los trabajadores, como (ix) con informaciones sobre el FGTS, entre otros. Actualmente, sin el tratamiento de estas informaciones, el gobierno federal no tendría medios para desarrollar sus políticas sociales, tampoco para ejercer su poder regulador y de control, por lo que se podría afirmar que tan solo a partir de este sistema consigue realizar proyecciones administrativas, financieras y, también, políticas (BRASIL, 2014).

En la esfera individual, la recopilación de datos igualmente se intensificó y se volvió más compleja, ya que las informaciones en el pasado se obtenían mediante una sencilla entrevista previa a la contratación, y en el universo restricto de la ejecución del contrato de trabajo, terminaron yendo al mundo. Actualmente, al trabajador, antes de ocupar una vacante de trabajo, lo rastrean algoritmos para formar su perfil profesional en la precontratación y, también lo rastrean después, durante el desarrollo de la relación de empleo, principalmente cuando usa sus propias interfaces (tabletas, smartphones, notebook) dentro del ambiente de trabajo y eventualmente se expone en redes sociales públicas. Partiendo de este principio, el tratamiento de datos personales en dicho contexto consiste en un ciclo de vida que comienza antes de la celebración del contrato de trabajo —ya en el reclutamiento—, perdura en la constancia de la relación y se extiende después de la rescisión contractual, por lo que se recopilan diversos datos dependiendo de las etapas y del momento en el que ocurre su tratamiento.

La LGPD autoriza el tratamiento de datos personales y datos personales sensibles respectivamente en los artículos 7° y 11°, siendo que, normalmente, las bases legales autorizadoras que más se utilizan en las relaciones de trabajo son las previstas en los incisos II, V y VI del artículo 7° y líneas "a)", "d)" del inciso II del artículo 11°, en líneas generales, a saber:

- para cumplir la obligación legal a la que se sujeta el controlador. Ejemplo: completar el e-Social;
- para ejecutar el contrato de trabajo, del que forma parte el empleado, o procedimientos previos al contrato. Ejemplo: informaciones médicas pasadas a convenios de salud, como también informaciones religiosas incluidas en contratos que exigen trabajar los sábados (aspecto que no es admitido por algunas religiones);
- para el ejercicio regular de derechos en procesos judiciales, administrativos y arbitrales. Ejemplo: defensa de la empresa en demandas laborales o previsionales.

Estas hipótesis permisivas deben estar inseridas en la factorización del trinomio de la LGPD —finalidad, adecuación y necesidad— previsto en su artículo 6°, incisos I al III, y que se alinean al principio de la minimización de los datos, que obliga al empleador a manejar, en el tratamiento, solo aquellos que sean estrictamente adecuados y necesarios para el desarrollo y la finalidad de las actividades del empleado en el contexto de la relación de empleo.

Incluso frente a este universo laboral ingente de recopilación de datos, hay quien todavía cuestione si la Ley n.° 13.709/2018 efectivamente se aplica a las relaciones de trabajo, dado que realmente no hay ningún registro de las palabras "empleo" o "trabajo" a lo largo de su cuerpo textual normativo. Sin embargo, el art. 3° establece que la LGPD se aplica a cualquier tipo de tratamiento, incluso al realizado por persona jurídica de derecho privado, razón por la que se infiere que no hay ningún obstáculo para que incida el hecho en la norma en cuestión, considerándolo como el manejo de datos de trabajadores, como titulares, por empresas empleadoras, en la condición de controladoras.

Además, ya que en el artículo 4° de la LGPD se han citado expresamente las hipótesis excluyentes de su aplicación, queda claro que las relaciones de trabajo no están incluidas, lo que viene siendo corroborado por la aplicación del art. 8° de la CLT que firma verdadera cláusula de abertura, autorizando el diálogo entre las fuentes laborales (SILVA, 2017, p. 25-26) y el derecho común, en carácter subsidiario, que, obviamente, incluye la Ley General de Protección de Datos Personales, cuando en aquel artículo se dice que:

> Art. 8° - Las autoridades administrativas y la Justicia del Trabajo, ante la falta de disposiciones legales o contractuales, decidirán, según sea el caso, por la jurisprudencia, por analogía, por equidad y **otros principios y normas generales de derecho**, principalmente del derecho laboral, y, además, de acuerdo con los usos y costumbres, el **derecho comparado**, pero siempre de manera que ningún interés de clase o particular prevalezca sobre el interés público.

Las relaciones de trabajo también se encuentran albergadas por el texto de la LGPD a partir del artículo 1° que expone la finalidad de la ley, como siendo proteger los "derechos fundamentales de libertad y de privacidad y el libre desarrollo de la personalidad de la persona natural", sin realizar ninguna distinción cuanto al tipo de relación jurídica en la que ocurra el tratamiento de datos personales, sea (i) bajo la óptica de su carácter "general" ostentando auténtica transversalidad (PINHEIRO; BOMFIM, 2020); o, (ii) por la lectura de los artículos 7° y 11, bajo los aspectos del cumplimiento de las obligaciones legales (aquellas impositivamente previstas en fuente jurídica heterónoma estatal) y de condición de ejecución del contrato (desde la etapa precontractual hasta la postcontractual), sin olvidar (iii) las cuestiones relativas al ejercicio regular de derechos en proceso judicial, administrativo o arbitral.

Finalmente, la actual Carta Magna, al tratar de las normas de competencia *ratione materiae* de la Justicia del Trabajo, establece que es su atribución juzgar temas oriundos de la relación de trabajo. Por consiguiente, las controversias relacionadas con el tratamiento de datos personales de obreros (que son los titulares) por sus empleadores (que son los controladores), deben ser atraídas a esta jurisdicción laboral, principalmente cuando incluyan datos producidos debido al trabajo propiamente dicho. La relevancia de los datos del contrato de trabajo, que es relacional por naturaleza, desde antes de la contratación hasta después de la rescisión exige que se asegure, en el caso concreto, la aplicación de normas y principios constitucionales que constan en el art. 7°, tales como licencia maternidad (inciso XVIII); licencia paternidad (inciso XIX); protección del mercado de trabajo de la mujer (inciso XX); prohibición de diferencias de salarios, de ejercicio de funciones y de criterio de admisión por motivo de sexo, edad, color o estado civil (inciso XXX); prohibición de cualquier discriminación en lo que respecta a salario y criterios de admisión del trabajador con discapacidad (inciso XXXI); prohibición de distinción entre trabajo manual, técnico e intelectual o entre los profesionales respectivos (inciso XXXII), o incluso infraconstitucionales, como todos los previstos en la Consolidación de las Leyes del Trabajo o en legislación dispersa (COUTINHO, 2020, p. 296-297).

Por tanto, como premisa básica a establecer para la continuación de este estudio, es plenamente posible, con las adaptaciones necesarias, aplicar la LGPD en las relaciones de trabajo.

3. LA NEGOCIACIÓN COLECTIVA COMO REGLAMENTACIÓN SUPLETORIA A LA LGPD Y SU FUERZA TRAS LA REFORMA LABORAL

La doctrina especializada también se dedica a estudiar la finalidad de la negociación colectiva: que puede ser complementaria, subsidiaria o innovadora a la legislación positiva. Independientemente de este refinamiento, es posible afirmar que a partir de las negociaciones entre clases patronales y de empleados se construyen beneficios y conquistas sin paradigma legal, como es el caso de los convenios de salud.

El problema indagado en este artículo es si la privacidad de los datos de los empleados, anclada desde 2020 en la Ley n.º 13.709/2018 (LGPD), puede tener su contenido detallado y descrito en cláusulas de negociación colectiva entre empleados y empleadores y sus respectivas entidades de representación colectiva.

A la par de todo el análisis sobre la adherencia de la LGPD a las relaciones de trabajo ya citadas, es posible concluir que habría sido muy pertinente si el Estado legislador hubiera definido expresamente, dentro de la Ley Federal 13.709/2018, un espacio dedicado a validar la negociación colectiva como fuente autónoma para regular la recopilación y tratamiento de datos en las relaciones de empleo, tal como sucede en el Reglamento General de Protección de Datos de la Unión Europea, fuente de inspiración de nuestra legislación patria. Pero como no existe tal previsión, es necesario indagar también, cuál es la fuerza del instrumento normativo en el país, actualmente, y si podría ser equiparado a la ley, actuando como fuente subsidiaria privada y autónoma.

Para responder a esas cuestiones, cabe decir antes que la negociación colectiva, en Brasil, pasó por un cambio con el adviento de la Ley 13.467/2017, la llamada Reforma Laboral, que tuvo en su génesis, el deseo de empoderar los instrumentos normativos colectivos, puesto que ya anunciaba en la Exposición de Motivos del Proyecto de Ley 6.787/2016 que se buscaba "*mejorar las relaciones de trabajo en Brasil por medio de la valorización de la negociación colectiva entre trabajadores y empleadores*" (BRASIL, 2016). A la sociedad se le daba, entonces, la oportunidad de, lejos de la interferencia del Estado, buscar disminuir el clásico conflicto de los atores sociales (capital x trabajo) mediante un acuerdo, colocándolo en lugar de destaque, incluso con prevalencia sobre la ley, a través de la premisa de lo negociado sobre lo legislado.

Resulta que el artículo 611-A de la CLT estableció las materias (hipótesis) donde los convenios y acuerdos colectivos de trabajo pueden navegar, con preferencia sobre la ley. Ya en el artículo 611-B se describieron los temas que no permiten negociación y mucho menos flexibilización (derechos constitucionales básicos, mínimo existencial).

La ilación segura que se extrae, por lo tanto, es la de que la respuesta es positiva para la segunda pregunta, sobre la fuerza normativa de los instrumentos colectivos (acuerdo y convenio colectivo), ya que sirven para actuar en el vacío de la ley, creando derechos y obligaciones a los actores, por el tiempo que estas tengan sentido para los negociantes.

La valorización del contenido de las normas colectivas es materia antigua, e incluso constitucional, prevista en el artículo 7° (inciso XXVI), en el que se establece el reconocimiento de los convenios y acuerdos colectivos de trabajo. En la misma línea van las Convenciones n.° 98 y n.° 154 de la OIT, ambas ratificadas por Brasil, y que predican la necesidad de que los países fomenten y valoren las negociaciones colectivas como medio eficaz para establecer mejores condiciones de trabajo.

Sin embargo, sigue pendiente la cuestión de si las normas colectivas son el medio adecuado para regular los derechos individuales de los trabajadores con respecto a sus datos personales y a los datos personales sensibles, es decir, la primera cuestión de este ensayo. Considerando que la Ley de Protección de Datos establece en su artículo 1° que su finalidad es "proteger los derechos fundamentales de libertad y de privacidad y el libre desarrollo de la personalidad de la persona natural", resguardando los datos del ciudadano, *in casu*, del trabajador, y considerando también, que tales datos expresan derechos fundamentales reconocidos en el artículo 5°, inciso X de la CF/88[4], y más recientemente por el inciso LXXIX del mismo artículo, incluido por la Enmienda Constitucional 115/2022 (promulgada en 11/02/2022), que dice: "LXXIX - se asegura, en los términos de la ley, el derecho a la protección de los datos personales, incluso en los medios digitales"[5] , es posible concluir que, a la luz de las

4 [...] X - son inviolables la intimidad, la vida privada, el honor y la imagen de las personas, asegurado el derecho a indemnización por el daño material o moral causado por su violación;

5 Las Mesas de la Cámara de los Diputados y del Senado Federal, en los términos del § 3° del art. 60 de la Constitución Federal, promulgan la siguiente Enmienda al texto constitucional:
Art. 1° La introducción del art. 5° de la Constitución Federal comienza a vigorar con la adición del siguiente inciso LXXIX:

directrices de principio del artículo 8° de la Constitución Federal, no podría haber mejor actuación que la de la figura Sindical, para defender los derechos fundamentales relativos a la protección de datos de las categorías de empleados, en la condición de titulares, y también velar por las obligaciones de los empleadores, en otro frente Sindical, en la condición de controladores, como también vigilar y normatizar sus propias obligaciones, habida cuenta del intercambio de datos que estas Entidades reciben. Y tales actividades sindicales se materializan en normas colectivas, respondiendo así, positivamente también, a la primera pregunta.

Además, a partir de la Enmienda Constitucional n.° 115/2022 Brasil comienza a equipararse a la Unión Europea, que desde 2018 ya consideraba expresamente que la protección de las personas singulares con respecto al tratamiento de datos personales es un derecho fundamental. El Considerando n.° 01 que fundamenta el Reglamento (UE) 2016/679[6] o Reglamento General de Protección de Datos de la Unión Europea, establece:

> Considerando 1
> Protección de Datos como Derecho Fundamental
> 1 La protección de las personas físicas en relación con el tratamiento de datos personales es un derecho fundamental. 2 El artículo 8, apartado 1, de la Carta de los Derechos Fundamentales de la Unión Europea («la Carta») y el artículo 16, apartado 1, del Tratado de Funcionamiento de la Unión Europea (TFUE) establecen que toda persona tiene derecho a la protección de los datos de carácter personal que le conciernan. (UNIÓN EUROPEA, 2020)

En suma, es posible pensar que la negociación colectiva sea una herramienta capaz de dar una nueva orientación normativa a los aspectos que aún no fueron reglamentados lo suficiente entre datos y

---

"Art. 5°...

....

LXXIX - se asegura, en los términos de la ley, el derecho a la protección de los datos personales, incluso en los medios digitales.

6 En vigor desde el 25 de mayo de 2018, se trata del Reglamento (UE) 2016/679 o Reglamento General de Protección de Datos de la Unión Europea, cuyo objetivo es armonizar las Leyes de privacidad de datos en toda Europa. Disponible en: <https://gdpr-info.eu/>. Fecha de acceso: 08 oct. 2023.

trabajo, según la Ley 13.709/18 (LGPD), y puede buscar equilibrar necesidades e intereses de trabajadores y empresas, incluso ayudando a aclarar las condiciones de trabajo adecuadas para proteger los datos de la persona natural del trabajador en distintas realidades y categorías profesionales.

De hecho, en este sentido, la actualidad revela una inmensa oportunidad para los Sindicatos de salir de la crisis sindical gravemente instalada, y actuar en el espacio de la autodeterminación informativa, muy bien retratada por la profesora y Desembargadora del TRT4, Luciane Cardoso Barzotto:

> Las novedades de la Ley n.º 13.709/2018 tienden a dar nuevos contornos a la negociación colectiva al punto de constituir una verdadera oportunidad para que los sindicatos muestren su efectividad en la defensa de los derechos individuales y colectivos de la categoría, en una adecuación a los nuevos tiempos de autodeterminación informativa en una sociedad en la que los datos son valiosos. (BARZOTTO 2022)

Es interesante dar el debido destaque a la investigación realizada por el Departamento de Investigación de la Organización Internacional del Trabajo, en 2015, sobre las reformas sociales hechas por 111 (ciento once) países, clasificados como desarrollados y en desarrollo, durante el período de 2008 a 2014, ya que el estudio identificó sus principales causas y consecuencias económicas y que las Reformas laborales aumentaron durante las épocas de crisis, y que los países de economía en desarrollo enfocaron sus reformas en el derecho colectivo del trabajo, especialmente en los institutos sobre negociación colectiva, mientras que los países de economías desarrolladas fueron más propensos a reformar la regulación del mercado de trabajo en su ámbito individual, por lo que entonces se concluye que restan fortificadas las normas colectivas en la categoría de regulación suplementaria a la ley en economías de progreso. (ALMEIDA, 2020).

También vale resaltar que, con respecto al tema/principio de lo "negociado sobre lo legislado", que figura como protagonista en la Reforma Laboral, hubo manifestación del Supremo Tribunal Federal (STF), instado a pronunciarse con respecto a la constitucionalidad del art. 611-A de la CLT y, en caso positivo, a definir sus límites y alcance ante la incertidumbre jurídica que dominaba sobre el asunto. En suma, los Ministros consideraron el dispositivo constitucional en

decisión dictada en el contexto del Agravio en Recurso Extraordinario n.º 1.121.633 (BRASIL, 2022b), declarando la repercusión general bajo el Tema 1.046.

De este modo, todo vino a reforzar la teoría de la conglomeración, en la que se considera y se interpreta de forma global/integral el negocio colectivo, y no aisladamente, en relación con eventuales derechos flexibilizados, siempre que recaigan, claro, sobre derechos de disponibilidad relativa. Vale tener en cuenta el resultado positivo total de la negociación colectiva, y no declarar nulo un ítem aisladamente.

Con base en este razonamiento, el Relator indica que las normas autónomas preponderan sobre las normas oriundas del Estado en 2 (dos) ocasiones: (i) concesión de un nivel superior; (ii) cuotas de indisponibilidad relativa acordadas de forma sectorial (SOUZA; NASCIMENTO, 2022).

Además, en el ámbito individual, el ejercicio de la autonomía negocial se vuelve más restrictiva a la flexibilización del acceso a los datos del empleado por parte del empleador, dada la previsión presente en el artículo 444 (*introducción*) de la CLT[7], reforzando al fin y al cabo, la idea de que las normas que rigen el tratamiento de datos personales y de los datos personales sensibles del ciudadano-trabajador se eleven al nivel de las relaciones colectivas de trabajo.

3.1 El protagonismo de las negociaciones colectivas en Europa para regular la recopilación de datos en las relaciones de trabajo y la aplicación del GDPR como norma paradigma en Brasil

Mientras que algunos entienden que las bases legales y los principios que disciplinan la protección de datos no podrían ser incluidos en una negociación colectiva laboral por tener relación con derechos personalísimos y porque esto exigiría, por lo tanto, un consentimiento individual que no puede ser sustituido por la voluntad co-

---

7 Art. 444 - Las relaciones contractuales de trabajo pueden ser objeto de libre estipulación de las partes interesadas en todo lo que no desobedezca las disposiciones de protección al trabajo, a los contratos colectivos que sean aplicables y a las decisiones de las autoridades competentes.

lectiva (CORREIA y BOLDRIN, 2020), otros entienden que esto sí es posible (PAMPLONA, 2020), ya que la Ley de Protección de Datos es abierta, general, transversal, con flexibilidad de interpretación y válida para cualquier organización, autorizando, por lo tanto, reglamentaciones supletorias de los sindicatos.

La segunda corriente tiene un respaldo relevante en el Derecho Europeo, más precisamente en el RGPD (*General Data Protection Regulation*)[8], que origina el paradigma de la LGPD, e incorpora bases colectivas al establecer, en el artículo 88, lo siguiente:

> Art. 88 RGPD - Tratamiento en el ámbito laboral
>
> 1. Los Estados miembros podrán, a través de disposiciones legislativas **o de convenios colectivos**, establecer normas más específicas para garantizar la protección de los derechos y libertades en relación con el tratamiento de datos personales de los trabajadores en el ámbito laboral, en particular a efectos de contratación de personal, ejecución del contrato laboral, incluido el cumplimiento de las obligaciones establecidas por la ley o por el convenio colectivo, gestión, planificación y organización del trabajo, igualdad y diversidad en el lugar de trabajo, salud y seguridad en el trabajo, protección de los bienes de empleados o clientes, así como a efectos del ejercicio y disfrute, individual o colectivo, de los derechos y prestaciones relacionados con el empleo y a efectos de la extinción de la relación laboral.
>
> 2. Dichas normas incluirán medidas adecuadas y específicas para preservar la dignidad humana de los interesados así como sus intereses legítimos y sus derechos fundamentales, prestando especial atención a la transparencia del tratamiento, a la transferencia de los datos personales dentro de un grupo empresarial o de una unión de empresas dedicadas a una actividad económica conjunta y a los sistemas de supervisión en el lugar de trabajo.
>
> 3. Cada Estado miembro notificará a la Comisión las disposiciones legales que adopte de conformidad con el apartado 1 a más tardar el 25 de mayo de 2018 y, sin dilación, cualquier modificación posterior de las mismas. (UNIÓN EUROPEA, 2020).

---

8 En vigor desde el 25 de mayo de 2018, se trata del Reglamento (UE) 2016/679 o Reglamento General de Protección de Datos de la Unión Europea, con 99 (noventa y nueve) artículos cuyo objetivo es armonizar las Leyes de privacidad de datos en toda Europa. Disponible en: <https://gdpr-info.eu/>. Fecha de acceso: 04 jun. 2023.

Esta norma de la Unión Europea tiene, en su origen, fundamentos denominados "considerandos", y específicamente en el fundamento n.º 155 se vislumbra una vez más, el refuerzo a la herramienta negocial colectiva:

> Considerando 155
> Tratamiento en el Ámbito Laboral
> El Derecho de los Estados miembros o los convenios colectivos, incluidos los «convenios de empresa», pueden establecer normas específicas relativas al tratamiento de datos personales de los trabajadores en el ámbito laboral, en particular en relación con las condiciones en las que los datos personales en el contexto laboral pueden ser objeto de tratamiento sobre la base del consentimiento del trabajador, los fines de la contratación, la ejecución del contrato laboral, incluido el cumplimiento de las obligaciones establecidas por la ley o por convenio colectivo, la gestión, planificación y organización del trabajo, la igualdad y seguridad en el lugar de trabajo, la salud y seguridad en el trabajo, así como a los fines del ejercicio y disfrute, sea individual o colectivo, de derechos y prestaciones relacionados con el empleo y a efectos de la rescisión de la relación laboral. (UNIÓN EUROPEA, 2020).

El Considerando n.º 155 del RGPD autoriza expresamente los acuerdos colectivos, que también pueden establecer reglas específicas relativas al tratamiento de datos personales de trabajadores, y va más allá, avanzando con más audacia por el campo del tratamiento con base en el polémico "consentimiento del trabajador" en diversas hipótesis ya allí previstas para permitir que otras instituciones puedan asegurar la protección de datos, cuando exista una limitación en la autonomía de la voluntad en las relaciones privadas, posiblemente debido a una relación subordinada, típica del empleo, por ejemplo.

Y en esta senda está el artículo 80 del RGPD en la que se menciona expresamente que el sindicato sea autorizado a representar al titular de datos frente al empleador, ante la Agencia Nacional de Protección de Datos, o incluso en juicio:

> Arte. 80 RGPD
> Representación de los interesados
> El interesado tendrá derecho a dar mandato a una entidad, organización o asociación sin ánimo de lucro que haya sido correctamente constituida con arreglo al Derecho de un Estado miembro, cuyos objetivos estatutarios sean de interés público y que actúe en el ámbito de la protección de los derechos y libertades de los interesados en materia de protección

> de sus datos personales, para que presente en su nombre la reclamación, y ejerza en su nombre los derechos contemplados en los artículos 77, 78 y 79, y el derecho a ser indemnizado mencionado en el artículo 82 si así lo establece el Derecho del Estado miembro.

Cualquier Estado miembro podrán disponer que cualquier entidad, organización o asociación mencionada en el apartado 1 del presente artículo tenga, con independencia del mandato del interesado, derecho a presentar en ese Estado miembro una reclamación ante la autoridad de control que sea competente en virtud del artículo 77 y a ejercer los derechos contemplados en los artículos 78 y 79, si considera que los derechos del interesado con arreglo al presente Reglamento han sido vulnerados como consecuencia de un tratamiento. (UNIÓN EUROPEA, 2020).

Sin que el polémico tema del tratamiento se vea perjudicado por el consentimiento del empleado, el hecho es que el RGPD se adecua singularmente al Derecho del Trabajo Brasileño porque existe expresa autorización en la *introducción* del artículo 8°, cuyo texto ya se ha citado anteriormente, para que el derecho comparado sea utilizado en aquella Justicia Especializada, siempre que falten disposiciones legales o contractuales específicas, que es exactamente el caso tratado en esta investigación, donde se defiende el diálogo de las fuentes para la interpretación sistemática del derecho laboral, cuando se lo interconecta con el tema de la LGPD.

En Portugal, a partir de la Ley n.° 58/2019, del 8 de agosto, que es la Ley de Ejecución del citado Reglamento (UE) n.° 2016/679, se entiende que las negociaciones colectivas en el ámbito de la protección de datos aumentarán, dada la autorización expresa para regular el tratamiento de datos de empleados, vía legislación complementaria u otros regímenes sectoriales, encuadrándose los instrumentos colectivos en estas ventanas, conforme se vislumbra del artículo 28, inciso 1, que dice:

> Artículo 28.°
> Relaciones laborales
> 1 - El empleador puede tratar los datos personales de sus trabajadores para las finalidades y con los límites definidos en el Código del Trabajo **y respetiva legislación complementar o en otros regímenes sectoriales**, con las especificidades establecidas en el presente artículo. (PORTUGAL 2019)

Se cita como ejemplo, el acuerdo Colectivo entablado entre la AGERE (Empresa de Aguas, Efluentes y Residuos de Braga/EM) y el Sindicato de los Trabajadores de la Administración Pública y de Entidades con Fines Públicos —SINTAP— y otro, establecido en 2020, divulgado en el boletín de trabajo y empleo de Portugal de enero de 2021, donde ya están presentes cláusulas de negociación colectiva sobre protección de datos personales, como, por ejemplo, en la cláusula 5ª y 9ª que establecen reglas para acceso restricto del empleador a temas que se consideran de la vida privada del empleado, como también para recopilar datos biométricos:

> Cláusula 5.ª
> Protección de datos personales
> 1- La empresa no puede exigir al candidato a empleo o al trabajador que brinde informaciones con respecto a su vida privada, excepto cuando estas sean estrictamente necesarias y relevantes para evaluar la respetiva aptitud en lo que respecta a la ejecución del contrato de trabajo y se le entregue por escrito la respetiva fundamentación.
> 2- La empresa no puede exigir al candidato a empleo o al trabajador que brinde informaciones con respecto a su salud o estado de embarazo, excepto cuando particulares exigencias inherentes a la actividad profesional lo justifiquen y se le entregue por escrito la respetiva fundamentación.
> 3- Las informaciones relativas a la salud o al estado de embarazo previstas en el número anterior son dadas a un médico que solo puede comunicarlo a la empresa si el candidato al empleo o el trabajador está, o no, apto a desempeñar la actividad.
> 4- La empresa cumplirá, relativamente a los datos personales de los trabajadores, lo previsto en la reglamentación legalmente aplicable.
>
> Cláusula 9.ª
> Empleo de datos biométricos
> La empresa solo puede proceder al tratamiento de datos biométricos cuando los datos que utilice sean necesarios, adecuados y proporcionales a los objetivos que quiera lograr y observando la reglamentación vigente en cada momento en el ámbito de la protección de datos personales y cualquier otra reglamentación que corresponda. (PORTUGAL 2021)

Vale notar que en ambas legislaciones citadas hay un capítulo y normativa específicos en materia de relaciones laborales, por lo que la Ley n.º 13.709/2018 (LGPD - Brasil) queda huérfana de la materia, lo que puede ser subsanado por toda la construcción hermenéutica con interpretación sistemática ya citada, que apunta hacia un camino de aplicación subsidiaria de normas colectivas para regular de la recopilación de datos en esta área laboral.

En Brasil, el método es aún incipiente y no es posible citar casos como comparación, pero ciertamente inspiradas en estas legislaciones, los sindicatos tendrán amplias posibilidades de reglamentar derechos inherentes a la ley, según el mejor interés de las categorías que representan.

En sugerencia técnica, a través de un instrumento negocial, las Entidades representativas podrían:

(I) actuar en gobernanza colectiva de protección de datos, definiendo buenas prácticas, partiendo del artículo 50 de la LGPD;

(II) fiscalizar los procesos de selección, evaluaciones y despedidas y la gestión de los datos en estos momentos contractuales, muchas veces automatizados;

(III) negociar normas para la recogida de datos no sólo durante la contratación, sino también durante la ejecución y la finalización del contrato de trabajo (respetando, por supuesto, que los datos se conserven durante el tiempo necesario para cumplir las obligaciones establecidas en el ordenamiento jurídico o en los convenios colectivos) y el ciclo de vida de los datos, con informaciones claras y objetivas,

(IV) establecer reglas para evitar discriminaciones algorítmicas y arbitrariedades en el mundo del trabajo,

(V) normatizar el intercambio de datos entre empresas tomadoras y prestadoras de servicios en caso de tercerización, como también en caso de grupo económico,

(VI) establecer reglas para asegurar la transparencia de información;

(VII) crear manuales que aclaren los riesgos y las responsabilidades que constan en los artículos 42 y 43 de la LGPD especialmente cuando el operador sea empleado del controlador;

(VIII) normatizar datos de igualdad y diversidad en el local de trabajo,

(IX) normatizar la recopilación de datos de salud y seguridad en el trabajo, entre otras hipótesis, incluso con la posibilidad de definir la transferencia de estos datos en un grupo de empresas involucradas en determinada actividad económica, y otras;

(X) normatizar las formas de uso irregular por parte del empleado, de las herramientas de informática que su empleador le ofrezca en el ambiente de trabajo (GULARTE, 2021);

(XI) prever situaciones especiales para "uso de riesgo" de los correos electrónicos (prohibir el uso del e-mail corporativo, con acceso a juegos de azar, pornografía y contenidos ofensivos)" (GULARTE, 2021);

(XII) permitir que el empleador pueda tener acceso a los dispositivos de informática cedidos al empleado, con normas claras para no poner en peligro la intimidad del trabajador;

(XIII) establecer períodos y condiciones de una garantía provisional de empleo para el Encargado de Datos (DPO), entre otros temas;

(XIII) reconocer la legitimidad del tratamiento, de la conservación y del uso secundario de datos personales con el propósito de realizar estudios e investigaciones, finalidad esta, considerada compatible con la legislación de protección de datos personales, especialmente cuando el tratamiento lo realizan órganos de investigación y respectivos investigadores, incluso en las relaciones de trabajo, a la luz de la Guía Orientadora[9] de la ANPD, para fines académicos, de estudios e investigaciones.

En fin, a través de una negociación colectiva es posible fiscalizar y normatizar toda la ley de protección de datos (LGPD), pero con la vista puesta y centrada en las relaciones laborales y de empleo, porque en tiempos de rápidos cambios legislativos y de intensa necesidad de mayor seguridad jurídica para los actores de las relaciones laborales, las reglas colectivas podrían suponer un impulso normativo más rápido que vencer los obstáculos de un procedimiento legislativo común, sin dejar de lado la relevante premisa de que, según Fincato y Silva, las transformaciones valorativas requieren transdisciplinariedad y diálogo con otros sistemas sociales, sin contar que tales normas

---

9 Publicada en Junio 2023 por la ANPD (Autoridad Nacional de Protección de Datos) la Guía Orientadora tiene el objetivo de brindar a los agentes de tratamiento recomendaciones y orientaciones que puedan incentivar la adopción de buenas prácticas y respaldar el tratamiento de datos personales realizado para fines académicos y de estudios e investigaciones de forma compatible con la legislación vigente.

pueden reflejar las peculiaridades de cada ecosistema comunitario. (FINCATO, SILVA, 2019). Fincato, en otra obra escrita con Stürmer, todavía explica que "La negociación colectiva de trabajo ocurre por sector y por base territorial que, en un país con diversidad de actividades y dimensiones continentales como Brasil, es altamente positivo" (FINCATO, STÜRMER, 2017)

Sin embargo, corresponde aclarar que la proposición temática de este abordaje no es exhaustiva ni definitiva, sino que se coloca en un plano especulativo-propositivo, creyendo que la nueva realidad de la protección de datos tiene espacio para explorar mejor las funciones negociales de los sindicatos a la luz de la autonomía privada colectiva, cuyo papel de pacificación social siempre ha sido relevante, y ahora ratificada con los términos de la decisión del STF e inspirada en la legislación de la Unión Europea, esta última, ya adelantada en desarrollo, con respecto a los sesgos de trabajo.

4. DAÑOS GENERADOS POR EL TRATAMIENTO DE DATOS EN LAS RELACIONES LABORALES: BREVES DEBATES SOBRE LA RESPONSABILIDAD CIVIL

La responsabilidad civil en la LGPD es tratada en los artículos 42 a 45, y es justificada por medio de los principios de la seguridad (art. 6°, VII[10]), de la prevención (art. 6°, VIII[11]), de la responsabilización y rendición de cuentas (art. 6°, X[12]), que forman el conjunto objeto de este análisis.

No obstante, se verifica la ausencia de una determinación explícita por parte del legislador sobre la naturaleza de la responsabilidad civil en el ámbito de las violaciones de datos personales, y con ello se in-

---

10 Art. 6°, VII - seguridad: empleo de medidas técnicas y administrativas aptas a proteger los datos personales contra accesos no autorizados y situaciones accidentales o ilícitas de destrucción, pérdida, alteración, comunicación o difusión.

11 Art. 6°, VIII - prevención: adopción de medidas para prevenir daños que ocurran en virtud del tratamiento de datos personales.

12 Art. 6°, X - responsabilización y rendición de cuentas: demostración, por parte del agente, de la adopción de medidas eficaces y capaces de comprobar la observancia y el cumplimiento de las normas de protección de datos personales e, incluso, la eficacia de dichas medidas.

augura un nuevo debate doctrinario. Para algunos, los fundamentos del deber de indemnizar deben basarse en la culpa (responsabilidad subjetiva) y, para otros, en el riesgo de la actividad de tratamiento de los datos (responsabilidad objetiva). Todo esto se debe a la temprana entrada en vigor de la norma, lo que también significa que el Poder Judicial aún no cuenta con un volumen de decisiones que pueda dar una indicación más clara de qué corriente adoptará.

El carácter inédito de la LGPD, agravado por la revolución tecnológica y las nuevas formas de comunicación y transmisión de datos que aparecen a diario, dificultan también la identificación de posibles daños, cada vez más potencializados (contexto de las sociedades de riesgo, desarrollado por Ulrich Beck[13]).

Dicho de otra manera, el objetivo de la responsabilidad civil es resarcir a la víctima por un daño que ella no debería sufrir (MONTEIRO FILHO; ROSENVALD. 2021). El hecho es que la propia Constitución Federal de 1988 marca una transición de la estructura tradicional del derecho civil, de una visión predominantemente patrimonialista, a la elevación de las situaciones jurídicas extrapatrimoniales, atribuyendo la responsabilidad independiente de la culpa (responsabilidad objetiva) en casos específicos. Efectivamente, esta responsabilidad civil que en su origen estuvo vinculada a la reparación pecuniaria e individual de un daño, fuertemente centrada en el requisito de la culpa del agente, comenzó a ser un instrumento directamente ligado a la protección y tutela prioritaria de la persona humana, colocando la tutela de la víctima en primer plano, en detrimento del lugar de destaque anteriormente dado al responsable por el daño (MORAES, 2006).

En el mismo sentido, Eugênio Facchini Neto (2010), al analizar la evolución histórica del instituto de la responsabilidad civil, observa que su objetivo actual está cada vez más en la reparación del daño que en la reprobación del responsable. Pero entonces, si no existe

---

13 ***La Sociedad del Riesgo: Hacia una Nueva Modernidad*** (en alemán: *Risikogesellschaft: auf dem Weg in eine andere Moderne*) es un libro escrito por el sociólogo alemán Ulrich Beck, publicado por primera vez en Alemania en 1986. Allí se discute, entre muchos asuntos, los aspectos de una sociedad que produce riesgos y amenazas sobre las bases naturales de la vida, como también las divisiones entre naturaleza, cultura y sociedad a principios del siglo XXI.

una referencia expresa de orden legal con respecto a la naturaleza de la responsabilidad civil en la LGPD (y, por lo tanto, está descartada la fuente de orden legislativa), resta analizar si la actividad de tratamiento definida en la ley puede estar potencialmente incluida en la lógica de la actividad de riesgo y si la disciplina de la responsabilidad civil puesta en el art. 42 y siguientes de la Ley, permite en tesis, esta conclusión.

Vale destacar en este déficit legal, el inciso II del artículo 43 de la Ley cuando presenta hipótesis excluyentes, al decir que los agentes solo no serán responsabilizados cuando puedan probar que "aunque hayan realizado el tratamiento de datos personales que se les atribuye, no hubo violación a la legislación de protección de datos". Este inciso abre margen en la discusión de violación de la norma, en el enfoque de la conducta del agente y no en el resultado que puede concretamente ocurrir. Además, el artículo 44, párrafo único igualmente abre margen de debate cuando establece que: "responde por los daños provenientes de la violación de la seguridad de los datos el controlador o el operador que, al dejar de adoptar las medidas de seguridad previstas en el art. 46 de esta Ley, termine provocando el daño". Aquí parece haberse eliminado la lógica de la responsabilidad objetiva ya que se permite discutir y probar la conformidad a la legislación y la adopción de medidas, algo incompatible con la responsabilidad objetiva, en la que, en tesis, basta que sea establecido el nexo de causalidad entre hecho y daño.

Pero no se descarta que en el futuro, según la estructura introducida por la LGPD en los artículos 42 a 45, se forme una corriente mayoritaria que reconozca la responsabilidad objetiva, considerando su fuerte vínculo con el Código de Defensa del Consumidor (CDC).

Ya cuanto a sus actores, la breve definición de las funciones/papeles del controlador y del operador de los datos, constan respectivamente, en los incisos VI y VII del art. 5º de la ley, como agentes de tratamiento. El primero (controlador) es la "persona natural o jurídica, de derecho público o privado, a quien le corresponden las decisiones referentes al tratamiento de datos personales"; o sea, es en síntesis, aquel que tiene el dominio de los hechos y datos que serán tratados, y, por lo tanto, es responsable por ellos. Ya el segundo (operador) es la "persona natural o jurídica, de derecho público o privado, que realiza el tratamiento de datos personales en el nombre del controlador"; o sea, aquel que procesa los datos en el nombre del controlador.

Aplicar estas definiciones en la esfera de las relaciones de trabajo coloca al empleador, por lo general, en la función de controlador, y la tarea del operador (que podrá, o no, existir) será asumida por un empleado, que, en el nombre del empleador realizará el tratamiento de datos personales.

Nace, en este punto, la indagación sobre si es, o no, posible que exista un vínculo de naturaleza laboral entre el controlador y el operador de datos, debido a la relación de subordinación que vincularía el segundo al primero. Dos corrientes se forman: una que adopta el entendimiento de que no es posible que exista tal relación dentro de la estructura de la LGPD en la empresa, colocando como agentes de tratamiento al empleador (controlador) y al empleado (operador), porque tan solo la actuación de un operador externo traería exención de ánimo para el ejercicio de esta función. Es justamente esta la situación que estaría retratada junto a la RGPD.

Esta corriente se fortaleció a partir de mayo de 2021 cuando la Guía Orientadora para Definiciones del Agente de Tratamiento de Datos Personales[14] fue editada por la Autoridad Nacional de Protección de Datos. Tal documento no tiene carácter vinculante, sin embargo, orienta con propiedad el tema, influenciando la doctrina y la jurisprudencia. En el ítem 58 de la Guía se encuentra la recomendación de que empleados administradores, socios, servidores, y otras personas naturales que integran la persona jurídica y cuyos actos expresan la actuación de esta, no deban ser considerados operadores, ya que este siempre será una persona distinta del controlador, o sea, que no actúa como profesional subordinado a este o como miembro de sus órganos. (BRASIL, 2021)

La segunda corriente defiende lo contrario, planteando que no hay impedimento legal para que el operador de datos sea empleado

---

14 Ítem 3 de la Presentación de la Guía: 3. "La presente guía orientadora busca establecer directrices no-vinculantes a los agentes de tratamiento y explicar quién puede ejercer la función del controlador, del operador y del encargado2; las definiciones legales; los respectivos regímenes de responsabilidad; casos concretos que ejemplifican las explicaciones de la ANPD y las preguntas frecuentes sobre el asunto."

(CLT o estatutario) o subordinado al controlador, ya que además de no haber dispositivo en la LGPD que prohíba la relación, incluso de subordinación, también podrá facilitar la calidad del trabajo por el conocimiento que el operador tendría, por trabajar dentro de la empresa y ya conocer sus rutinas.

Pero cuando esta segunda hipótesis se materializa de hecho, ¿cuál sería la responsabilidad imputada al operador, tanto por la CLT como por la LGPD? El operador empleado, responderá solidariamente por los daños causados por el tratamiento cuando no cumpla con las obligaciones de la legislación de protección de datos o cuando no siga las instrucciones lícitas del controlador (patrón), hipótesis en la que el operador se equipara al controlador, según el art. 42, § 1°, I, de la LGPD.

Entonces, si por un lado el funcionario está subordinado a su empleador, por otro, al aceptar el encargo, estará, consecuentemente, obligado a respetar las instrucciones del controlador, pero principalmente de la ley de protección de datos, sin prejuicio, claro, de que ocurran debates en la Justicia del Trabajo que lo eximan de responsabilidades por prejuicios, por la aplicación del artículo 2° de la CLT, que establece que el empleador debe asumir los riesgos del emprendimiento o del trabajo.

Este problema, no obstante, podría ser neutralizada si estableciera, por ejemplo, en una norma colectiva, una garantía provisional en el empleo para este operador, que tendría más seguridad en su actuación, con la eventual presión e influencia del empleador minimizadas por la garantía de empleo. Los límites de la responsabilidad civil del controlador y del operador, podrían igualmente estar mejor establecidos en el instrumento colectivo de una determinada categoría, atendiendo las especificidades de aquel nicho de negocios determinado, dentro de sus necesidades de captación y tratamiento de datos. Los sujetos del ecosistema de protección de datos (titular, controlador, operador, encargado, agencia de regulación) también se reflejan en las relaciones de trabajo, como es posible verificar en las siguientes ilustraciones, creadas por FINCATO (2020), para uso didáctico:

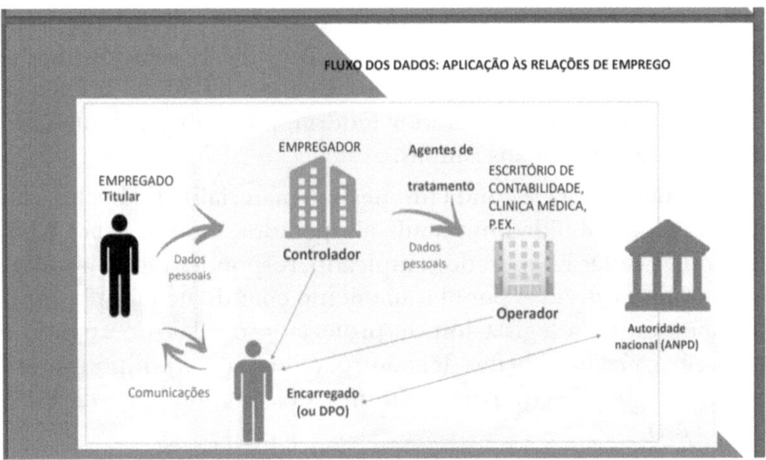

Original	Tradução
Fluxo dos dados: Aplicação às relações de trabalho	Flujo de los Datos: Aplicación a las Relaciones Laborales
Empregado	Empleado
Titular	Titular
Dados pessoais	Datos personales
Comunicações	Comunicaciones
Empregador	Empleador
Controlador	Controlador
Emcarregador (ou DPO)	Encargado (o DPO)
Agemtes de tratamento	Agentes de tratamiento
Operador	Operador
Autoridade nacional (ou ANPD)	Autoridad nacional (o ANPD)
Escritório de contabilidade, clínica médica, P.EX.	Oficina contable, clínica médica, P.EX.

Esto sitúa el contexto en el que se desarrolla este estudio: las relaciones laborales, uno de los principales contextos en los que se debilitan los datos personales, que se tratará con más detalle a continuación.

4.1 Relaciones laborales, protección de datos y daños

La LGPD determina explícitamente la tutela colectiva de datos personales en los arts. 22[15] y 42, introducción y § 3°[16], incidiendo en el caso de judicialización, la legislación pertinente: Ley n.° 7.347/1985 (Ley de la Acción Civil Pública - LACP) y los arts. 81 a 104 del CDC, la Ley n.° 4.717/1965, sobre la acción popular, y los arts. 21 y 22 de la Ley n.° 12.016/2009, sobre el recurso de protección colectiva, sin perjudicar las acciones colectivas de naturaleza laboral.

En este sentido, el artículo 64 de la LGPD arroja luz al afirmar que "Los derechos y principios expresados en esta Ley no excluyen otros previstos en el ordenamiento jurídico nacional relacionados con la materia o en tratados internacionales de los que la República Federativa de Brasil sea parte," apelando al necesario "diálogo de fuentes", un concepto creado por el jurista alemán Erik Jayme e introducido en Brasil por Claudia Lima Marques, que indica la necesidad de aplicar simultánea y coherentemente diversos diplomas legales convergentes. La LGPD pasa a formar parte del microsistema de proceso colectivo, principalmente debido a sus dispositivos que armonizan su contenido normativo con la disciplina de la Ley 8.078/1990 (Código de Defesa del Consumidor - CDC). (MARQUES, 2020)

En estos casos, sin despreciar el clásico y relevante papel del Ministerio Púbico del Trabajo, el sindicato también es considerado una asociación civil para fines de legitimidad activa para ejercer la Acción Civil Pública, de acuerdo con la pacífica jurisprudencia del STF y el art. 5°, inciso V de la Ley n.° 7.347/1985. En este sentido, es importan-

15 Art. 22. La defensa de los intereses y de los derechos de los titulares de datos podrá ser ejercida antes los tribunales, individual o colectivamente, en conformidad con lo dispuesto en la legislación pertinente, acerca de los instrumentos de tutela individual y colectiva.

16 Art. 42. El controlador o el operador que, debido al ejercicio de actividad de tratamiento de datos personales, cause daños patrimoniales, morales, individuales o colectivos a otro, violando la legislación de protección de datos personales, está obligado a repararlos.
§ 3° Las acciones de reparación por daños colectivos que tengan por objeto la responsabilización en los términos de la introducción de este artículo pueden ser ejercidas colectivamente ante los tribunales, observado lo dispuesto en la legislación pertinente.

te resaltar que el tema aquí tratado son las negociaciones colectivas llevadas a cabo por Sindicatos que representan a las clases patronales y profesionales, y es importante aclarar que al haberse producido una fuente de Derecho laboral en la negociación autónoma, los Sindicatos también pueden actuar judicialmente para asegurar los derechos de protección de datos, en situaciones de evidentes violaciones a derechos individuales homogéneos o colectivos, como sería en el resguardo de datos de una determinada colectividad laboral.

En materia de daños, el legislador revela preocupación, tanto que en el art. 42, *introducción*, de la LGPD está expresamente prevista la obligación de reparación por parte del controlador o del operador cuanto al daño patrimonial, moral, individual o colectivo. Por otro lado, los sistemas de protección de datos reconocen explícitamente los riesgos a que los titulares se exponen debido al tratamiento de sus datos personales. Es más, no por otra razón la legislación de la Unión Europea, como también la propia LGPD, se basan en el riesgo (*risk based approach*) para determinar procedimientos de prevención y mitigación.

Las medidas que pueden ser buscadas consisten en obligaciones de hacer o, por supuesto, reclamar indemnizaciones por daños. La Ley contiene una extensa lista de derechos que los titulares de datos personales deben ejercer, además de describir una vasta gama de normas de protección vinculadas al principio de la transparencia, como forma de asegurar su pleno ejercicio. Los titulares de datos, al invocar estos derechos en las condiciones previstas por la ley, deben formalizar la solicitud con la nota correspondiente.

La cuestión de los derechos de los titulares es tan relevante que, en el RGPD (*General Data Protection Regulation*), su incumplimiento se encuadra en el rango más gravoso de las sanciones, como se verifica en el art. 83, 5, b:

> 5. Las infracciones de las disposiciones siguientes se sancionarán, de acuerdo con el apartado 2, con multas administrativas de 20 000 000 EUR como máximo o, tratándose de una empresa, de una cuantía equivalente al 4% como máximo del volumen de negocio total anual global del ejercicio financiero anterior, optándose por la de mayor cuantía:
>
> (a)...
>
> (b) los derechos de los interesados a tenor de los artículos 12 a 22; (PORTUGAL 2019)

No obstante la gravedad de las consecuencias, ya se han impuesto decenas de sanciones por incumplimiento de los artículos 12 a 22 del RGPD.

Violaciones a derechos como el de acceso, corrección, portabilidad e informaciones sobre el uso común de los datos, entre otros, pueden generar daños debido a la tardanza de una respuesta o falta de servicio, y al titular le restará buscar al Poder Judiciario para atender su pretensión, siempre que pueda comprobar la previa provocación del agente de tratamiento para evaluar el propio interés procesal. En este sentido ya decidió el STF, en el RE 631.240/MG, teniendo como Relator al Min. Roberto Barroso[17]. En casos de medidas de emergencia, estas podrán ser invocadas, y la busca por resarcimiento de daños materiales, morales e igualmente por lucros cesantes debido al incumplimiento de las peticiones relativas a los derechos del titular, deberán ser comprobados.

La exención que la ley impone al interesado en cuanto a su carga de la prueba se refiere a la irregularidad del tratamiento o a la violación de la propia ley, confirmando que sólo en estas situaciones tendrá el encargado del tratamiento la carga de demostrar el cumplimiento de la legalidad y la regularidad de las actividades de tratamiento. Además, la existencia del tratamiento, el daño y el nexo causal son responsabilidad del titular.

En fin, daños materiales y lucros cesantes deben siempre estar debidamente demostrados para la recomposición patrimonial. Con respecto a los pedidos de indemnización por daños morales, al menos los elementos fácticos, cuando posible, deberán estar descritos y demostrados.

4.2 Sanciones por las violaciones a las normas de protección de datos en Brasil y en otros países - breve comparación

La Ley de Protección de Datos ya es discutida en acciones judiciales, pero solo el 1° de agosto de 2021 comenzaron a valer las sanciones administrativas para empresas que no se encuadraran en las

---

[17] STF - RE: 631240 MG, Relator: ROBERTO BARROSO, Fecha de Juicio: 03/09/2014, Tribunal Pleno, Fecha de Publicación: 10/11/2014.

nuevas normas. Como ya se ha mencionado, la LGPD se ha inspirado fuertemente en el modelo europeo de las Leyes de privacidad y protección de datos, especialmente en el RGPD (*General Data Protection Regulation*). Existe el uso compartido de un modelo estructural similar, inmerso en la autodeterminación informativa y en los derechos de los titulares de datos, con la disposición de principios e hipótesis específicas que orientan todas las actividades de tratamiento, y de requisitos documentales que los agentes de tratamiento deben observar.

Pero una cosa es el molde de esta estructura, y otra bien diferentes es el tema relacionado con las sanciones por los daños generados por infringir las normas, algo en lo que la comunidad internacional difiere mucho. A título informativo, se realiza una breve comparación de cómo otros países abordan el asunto de las sanciones[18]: (MALDONADO, 2022):

- LGPD (Ley de Protección de Datos n.º 13.709/2018) - En los términos del artículo 52, II de la LGPD la multa que puede ser aplicada por la autoridad está limitada a un primer nivel del 2% de la facturación de la persona jurídica de derecho privado, grupo o conglomerado en Brasil, en su último ejercicio, excluidos los tributos, sin que pueda superar el valor de R$ 50.000.000,00 (cincuenta millones de reales) por infracción en cualquier contexto, indiferentemente de que la facturación del agente de tratamiento privado supere la marca de los R$ 2.5 billones (que llevaría a la aplicación de la multa máxima de R$ 50 millones).
- RGPD (Reglamento UE n.º 2016/679) - más severo que la LGPD, en este aspecto, la multa financiera tiene dos niveles distintos para determinar el valor máximo, establecidos de acuerdo con la naturaleza de las disposiciones que sean viola-

18 Ya en California, vigora el modelo CCPA (*California Consumer Privacy Act*) que establece sanciones diminutas frente a la LGPD y al RGPD, de no más de US$ 2.500,00 por infracción, mientras que violaciones intencionales o que involucren datos de menores de edad están sujetas a multas de no más de US$ 7.500,00 por infracción, con el beneficio de un plazo de 30 días para que las organizaciones corrijan eventuales violaciones antes de que las sanciones puedan ser perseguidas (CCPA, 2020).

das. En el primer nivel se encuentran violaciones predefinidas con multas de hasta 10 millones de Euros o, cuando sean entidades involucradas en actividades económicas (concepto amplio y no definido expresamente por el Reglamento), de hasta el 2% de su facturación global en el año anterior, lo que sea mayor. En el nivel superior, para violaciones más graves, igualmente preestablecidas, las multas van de hasta 20 millones de Euros o, cuando sean entidades involucradas en actividades económicas, de hasta el 4% de su facturación global en el año anterior, lo que sea mayor.

Entonces, mientras que la LGPD tiene como base de cálculo la facturación obtenida por la empresa o grupo en Brasil, excluidos los tributos, en el RGPD, la multa se determina con base en la facturación bruta global, lo que aumenta drásticamente la base de cálculo

Las sanciones de la LGPD como del RGPD pueden ser aplicadas tanto en relación con la violación de los diversos principios que deben ser observados en todas las actividades de tratamiento de datos personales, indiferentemente de cuál sea la base legal aplicable al tratamiento, como también, en relación con las violaciones de las propias bases legales adecuadas para el tratamiento.

Las comunidades internacionales sienten dificultad para identificar esta última hipótesis —base legal de tratamiento— y el 26 de julio de 2019 la autoridad supervisora de Grecia multó a *Pricewaterhouse Coopers Business Solutions S.A* con E$ 150.000,00 (ciento cincuenta mil euros) por utilizar el consentimiento como base legal para el tratamiento de datos personales de sus empleados y al mismo tiempo, herir el principio de la transparencia (HELLENIC DATA PROTECTION AUTHORITY 2019).

Para Grecia, la base legal lastreada en el consentimiento es excepción, y solo se justifica cuando no existen la posibilidad de anclar el tratamiento en otras bases. En el caso citado, PWC fue multada porque pasó la falsa impresión a sus colaboradores, de que el consentimiento dado individualmente era la base que guarnecía el tratamiento de datos, pero en realidad, se utilizaban otras bases, lo que hizo que la empresa pusiera en peligro la transparencia que rige el RGPD. La autoridad helénica también ponderó, como también sucede en Brasil, que el consentimiento en las relaciones de trabajo no está revestido de la pureza de la libertad, dada la relación de subordinación y desequilibrio económico entre las partes involucradas.

El cumplimiento de los requisitos disciplinados por el RGPD para obtener un consentimiento válido es todavía más relevante para el tratamiento de datos personales sensibles, como por ejemplo la recopilación de datos biométricos de funcionarios, que hizo que la autoridad de Lituania multara al *VS Fitness UAB* (club de deportes) con 20 mil Euros porque la empresa no consiguió especificar cuál base legal consideró para el tratamiento biométrico y menos aún, cuál era su necesidad, considerando inválido en este contexto el consentimiento dado por el empleado (EUROPEAN DATA PROTECTION BOARD 2021).

Es recomendable, por lo tanto, que las convenciones y acuerdos colectivos de trabajo actúen en el campo de la protección de datos: (i) con transparencia en la forma de utilizar los datos personales de los empleados, con claras definiciones de cuáles datos serán recogidos y por cuánto tiempo serán guardados; (ii) ofrezcan un canal para atención para los titulares de los datos (iii) las cláusulas de las normas observen las bases legales, los requisitos y los principios de la LGPD.

Aunque en el horizonte puedan surgir cuestiones interpretativas tanto en el ámbito de la ANPD (Autoridad Nacional de Protección de Datos), como en el ámbito del Judiciario, las sanciones necesitan ser aplicadas para reforzar y materializar la importancia de las obligaciones de la LGPD, lo que es relevante para que el tema se desarrolle en Brasil y este sea reconocido como un país de nivel adecuado en protección de datos personales por la Unión Europea, y, principalmente, para construir un sentido mayor, que es la evolución de la sociedad hacia el respeto a las normas, sin que la sanción tenga que ser utilizada como amenaza.

5. CONSIDERACIONES FINALES

Por todo lo que se ha expresado, todavía vale recordar que la Organización Internacional del Trabajo (OIT) menciona la importancia de que el trabajador pueda proteger sus datos personales y su privacidad, a través del refuerzo de las instituciones, de modo que, fica autorizado concluir que a través de la negociación colectiva, esta protección podrá ser amplia lo suficiente como para extenderse a toda una categoría profesional, superando incluso las fronteras y puertas de una única empresa, ya que no todos los negocios en la actualidad consiguen organizarse con el nivel de exigencia necesario para cumplir adecuadamente la LGPD. (OIT 2019)

Es necesario, frente a las deficiencias de la LGPD, en lo que respecta a la materia laboral, que en este punto se aparta de la inspiración recibida por el RGPD, que se busque el equilibrio entre las necesidades y los intereses de trabajadores y empresas, ingresando en esta ventana para aclarar y normatizar las condiciones adecuadas para la protección de datos, generando y construyendo una mayor seguridad para todos los atores y operadores en el campo de las relaciones de trabajo, especialmente en las materias citadas en este estudio.

De forma general, lo ideal —en materia de reglas y normas que buscan la justicia social y protegen el valor social del trabajo— es que las negociaciones colectivas eleven el estándar y las condiciones de vida de los obreros, por lo que se vuelve importante, en este período histórico, que los objetos en los que se centren las negociaciones colectivas se amplíen, a fin de prever formas de inclusión en la sociedad digital y en la economía.

También la responsabilidad civil está pasando por un proceso de ampliación de sus horizontes, entre las que están el daño social y el daño moral colectivo, aumentando las perspectivas de crear y consolidar una orden jurídica más eficaz. Es posible, igualmente, llegar a la conclusión de que la responsabilidad social de una empresa radica mucho más en el cumplimiento de sus obligaciones, que en sus acciones sociales, que son obligaciones del Poder Público. La responsabilidad social, por lo tanto, se logra en el cumplimiento de las normas positivadas y el respeto de los derechos y garantías fundamentales protegidos por la Constitución, entre ellos, claro, el de la protección de datos. A negociación colectiva puede contribuir y mucho para el ejercicio de la función social de la empresa, como también para ampliar las posibilidades de obtener mejores condiciones de trabajo, ya que como bien señala Caroline de Melo Lima Gularte, al citar

Amauri Mascaro Nascimento[19], acuerdo o convención colectiva de trabajo "es un procedimiento más simplificado que la ley" (GULARTE, 2021).

Aquí es donde el Tema 1046 del STF añade su brillo a la investigación, ya que regular colectivamente la protección de datos personales, en un principio, tan solo agregará más seguridad jurídica a la relación, especialmente al detallar los derechos y deberes de los involucrados. Es importante recordar la tesis establecida por el STF de que, en otras palabras, serán constitucionales los instrumentos colectivos que acuerden limitaciones o supresiones de derechos laborales, aunque no se especifiquen ventajas compensatorias, siempre que se respete lo dispuesto en el art. 611-A de la CLT. Se observa, por lo tanto y *a priori*, la pertinencia de la regulación colectiva en materia de protección de datos, actualmente de forma supletoria, considerando las deficiencias del sistema jurídico en lo que respecta a las relaciones laborales brasileñas.

Y como conclusión, vale defender que la correcta aplicación de la LGPD —en el área laboral, considerando las influencias del RGPD— podrá elevar la reputación de Brasil como un ambiente seguro y adecuado para la realización de negocios, especialmente considerando el alto nivel de exigencia de seguridad para el tratamiento de datos en la comunidad internacional.

REFERENCIAS BIBLIOGRÁFICAS

ALMEIDA, Almiro. Aspectos Econômicos e Sociais da Reforma Trabalhista. *In:* CALVETE, Cássio; HORN, Carlos (orgs.). **A Quarta Revolução Industrial e a Reforma Trabalhista:** impactos nas relações de trabalho no Brasil. Porto Alegre: Cirkula, 2020. Disponible en: https://www.ufrgs.br/fce/wp-content/uploads/2020/09/a-quarta-revolucao-industrial-e-a-reforma-trabalhista.pdf. Fecha de acceso: 04 jun. 2023.

AMORIM, Wilson. Negociações Coletivas no Brasil: breve análise do período 2000-2006 e suas tendências. *In:* **Revista de Administração da Universidade Federal de Santa Maria**, Santa Maria, v. 2, n. 2, p. 197-213, maio/ago. 2009. Disponible en: https://www.redalyc.org/pdf/2734/273420378004.pdf. Fecha de acceso: 26 jun. 2023.

---

[19] Obra citada por Gularte: NASCIMENTO, Amauri Mascaro. Compêndio de Direito Sindical. 2. ed. São Paulo: LTr, 2000, p.

BARZOTTO, Luciane. Negociação Coletiva e LGPD. *In*: BARZOTTO, Luciane; COSTA, Ricardo (orgs.) **E82 Estudos sobre LGPD - Lei Geral de Proteção de Dados - lei nº 13.709/2018**: doutrina e aplicabilidade no âmbito laboral. Porto Alegre: Escola Judicial do Tribunal Regional do Trabalho da 4ª Região. Diadorim Editora, 2022.

BRASIL. Câmara dos Deputados. **Proyecto de Ley n.º 6.787/2016**. Altera el Decreto-Ley n.º 5.452, del 1º de mayo de 1943 - Consolidación de las Leyes del Trabajo, y la Ley n.º 6.019, del 3 de enero de 1974, para establecer la elección de los representantes de los trabajadores en el local de trabajo y sobre el trabajo temporal, y toma otras medidas. 2016. Disponible en: https://www.camara.leg.br/proposicoesWeb/fichadetramitacao?idProposicao=2122076. Fecha de acceso: 28 jun. 2023.

BRASIL. [Constitución (1988)]. **Constituição da República Federativa do Brasil de 1988**. Brasília, DF: Presidencia de la República. [2020]. Disponible en: https://www.planalto.gov.br/ccivil_03/constituicao/constituicao.htm. Fecha de acceso: 24 jun. 2023.

BRASIL. **Decreto n.º 8.373, del 11 de diciembre de 2014**. Instituye El Sistema de Escrituración Digital de las Obligaciones Fiscales, Previsionales y Laborales - eSocial y establece otras medidas. Disponible en: https://www.planalto.gov.br/ccivil_03/_ato2011-2014/2014/decreto/d8373.htm. Fecha de acceso: 30 de jun. 2023

BRASIL. **Decreto-ley n.º 5.452, del 1º de mayo de 1943**. Aprueba la Consolidación de las Leyes del Trabajo. 1943. Disponible en: https://www.planalto.gov.br/ccivil_03/decreto-lei/del5452.htm. Fecha de acceso: 26 jun. 2023.

BRASIL. **Enmienda Constitucional N.º 115, DE 2022**. Altera la Constitución Federal para incluir la protección de datos personales entre los derechos y garantías fundamentales y para fijar la competencia privativa de la Unión para legislar sobre protección y tratamiento de datos personales. 2022. Disponible en: https://www2.camara.leg.br/legin/fed/emecon/2022/emendaconstitucional-115-10-fevereiro-2022-792285-publicacaooriginal-164624-pl.html. Fecha de acceso: 29/06/2023.

BRASIL. **Guia Orientativo para Definições do Agente de Tratamento de Dados Pessoais.** Disponible en: https://www.gov.br/anpd/pt-br/documentos-e-publicacoes/2021.05.27GuiaAgentesdeTratamento_Final.pdf. Fecha de acceso: 09/10/2023.

BRASIL. **Guia Orientativo para Tratamento de Dados Pessoais para Fins Acadêmicos e para a realização de estudos e Pesquisas.** Disponible en: https://www.gov.br/anpd/pt-br/documentos-e-publicacoes/documentos-de-publicacoes/web-guia-anpd-tratamento-de-dados-para-fins-academicos.pdf. Fecha de acceso: 1010/2023.

BRASIL. **Ley n.º 13.467, del 13 de julio de 2017**. Altera la Consolidación de las Leyes del Trabajo (CLT), aprobada por el Decreto-Ley n.º 5.452, del

1º de mayo de 1943, y las Leyes n.º 6.019, del 3 de enero de 1974, 8.036, del 11 de mayo de 1990, y 8.212, del 24 de julio de 1991, a fin de adecuar la legislación a las nuevas relaciones laborales. 2017. Disponible en: http://www.planalto.gov.br/ccivil_03/_ato2015-2018/2017/lei/l13467.htm. Fecha de acceso: 24 jun. 2023.

BRASIL. Supremo Tribunal Federal. **ADPF 323**. Rel. Gilmar Mendes. 2022a. Disponible en: https://portal.stf.jus.br/processos/detalhe.asp?incidente=4599102. Fecha de acceso: 22 jun. 2023.

BRASIL. Supremo Tribunal Federal. **Agravo em Recurso Extraordinário n.º 1.121.633** (*Leading Case*). Rel. Gilmar Mendes. 2022b. Disponible en: https://portal.stf.jus.br/jurisprudenciaRepercussao/verAndamentoProcesso.asp?incidente=5415427&numeroProcesso=1121633&classeProcesso=ARE&numeroTema=1046. Fecha de acceso: 24 jun. 2023.

BRASIL. Supremo Tribunal Federal. **Recurso Extraordinário nº 631240 MG.** Repercussão Geral. Relator: ROBERTO BARROSO, Fecha de Juicio: 03/09/2014, Tribunal Pleno, Fecha de Publicación: 10/11/2014.

BREDA, Lucieli. **O direito à informação aplicado às relações de trabalho**. Directora: Luciane Cardoso Barzotto. Disertación (Maestría en Derecho) - Facultad de Derecho, Universidad Federal de Rio Grande do Sul, Porto Alegre, 2019.

CORREIA, Henrique; BOLDRIN, Paulo. **Lei Geral de Proteção de Dados (LGPD) e o Direito do Trabalho**. [202-?]. Disponible en: https://meusitejuridico.editorajuspodivm.com.br/2020/09/25/lei-geral-de-protecao-de-dados-lgpd-e-o-direito-trabalho/. Fecha de acceso: 15 de jun. 2023.

COUTINHO, Aldacy Rachid. Proteção de dados do trabalhador e a questão do necessário consentimento: uma abordagem a partir da Lei n. 13.709/2018. *In*: CARELLI, Rodrigo; CAVALCANTI, Tiago; FONSECA, Vanessa (orgs.). **Futuro do trabalho**: os efeitos da revolução digital na sociedade/organização. Brasília: ESMPU, 2020.

EUROPEAN DATA PROTECTION BOARD. **Lithuanian DPA**: Fine imposed on a Sports Club for infringements of the GDPR in processing of fingerprints of the customers and employees. 2021. Disponible en: https://edpb.europa.eu/news/national-news/2021/lithuanian-dpa-fine-imposed-sports-club-infringements-gdpr-processing_en. Fecha de acceso: 26 jun. 2023.

FACCHINI NETO, Eugênio. Responsabilidade civil no novo código. **Revista do TST**, Brasília, v. 76, n. 1, p. 17-63, jan. 2010.

FINCATO, Denise Pires; SILVA, Jaqueline Mielke. Interpretação sistêmica e sustentabilidade jurídica: a necessária (re)construção do Direito do Trabalho. Revista Chilena de Derecho de Trabajo y de la Seguridad Social, Santiago do Chile, v. 10, n. 19, p. 01-22, jan./jun. 2019, p. 18-19.

FINCATO, Denise Pires; STÜRMER, Gilberto. A reforma trabalhista simplificada: comentários à Lei nº 13.467/2017. Porto Alegre: EDIPUCRS, 2019, p. 61-62.

FINCATO, Denise Pires. Relações de Trabalho e LGPD. Material didático para aulas ministradas em curso online e-tab. Porto Alegre: [s.ed], 2020.

GULARTE, Caroline de Melo Lima. A Proteção de Dados Pessoais no Uso de Tecnologia na Relação de Emprego. efeitos do compliance trabalhista digital nas negociações coletivas. Coleção Teses e Dissertações do Programa de Pós-Graduação em Direito da PUCRS. Londrina/PR. Editora THOTH 2021, p. 48-49 do e-book. Disponible en: https://www.booksbyauthors.com/read-ebook/ce055de7-b526-4481-a697-553d409268b1#prev. Fecha de acceso: 09/10/2023.

HELLENIC DATA PROTECTION AUTHORITY. **Summary of Hellenic DPA's Decision no. 26/2019** 2019. Disponible en: https://www.dpa.gr/sites/default/files/2020-12/SUMMARY%20OF%20DECISION%2026_2019%20%28EN%29.PDF. Fecha de acceso: 26 jun. 2023.

MALDONADO, Viviane. A Violação às Normas de Proteção de Dados em Ambiente Internacional. *In*: MALDONADO, Viviane. **LGPD**: Sanções e Decisões Judiciais. São Paulo: Revista dos Tribunais, 2022. Disponible en: https://www.jusbrasil.com.br/doutrina/lgpd-sancoes-e-decisoes-judiciais/1590357409. Fecha de acceso: 30 de Jun. de 2023.

MARQUES, Claudia. A Teoria do diálogo das fontes hoje no Brasil e seus novos desafios: uma homenagem à magistratura brasileira. *In*: MARQUES, Claudia; MIRAGEM, Bruno. **Diálogo das fontes**: novos estudos sobre a coordenação e aplicação das normas no direito brasileiro. São Paulo: Thomson Reuters, 2020.

MATOS, Micheli. **Negociação Coletiva e Segurança Jurídica:** efeitos e desafios do negociado sobre o legislado. Disertación (Maestría) - Universidad del Valle de Rio dos Sinos, Programa de Postgrado en Derecho, Porto Alegre, 2022. Disponible en: http://www.repositorio.jesuita.org.br/bitstream/handle/UNISINOS/11794/Micheli%20La%c3%ads%20Ferreira%20Bassani%20de%20Matos_.pdf?sequence=1&isAllowed=y. Fecha de acceso: 24 jun. 2023.

MONTEIRO FILHO, Carlos; ROSENVALD, Nelson. Danos a dados pessoais: fundamentos e perspectivas. *In*: MELO, Ana *et. al.* **Proteção de dados pessoais de dados pessoais na sociedade da informação**: entre dados e danos. Indaiatuba: Foco, 2021.

MORAES, Maria. A constitucionalização do direito civil e seus efeitos sobre a responsabilidade civil. **Direito, Estado e Sociedade**, [s. l], v. 9, n. 29, p. 233-258, jul. 2006.

OIT. Organización Internacional del Trabajo. **Declaração do Centenário da OIT para o Futuro do Trabalho**. Genebra, 2019a. Disponible en: https://www.ilo.org/wcmsp5/groups/public/—europe/—ro-geneva/—

ilo-lisbon/documents/publication/wcms_749807.pdf. Fecha de acceso: 18 jun. 2023.

OIT. Organización Internacional del Trabajo. **Documento Final del Centenario de la OIT**. Ginebra, 2019b. Disponible en: https://www.ilo.org/wcmsp5/groups/public/—europe/—ro-geneva/—ilo-lisbon/documents/publication/wcms_706928.pdf. Fecha de acceso: 26 jun. 2023.

OIT. Organización Internacional del Trabajo. **Forum Mundial para uma Recuperação Centrada nas Pessoas**. 2022a. Disponible en: https://www.ilo.org/lisbon/sala-de-imprensa/WCMS_836534/lang–pt/index.htm. Fecha de acceso: 26 jun. 2023.

OIT. Organización Internacional del Trabajo. **Informe sobre el Diálogo Social 2022**: La negociación colectiva en aras de una recuperación inclusiva, sostenible y resiliente. Ginebra: Oficina Internacional del Trabajo, 2022b. Disponible en: https://www.ilo.org/wcmsp5/groups/public/–-dgreports/—dcomm/—publ/documents/publication/wcms_857318.pdf. Fecha de acceso: 26 jun. 2023.

ONU. Nações Unidas. Brasil. **Sobre o nosso Trabalho para Alcançar os Objetivos de Desenvolvimento Sustentável no Brasil**. 2015. Disponible en: https://brasil.un.org/pt-br/sdgs. Fecha de acceso: 26 nov. 2022.

PAMPLONA FILHO, Rodolfo; CONI JUNIOR, Vicente Vasconcelos. A Lei Geral de Proteção de Dados Pessoais e seus impactos no Direito do Trabalho. **Direito Unifacs - Debate Virtual**, Salvador, n. 239, p. 1-42, 2020. Disponible en: https://revistas.unifacs.br/index.php/redu/article/view/6744/4066. Fecha de acceso: 15 de jun. 2023

PEDRASSANI, José Pedro. Direito do Trabalho e Transformações Sociais: reflexão compatibilizadora do princípio da proteção (um caso a partir da ordem jurídica brasileira). **VIII Congreso Iberoamericano y Europeo de Derecho del Trabajo y Seguridad Social**, 2020.

PINHEIRO, Iuri; BOMFIM, Vólia. A Lei Geral de Proteção de Dados e seus impactos nas relações de trabalho. **Trabalho E(m) Debate**, 2020. Disponible en: http://www.trabalhoemdebate.com.br/artigo/detalhe/a-lei-geral-de-protecao-de-dados-e-seus-impactos-nas-relacoes-de-trabalho. Fecha de acceso: 15 jun. 2023.

PORTUGAL. **Boletim do Trabalho e Emprego**, n. 1, 2021. Disponible en: http://bte.gep.msess.gov.pt/completos/2021/bte1_2021.pdf. Fecha de acceso: 30 jun. 2023.

PORTUGAL. **Ley n.º 58/2019**. Asegura la ejecución del Reglamento (UE) 2016/679 relativo a la protección de las personas singulares en lo que respecta al tratamiento de datos personales y a la libre circulación de dichos datos. 2019. Disponible en: https://www.sgeconomia.gov.pt/destaques/lei-n-582019-assegura-a-execucao-do-regulamento-ue-2016679-relativo-a-protecao-das-pessoas-singulares-no-que-diz-respeito-ao-tratamento-de-dados-pessoais-e-a-livre-circulacao-desses-dadosspan-classnovo-novospan-.aspx#:~:text=circula%C3%A7%C3%A3o%20desses%20dados-,Lei%20n.%C2%BA%2058%2F2019%20%20%2D%20Assegura%20a%20execu%C3%A7%C3%A3o%20do,%C3%A0%20livre%20circula%C3%A7%C3%A3o%20desses%20dados. 2019. Fecha de acceso: 15 de jun. 2023.

SCHERER, Clovis. Diálogo e proteção social: a negociação coletiva após a Reforma Trabalhista. *In:* KREIN, José; OLIVEIRA, Roberto; FILGUEIRAS, Vitor (orgs.). **Reforma trabalhista no Brasil:** promessas e realidade. Barcelona: Curt Nimuendajú, 2019. Disponible en: https://d1wqtxts1xzle7.cloudfront.net/60617703/Livro_REMIR_120190916-53195-18q7sib-with-cover-page-v2.pdf?Expires=1669295324&Signature=TottxxG2M-un45CunWqAOp4TfIA3TFYnrvTYlbXDCEIZhzcYity5YSaeqVWomyhkjLAmda3PJsffcHlRjPGGjMWprYVYYKuPIbVmXHna1fb8LB~lOH8MQ-j5tpGJbEvcrKo4vFtqdl6r881~JFFS817jSmGKoHD9EFPsdqIq6Sn~RJAIHlQTTuSvmtS-gHHuyl8hZC~3Tlcg6Rbj3Tre76cIReLzYfSBrTbxq~64PQvBF6YCW~ZdcvMKvHMHFsFYHI7tcN4RoozyHuXH3r6x~JfeTkj6PlLEk0p-olWUqeA~djLyaEcKVF1f9PUn9uHqdqQsfxQoBxsTCjnNhLN8XBTkQ__&Key-Pair-Id=APKAJLOHF5GGSLRBV4ZA#page=182. Fecha de acceso: 22 jun. 2023.

SILVA, Leonardo da. O Direito do Trabalho e sua Relação com o Direito Comum entre Autonomia, Subsidiariedade e Confluência: Interpretando o art. 8º da Consolidação Reformada das Leis do Trabalho à Luz do Particularismo. *In*: TREVISO, Marco Aurélio; FELICIANO, Guilherme; FONTES, Saulo (orgs). **Reforma trabalhista**: visão, compreensão e crítica. São Paulo: LTr, 2017.

SOUZA, Arthur; NASCIMENTO, Carlos Francisco. O negociado sobre o legislado: o posicionamento do Supremo Tribunal Federal. **Research, Society and Development**, v. 11, n. 13, 2022. Disponible en: https://rsdjournal.org/index.php/rsd/article/view/35363/29689. Fecha de acceso: 04 jun. 2023.

TIME BL Consultoria. CCPA: Lei da Privacidade do Consumidor da Califórnia. BL Consultoria Digital. [202-?]. Disponible en: https://blconsultoriadigital.com.br/ccpa-lei-de-privacidade-da-california/#:~:text=A%20Empresa%20estar%C3%A1%20sujeita%20a,da%20Calif%C3%B3rnia%20pelo%20Procurador%2DGeral. Fecha de acceso: 23 de junio 2023.

UNIÓN EUROPEA. **General Data Protection Regulation - GDPR**. Disponible en: https://gdpr-info.eu/. Fecha de acceso: 04 de junio 2023.

ARTIFICIAL INTELLIGENCE AND FUNDAMENTAL RIGHTS: AN APROACH FROM SPANISH CONSTITUTIONAL LAW[1]

ELENA ATIENZA MACÍAS[2]

SUMMARY: 1. CHALLENGES IN THE CONCEPTUALIZATION OF INTELLIGENCE ARTIFICIAL. 1.1 Artificial intelligence: its conceptual search. 1.2 And what do we mean by "algorithms"? 2. TOWARDS AN EUROPEAN LEGAL "ARCHITECTURE" ON ARTIFICIAL INTELLIGENCE. PREVIOUS REGULATORY BACKGROUND. 3. THE IMPACT OF ARTIFICIAL INTELLIGENCE ON FUNDAMENTAL RIGHTS: AN OVERVIEW. 3.1 Artificial intelligence and the rights to personal liberty and the guarantee of a fair trial. 3.1.1 Artificial intelligence systems in the field of police investigation. 3.1.2 Artificial intelligence in the field of justice. 3.2 Artificial intelligence and prohibition of discrimination. 3.2.1 Where are algorithms reliable? Virtuality of the algorithm. 3.2.2 How does the key Regulation address this issue? 3.3 Artificial intelligence and the right to privacy, self-image, data protection and secrecy of communications. 3.4 Artificial Intelligence and the right to participate in electoral processes. 4. CONCLUSIONS. BIBLIOGRAPHY.

---

1 This chapter has been carried out within the framework of "Ramon y Cajal 2021" Grants, of the State Plan for Scientific and Technical Research and Innovation 2021-2023, in the framework of the Recovery, Transformation and Resilience Plan (RTRP), that approves the call for early processing for the year 2021. "Ramon y Cajal" Grant with Reference RYC2021-033628-I. Likewise, the author would like to acknowledge the support received from the Education Department of the Basque Government to promote the activities of the Basque University System Research Groups (Ref. IT1472-22), to be precise: the research group "Integración Europea y Derecho Patrimonial en un contexto global" (European Integration and Property Law in a global context), recognised as a research group of the Basque University System (Ref. IT 1472-22).

2 "Ramón y Cajal" Researcher of the Spanish Ministry of Science and Innovation Lecturer in Constitutional Law Law Faculty, San Sebastian Campus, University of Deusto, Spain.

1. CHALLENGES IN THE CONCEPTUALIZATION OF INTELLIGENCE ARTIFICIAL

The legal analysis of artificial intelligence is increasingly gaining attention from the specialist and not-so-specialist debate, at both national and supranational level. Indeed, "intelligence artificial" has become a buzzword[3] in our most everyday conversations.

It is very important to underline, even in these previous comments, that the Law has raised many questions about this new discipline and, similarly, the doctrine has offered more uncertainties than certainties. These difficulties start at the most basic level: the definition of "artificial intelligence"[4], which is a controversial and not peaceful issue. The intrinsic complexity[5] of its definition is intimately related to its holistic or all-encompassing nature, i.e., under its umbrella there are many different legal debates

Hence, it is not easy to determine a univocal concept of artificial intelligence because we are dealing with a science that is growing at a tremendous speed every day. In fact, it is described as a changing and experimental science. All of this makes difficult to establish a

---

3 We can point out an anecdotal fact that justifies the social importance of this subject: The *Fundación del Español Urgente* (*FundéuRAE*), promoted by The *Real Academia Española* and The *Agencia EFE*, awarded the title of "The World of the Year 2022" to the complex concept of "artificial intelligence". In this regard, see GÓMEZ-PÉREZ, Asunción, "Inteligencia artificial y lengua española", *Discurso leído el día 21 de mayo de 2023 en su recepción pública por la Excma. Sra. D.ª Asunción Gómez-Pérez y contestación del Excmo. Sr. D. Santiago Muñoz Machado*, Real Academia Española, Madrid, 2023, pp. 18-19. Retrieved from: https://www.rae.es/sites/default/files/2023-05/Discurso%20de%20ingreso%20de%20Asuncion%20Gomez-Perez.pdf

4 For further comments, see BARRIO ANDRÉS, Moisés, "Inteligencia artificial: origen, concepto, mito y realidad", *El Cronista del Estado Social y Democrático de Derecho*, Nº. 100, 2022.

5 The scientific-legal difficulties for the concretisation of "artificial intelligence" concept have been highlighted by RUIZ TARRÍAS, Susana, "La búsqueda del modelo regulatorio de la IA en la Unión Europea", *Anales de la Cátedra Francisco Suárez*, Vol. 57, 2023, pp. 94-97.

definition that determines its scope of action, its limits, and its own characteristics[6].

Consequently, it is not unreasonable to begin by assuming that it is not always clear what artificial intelligence is and what we mean by its close concept, algorithms. It is therefore pertinent to refer, even briefly, to these two concepts.

1.1 Artificial intelligence: its conceptual search

Despite the novelty of this discipline, several definitions of this issue have been provided that, broadly speaking, refer to the development of systems that imitate or reproduce human thought and action, acting rationally (in the sense of doing the "right" thing based on their knowledge) and interacting with the environment[7].

In this sense, it seems appropriate to opt for the concept incorporated in the Glossary of the European ethical Charter on the use of Artificial Intelligence in judicial systems and their environment[8], which refers to the set of scientific methods, theories, and techniques whose aim is to reproduce, by means of a machine, the cognitive capacities of human beings. The European regulatory text goes on to say that current developments aim to enable machines to perform complex tasks that were previously performed by humans[9].

---

6 On the subject of intelligence artificial definition, see ESTER SÁNCHEZ, Antonio Tirso, "El desafío de la Inteligencia Artificial a la vigencia de los derechos Fundamentales", *Cuadernos Electrónicos de Filosofía del Derecho*, No. 48, 2023, pp. 113-119.

7 In this regard, PRESNO LINERA, Miguel Ángel, *Derechos fundamentales e inteligencia artificial*, Editorial Marcial Pons, Barcelona, 2022, pp. 15-16.

8 See EUROPEAN UNION COUNCIL, EUROPEAN COMMISSION FOR THE EFFICIENCY OF JUSTICE (CEPEJ), *European ethical Charter on the use of Artificial Intelligence in judicial systems and their environment, Appendix III, Glossary,* Strasburg, 2018. Retrieved from: https://rm.coe.int/ethical-charter-en-for-publication-4-december-2018/16808f699c

9 On this issue the European normative text states that "A set of scientific methods, theories and techniques whose aim is to reproduce, by a machine, the cognitive abilities of human beings. Current developments seek to have machines perform complex tasks previously carried out by humans".

Although there is no universally accepted definition of what an artificial intelligence system is, it should be noted that the latest version of the Proposal for European Union Regulation on artificial intelligence[10] helps to clarify concepts such as "artificial intelligence systems". At this point we should highlight that in April 2021, the European Commission presented a Proposal for a Regulation to harmonise the rules on artificial intelligence or the Artificial Intelligence Act[11]. According to the latest version of the Proposal, the definition of "artificial intelligence system" —which is definitely harmonised with the one proposed by the Organisation for Economic Cooperation and Development (OECD) in May 2019[12]—, defines "artificial intelligence system" as a machine-based system that is capable of influencing the environment by producing an output (predictions, recommendations or decisions) for a given set of objectives. It uses machine and/or human-based data and inputs to perceive real and/or virtual environments; abstract these perceptions into models through analysis in an automated manner (e.g., with machine learning), or manually; and use model inference to formulate options for outcomes. AI systems are designed to operate with varying levels of autonomy[13].

Thus, the European legislator has opted for a broader and more technologically neutral definition than the one contained in the ini-

---

10 We refer to the Amendments adopted by the European Parliament on 14 June 2023 on the Proposal for a Regulation of the European Parliament and of the Council on laying down harmonised rules on artificial intelligence (Artificial Intelligence Act) and amending certain Union legislative acts (COM(2021)0206 -C9-0146/2021- 2021/0106(COD), retrieved from: https://www.europarl.europa.eu/doceo/document/TA-9-2023-0236_ES.html

11 See the full text: EUROPEAN COMMISSION, *Proposal for a Regulation of the European Parliament and of the Council laying down harmonised rules on artificial intelligence (Artificial Intelligence Act) and amending certain Union legislative acts*, Brussels, April 21, 2021. Retrieved from: https://eur-lex.europa.eu/legal-content/EN/TXT/HTML/?uri=CELEX:52021PC0206

12 ORGANISATION FOR ECONOMIC COOPERATION AND DEVELOPMENT (OCDE), *Artificial Intelligence Principles*, May 25, 2019, Retrieved from: https://legalinstruments.oecd.org/en/instruments/OECD-LEGAL-0449

13 See Amendment 165, Proposal for a Regulation, Article 3 -paragraph 1- point 1. Retrieved from: https://www.europarl.europa.eu/doceo/document/TA-9-2023-0236_ES.html

tial Proposal, ready to accommodate future technological and digital developments[14].

1.2 And what do we mean by "algorithms"?

Artificial intelligence makes use of all the tools at its disposal, most notably those provided by computation, including algorithms. However, artificial intelligence systems do not use just any algorithms (only those that are "fed" and then "learn" based on data processing), while opting for a broad concept, an algorithm can be defined as a finite succession of operations that are performed in a precise order to answer a problem, perform a computation, process data and carry out other carry out other tasks or activities[15], and these operations are by no means new, but have been integrated into computer programmes for decades[16].

It is important to stress that, from a strictly legal perspective, the European Parliament[17] considers that an algorithm is a set of rules that define how to perform a task or solve a problem, referring to the

---

14 All this is well illustrated in PINA, Carolina / VALERO, Marta, "Pongamos orden en las definiciones de inteligencia artificial: así la define el reglamento de la UE que la regula", *Garrigues Digital,* July 2023, Retrieved from: https://www.garrigues.com/es_ES/garrigues-digital/pongamos-orden-definiciones-inteligencia-artificial-asi-define-reglamento-ue.
In this regard, a reflection of the complexity involved is the difficulty of the European regulatory text in providing a definition of what artificial intelligence is that is as neutral as possible, covering everything. To this end, in the original version, the European legislator included an Annex with a list of techniques used, being aware, moreover, that this list would require relevant updates. See on this issue ORTEGA, Andrés, "Hacia un régimen europeo de control de la Inteligencia Artificial", *Real Instituto Elcano,* May 6, 2021, retrieved from: https://media.realinstitutoelcano.org/wp-content/uploads/2021/10/ari52-2021-ortega-hacia-regimen-europeo-de-control-de-inteligencia-artificial.pdf.

15 For fuller treatment of this aspect, see PRESNO LINERA, Miguel Ángel, *Derechos fundamentales e inteligencia artificial,* Editorial Marcial Pons, Barcelona, 2022, pp. 15-16.

16 An interesting chronological overview in MONASTERIO ASTOBIZA, Aníbal, "Ética algorítmica. Implicaciones éticas de una sociedad cada vez más gobernada por algoritmos", *Dilemata,* No. 24, 2017, pp. 185-186.

17 EUROPEAN PARLIAMENT / PANEL FOR THE FUTURE OF SCIENCE AND TECHNOLOGY (STOA), *Artificial intelligence: How does it work, why does it matter, and*

fact that, in the context of artificial intelligence, an algorithm usually refers to a computer code that defines how to process data.

Finally, in terms of the European Ethical Charter on the use of Artificial Intelligence in judicial systems and their environment, an algorithm is referred to as a finite sequence of formal rules (logical operations and instructions) that enable an input result to be obtained from the initial input of information. This sequence can be part of an automated execution process and can be based on models designed by machine learning[18].

2. TOWARDS AN EUROPEAN LEGAL "ARCHITECTURE" ON ARTIFICIAL INTELLIGENCE. PREVIOUS REGULATORY BACKGROUND

One of the generally accepted artificial intelligence principles is that the machine must always be human-directed. This principle imposes the need for the public authorities to establish limits to artificial intelligence by regulating its applications. In this century, as we have already reached an advanced stage of scientific development and practical application of artificial intelligence, it is essential to regulate such developments and applications.

The artificial intelligence has attracted a lot of attention amongst European Union regulators. In this regard, the current President of the European Commission, Ursula Von Der LEYEN, has made clear her intention to regulate artificial intelligence from the start of her term of office in 2019. Consequently, the aforementioned Regulation

---

what can we do about it?, June 2020, retrieved from: https://www.europarl.europa.eu/RegData/etudes/STUD/2020/641547/EPRS_STU(2020)641547_EN.pdf

18 On that effort, in the words of the Charter, "Finite sequence of formal rules (logical operations and instructions) making it possible to obtain a result from the initial input of information. This sequence may be part of an automated execution process and draw on models designed through machine learning". Likewise, EUROPEAN UNION COUNCIL, EUROPEAN COMMISSION FOR THE EFFICIENCY OF JUSTICE (CEPEJ), *European ethical Charter on the use of Artificial Intelligence in judicial systems and their environment, Appendix III, Glossary,* Strasburg, 2018. Retrieved from: https://rm.coe.int/ethical-charter-en-for-publication-4-december-2018/16808f699c

on artificial intelligence, still in the drafting stage, corresponds to a commitment of the European President, who announced in her political guidelines for the Commission 2019-2024 entitled "A Union that strives for more. My agenda for Europe", that the Commission would present legislation proposals for a coordinated European approach to the ethical and human implications of artificial intelligence[19]. Consistent with that commitment, on 19 February 2020, the Commission published the White Paper on Artificial Intelligence: A European approach to excellence and trust[20]. A key document on the issue since it sets out the guidelines for future regulation in this area[21].

This regulatory text defines the options available to achieve the dual objective of promoting the adoption of artificial intelligence and addressing the risks associated with certain uses of this new technology.

We previously stated that, various preparatory acts have been published, including the aforementioned White Paper (in fact, identified as a roadmap on governance)[22] and a series of European Parliament resolutions and guidelines. These are, in practical terms, non-binding guidelines and ethical criteria on the use of artificial intelligence,

---

19 EUROPEAN COMMISSION, DIRECTORATE-GENERAL FOR COMMUNICATION / LEYEN, Ursula Von Der, *A Union that strives for more - My agenda for Europe - Political Guidelines for the next European Commission 2019-2024,* Luxemburgo, 2019. Retrieved from: https://op.europa.eu/en/publication-detail/-/publication/43a17056-ebf1-11e9-9c4e-01aa75ed71a1

20 EUROPEAN COMMISSION, *White Paper on Artificial Intelligence - A European approach to excellence and trust,* Bruselas, 2020. Retrieved from: https://commission.europa.eu/publications/white-paper-artificial-intelligence-european-approach-excellence-and-trust_en

21 GAMERO CASADO, Eduardo, "Enfoque europeo de inteligencia artificial", *Revista de Derecho Administrativo,* 2021, p. 271.

22 On the first regulatory steps and the White Paper on Artificial Intelligence, MARTÍNEZ ESPÍN, Pascual, "La propuesta de marco regulador de los sistemas de Inteligencia Artificial en el mercado de la UE", *Revista CESCO de Derecho de Consumo,* No. 46, 2023, p. 4. The author notes that the first step was the White Paper on Artificial Intelligence, which is an initiative of the European Commission to define a strategy in the field of artificial intelligence and to develop a long-term vision of how the European Union should promote and develop artificial intelligence in the coming years.

such as those set in 2018 by the Independent Expert Group promoted by the European Commission under the title "Ethical Guidelines for Trustworthy Artificial Intelligence"[23]. Likewise, in 2021, the Charter of Digital Rights was drawn up in Spain[24]. A year later, in 2022, the European Parliament, the Council and the European Commission adopted the European Declaration on Digital Principles and Rights for the Digital Decade[25].

Meanwhile, it should be emphasized that all the above-mentioned texts are declaratory documents, with no binding value.

It is important to point out that this regulatory landscape changes when the European Commission published its Proposal for a Regulation of the European Parliament and of the Council laying down harmonised rules in the field of Artificial Intelligence (already well established in our legal jargon as the Artificial Intelligence Act) and

---

23 For further information see EUROPEAN COMMISSION, HIGH-LEVEL EXPERT GROUP ON ARTIFICIAL INTELLIGENCE, *Ethics Guidelines for Trustworthy Artificial Intelligence,* Brussels, april 2019, retrieved from: https://digital-strategy.ec.europa.eu/en/library/ethics-guidelines-trustworthy-ai At this stage, it is essential to highlight the European Group on Ethics and Science in New Technologies (EGE) insofar as it was a reference for the elaboration -by the aforementioned High Level Expert Group on Artificial Intelligence (AI HLEG)- of the document published in 2019 "Ethical Guidelines for Trustworthy Artificial Intelligence", which proposes the development of "ethical" principles for artificial intelligence based on the rights and freedoms recognised in the EU Treaties, the European Charter of Fundamental Rights and international human rights treaties (such as the European Social Charter), as well as documents adopted in specific areas, such as the General Data Protection Regulation (GDPR).
See EUROPEAN COMMISSION, DIRECTORATE-GENERAL FOR RESEARCH AND INNOVATION, EUROPEAN GROUP ON ETHICS IN SCIENCE AND NEW TECHNOLOGIES (EGE), *Statement on artificial intelligence, robotics and 'autonomous' systems,* Publications Office, Brussels, 2018, retrieved from: https://op.europa.eu/en/publication-detail/-/publication/dfebe62e-4ce9-11e8-be1d-01aa75ed71a1

24 MINISTRY OF ECONOMIC AFFAIRS AND DIGITAL TRANSFORMATION OF SPAIN, *Carta de Derechos Digitales,* Madrid, 2021. Retrieved from: https://www.lamoncloa.gob.es/presidente/actividades/Documents/2021/140721-Carta_Derechos_Digitales_RedEs.pdf

25 EUROPEAN UNION COUNCIL, EUROPEAN PARLIAMENT / EUROPEAN COMMISSION, *The European Declaration on digital rights and principles for the digital decade,* December 2022. Retrieved from: https://digital-strategy.ec.europa.eu/en/library/european-declaration-digital-rights-and-principles

amending certain legislative acts of the Union, specifically on 21 April 2021. We note that this provision has the equivalent normative status of a "European law" and is therefore of great interest given its binding nature[26]. It therefore will represent a definitive milestone for the regulation of artificial intelligence in Europe when this Regulation would be finally approved. Likewise, its scope assumes a uniform legal framework for the development, commercialisation and use of artificial intelligence within the European Union. It is one of the world's first pieces of legislation on the use of artificial intelligence, and with it, the European Commission will try to find the desired balance between the protection of its citizens and development and innovation.

Nevertheless, as at today, it can be said that artificial intelligence is not properly regulated horizontally in any region of the world. The limits on the development and use of artificial intelligence are only contained in sectoral standards, ethical guidelines and/or self-regulatory codes generated, in most cases, by the same entities that program and market this technology. It is true, on the other hand, that many countries have already published lists containing ethical principles to mark the boundaries of this super-intelligence[27]. Indeed, regulating the ethical and legal implications of artificial intelligence across borders is an intricate task, considering that ethical and legal principles dramatically change from one part of the world to another (depending on religions, cultures, level of democratisation, among other factors)[28].

---

26 GAMERO CASADO, Eduardo, "Enfoque europeo de inteligencia artificial", *Revista de Derecho Administrativo*, 2021, pp. 271 ff

27 At the global level, in November 2021, UNESCO published guidelines on the ethical principles that should govern the development of artificial intelligence, UNITED NATIONS EDUCATIONAL, SCIENTIFIC AND CULTURAL ORGANIZATION (UNESCO), *Recommendation on the Ethics of Artificial Intelligence,* november 21, 2021, retrieved from: https://unesdoc.unesco.org/ark:/48223/pf0000380455. In addition, the OECD also issued a set of guidelines to govern the advancement of this technology, as mentioned above.

28 REYES RICO, Laia, "La inteligencia artificial y su futuro marco regulatorio", *Comunicaciones en Propiedad Industrial y Derecho de la Competencia,* No. 95, 2022, p. 124.

The legislative process is currently at a very advanced stage. Over the next few months, the European Parliament, the Council and the Commission (a phase known in European jargon as "trialogue" or "trialogue") will conduct negotiations to finalize the definitive text, which is expected to be approved before the end of 2023 and, therefore, under the Spanish presidency of the Council of the European Union[29].

In this context, the Commission proposes a regulatory framework on artificial intelligence with the following specific objectives[30]. On the one hand, the guarantee that artificial intelligence systems introduced and used in the European Union market are safe and respect the existing legislation on fundamental rights and values of the Union. At the same time, the aim is to guarantee legal certainty to facilitate investment and innovation in artificial intelligence. Likewise, the improvement of governance and the effective application of existing legislation on fundamental rights and security requirements applicable to artificial intelligence systems are among the objectives of the Regulation, as well as facilitating the development of a single market for the legal, secure, and reliable use of artificial intelligence applications and avoiding market fragmentation.

3. THE IMPACT OF ARTIFICIAL INTELLIGENCE ON FUNDAMENTAL RIGHTS: AN OVERVIEW

Artificial intelligence is often referred to as the most extraordinary and cutting-edge technology of our age (the most important revolution in technology since the invention of computers or the emergence of the Internet) promising to transform our economy and our lives by providing us with countless opportunities. Some even see artificial intelligence as a way to make rapid progress in creating

---

29 BARRIO ANDRÉS, Moisés, "Novedades en la tramitación del próximo Reglamento europeo de inteligencia artificial", *Real Instituto Elcano*, July 19, 2023, retrieved from: https://www.realinstitutoelcano.org/analisis/novedades-en-la-tramitacion-del-proximo-reglamento-europeo-de-inteligencia-artificial/

30 As stated in the Explanatory Memorandum of the Proposed of Regulation on Artificial Intelligence.

"intelligent machines" that will soon surpass human abilities in most areas. Indeed, the impact is in almost every sector of human activity: from manufacturing and healthcare to finance, commerce.... In parallel, public bodies, such as the judiciary, customs, and immigration, also rely on these artificial intelligence systems.

From another perspective, however, the possibilities for the development of artificial intelligence raise concerns, and are viewed with some perplexity, because of their possible implications and negative effects. Some understand that intelligent computer systems could evolve into super-intelligence and spin out of control. Others are concerned about less distant horizons: for example, the possibility that database classifiers used in extreme healthcare decisions[31] or criminal justice could malfunction due to system errors, leading to unfair or incorrect choices. Sceptics also fear the potential ethical and legal dilemmas surrounding decision-making by automated systems, the difficulties in understanding the logic behind such decisions, new forms of surveillance and related threats to fundamental rights, the possibility of influencing human consciousness through the manipulation of artificial intelligence, the possibility of using artificial intelligence for criminal purposes, or the prospect of a shrinking human workforce with a consequent increase in unemployment and social inequality.

In short, the proliferation of artificial intelligence systems raises a host of technical, philosophical, ethical, legal and other considerations[32].

---

[31] For a more detailed study see ROMEO CASABONA, Carlos María / LAZCOZ MORATINOS, Guillermo, "Inteligencia artificial aplicada a la salud: ¿qué marco jurídico?", *Revista de Derecho y Genoma Humano. Genética, Biotecnología Y Medicina Avanzada,* No. 52, 2020, pp. 139-167.

[32] These issues are addressed in an interesting report by Stanford University, including security issues, defining the legal personality of artificial intelligence, ensuring privacy of personal data, civil and criminal liability and the negative impact of artificial intelligence systems on employment law. See VV.AA., "Artificial Intelligence and Life in 2030. One Hundred Year Study on Artificial Intelligence", *Report of the 2015-2016 Study Panel,* Stanford University, Stanford, United States of America, Septiember 2016. Retrieved from: https://ai100.stanford.edu/sites/g/files/sbiybj18871/files/media/file/ai100report10032016fnl_singles.pdf

In the European regulatory arena, the European Commission's White Paper on artificial intelligence states that artificial intelligence is developing fast and believes it will change our lives, and among the benefits it highlights is the fact that it will improve healthcare (e.g. by increasing the accuracy of diagnoses and enabling better disease prevention). It will also contribute to climate change mitigation, increase the safety of Europeans and bring many other changes that we can only foresee at the moment[33].

The other side of this coin, of course, are the risks[34]. At the same time, artificial intelligence brings with it a number of potential threats such as opacity in decision-making[35]. Opacity is linked to the fact that, in certain advanced types of artificial intelligence, it can be very difficult or even impossible to understand and explain why a particular result has been reached, even for the programmers themselves ¾namely, the so-called black boxes¾ which could clash with the requirements of the principle of transparency. Another not insignificant issue is gender or other discrimination[36], in the jargon of "algorithmic bias". This latter term refers to the situation that arises

---

33 This is reflected in the opening (indeed, at the first paragraph of the Commission's White Paper on Artificial Intelligence of 19 February 2020): https://commission.europa.eu/publications/white-paper-artificial-intelligence-european-approach-excellence-and-trust_en

34 This is in accordance with the well-known precautionary principle (it is distinguished from the prevention principle), which supports the adoption of protective measures on the mere suspicion, even with some basis, that certain products or technologies create a serious risk to public health or the environment, but without there being as yet definitive scientific proof. The 2021 Proposal for a Regulation certainly includes this risk management approach. GÓMEZ SÁNCHEZ, Yolanda, "El marco ético-jurídico de la inteligencia artificial (IA)", *Resumen de Ponencia de su intervención en el Congreso Hacia un mundo híbrido: inteligencia artificial, ética y derecho celebrada el 23 de marzo de 2022,* Fundación Manuel Giménez Abad, March 2022, retrieved from: https://www.fundacionmgimenezabad.es/es/el-marco-etico-juridico-de-la-inteligencia-artificial-ia

35 COTINO HUESO, Lorenzo, "Qué concreta transparencia e información de algoritmos e inteligencia artificial es la debida", *Revista española de la transparencia,* No. 16, 2023, pp. 17-63.

36 BELLOSO MARTÍN, Nuria, "La problemática de los sesgos algorítmicos (con especial referencia a los de género). ¿Hacia un derecho a la protección contra los sesgos?", *Inteligencia Artificial y Filosofía del Derecho,* LLANO ALONSO, F. (Director), Ediciones Laborum, Murcia, 2022, pp. 45-78.

when a computer system reflects the values, prejudices and views of those involved in the process of designing an algorithm. Other issues threaten the intrusion into our private lives and, on the other hand, the use of artificial intelligence for criminal purposes[37].

Even though it is true that the multiplicity of benefits that artificial intelligence has brought to 21st century societies is unquestionable. The purpose of this research is not to focus on the kind face of artificial intelligence, but rather to focus on the negative consequences that this technology may have on today's society, particularly on the protection of fundamental rights.

As a matter of fact, the European Commission is aware of an inescapable fact, that is to say, artificial intelligence is going to change our lives and, consequently, this transformation will affect practically all of our fundamental rights. With this in mind, we present an overview of the impact of artificial intelligence on a series of fundamental rights or groups of fundamental rights, based on the general theory of fundamental rights that derives from our Spanish Constitution and will necessarily have a European dimension.

3.1 Artificial intelligence and the rights to personal liberty and the guarantee of a fair trial

3.1.1 Artificial intelligence systems in the field of police investigation

Firstly, it should be noted that artificial intelligence systems are already being applied today in the police investigations area. The purpose is to try to anticipate the commission of potential crimes and, if necessary, to adopt preventive measures limiting personal freedom —specifically referred to in article 17 of the Spanish Constitution— under the consideration of geographical criteria (very frequent systems in the United States of America) or on the basis of certain personal, family or other circumstances. This is the Spanish case of "VioGén", the Integral Monitoring System in cases of Gender

---

37 See on this issue, COTINO HUESO, Lorenzo; "Big Data e Inteligencia Artificial. Una aproximación a su tratamiento jurídico desde los derechos fundamentales", *Dilemata*, No. 24, 2017.

Violence, which refers to the algorithm that determines in Spain the level of risk of a victim of gender violence and the corresponding protection measures. In this respect, its protocol allows officers to assess the risk that a woman who has already reported the violence has of suffering a new aggression by her partner or ex-partner. Depending on the risk assigned by the algorithm, the protocol contemplates the adoption of certain police protection measures in order to avoid recidivism by managing the risk[38].

What should be clear, in any case, is that all the above has led to a paradigm shift in the way the police operate. Thus, there has been a shift from a *reactive* approach to a preventive approach. Due to the expectations that artificial intelligence seems to offer, society does not only expect the police to *react* to criminal events, but also to prevent them from happening, i.e. to intervene even before they occur[39].

Nevertheless, the handicap of these systems is that they may rely on data that reflect, intentionally or unintentionally, algorithmic biases (which happens when a computer system reflects the values and prejudices of those involved in the algorithm design process), depending on how crimes are recorded, which crimes are selected for inclusion in the analysis, or which analytical tools are used. This is because artificial intelligence systems are trained to replicate decision-making patterns that learn from the data they feed, which may

---

38 See particularly BORGES BLÁZQUEZ, Raquel, "Inteligencia artificial y perspectiva de género en el proceso penal, una asignatura pendiente", *El derecho en la encrucijada tecnológica: Estudios sobre derechos fundamentales, nuevas tecnologías e inteligencia artificial,* VILLEGAS DELGADO, César / MARTÍN-RÍOS, Pilar (Editors), Editorial Tirant Lo Blanch, Valencia, 2022, pp. 281-299 and MONTESINOS GARCÍA, Ana, "Los algoritmos que valoran el riesgo de reincidencia. En especial, el sistema Viogen", *Revista de Derecho y Proceso Penal,* No. 64, 2021, pp. 19-55.

39 For further discussion, see MIRÓ LLINARES, Fernando, "Inteligencia artificial, delito y control penal: nuevas reflexiones y algunas predicciones sobre su impacto en el derecho y la justicia penal", *El Cronista del Estado Social y Democrático de Derecho,* No. 100, 2022, pp. 174 ff

respond to existing human biases, perpetuating those biases and reproducing conditions of inequality in new digital scenarios[40].

An example of the perpetuation of existing stereotypes and social segregation resulting from artificial intelligence is the use of artificial intelligence in scenarios such as the prosecution of crime.

Regarding crime prosecution, for example, big data policing which is used by law enforcement authorities to predict crime on the basis of certain profiles that are constructed from data ¾whose racial neutrality could be called into question[41]¾, and which, in this

---

40 The European Union Agency for Fundamental Rights (FRA) published in 2022 a report on Bias in Algorithms - Artificial Intelligence and Discrimination in which, for the first time, it gives concrete examples of how bias in algorithms arises and how such bias can affect people's lives. This is a novelty that allows to further delve into the potential risks that the use of artificial intelligence can generate on fundamental rights, which the FRA had already identified in its previous report on artificial intelligence in 2020. Specifically, the FRA has devoted its report to examining the case study on predictive policing notes that a pre-existing bias tends to amplify over time, which may result in discriminatory police actions. For example, in the case that predictions influenced by biased crime reports the police focus their action on a particular urban area; then the police will detect crime mostly in that area. This creates a so-called feedback loop. In this case, algorithms influence other algorithms and thereby reinforce or create discriminatory practices that disproportionately affect ethnic minorities. See., EUROPEAN UNION AGENCY FOR FUNDAMENTAL RIGHTS (FRA), *Bias in algorithms. Artificial intelligence and discrimination,* Vienna, 2022, retrieved from: https://fra.europa.eu/sites/default/files/fra_uploads/fra-2022-bias-in-algorithms_en.pdf

41 Sometimes, tools or software are developed that "predict" where and when a crime will be committed, and in U.S. cities where they have been implemented, they have led to an over-policing of black and Latino neighborhoods. *Vid.*, ROA AVELLA, Marcela *et ál.,* "Uso del algoritmo COMPAS en el proceso penal y los riesgos a los derechos humanos", *Revista Brasileira de Direito Processual Penal,* Vol. 8, No. 1, 2022.

In this sense, algorithms are being developed to include systems to predict where a crime is likely to be committed at any given time. This is valuable information that the police can use to prioritize the time and possible locations for their investigations and possible arrests. However, these criteria could be discriminatory based on racial characteristics and ethnic background, which is why careful monitoring with adequate constitutional safeguards, such as the presumption of innocence, is required. See LANDA ARROYO, César, "Constitución, derechos fundamentales, inteligencia artificial y algoritmos", *THĒMIS-Revista de Derecho,* 79, 2021. pp. 40-41.

way, can perpetuate discriminatory stereotypes[42]. The system should therefore aim to ensure that data and algorithmic systems are not used in ways that accentuate unjustified disparities in the criminal justice system[43][44].

3.1.2 Artificial intelligence in the field of justice

In this context, it is worthwhile mentioning that the possibility of using artificial intelligence in the field of justice to, without going any further, support decision-making on pre-trial detention or parole, which also fall within the scope of Article 17 of our Spanish Constitution[45].

The use of artificial intelligence in the field of justice is also common to support decision-making aimed at protecting the life and integrity of women in the face of gender-based violence. The above mentioned VioGén System indicates the dangerousness of possible male abusers and ends up determining decisions on pre-trial detention. In our country we also have the VeriPol system, which estimates the probability that a complaint is false. Similarly, since 2004, 70% of the States in the United States have used some kind of mechanical

---

42 EXECUTIVE OFFICE OF THE PRESIDENT, *Big Data: A Report on Algorithmic Systems, Opportunity, and Civil Rights,* The White House, Washington, United States of America, 2016. Retrieved from: https://www.govinfo.gov/content/pkg/GOVPUB-PREX-PURL-gpo90618/pdf/GOVPUB-PREX-PURL-gpo90618.pdf

43 EDITORIAL, "El derecho al control humano: una respuesta jurídica a la inteligencia artificial", *Centro de Estudios Regulatorios,* 2022, retrieved from: https://www.cerlatam.com/publicaciones/el-derecho-al-control-humano-una-respuesta-juridica-a-la-inteligencia-artificial/

44 Importantly the research of BALCELLS, Marc, "Luces y sombras del uso de la inteligencia artificial en el sistema de justicia penal", *Retos jurídicos de la inteligencia artificial,* CERRILLO I MARTÍNEZ, Agustí / PEGUERA POCH, Miquel (Coordinators), Thomson Reuters Aranzadi, 2020, pp. 145-159. His research focuses on providing an overview of the advantages of the interaction between artificial intelligence and criminal justice, such as the analysis of the possibilities of recidivism; criteria for the classification of inmates in penitentiary institutions; predictive elements for the risk assessment of certain geographical areas; etc. But it also makes us reflect on the objections (or "shadows") that can be generated in the sense of considerations related to privacy, bias and lack of transparency.

45 PRESNO LINERA, Miguel Ángel, *Derechos fundamentales e inteligencia artificial,* Editorial Marcial Pons, Barcelona, 2022, pp. 27- 28.

instrument for parole decisions, such as the Level of Services Inventory-Revised (LSI-R). Post-conviction risk assessment (or risk assessment instruments, Public Safety Assessment, PSA) systems have been used in more than twenty US jurisdictions in recent years[46]. The key issue lies in the fact that some of these systems are used by judges to determine sentencing for possible recidivism. The Loomis case and the COMPAS system[47] are paradigmatic examples in this respect. For its part, in Argentina, *Prometea*, of the Public Prosecutor's Office of the City of Buenos Aires, apparently takes decisions in fifteen seconds with a 98% accuracy rate[48].

---

46 On this aspect see CASTELLANOS CLARAMUNT, Jorge / MONTERO CARO, María Dolores, "Perspectiva constitucional de las garantías de aplicación de la inteligencia artificial: la ineludible protección de los derechos fundamentales", *Ius et Scientia: Revista electrónica de Derecho y Ciencia,* Vol. 6, No. 2, 2020, p. 73.

47 In determining the penalty, the trial court considered, among other factors, the outcome of the defendant's evaluation using a structured recidivism risk assessment tool (COMPAS), which determined that Loomis presented a high risk of recidivism in general, as well as violent recidivism, in sentencing him to six years imprisonment, plus an additional five years of post-conviction supervision. Thus, it expressly excluded a suspended sentence in accordance with such predictions. However, although Loomis requested the review of the amount of the sentence based, among other reasons, on the violation of his right to due process due to the basis of this sentence on the result provided by COMPAS, the Court disregarded his request, understanding that the result provided by this tool was only considered by the trial court to corroborate the conclusions it reached based on the rest of the available information.
An extensive commentary on this ruling can be found in SÁNCHEZ VILANOVA, María, "El uso de algoritmos predictivos en el derecho penal. A propósito de la sentencia de la corte de justicia del distrito de La Haya (Países Bajos) sobre syri, de 5 de febrero de 2020", *Teoría y derecho*: revista de pensamiento jurídico, No. 33, 2022, pp. 264-265; ROMEO CASABONA, Carlos María, "Riesgo, procedimientos actuariales basados en inteligencia artificial y medidas de seguridad", *Revista de Derecho, Empresa y Sociedad (REDS*), No. 13, 2018, pp. 39-55 and DE MIGUEL BERIAIN, "Does the use of risk assessments in sentences respect the right to due process? A critical analysis of the Wisconsin v. Loomis ruling", *Law, Probability and Risk,* Vol. 17, 1, 2018, pp. 45-53.

48 GUSTAVO CORVALÁN, Juan, "Inteligencia artificial: retos, desafíos y oportunidades - Prometea: la primera inteligencia artificial de Latinoamérica al servicio de la Justicia", *Revista de Investigações Constitucionais,* Vol. 5, No. 1, 2018, pp. 295-316

3.2 *Artificial intelligence and prohibition of discrimination*

The right not to be discriminate —very well-known, which we can infer from Article 14 of our Spanish Constitution—, is one of the rights that may be most compromised by the increasingly exponential use of artificial intelligence systems. Sometimes exclusively and often in relation to other fundamental rights, such as the one that guarantees personal freedom and prohibits arbitrary detentions —currently, under article 17 of the Spanish Constitution— which we have already mentioned[49]. Thus, the White Paper on artificial intelligence —very well-known at this point in the chapter— warns that the use of certain algorithms to predict recidivism may lead to gender, foreigner or racial biases, in other words, that the algorithm's prediction gives a different probability of recidivism for men and women, or for nationals and foreigners, or for people with lighter or darker skin, respectively[50].

One of the greatest risks of artificial intelligence is that its systems become tools for perpetuating and aggrandising existing social prejudices, which is clearly an infringement of the right to equality. Unlike human intelligence, which has the free will to change its moral perspective over time, artificial intelligence systems do not have such capabilities, and therefore require constant attention by those

---

49 PRESNO LINERA, Miguel Ángel, "Teoría general de los derechos fundamentales e inteligencia artificial: una aproximación", *Revista jurídica de Asturias*, No. 45, 2022, p. 78.

50 As we have previously noted, the European Union Agency for Fundamental Rights (or FRA) published in 2022 a report on Bias in Algorithms - Artificial Intelligence and Discrimination in which, for the first time, it gives concrete examples of how bias in algorithms arises and how such bias can affect people's lives. This is a novelty that allows to further delve into the possible risks that the use of AI can generate on fundamental rights. Specifically, the FRA has devoted its report to the examination of the case study on policing (already discussed previously) and a second case that refers to analyzing ethnic and gender bias in offensive speech detection systems. This is the opinion of the OMBUDSMAN FOR THE BASQUE COUNTRY-ARARTEKO, *Retos de la inteligencia artificial para la protección de los derechos de toda la ciudadanía,* Vitoria, The Basque Country, 2022, retrieved from: https://www.ararteko.eus/es/retos-de-la-inteligencia-artificial-para-la-proteccion-de-los-derechos-de-toda-la-ciudadania

responsible for the design and operation of such systems to ensure that their outcomes are equitable and non-discriminatory[51].

3.2.1 Where are algorithms reliable? Virtuality of the algorithm

It is within the simplest regulated law —PRESNO LINERA[52] understands— that artificial intelligence can play its role as a substitute for the human decision-maker. These are situations where the legal subsumption is very simple and leads to the granting of accreditation certificates, for example.

From this latter point of view, the use of the algorithm would help to objectify decisions, displacing, in whole or in part, the subjective factors that have traditionally been used to make decisions. However, if what is involved is the weighing of subjective legal concepts such as good conduct, good faith, the exercise of equity in the ex officio review or revocation, empathy comes into play, for the proper exercise of discretion, in the consideration of the relevant facts, interests and rights to be weighed. When administrative discretion is exercised and facts, interests and rights of persons are taken into consideration, this empathy should be present, and it seems that it could only be exercised by a human being and not by an artificial intelligence system or an algorithm.

3.2.2 How does the key Regulation address this issue?

If algorithmic decision-making systems are based on prior human decisions, the same biases that potentially undermine everyday decision making are likely to be multiplied in algorithmic decision-making systems. Thus, a biased algorithm that systematically discriminates against one group in society, based on their age, sexual orientation, race, gender or economic position for example, may raise consider-

---

51 From the point of view of Colombia's legal system, see SÁNCHEZ VÁSQUEZ, Carolina, *El derecho al control humano en la inteligencia artificial: una propuesta de regulación del control humano como un nuevo derecho en el ordenamiento jurídico colombiano*, Universidad EAFIT, Colombia, 2021.

52 For full references, see PRESNO LINERA, Miguel Ángel, *Derechos fundamentales e inteligencia artificial*, Editorial Marcial Pons, Barcelona, 2022, p. 66.

able concerns, not only in terms of access to rights for users, but also with respect to society as a whole[53].

In order to try to avoid discriminatory results on the occasion of the use of artificial intelligence, the Proposed Regulation, pursuant to Article 5.

Regarding Prohibited Artificial Intelligence Practices:

1. The following artificial intelligence practices shall be prohibited:

a) (...)

b) The introduction to the market, putting into service or use of an AI system that exploits any of the vulnerabilities of a specific group of persons due to their age or physical or mental disability in order to substantially alter the behaviour of a person belonging to that group in a way that causes or is likely to cause physical or psychological harm to that person or to another person.

(c) The introduction on the market, putting into service or use of AI systems by or on behalf of public authorities for the purpose of assessing or classifying the reliability of natural persons over a given period of time on the basis of their social behaviour or known or predicted personal or personality characteristics, in such a way that the resulting social classification results in one or more of the following situations:

(i) prejudicial or unfavourable treatment of certain natural persons or entire groups in social contexts unrelated to the contexts where the data were originally generated or collected;

ii) detrimental or unfavourable treatment of specific individuals or entire groups that is unjustified or disproportionate to their social behaviour or the seriousness of their behaviour.

3.3 Artificial intelligence and the right to privacy, self-image, data protection and secrecy of communications

It should also be borne in mind that the list of fundamental rights most affected using artificial intelligence systems includes those that

---

53 LANDA ARROYO, César, "Constitución, derechos fundamentales, inteligencia artificial y algoritmos", *THĒMIS-Revista de Derecho,* 79, 2021. p. 46.

guarantee the private dimension of individuals, i.e., privacy, self-image, protection of personal data and secrecy of communications, which are included in sections 1 and 4 of Article 18 of the Spanish Constitution.

In this sense, one of the elements that make artificial intelligence such an effective tool is its capacity to process a huge amount of data and to detect the interactions that may exist between them, as well as its potential to, as stated in the White Paper on artificial intelligence, "track and de-anonymize data relating to individuals, and thus generate new risks regarding the protection of personal data in relation to data sets that, in themselves, do not contain personal data". In other words, to guarantee the individual a power of control over his personal data, it is necessary to impose several duties on third parties. The latter include the fact that prior consent is required for the collection and use of personal data, that the person entitled to the right is informed about the destination and use of such data and can access, rectify, or cancel them; this is "in short, the power of disposal over personal data"[54].

In this respect, it should be noted that the impact of this massive processing of data on rights is not only of an individual nature but ends up having a collective implication and affects the Social and Democratic State of Law itself, which, it could be said, is already a "digital State". And from this perspective, we can intuit a reminiscence of the "precautionary principle" in article 18.4 OF Spanish Constitution, since the law is mandated to limit the use of information technology in order to guarantee the honour and personal and family privacy of citizens and the full exercise of their rights[55].

---

54 As established in the Constitutional Court Ruling 254/1993 Legal Basis Number 7 and Constitutional Court Ruling 292/2000, Legal Basis Number 6.

55 PRESNO LINERA, Miguel Ángel, *Derechos fundamentales e inteligencia artificial,* Editorial Marcial Pons, Barcelona, 2022, p. 42.

3.4 Artificial Intelligence and the right to participate in electoral processes

Finally, our interest lies mainly on this important and topical issue. In this regard, the use of algorithms and automated information systems has revealed the extent to which the creation and manipulation of content on social media platforms, regarding elections and candidates, can generate selective disinformation in the formation of political opinion. This problem is aggravated by the disinformation generated by fake news through the networks or already so well-known even by the computer layman as "fake news". From the above it can be deduced that, in the world of elections, the serious concern is that these could be won, not by the candidates with the best political proposals, but by those who use the technology provided by social networks to manipulate voters, sometimes in an emotional and irrational way.

While political advertising on television and radio is subject to regulation and there are neutrality and impartiality criteria imposed on broadcasters. We cannot say the same with respect to the standards required for social networks, where the use of algorithms of voter preferences and behaviour can have an equally or more powerful impact than traditional media.

Consequently, in the discussion on algorithmic governance, the initial European course has sought to reach agreements with technology companies on the treatment of fake news, but it has drifted towards regulatory scopes.

Hence, it is important to highlight the need to regulate the use of the Internet in electoral processes based on the principles of transparency and pluralism of political and electoral information to ensure free and transparent elections. To this end, positive normative provisions must be established regarding informed voting, but also related to sanctions for the manipulation of electoral information —fake news and trolls—, so that the elections express the free, authentic and spontaneous will of the voters[56].

---

56 According to LANDA ARROYO, César, "Constitución, derechos fundamentales, inteligencia artificial y algoritmos", *TH⊠MIS-Revista de Derecho*, 79, 2021. pp. 44-45 and SÁNCHEZ MARTÍNEZ, Olga, "Desafíos democráticos en el ecosistema

With respect to development of the European regulatory framework, we should point out a Study prepared by the Council of Europe on algorithms and human rights[57] insofar as it includes a section on the right to participate in free elections, which states that the operation of algorithms and automated recommendation systems can create "filter bubbles" in which individuals only see information that confirms their own opinions or coincides with their profile, and the Study warns that this can have far-reaching effects on the democratic processes of society[58]. It is well known that in electoral processes, more subtle and complex messages emerge to try to guide the voting behaviour of citizens, but with artificial intelligence systems unprecedented results are achieved in scale and effect.

As a result of this, the Committee of Experts of the Council of Europe that deals with pluralism in the media and transparency of media ownership has shown a series of concerns in relation to the equality of electoral processes concerning the lack of transparency of campaigns, spending, messages and algorithms used in digital advertising, large-scale invasions of privacy, the lack of a journalistic filter to verify political messages and disinformation and gaps in the regulation of electoral campaigns. The obvious transition to electronic political advertising implies a significant alteration of political campaigns as they have been understood and regulated until now, and this should lead national authorities to review the effectiveness of

---

digital", *Dimensiones éticas y jurídicas de la inteligencia artificial en el marco del Estado de Derecho,* SOLAR CAYÓN, José Ignacio (Editor), Universidad de Alcalá: Defensor del Pueblo, Colecciones: Cuadernos de la Cátedra de Democracia y Derechos Humanos, 16, 2020, pp. 80.

57 For further information see COUNCIL OF EUROPE, *Study on the human rights dimensions of automated data processing techniques (in particular algorithms) and possible regulatory implications,* Strasburg, 2018, retrieved from: https://rm.coe.int/algorithms-and-human-rights-es-rev/16807956b5

58 As stated in the Study "The operation of algorithms and automated recommender systems that may create 'filter bubbles' - fully-automated echo chambers in which individuals only see pieces of information that confirm their own opinions or match their profile - can have momentous effects for democratic processes in society". COUNCIL OF EUROPE, *Study on the human rights dimensions of automated data processing techniques (in particular algorithms) and possible regulatory implications,* 2018. (The right to free elections).

these rules in their current form to achieve the fairest, cleanest and most transparent political decision-making processes possible[59].

4. CONCLUSIONS

The European Union, not being at the forefront of the technological development of artificial intelligence, seems to be committed to being a regulatory reference on a global scale.

Thus, it is pointed out that the establishment of the world's first regulatory framework for artificial intelligence could be an advantage for the Union, as a pioneer, to establish international standards for artificial intelligence based on fundamental rights, as well as to successfully export human-centered "trusted AI" around the world[60].

It seems undeniable that, if the European Union aspires to continue to govern itself according to the values of human dignity, freedom, equality and solidarity and on the basis of the principles of democracy and the rule of law —in accordance with the Preamble of the Charter of Fundamental Rights of the European Union— it can no longer ignore the need to protect those same fundamental rights in the face of advances in robotics, artificial intelligence and related technologies.

All in all, it can be argued that the European Union's commitment to the values of democracy, the rule of law and the fundamental rights and freedoms of citizens has been considered, unsurprisingly, a *conditio sine qua non* for the adoption of the Union's regulatory framework on artificial intelligence systems[61].

---

59 See HERNÁNDEZ PEÑA, Juan Carlos, "Campañas electorales, Big Data y perfilado ideológico: Aproximación a su problemática desde el derecho fundamental a la protección de datos", *Revista Española de Derecho Constitucional,* No.124, 2022, pp. 41-73.

60 European Parliament resolution of 3 May 2022 on artificial intelligence in a digital age (2020/2266(INI), retrieved from: https://eur-lex.europa.eu/legal-content/EN/TXT/?uri=CELEX%3A52022IP0140

61 RUIZ TARRÍAS, Susana, "La búsqueda del modelo regulatorio de la IA en la Unión Europea", *Anales de la Cátedra Francisco Suárez,* Vol. 57, 2023, p. 115.

BIBLIOGRAPHY

ALZINA LOZANO, Álvaro, "La creación de una Política Criminal en Europa en el ámbito de las nuevas tecnologías: especial referencia a la inteligencia artificial", *Aspectos jurídicos de actualidad en el ámbito del Derecho digital,* Ropero Carrasco, Julia (Coordinadora), Editorial Tirant Lo Blanch, Valencia, 2023.

BALCELLS, Marc, "Luces y sombras del uso de la inteligencia artificial en el sistema de justicia penal", *Retos jurídicos de la inteligencia artificial,* CERRILLO I MARTÍNEZ, Agustí / PEGUERA POCH, Miquel (Coordinators), Thomson Reuters Aranzadi, 2020.

BARRIO ANDRÉS, Moisés, "Novedades en la tramitación del próximo Reglamento europeo de inteligencia artificial", *Real Instituto Elcano,* July 19, 2023.

BARRIO ANDRÉS, Moisés, "Inteligencia artificial: origen, concepto, mito y realidad", *El Cronista del Estado Social y Democrático de Derecho,* No. 100, 2022.

BELLOSO MARTÍN, Nuria; "La problemática de los sesgos algorítmicos (con especial referencia a los de género). ¿Hacia un derecho a la protección contra los sesgos?", *Inteligencia Artificial y Filosofía del Derecho,* LLANO ALONSO, F. (Director), Ediciones Laborum, Murcia, 2022.

BORGES BLÁZQUEZ, Raquel, "Inteligencia artificial y perspectiva de género en el proceso penal, una asignatura pendiente", *El derecho en la encrucijada tecnológica: Estudios sobre derechos fundamentales, nuevas tecnologías e inteligencia artificial,* VILLEGAS DELGADO, César / MARTÍN-RÍOS, Pilar (Editors), Editorial Tirant Lo Blanch, Valencia, 2022.

CASTELLANOS CLARAMUNT, Jorge / MONTERO CARO, María Dolores, "Perspectiva constitucional de las garantías de aplicación de la inteligencia artificial: la ineludible protección de los derechos fundamentales", *Ius et Scientia: Revista electrónica de Derecho y Ciencia,* Vol. 6, No. 2, 2020.

COTINO HUESO, Lorenzo, "Qué concreta transparencia e información de algoritmos e inteligencia artificial es la debida", *Revista española de la transparencia,* No. 16, 2023.

COTINO HUESO, Lorenzo; "Big Data e Inteligencia Artificial. Una aproximación a su tratamiento jurídico desde los derechos fundamentales", *Dilemata,* No. 24, 2017.

DE MIGUEL BERIAIN, "Does the use of risk assessments in sentences respect the right to due process? A critical analysis of the Wisconsin v. Loomis ruling", *Law, Probability and Risk,* Vol. 17, 1, 2018.

ESTER SÁNCHEZ, Antonio Tirso, "El desafío de la Inteligencia Artificial a la vigencia de los derechos Fundamentales", *Cuadernos Electrónicos de Filosofía del Derecho,* No. 48, 2023.

EUROPEAN COMMISSION, *Proposal for a Regulation of the European Parliament and of the Council laying down harmonised rules on artificial intelligence (Artificial Intelligence Act) and amending certain Union legislative acts,* Brussels, April 21, 2021.

EUROPEAN COMMISSION, *White Paper on Artificial Intelligence - A European approach to excellence and trust,* Brussels, 2020.

EUROPEAN COMMISSION, DIRECTORATE-GENERAL FOR RESEARCH AND INNOVATION, EUROPEAN GROUP ON ETHICS IN SCIENCE AND NEW TECHNOLOGIES (EGE), *Statement on artificial intelligence, robotics and 'autonomous' systems,* Publications Office, Brussels, 2018.

EUROPEAN COMMISSION, DIRECTORATE-GENERAL FOR COMMUNICATION / LEYEN, Ursula Von Der, *A Union that strives for more - My agenda for Europe - Political Guidelines for the next European Commission 2019-2024,* Luxembourg, 2019.

EUROPEAN COMMISSION, HIGH-LEVEL EXPERT GROUP ON ARTIFICIAL INTELLIGENCE, *Ethics Guidelines for Trustworthy Artificial Intelligence,* Brussels, April 2019.

EUROPEAN PARLIAMENT / PANEL FOR THE FUTURE OF SCIENCE AND TECHNOLOGY (STOA), *Artificial intelligence: How does it work, why does it matter, and what can we do about it?,* June 2020.

EUROPEAN UNION AGENCY FOR FUNDAMENTAL RIGHTS (FRA), *Bias in algorithms - Artificial intelligence and discrimination,* Vienna, 2022.

EUROPEAN UNION COUNCIL, EUROPEAN PARLIAMENT / EUROPEAN COMMISSION, *The European Declaration on digital rights and principles for the digital decade,* December 2022.

EUROPEAN UNION COUNCIL, EUROPEAN COMMISSION FOR THE EFFICIENCY OF JUSTICE (CEPEJ), *European ethical Charter on the use of Artificial Intelligence in judicial systems and their environment, Appendix III, Glossary,* Strasburg, 2018.

EXECUTIVE OFFICE OF THE PRESIDENT, *Big Data: A Report on Algorithmic Systems, Opportunity, and Civil Rights,* The White House, Washington, United States of America, 2016.

GAMERO CASADO, Eduardo, "Enfoque europeo de inteligencia artificial", *Revista de Derecho Administrativo,* 2021.

GÓMEZ-PÉREZ, Asunción, "Inteligencia artificial y lengua española", *Discurso leído el día 21 de mayo de 2023 en su recepción pública por la Excma. Sra. D.ª Asunción Gómez-Pérez y contestación del Excmo. Sr. D. Santiago Muñoz Machado,* Real Academia Española, Madrid, 2023.

GÓMEZ SÁNCHEZ, Yolanda, "El marco ético-jurídico de la inteligencia artificial (IA)", *Resumen de ponencia de su intervención en el congreso hacia un mundo híbrido: inteligencia artificial, ética y derecho celebrada el 23 de marzo de 2022,* Fundación Manuel Giménez Abad, March 2022.

GUSTAVO CORVALÁN, Juan, "Inteligencia artificial: retos, desafíos y oportunidades - Prometea: la primera inteligencia artificial de Latinoamérica al servicio de la Justicia", *Revista de Investigações Constitucionais,* Vol. 5, No. 1, 2018.

HERNÁNDEZ PEÑA, Juan Carlos, "Campañas electorales, Big Data y perfilado ideológico: Aproximación a su problemática desde el derecho fundamental a la protección de datos", *Revista Española de Derecho Constitucional,* No. 124, 2022.

LANDA ARROYO, César, "Constitución, derechos fundamentales, inteligencia artificial y algoritmos", *THĒMIS-Revista de Derecho,* 79, 2021.

OMBUDSMAN FOR THE BASQUE COUNTRY-ARARTEKO, *Retos de la inteligencia artificial para la protección de los derechos de toda la ciudadanía,* Vitoria, The Basque Country, 2022.

ORTEGA, Andrés, "Hacia un régimen europeo de control de la Inteligencia Artificial", *Real Instituto Elcano,* May 6, 2021.

MARTÍNEZ ESPÍN, Pascual, "La propuesta de marco regulador de los sistemas de Inteligencia Artificial en el mercado de la UE", *Revista CESCO de Derecho de Consumo,* No. 46, 2023.

MINISTRY OF ECONOMIC AFFAIRS AND DIGITAL TRANSFORMATION OF SPAIN, *Carta de Derechos Digitales,* Madrid, 2021.

MIRÓ LLINARES, Fernando, "Inteligencia artificial, delito y control penal: nuevas reflexiones y algunas predicciones sobre su impacto en el derecho y la justicia penal", *El Cronista del Estado Social y Democrático de Derecho,* No. 100, 2022.

MONASTERIO ASTOBIZA, Aníbal, "Ética algorítmica. Implicaciones éticas de una sociedad cada vez más gobernada por algoritmos", *Dilemata,* No. 24, 2017.

MONTESINOS GARCÍA, Ana, "Los algoritmos que valoran el riesgo de reincidencia. En especial, el sistema Viogen", *Revista de Derecho y Proceso Penal,* No. 64, 2021.

ORGANISATION FOR ECONOMIC COOPERATION AND DEVELOPMENT (OCDE), *Artificial Intelligence Principles,* May 25, 2019.

PINA, Carolina / VALERO, Marta, "Pongamos orden en las definiciones de inteligencia artificial: así la define el reglamento de la UE que la regula", *Garrigues Digital,* July 2023.

PRESNO LINERA, Miguel Ángel, *Derechos fundamentales e inteligencia artificial,* Editorial Marcial Pons, Barcelona, 2022.

PRESNO LINERA, Miguel Ángel, "Teoría general de los derechos fundamentales e inteligencia artificial: una aproximación", *Revista jurídica de Asturias,* No. 45, 2022.

REBOLLO DELGADO, Lucrecio, *Inteligencia artificial y derechos fundamentales.* Editorial Dykinson, Madrid, 2023.

REYES RICO, Laia, "La inteligencia artificial y su futuro marco regulatorio", *Comunicaciones en Propiedad Industrial y Derecho de la Competencia,* No. 95, 2022.

ROA AVELLA, Marcela et á., "Uso del algoritmo COMPAS en el proceso penal y los riesgos a los derechos humanos", *Revista Brasileira de Direito Processual Penal,* No. 1, Vol. 8, 2022.

ROMEO CASABONA, Carlos María / LAZCOZ MORATINOS, Guillermo, "Inteligencia artificial aplicada a la salud: ¿qué marco jurídico?", *Revista de Derecho y Genoma Humano. Genética, Biotecnología y Medicina Avanzada,* No. 52, 2020.

ROMEO CASABONA, Carlos María, "Riesgo, procedimientos actuariales basados en inteligencia artificial y medidas de seguridad", *Revista de Derecho, Empresa y Sociedad (REDS)*, No. 13, 2018.

RUIZ TARRÍAS, Susana, "La búsqueda del modelo regulatorio de la IA en la Unión Europea", *Anales de la Cátedra Francisco Suárez,* Vol. 57, 2023.

SÁNCHEZ MARTÍNEZ, Olga, "Desafíos democráticos en el ecosistema digital", *Dimensiones éticas y jurídicas de la inteligencia artificial en el marco del Estado de Derecho,* SOLAR CAYÓN, José Ignacio (Editor), Universidad de Alcalá: Defensor del Pueblo, Colecciones: Cuadernos de la Cátedra de Democracia y Derechos Humanos, 16, 2020.

SÁNCHEZ VÁSQUEZ, Carolina, *El derecho al control humano en la inteligencia artificial: una propuesta de regulación del control humano como un nuevo derecho en el ordenamiento jurídico colombiano,* Universidad EAFIT, Colombia, 2021.

SÁNCHEZ VILANOVA, María, "El uso de algoritmos predictivos en el derecho penal. A propósito de la sentencia de la corte de justicia del distrito de La Haya (Países Bajos) sobre syri, de 5 de febrero de 2020", *Teoría y derecho*: revista de pensamiento jurídico, No. 33, 2022.

UNITED NATIONS EDUCATIONAL, SCIENTIFIC AND CULTURAL ORGANIZATION (UNESCO), *Recommendation on the Ethics of Artificial Intelligence,* November 21, 2021.

VV.AA., *El derecho en la encrucijada tecnológica: Estudios sobre derechos fundamentales, nuevas tecnologías e inteligencia artificial,* VILLEGAS DELGADO, César / MARTÍN-RÍOS, Pilar (Editors), Editorial Tirant lo Blanch, 2022.

VV.AA., "Artificial Intelligence and Life in 2030. One Hundred Year Study on Artificial Intelligence", *Report of the 2015-2016 Study Panel,* Stanford University, Stanford, United States of America, September 2016.

LA INCORPORACIÓN DE TURQUÍA A LA UE: DE LA ILUSIÓN A LA RUPTURA

FERNANDO SUÁREZ BILBAO[1]

SUMARIO: INTRODUCCIÓN. 1. TURQUÍA SIEMPRE QUISO SER EUROPA. 2. EL GRAN AVANCE: EL ACUERDO DE ANKARA. 3. LA IDENTIDAD EUROPEA. 4. TURQUÍA, PAÍS CANDIDATO. 5. TURQUÍA UN PAÍS INESTABLE. 6. UN ACUERDO EN PUNTO MUERTO.

INTRODUCCIÓN

Se cumplen los setenta años de la declaración de Robert Schuman el 9 de mayo de 1950 considerada el hito fundacional del proyecto europeo. Aquel proyecto combinaba un planteamiento concreto: el control de la producción de carbón y acero; y una voluntad política: establecer vínculos de relación entre los antiguos enemigos para lograr la integración política bajo el principio de la paz y la colaboración. Schuman señaló en aquel discurso que "Europa no se hará de una vez ni en una obra de conjunto: se hará gracias a realizaciones concretas, que creen en primer lugar una solidaridad de hecho"[2]. No había por tanto limite a esta unión entre naciones europeas, de hecho, la vocación era de expansión para integrar todas las naciones posibles, con el objetivo inicial de la paz, por eso su segundo paso fue intentar crear una Comunidad Europea de Defensa, que aun esta por conseguirse.

El proyecto de integración de países en la Unión Europea se ha visto impulsado a lo largo de estos setenta años, superando muchas dificultades hasta llegar a integrar a 27 países, tras la salida de Gran Bretaña el 31 de enero de 2020. Uno de los países que desde más

---

1 Universidad Rey Juan Carlos.

2 https://europa.eu/european-union/about-eu/history/eu-pioneers_es#robert_schuman. Consultada 18/08/20.

temprano solicitó su incorporación fue Turquía, aunque aún sigue siendo candidato.

1. TURQUÍA SIEMPRE QUISO SER EUROPA

La vocación europea de Turquía viene de muy antiguo, desde que se creó el imperio por Osman o Otman, de ahí el nombre de otomanos, en 1299, cuando Osman se declaró independiente de los Selyucidas de Rum y comenzó una expansión hacia occidente que le distanciara de sus enemigos orientales. La conquista de Constantinopla-Estambul no fue un episodio aislado sino el principio de su expansión por Europa, llegando a las puertas de Viena en 1529, ocupando todo el valle del Danubio y los Balcanes.

Tras la desaparición del Imperio turco como consecuencia de la derrota en la Primera Guerra Mundial surgió una vocación occidentalizadora. La expansión sobre Europa era de carácter militar y estaba unida al islam, porque tras la conquista de Arabia, el sultán otomano era desde 1517 "señor de las dos mezquitas" Medina y la Meca, y por tanto protector de los musulmanes y guía espiritual (califa). Con la nueva República proclamada en 1923 tras la guerra civil, que los turcos llaman de independencia, esa jefatura religiosa también se perdió junto con la supresión del sultanato. La República ya no era otomana, sino turca, surgida de la mano del que sería reconocido como "el padre de los turcos" Atatürk. Mustafa Kemal no solo fue su primer presidente sino también quien le doto de un ideario propio: nacionalista, laico, y occidental. Kemal, que había estado en el Caucaso cuando la revolución rusa de 1917, incorporo a su ideario buena parte de los mensajes revolucionarios soviéticos. Al sentimiento nacional turco unió un concepto social igualitario. Aunque había nacido en la antigua Grecia, en Salónica, comprendió durante las campañas que el futuro del imperio estaba condenado y que solo un sentimiento nacional turco centrado en Anatolia podía procurar un futuro a la nueva Turquía. Por eso la revolución no se planteó contra los antiguos dirigentes sino contra las potencias extrajeras, los vencedores de la Entente que querían repartirse el país. Y tras la supresión del Califato en 1924 y la expulsión del patriarca de Antioquia, la República turca acabo con los elementos religiosos en la vida civil y política. El islam se encerró en las casas y Mezquitas, y el símbolo de ese laicismo radical fue la transformación de Santa Sofía en un museo en 1935[3].

Esta secularización a imitación de los modelos occidentales afecto a la administración y a la justicia, se suprimieron los tribunales religiosos y en la Constitución de 1928 se suprimió toda referencia al islam. La adopción del código civil suizo como propio trajo la igualdad de la mujer, no solo la supresión del velo, sino también la prohibición de la poligamia, reconociendo los derechos políticos y económicos. Todo ello impulsado por un modelo educativo nacional, que desde 1924 era obligatorio para niños y niñas, en donde se impuso un nuevo sistema lingüístico el turco moderno que se escribiría en alfabeto latino fonético, lo que facilito la rápida alfabetización, al suprimir los numerosos dialectos de influencia persa o árabe que existían. La vida de la población, en especial en las ciudades se asemejaría más a la europea que a la de Oriente Medio[4].

Mustafa Kemal llevo a cabo entre 1919 y 1923 una auténtica revolución, que se desarrollaba en dos frentes, uno interno contra los restos del viejo sistema que trataba de subsistir en torno al Sultan, y otro frente a los nuevos ocupantes del Imperio, porque los países de la Entente en el Tratado de Sevres de agosto de 1920 decidieron repartirse el viejo imperio. Franceses, ingleses, italianos y griegos durante el otoño de 1919 ocuparon las zonas costeras para controlar todos los pasos del Bósforo, y del Marmara al Negro, instalando un sultán títere bajo su control en Estambul. La guerra civil se transformó en una guerra internacional y las victoriosas tropas aliadas sufrieron amargas derrotas en Inonu y en el rio Sakarya, porque al igual que les sucedió en los otros conflictos en los que participaron en la postguerra, eran incapaces de contar con tropas motivadas para continuar con nuevos conflictos, y en octubre de 1921 se retiraron concentrándose en la defensa del estrecho. El tratado de Lausana de 1923 aceptaba el nuevo gobierno nacionalista turco y la legitimidad de la Gran Asamblea

---

3 TANÖR, B., "Mustafa Kemal Atatürk" en *El Correo de la UNESCO*, año XXXIV, noviembre 1981, pp. 4-9.

4 BELTRÁN BENGOECHEA, J. J., "Turquía como actor: incidencia interna" en *La adhesión de Turquía a la Unión Europea*. Monografías del CESEDEN, n° 91 enero 2007, pp. 65-125, p. 66.

Nacional, reconociendo las fronteras de la actual Turquía con excepción de algunas reclamaciones en la zona europea y en Mosul[5]. Atatürk creo la Turquía moderna.

La República de 1923 era nacionalista turca para diferenciarse del carácter multiétnico del Imperio Otomano, pero desde el primer momento a la mayoría étnica turca, más del 80% de la población, el nuevo país contaba con una importante minoría kurda, casi el 19%, además de otras minorías árabe y armenia. La relación con estas minorías es un problema aun no resuelto del todo. En el caso de los armenios, Turquía ha sido acusada por la comunidad internacional de ser la responsable de la matanza de los armenios entre 1915 y 1917, un asunto que fue utilizado por algunos países de la UE para exigir responsabilidades al gobierno turco antes de su integración. Pero sobre todo destaca la cuestión kurda, convertida en un problema de seguridad, porque los nacionalistas kurdos han actuado desde la violencia armada, y desde 2001 el PKK, el partido comunista kurdo y su brazo armado, están en las listas de grupos terroristas internacionales. Los kurdos, hasta fechas muy recientes han sido una minoría étnica sin ningún tipo de derechos, y su integración se hace aún más complicada al estar sus dirigentes muy fraccionados. El pueblo kurdo se extiende por Turquía, con unos 18 millones, Irak con unos 5 millones, Irán unos 6 y Siria cerca de un millón, además de los que viven en occidente. Es por tanto un problema global pero que tradicionalmente ha sido considerado un problema turco. Lo cierto es que ninguno de los países afectados quiere una solución que pase por crear un estado kurdo independiente. Tampoco EEUU ni Europa ha tenido interés desde el fin de la Primera Guerra Mundial en resolver la cuestión para poder controlar las rutas de petróleo y gas, alimentado el sueño kurdo de un estado independiente como amenaza sobre los países limítrofes.

Durante la Segunda Guerra Mundial, aunque fue un país neutral se consideró a Turquía como una especie de santuario para los espías de las potencias del eje, y fue durante la Guerra Fría y como consecuencia de su papel fronterizo de la Unión Soviética, cuando los occidentales comenzaron a cortejar el apoyo. Es en la postguerra

---

5 Ibídem., p. 74.

cuando su europeidad es más evidente al incorporase a las organizaciones internacionales occidentales. En 1948 se incorporó a la OCDE y en 1949 al Consejo de Europa, el germen más evidente de la futura Unión Europea, completando esta participación con su integración en la OTAN en 1952. Por otro lado, en los eventos culturales y deportivos Turquía siempre se ha considerado europea, participando en las competiciones de futbol o baloncesto y en Eurovisión desde 1975[6].

Es importante destacar que en este proceso de occidentalización hay grandes diferencias entre la zona europea y la Anatolia occidental que sí esta está muy occidentalizada, y la zona oriental de Anatolia más pobre y atrasada social y culturalmente. El gran dilema de occidente es que, si bien la presencia militar en la vida política es contraria a los principios de la democracia liberal, en los países islámicos, y a pesar de todo Turquía sigue siéndolo, el fuerte laicismo de los militares turcos es el que ha enderezado en varias ocasiones las tendencias islamistas de grandes sectores de la sociedad, y eso si interesa a occidente.

2. EL GRAN AVANCE: EL ACUERDO DE ANKARA

Turquía pidió por primera vez asociarse a la Comunidad Económica Europea el 31 de julio de 1959, hace 61 años, siendo primer ministro turco Adnan Menderes[7]. El primer paso se dio el 12 de septiembre de 1963 cuando se firmó el *Acuerdo de Ankara*, por el que establecía la condición de Turquía como socio comercial preferente, con el objetivo de establecer una Unión Aduanera plena que se hizo efectiva el 31 de diciembre de 1995, desde ese momento Turquía

6 GARRIDO REBOLLEDO, V., "Turquía y/en el proceso de construcción europea" en *La adhesión de Turquía a la Unión Europea.* Monografías del CESEDEN, nº 91 enero 2007, pp. 7-64, p. 17.

7 BELTRÁN BENGOECHEA, J. J., "Turquía como actor: incidencia interna" en *La adhesión de Turquía a la Unión Europea.* Monografías del CESEDEN, nº 91 enero 2007, pp. 65-125, p. 111.

era el único país que tenía una Unión Aduanera con la Comunidad Económica Europea[8].

Desde ese momento se produjo la extraña circunstancia, hasta hoy, de que Turquía es el único país candidato que tiene una Unión Aduanera sin ser país miembro de la UE. Esta Unión Aduanera tenía por objetivo para los turcos conseguir la libre circulación de trabajadores por la UE, lo que aún no es una realidad, y sin embargo si ha obligado a Turquía a establecer el mismo tipo arancelario que la UE tiene con terceros países, lo que ha perjudicado mucho las exportaciones turcas con los países de Oriente Medio y Rusia, haciendo a la economía turca dependiente de las importaciones de la Unión lo que ha lastrado la balanza de pagos de Turquía. Este asunto ha propiciado la oposición a la integración de ciertos sectores económicos turcos.

La solicitud formal de incorporarse de pleno derecho a la Comunidad Económica Europea fue realizada por Turquía en abril de 1987[9], recibiendo, a pesar de todas estas relaciones económicas e intereses estratégicos previos, una fría acogida, motivada entre otros motivos por la relación con Grecia, estado miembro desde 1981. También fue un problema la política interna turca, que con motivo de la intervención en 1974 en Chipre llego a romper por un breve plazo las relaciones con la CEE, y esta lo hizo tras el golpe de estado de 1980 hasta que se restableció el régimen parlamentario en 1986. Al mismo tiempo que se mantenía la Unión Aduanera desde 1963 sobre la que se firmó un nuevo protocolo en 1970.

El informe de 20 de diciembre de 1989 sobre la candidatura turca establecía que "había importantes disparidades estructurales, desequilibrios macroeconómicos, un nivel alto de proteccionismo industrial y un bajo nivel de protección social"[10]. Todos eran motivos económicos, ni una sola palabra de problemas políticos, culturales o religiosos.

---

8 GARRIDO REBOLLEDO, V., "Turquía y/en el proceso de construcción europea" en *La adhesión de Turquía a la Unión Europea.* Monografías del CESEDEN, nº 91 enero 2007, pp. 7-64, p. 11.

9 Ibídem. p. 20.

10 Ibídem., p. 25.

El informe de la Comisión de 5 de febrero de 1990 afirmaba que "Turquía no cumplía los criterios de adhesión establecidos por la CE"[11]. Turquía centro sus esperanzas en el desarrollo de la Unión Aduanera que en 1995 entraba en su tercera fase, la de la adaptación legislativa y el reconocimiento de la propiedad industrial e intelectual en la política comercial, que sería en gran empuje a su candidatura. Pero el acuerdo del Consejo de Luxemburgo de 1997, dejó a Turquía fuera de la lista de los países que se integrarían en 2004, y tampoco en los del 2007. Todos ellos habían pedido su incorporación a la Unión mucho después que Turquía, lo que provoco una gran desilusión en la sociedad turca[12]. Esta reacción del Consejo Europeo hizo que las relaciones con Turquía se enfriaran hasta casi romperse, tanto en el ámbito comercial, Turquía dirigió su mirada a los mercados americanos, como diplomático. Era difícil de explicar porque Turquía no cumplía y si lo hacía Lituania o Hungría, con situaciones económicas o de libertades muy similares a ellos. Una vez más en la decisión europea el tamaño también importa.

3. LA IDENTIDAD EUROPEA

El gran problema de la Unión Europea tras la rápida expansión es el de su identidad. Fracasada la propuesta de una Constitución europea que pudiera fijar el principio de europeidad, Europa vive hoy día una profunda crisis de identidad, acentuada por las nuevas incorporaciones previstas y por la salida de Gran Bretaña de la Unión. La cuestión de la identidad europea estuvo siempre estuvo siempre en el punto de mira de la integración truca.

El art. 49 del Tratado de la Unión Europea aprobado en Lisboa en 2009 afirma que "cualquier estado europeo que respete los principios enunciados en el apartado 1 del Articulo 6 podrá solicitar el ingreso como miembro de la Unión". Se establecen dos requisitos:

---

11 Ibídem. p. 26.

12 El primer ministro de Luxemburgo, futuro presidente de la Comisión Jean-Claude Juncker afirmo en esa cumbre que "No había asiento para la tortura en la mesa de la Unión Europea". GARRIDO REBOLLEDO, V., "Turquía y/en el proceso de construcción europea" en *La adhesión de Turquía a la Unión Europea.* Monografías del CESEDEN, nº 91 enero 2007, pp. 7-64, p. 28.

ser europeo y ser un Estado democrático, basado en la defensa del Estado de Derecho y los derechos humanos. Principios estos que ya estaban en el proyecto de Comunidad Europea de 1957[13].

No existe una definición geográfica de Europa, incluso para algunos estudiosos existe solo Eurasia como continente, y en la visión geográfica clásica Europa terminaría en los Urales, por lo que Rusia sería necesariamente un candidato a ser miembro de la Unión, lo que nunca se ha planteado por su tamaño y pro su vocación oriental, más del 70% de la actual Rusia está más allá de los Urales, es asiática, aunque esto no se corresponda a su población.

La cuestión de formar parte territorialmente de Europa se ha utilizado por los que se oponen a la integración turca. Entendido el continente europeo como el situado al oeste del Bósforo, solo el 5% del territorio turco es europeo, el otro 95% será asiático o más específicamente de Oriente Medio. Pero estos límites terrestres no siempre han sido un problema para formar parte de la Unión Europea. Especialmente significativo es el caso de Chipre, integrada en 2004, una isla que claramente pertenece a Asia Menor, se encuentra más cerca de Anatolia y Siria que de ninguna costa europea, es una isla claramente no europea. Lo mismo se puede decir de los territorios de ultramar de Francia, España, Portugal y Gran Bretaña antes del brexit, que se encuentran en territorios americanos, africanos o asiáticos. Tampoco se planteó ningún problema a que Argelia fuera parte de la Comunidad Europea hasta su independencia en 1960. Por el contrario, no está en los planes de la Unión la incorporación de grandes naciones geográficamente europeas, no solo Rusia, sino tampoco, Bielorrusia o Ucrania. La falta de europeidad se ha visto acentuada con la marca de Gran Bretaña, uno de los pilares de la cultura europea. En el caso turco el elemento geográfico ha sido más una excusa que una realidad,

Los escasos fundamentos de la identidad europea se asientan en la herencia de los movimientos sociales del siglo XIX que dieron lugar tras las revoluciones burguesas al Estado Nación, como institu-

---

[13] BALET ROBINSON, P., "La cuestión de la identidad europea en el proceso de adhesión de Turquía", en *UNISCI Discussion Papers*, nº 10, enero 2006, p. 211-218.

ción política aceptada en toda Europa lo que identifica a sus habitantes con el concepto de ciudadanía, y que después se identificaría con el modelo democrático de gobierno[14]. Como señala el profesor Garrido, las identidades se adquieren, los principios se escogen[15]. Son estos principios los que posteriormente se incorporaron a la declaración de Copenhague y al Tratado de la Unión Europea. Para Brumat "dichos valores básicos que conforman el *ethos* comunitario son utilizados para legitimar el rechazo de Turquía"[16]. Partiendo de ese concepto sería una gran irresponsabilidad por parte de los países europeos renunciar a la oportunidad de extender sus principios de democracia, derechos humanos y libre mercado por los países que lo soliciten[17].

La población de los países miembros de la Unión no tiene sentimiento de identidad europea y tan solo un 2% se sienten plenamente representados por las instituciones europeas. Sin embargo, cuando se plantea el debate sobre la incorporación de Turquía surge siempre el tema de la identidad siendo este el principal motivo de rechazo a la candidatura turca.

También la cuestión religiosa es un debate falso porque no se plantea con otros países pendientes de una nueva ampliación, como Bosnia o Albania, igualmente con una población mayoritariamente musulmana, en ellos no se plantea la incompatibilidad entre se europeo y musulmán[18]. Tampoco se planteó este problema cuando Argelia, de población musulmana, formo parte de la Comunidad Económica Europea, y es difícil entender que Argelia es más europea que

---

14 BRUMAT, L. "El ingreso de Turquía a la Unión Europea: una cuestión de identidad" en *Mural Internacional*, nº 2, julio-diciembre 2014, p. 186-197, p. 188.

15 GARRIDO REBOLLEDO, V., "Turquía y/en el proceso de construcción europea" en *La adhesión de Turquía a la Unión Europea.* Monografías del CESEDEN, nº 91 enero 2007, pp. 7-64, p. 19.

16 BRUMAT, L. "El ingreso de Turquía a la Unión Europea: una cuestión de identidad" en *Mural Internacional*, nº 2, julio-diciembre 2014, p. 186-197, p. 189.

17 GARRIDO REBOLLEDO, V., "Turquía y/en el proceso de construcción europea" en *La adhesión de Turquía a la Unión Europea.* Monografías del CESEDEN, nº 91 enero 2007, pp. 7-64, p. 19.

18 BALET ROBINSON, P., "La cuestión de la identidad europea en el proceso de adhesión de Turquía", en *UNISCI Discussion Papers*, nº 10, enero 2006, p. 211-218, p. 214

Turquía culturalmente. En realidad, lo que se plantea es el problema de incorporar una población de más de 83 millones de habitantes de la que el 99% es musulmana. Esto pone el tema religioso en primera línea, en especial tras el cambio hacia una reislamización de la sociedad turca iniciado desde la llegada al poder de Recep Tayyip Erdogan, que elevaría la cifra de musulmanes en la Unión Europea hasta los cien millones.

La UE se caracteriza por una gran diversidad religiosa, pero la sensación en la opinión pública sobre las otras confesiones cristianas en todas sus formas o la minoría judía no produce el mismo efecto cultural que el Islam[19]. Aun cuando el islam está también dividido en varias ramas, siendo la sunní la mayoritaria en Europa y en Turquía, sin embargo, se tiende a verlo como una unidad lo que le hace más amenazador, una sensación acentuada desde el 2001, con una identificación religión-política que contradice la laicidad de la ciudanía europea. La visión que se tiene es que mientras que cristianos y judíos ante los cambios sociales y legales que se producen en los países europeos, como por ejemplo la despenalización del aborto, lo que hacen es promover campañas en contra o como mucho apoyan movimientos democráticos que defiendan sus ideales, el Islam propugna la aniquilación y conquista de esas sociedades "corruptas" para implantar una sociedad islámica, incluso con el uso de la fuerza[20]. Por otro lado, el gobierno turco del AKP ha denunciado por su parte la represión anti islamista que desde 2001 se ha producido en los países europeos y en concreto sobre los emigrantes turcos, generándose lo que han dado en llamar "turcofobia". Para otros países como Alemania, la cuestión del rechazo a lo turco es interno por la migración de esa procedencia que trabaja en su país y teme la presión interna que pueda sufrir si se establece la libertada de circulación de trabajadores.

La reacción europea ha sido acentuar más su rechazo a las formas y símbolos religiosos, como el caso de la prohibición de todos los símbolos religiosos en Francia, incluido el uso del pañuelo lo que está

---

19 CATALA RUBIO, S., "El pluralismo religioso en el seno de la Unión Europea" en *Encuentros Multidisciplinares*, nº 18, septiembre- diciembre 2004, pp. 1-12, p. 3

20 Ibídem. p. 7.

provocando un mayor enfrentamiento entre las comunidades que se acentúa por el fenómeno de las migraciones. Es en este escenario en que estos países ven con preocupación la entrada de un Turquía en la UE. El "acervo comunitario" choca con cualquier sociedad donde la religión tenga peso social y político, por eso la sociedad europea para aceptar el islam dentro de su acervo necesitaría que se produjera una desacralización de la Sunna, y por tanto que los principios del "acervo comunitario", primaran sobre cualquier precepto coránico, de forma que la religión sea solo uno más de los Derechos Humanos, pero sometida a los principios de la democracia liberal, donde la voluntad de la mayoría prima sobre cualquier principio religioso[21]. Debe producirse no solo la separación entre la religión y el Estado, sino también su subordinación como le ha pasado al cristianismo y al judaísmo, reduciendo su actuación al ámbito privado.

Un problema añadido es la falta de una autoridad coránica reconocida por todas las comunidades. El Consejo Islámico para Europa, como el de España, son solo asociaciones privadas sin capacidad de establecer doctrina y sin autoridad jurídica para hacer modificaciones doctrinales de carácter general, como sucede en la Iglesia Católica, en donde la autoridad recae en el Papa, o en la Iglesia Anglicana en el la Reina de Inglaterra, cuyos líderes han ido aceptando que la religión pierda su carácter oficial, política y jurídicamente hablando, para reducirse a una cuestión estrictamente privada, así por ejemplo el único matrimonio valido es el civil, siendo la ceremonia religiosa una cuestión particular entre los contrayentes[22].

También sería importante en este acercamiento cultural entre la UE y Turquía, si existe verdadera voluntad de acuerdo, que la cultura europea que ha aceptado con los brazos abiertos, los matrimonios entre parejas del mismo sexo, la posibilidad de tener hijos a través de in vitro, o los cambios de sexo, como una cuestión solo privada; que reflexionara sobre la poligamia que sigue criminalizada. Si el matrimonio ya no es la unión entre un hombre y una mujer porque ha de ser solo entre unidades y no entre plurales. Si el matrimonio es

---

21 CATALA RUBIO, S., "El pluralismo religioso en el seno de la Unión Europea" en *Encuentros Multidisciplinares*, nº 18, septiembre- diciembre 2004, pp. 1-12, p. 8.

22 Ibídem., p. 9.

solo una relación contractual, incluso se llega a reconocer sin la existencia de documentos en las parejas de hecho, porque ese contrato no puede ser entre varios como está reconocido en los países islámicos[23]. Aunque Turquía prohibió la poligamia al aprobar el nuevo código civil, la realidad es que, en la mayor parte de las zonas rurales, muy islamizadas, se sigue practicando.

4. TURQUÍA, PAÍS CANDIDATO

Tras nuevas negociaciones en el Consejo de Helsinki de 13 de diciembre de 1999 se declaró a Turquía como país candidato, pero solo cuando se solventasen las llamadas "anomalías políticas"[24] y cumpliese los criterios políticos de Copenhague: defensa del Estado de Derecho, instituciones democráticas, respeto de los derechos humanos y de las minorías. El Consejo dio por zanjado el debate sobre si Turquía era o no europea. Ahora las dificultades para su integración pasaban por lo que se denominó entonces la aceptación por el candidato del "acervo comunitario", que es como se resumía la identidad europea, que se reducía a la cultura política, ni geográfica ni social y menos aún religiosa, solo se exigía asumir los principios de la democracia liberal. Eso era lo que daba legitimidad a los países europeos para rechazar, de momento, la incorporación de Turquía. La incorporación a la Unión se plantaba como posible pero no inmediato, siguiendo la política de la zanahoria, ser país candidato, y el palo, la suspensión de las negociaciones sino se adoptaban las medidas para asumir el "acervo comunitario". La "Asociación para la Adhesión" fue aprobada por el Consejo el 8 de marzo de 2001, y Turquía hizo lo propio para aprobar su programa nacional para la adopción del "acervo comunitario".

Dos factores externos ayudaron en el proceso. El cambio en el gobierno griego en 1999 también influyo en la mejora de las relaciones entre la Unión y Turquía, cuando aquel declaro su absoluta voluntad de apoyar la incorporación turca. Y la cuestión de Kosovo, tras el fra-

---

23 Ibídem., p. 10.

24 *Informe periódico de la Comisión COM (1999) epígrafe B.1.* Bruselas 13 de octubre de 1999.

caso de la ronda de negociaciones de Ramboulliet, la Organización del Tratado del Atlántico Norte (OTAN) inició la ofensiva contra el gobierno yugoslavo, dando inicio oficialmente a la Guerra de Kosovo. Entre el 24 de marzo y el 10 de julio de 1999, la OTAN bombardeó diversos objetivos en Serbia (principalmente en su capital, Belgrado, pero también en la capital kosovar, Pristina), causando muertes de civiles y militares y graves daños en sus infraestructuras. Para esta operación, la primera en la que la Unión Europea participaba de forma clara, necesitaba tener garantizado su flaco oriental en los Balcanes, y asegurar una postura única entre todos sus miembros y aliados incluidos los turcos. Plantear la incorporación a la Unión era una forma de motivar a Turquía a la hora de mantener la alianza de defensa y seguridad en el este de Europa. La importancia de Turquía como defensa estratégica de Europa se ha puesto de manifiesto en varias ocasiones, recientemente con motivo del terrorismo islámico y del fenómeno migratorio.

Lo cierto es que la cuestión de Kosovo ha dado lugar a muchos problemas internos en la Unión Europea. Cuando el 17 de febrero de 2008 el parlamento de Pristina, declaró unilateralmente la independencia de Kosovo, no todos los países de la Unión Europea reconocieron al nuevo Estado, entre ellos España por el miedo al efecto contagio en los nacionalismos catalán y vasco, pero tampoco ha sido reconocido por Naciones Unidas; y ahora es candidato a ser miembro de la UE. En 2013 se han iniciado conversaciones entre Serbia y Kosovo para llegar a una solución pacífica del conflicto que garantice los derechos de la minoría serbia en el territorio.

En septiembre de 2001 el Parlamento turco debatió 37 enmiendas a la Constitución para adaptarse a las exigencias de la UE, de las 34 fueron aprobadas rápidamente[25]. El importante paquete de reformas llevadas a cabo por el gobierno turco entre 2001 y 2002, especialmente en lo que se refiere a derechos humanos, acabó provocando una crisis de gobierno con los partidos nacionalistas, que veían en estas medidas una especie de pérdida de identidad y sobe-

---

25 BELTRÁN BENGOECHEA, J. J., "Turquía como actor: incidencia interna" en *La adhesión de Turquía a la Unión Europea*. Monografías del CESEDEN, nº 91 enero 2007, pp. 65-125, p. 117.

ranía, dando lugar a las correspondientes elecciones anticipadas el 3 de noviembre de 2002, que dieron la victoria al partido Justicia y Desarrollo (APK) en las que un antiguo alcalde de Estambul, que había sido condenado en 1997 a inhabilitación política por islamista[26] y líder del nuevo partido Recep Tayyip Erdogan se convertiría en primer ministro. El APK se define como islamodemocrata a imitación de los partidos democristianos europeos. En un primer momento siguió la línea del anterior gobierno en el sentido de impulsar las reformar para poder integrase en la UE, y a lo largo de 2003 se hicieron numerosas reformas (libertad de expresión, derechos de las mujeres, derechos sindicales o respeto a las minorías), y sobre todo se adoptaron medidas para limitar la presencia de las Fuerzas Armadas en la vida política y económica del país[27], todo ello estaba encaminado a que se aceptase definitivamente el ingreso de Turquía en UE.

El Consejo Europeo de 17 de diciembre de 2004 decidió reabrir las negociaciones para la incorporación de la República Turca a la Unión Europea, al entender que ya se cumplían algunos de los criterios exigidos en la declaración de Copenhague establecidos como obligatorios en el Consejo Europeo de junio de 1993[28], diseñando al mismo tiempo un amplio programa de reformas, y una mesa de negociación que se constituiría el 3 de octubre de 2005, con el horizonte de 2014 para la integración plena.

El programa de negociación abarcaba a diversos puntos y estaba muy determinado por la evolución de las relaciones entre Turquía y la Unión y por la política de dilaciones injustificadas de los negociadores europeos hasta entonces. Pero fue entonces cuando algunos países de la Unión Europea que no se habían manifestado sobre la cuestión empezaron a plantear nuevas exigencias sobre las ya establecidas y recogidas en los principios de Copenhague. Como la cuestión de la educación y la diversidad cultural en las escuelas, la igualdad

---

26 Por eso no pudo tomar posesión del cargo de Primer Ministro hasta marzo de 2003 cuando tras ser levantada su inhabilitación fue elegido diputado por Siirt. Ibídem., p. 88.

27 Ibídem., p. 69.

28 GARRIDO REBOLLEDO, V., "Turquía y/en el proceso de construcción europea" en *La adhesión de Turquía a la Unión Europea.* Monografías del CESEDEN, nº 91 enero 2007, pp. 7-64.

efectiva para las mujeres, etc. La cuestión era si Turquía debe cumplir con todos los criterios antes de la negociación en el momento de la incorporación. Aquellos países que nunca vieron bien la incorporación turca buscaron una forma de boicotear las negociaciones, el objetivo sería que Turquía se cansara y abandonase[29].

Dos fueron los escollos que hicieron suspender las negociaciones, por un lado, la cuestión de la minoría Kurda que Turquía no reconoce, y por otro la cuestión turco-chipriota. La Unión Europea reconoció la integridad de la isla bajo el gobierno greco-chipriota, negando legitimidad al gobierno turcochipriota que ocupa el tercio norte de la isla con apoyo de Turquía. Los intentos de llegar a un acuerdo fueron bloqueados por Gran Bretaña. Turquía puso de manifiesto que la cuestión de Chipre está en manos de Naciones Unidas, apoyando el "Plan Annan" (llamado así por el Secretario de Naciones Unidas) para la reunificación de la isla, que proponía un modelo suizo para la isla reconociendo los derechos de ambas comunidades[30]. La reunificación de la isla y el reconocimiento del gobierno de Chipre por Turquía era un paso previo a la integración, pero el plan de paz y reunificación fue rechazado en referéndum por los grecochipriotas quienes exigían la expulsión de los turcos y la devolución de los bienes incautados en el norte.

Ankara había hecho una declaración cuando se produjo la incorporación de Chipre a la UE afirmando que la Unión Aduanera que mantenía con la UE desde 1996 no se extendía a los nuevos estados, en referencia a Chipre, con quien no mantiene relaciones diplomáticas desde 1974. Finalmente, tras una larga negociación, la Comisión Europea aceptó una contradeclaración de Turquía reconociendo los puertos chipriotas en el acuerdo aduanero, y a pesar de las declaraciones del Parlamento Europeo exigiendo responsabilidad Turquía en el genocidio armenio, y los movimientos de Austria, la mayor parte de los países de la Unión abogaron por iniciar las negociaciones[31].

---

29 Ibídem., p. 43.

30 Ibídem., p. 10.

31 BELTRÁN BENGOECHEA, J. J., "Turquía como actor: incidencia interna" en *La adhesión de Turquía a la Unión Europea.* Monografías del CESEDEN, nº 91 enero 2007, pp. 65-125, p. 114.

En ese acuerdo de 2005 también ponían los veinticinco el acento en la necesidad de que Turquía respetara los principios de libertades fundamentales y derechos humanos, ante las reiteradas denuncias de violación de los mismos[32].

Uno de los problemas que se planteó al avanzar la negociación era el del peso demográfico turco en el conjunto europeo, con más de 83 millones, no solo sería la nación más poblada junto con Alemania, sino que eso tendría su reflejo en las instituciones europeas. Pero también es cierto que ese peso demográfico, y por tanto de mercado no se acompaña de un peso económico, ya que el PIB turco es similar al de los últimos países incorporados, Bulgaria o Rumania, con una gran capacidad de crecimiento económico, pero con grandes desigualdades entre las regiones del país. Y su balanza comercial es muy deficitaria, siendo las divisas de los emigrantes turcos en Europa una fuente importante de divisas, así como el turismo. Por lo que su adhesión tendría un gran impacto demográfico pero una incidencia mínima en el conjunto de la economía comunitaria. Esta cuestión tras el Brexit ha adquirido otro perfil. La UE está en una profunda crisis de recursos económicos, al abandonarla uno de sus contribuyentes netos, la incorporación de Turquía, podría ser un lastre o una solución a la consecución de nuevos recursos y mercados.

Turquía sería sin duda el gran beneficiado desde el punto de vista económico, no solo porque sería beneficiaría neta de la PAC y de la política pesquera, sino también porque recibiría inversión extranjera al beneficiarse de la estabilidad económica del conjunto de los socios comunitarios. El avance en los aspectos comerciales, apoyados en la larga tradición de la Unión Aduanera, y el paquete de medidas económicas liberalizadoras daban grandes esperanzas a los negociadores para que pronto se pudieran resolver el resto de cuestiones.

Lo mismo sucede respecto a la estabilidad institucional, Turquía partiría como uno de los grandes en el Consejo Europeo solo por detrás de Alemania, con una representación en el Parlamento Europeo de entre 82 a 96 representantes, lo que supone un peso relativo

---

32 GARRIDO REBOLLEDO, V., "Turquía y/en el proceso de construcción europea" en *La adhesión de Turquía a la Unión Europea.* Monografías del CESEDEN, nº 91 enero 2007, pp. 7-64, p. 8.

muy importante que los socios fundadores, Francia o Italia no ven con buenos ojos[33]. Además, al aplicarse los mecanismos de mayoría cualificada para la adopción de acuerdos, en relación a la población, Turquía se convertiría en determinante en cualquier decisión. Los defensores de la integración turca ponen de manifiesto que en el seno de la Unión las alianzas son muy cambiantes y ni siquiera el color político supone automáticamente ser países aliados, aun menos el supuesto elemento religioso, lo que sí es indudable es que la Unión adquiría una mayor visión mediterránea.

Un punto fundamental en el interés de la UE en la integración turca era el estratégico, como se ha demostrado más recientemente en la cuestión migratoria. Turquía desde su incorporación a la OTAN en 1952 ha sido un punto fundamental en la defensa europea, y por eso no se planteó en la negociación ninguna restricción ni limitación en la defensa de las fronteras exteriores de Turquía. Para la PESD sería un elemento de estabilidad, permitiendo el control de los estrechos y de las fronteras exteriores. Javier Solana ya señalo en 1999 la importancia de "conseguir que un aliado clave como Turquía estuviese vinculado al ámbito de la seguridad europea"[34]. La política prooccidental tras su incorporación a la OTAN y la OSCE no ha significado sin embargo un papel destacado de Turquía en política exterior. En 2003 Turquía consiguió las garantías de la OTAN y OSCE de que no intervendrían en los conflictos que pudieran surgir entre países miembros, referido a la cuestión de Chipre y la relación con Grecia. Para la UE sería fundamental el papel de mediador de Turquía en la cuestión de Albania y Kosovo, países candidatos a incorporase a la Unión y cuya población es mayoritariamente de origen turco. Es importante tener presente que al mismo tiempo que Turquía es miembro de la Organización de la Conferencia Islámica, lo que facilita su papel negociador y de puente entre Occidente y el mundo islámico.

A sido tras la primavera árabe mediando en los conflictos libio y sirio cuando Turquía ha iniciado recientemente una mayor actividad

---

33 Ibídem., p. 47.

34 BUCHAN, D., "Solana hopes to add value to EU foreign policy-making", en *Financial Times*, 15 de septiembre de 1999, cit. GARRIDO REBOLLEDO, V., "Turquía y/en el proceso de construcción europea" en *La adhesión de Turquía a la Unión Europea*. Monografías del CESEDEN, nº 91 enero 2007, pp. 7-64, p. 56.

como potencia, pero precisamente como potencia islámica en Oriente Medio, no como parte de la estrategia occidental.

Lo cierto es que de forma constante se mantiene dentro de la opinión pública europea una posición mayoritaria en contra de la incorporación de Turquía. Por razones históricas Austria lidera esa oposición desde 2005, sobre la idea de que Turquía no es un país europeo. Ciertamente Turquía fue durante muchos años la potencia enemiga del antiguo Imperio Austriaco y llego a las puertas de Viena: habría una continuidad de enemistad histórica. A esta postura se adhirieron Dinamarca, República Checa y Francia. El discurso es solo ideológico y en este sentido destaca la declaración del expresidente de Francia Valery Giscard d'Estaing en 2002 al afirmar que "Turquía en la UE sería el fin de Europa"[35]: la amenaza es intangible, es una amenaza cultural.

La postura de los negociadores comunitarias en relación con Turquía está marcada por una ambigüedad calculada, tratando de evitar la ruptura, pero siendo conscientes de la falta de unanimidad entre los socios europeos para su integración, lo que acabo cansando a los turcos. El 8 de noviembre de 2006 la Comisión elaboro el primer informe sobre Turquía, donde reconocían los progresos realizados, pero destaca el escaso control civil sobre los militares y el mal funcionamiento de la administración de justicia. Por otro lado, insistían en la resolución del conflicto kurdo[36] y a la apertura aduanera de los puertos de Chipre. Sin pretender romper las negociaciones una vez más se han introducido elementos de incertidumbre[37]. La UE sigue

---

35 Las declaraciones aparecieron en *Le Monde* 8 de noviembre 2002 y en *Le Fígaro* al día siguiente. BRUMAT, L. "El ingreso de Turquía a la Unión Europea: una cuestión de identidad" en *Mural Internacional*, nº 2, julio-diciembre 2014, p. 186-197, p. 191.

36 La actitud de algunos países europeos sobre la cuestión kurda es muy contradictoria, al mismo tiempo que se condena el terrorismo se apoya al PKK. Así en 1999 el Parlamento Vasco acordó ceder la sede en Vitoria para celebrar una reunión del autodenominado Parlamento kurdo en el exilio, bajo el control del PKK. Lo que dio lugar a un escándalo diplomático. BELTRÁN BENGOECHEA, J. J., "Turquía como actor: incidencia interna" en *La adhesión de Turquía a la Unión Europea*. Monografías del CESEDEN, nº 91 enero 2007, pp. 65-125, p. 116.

37 GARRIDO REBOLLEDO, V., "Turquía y/en el proceso de construcción europea" en *La adhesión de Turquía a la Unión Europea*. Monografías del CESEDEN, nº

reclamando la efectividad de las reformas, pero hay que tener presente la extensión del país y la dificultad de desarraigar costumbres asentadas en las tradiciones de la sociedad rural, como los matrimonio concertados, la poligamia, lo crímenes de honor y la tortura[38]. El gobierno turco ha pedido tiempo y comprensión ante las dificultades internas de un cambio social. Y la UE tiene también una responsabilidad en ayudar a la mejora de la sociedad turca.

5. TURQUÍA UN PAÍS INESTABLE

Una de las contradicciones más importantes en la política turco es el del papel del ejército. Desde el primer momento la política de Kemal era la de separación del ejercito de la política, pero lo cierto es que el ejército ha sido el mayor defensor de la occidentalización del país y de su laicismo, pero al mismo tiempo uno de los motivos de los retrasos en la integración en Europa es el intervencionismo militar[39].

Turquía desde el establecimiento de la República en 1923 ha sufrido cinco golpes militares: en 1960, que dieron lugar a la Constitución progresista de 1961 y la convocatoria de nuevas elecciones; en 1971 el "Golpe del Memorándum" en contra de Suleiman Demirel, que implanto la ley marcial hasta 1973; en 1980 cuando el Consejo de Seguridad Nacional suspendió la Constitución, aprobándose una Constitución más conservadora en 1982; en 1997, cuando el Ejército sostuvo que se vio obligado a actuar para defender el Estado secular fundado por Atatürk, fue un golpe sin violencia armada y en contra de los islamistas; y finalmente el intento de golpe de estado la noche del 15 a 16 de julio 2016, el gobierno de Erdogan hizo responsable del golpe al clérigo islamista Fethullah Gülen, pero no se ha podido demostrar y no responde a las tradicionales asonadas militares,

---

91 enero 2007, pp. 7-64, p. 64.

38 BELTRÁN BENGOECHEA, J. J., "Turquía como actor: incidencia interna" en *La adhesión de Turquía a la Unión Europea.* Monografías del CESEDEN, nº 91 enero 2007, pp. 65-125, p. 120.

39 PARDO DE SANTALLANA Y COLOMA, J., "introducción" en *La adhesión de Turquía a la Unión Europea.* Monografías del CESEDEN, nº 91 enero 2007

hay quien considera que fue un autogolpe para poder llevar a cabo la purga del ejército y la administración y consolidar el poder del Presidente[40].

Lo más destacado es que con excepción de este último de 2016, todos los anteriores contaron con un amplio respaldo de la población, no solo por la falta de una oposición efectiva sino sobre todo por el respaldo que tuvieron las medidas adoptadas y en especial destaca el apoyo a la Constitución de 1982 aprobada por el 91,4% de los votos[41]. Ello responde al fuerte sentimiento nacionalista de la población, y al papel otorgado a las Fuerzas Armadas de garantes del modelo kemalista. Su intervención no se veía hasta hoy como una intervención sino como una protección.

Las medidas adoptadas por Erdogan para cumplir con las exigencias europeas de reducir el peso de los militares en la política del país, en especial la reforma del Consejo de Seguridad Nacional, que por la Constitución de 1982 ejercía el papel de control militar sobre la actividad política, ha pasado a ser un mero órgano consultivo y con un solo representante militar el Jefe del Estado Mayor General[42], seguramente influyeron en el malestar de una parte del ejército que propicio el golpe de 2016.

En Turquía se ha generado un rechazo contra Europa, alimentada por el sentimiento nacionalista y por el rechazo a la política occidental sobre los países musulmanes, en especial la política de EEUU en todos los países fronterizos. Este debate enfrenta a la sociedad turca entre los que defienden el laicismo radical de tradición kemalista, apoyados por el ejército y que ven en la integración en la Unión un elemento muy favorable para avanzar en su occidentalización, y los más conservadores que buscan un retorno a las tradiciones islámicas a las que pertenecería el partido de Erdogan. La sentencia de la Corte Europea de Derechos Humanos de 2005 a favor de la prohibición

---

40 https://www.rtve.es/noticias/20200626/turquia-impone-cadena-perpetua-121-militares-fallido-golpe-2016-contra-erdogan/2022862.shtml. Consultado 20/08/2020

41 BELTRÁN BENGOECHEA, J. J., "Turquía como actor: incidencia interna" en *La adhesión de Turquía a la Unión Europea*. Monografías del CESEDEN, nº 91 enero 2007, pp. 65-125, p. 83.

42 Ibídem., p. 80.

de llevar velo en los lugares públicos sirvió de acicate a los laicistas, pero desde entonces los pasos llevados a cabo por el gobierno de Erdogan pro-islamista han cambiado las tornas, así por ejemplo en 2017 se ha autorizado el uso del hajib por las mujeres soldado en las fuerzas armadas, pero sin duda el más llamativo ha sido el retorno de Santa Sofía a la condición de Mezquita este año 2020. Aunque el Estado sigue siendo laico, lo cierto es que a través del Diyanet o Dirección de Asuntos Religiosos se ha propiciado y apoyado en todos los sentidos las escuelas coránicas y la formación de imanes y el sostenimiento del culto musulmán ha producido una islamización de la administración

Cuando llegó al poder Recep Tayyip Erdogan en 2003 defendió la necesidad de integrar a Turquía en la Unión Europea, y acelerar el proceso de transformación para ser admitidos. Voluntad reiterada en varias declaraciones en 2006 en relación a que Turquía había realizado reformas constitucionales como la abolición de la pena de muerte, y la autorización de la lengua kurda en espacios públicos, a partir de 2006 hay dos canales de televisión privada en lengua kurda[43]. Erdogan ha sido el primer gobernante turco que ha reconocido la existencia de "un problema kurdo" y ha adoptado alguna medida para iniciar el camino de la solución del conflicto. Tras un periodo de cierta calma en 2004 el PKK ha reanudado las acciones terroristas lo que dificulta la normalización de las relaciones con el pueblo kurdo con más de 35.000 muertos entre atentados y acciones militares. Las medidas adoptadas por Erdogan para tratar de solucionar el conflicto kurdo, a instancias de los negociadores, se han visto interrumpidas como consecuencia de la participación del PKK en la guerra en Siria, aunque la intensificación de las operaciones turcas en el conflicto ha dado escasos resultados, y en todo caso ha supuesto el retorno a los momentos más difíciles del enfrentamiento entre las milicias kurdas y el ejército, con numerosas víctimas.

Las dilaciones continuas por la UE y la crisis del 2008 han provocado el rechazo popular entre la sociedad turca al proyecto europeo. Son precisamente los partidos más kemalistas los más euroescépticos,

---

43 BRUMAT, L. "El ingreso de Turquía a la Unión Europea: una cuestión de identidad" en *Mural Internacional*, nº 2, julio-diciembre 2014, p. 186-197, p. 190.

mientras que el AKP sigue siendo, a pesar de todo, el principal valedor de la política pro europea.

Tras 17 años en el poder, como primer ministro hasta 2014 y como Presidente hasta hoy día se ha producido un cambio en la sociedad turca, que algunos consideran que es un intento de restauración otomana. Erdogan es en cierto modo antitético a Kemal, en lo que se refiere a la visión laica y radicalmente occidentalizada de Atatürk, frente a la vocación islamista y de gran potencia de Oriente Medio de Erdogan[44]. Este ha decidido convertir Turquía en la nueva potencia hegemónica del mundo islámico, tras la crisis de Egipto y la práctica desaparición en una década de todas las potencias islámicas, con excepción de Arabia Saudí.

6. UN ACUERDO EN PUNTO MUERTO

El golpe de estado de 15 de julio de 2016 ha supuesto un cambio radical en las relaciones entre la UE y Turquía, porque, aunque el gobierno turco recibió el respaldo unánime de la comunidad internacional y en especial de la UE ante el golpe militar, las medidas adoptadas y la dura represión llevada a cabo por el gobierno de Erdogan ha hecho saltar todas las alarmas en los negociadores acusando al gobierno turco de violaciones de derechos humanos y de coartar la libertad de prensa[45]. El fracaso de este golpe ha justificado los cambios políticos y sociales que buscaba el AKP desde hacía tiempo.

Frente a la aversión que Mustafa Kemal sentía por los religiosos, Tayyip Erdogan representa en cierto modo el regreso al poder de estos, no se debe olvidar que se formó en una escuela coránica y fue miembro en su juventud de los Hermanos Musulmanes, y que sus inicios políticos los hizo a la sombra del líder islamista Erbakan[46].

---

44 Sobre Erdogan ver MOURENZA, A., TOPPER I. U., La democracia es un tranvía: El ascenso de Erdogan y la transformación de Turquía, Madrid Península 2019

45 BARKEY, H. J., "Los estragos de un golpe de Estado fallido" en AFKAR/IDEAS, otoño 2016, pp. 16-19

46 YUBERO, B., "Erdogan afianza una segunda década en el poder" en Revista Española de Defensa, julio/agosto 2018, pp. 52-55, p. 54.

Hubo muchos otros intentos a lo largo de estos casi cien años de República de retorno político al islam, pero todos fracasaron, hasta ahora. La política de Erdogan es la del nacionalismo kemalista pero con sentimiento islámico. El gran cambio es que el ejército, tan popular en sus actuaciones durante décadas ya no es bien visto por la población, mientras que el mensaje carismático del presidente turco ha calado en la sociedad turca y fue esta la que salvo al gobierno haciendo fracasar el golpe. Tampoco ayudo a los golpistas la combinación de elementos kemalistas con otros seguidores de Gülen que habían sido hasta fechas muy recientes enemigos irreconciliables. Desde el golpe más de 19.500 miembros de las Fuerzas Armadas turcas han sido expulsados de su seno por sus presuntos vínculos con la red de seguidores de Gülen, de ellos 149 eran generales y almirantes, y aun cuando no se ha demostrado su relación con el golpe, más de 120.000 funcionarios del Estado han sido destituidos y unas 50.000 personas se encuentran encarceladas, a lo que hay que añadir el cierre de tres periódicos y una televisión y la prohibición de doce asociaciones, acusadas de prokurdos e izquierdistas[47]. Esta represión publicitada en la televisión oficial supone una humillación para el ejército y sus familias que puede a medio plazo convertirse en un gran problema para la estabilidad del país[48].

Junto a la dura reacción represiva la UE contemplo con preocupación el cambio constitucional impulsado tras el golpe, aprobado en abril de 2017 por el 51% de los turcos, y que supone la sustitución del régimen parlamentario establecido por Kemal en 1923, por otro presidencialista que otorga a Ergogan numerosos poderes. Un ejemplo de reforzamiento de poder presidencial es que este solo tiene que contestar al Parlamento, donde tiene la mayoría con la ayuda de los nacionalistas del MHP, cuando lo considere oportuno, y solo le pueden destituir con el apoyo de tres quintos de la cámara, cosa poco probable, el poder que ha conseguido concentrar Recep Tayyip Erdogan es el mayor desde la proclamación de la República. Aun cuando ante la comunidad internacional se ha presentado como una pequeña reforma constitucional, ya que sigue vigente la Constitución

---

47 Ibídem., p. 55.

48 BARKEY, H. J., "Los estragos de un golpe de Estado fallido" en *AFKAR/IDEAS*, otoño 2016, pp. 16-19, p. 18

de 1982, lo cierto es que se trata de una nueva Constitución. La reforma sólo afecta a 18 de los 177 artículos, pero tienen tal envergadura que equivale a darle la vuelta al sistema político turco.

Esta reforma iba en sentido contrario de las modificaciones aprobadas en 2002 a instancias de la Comisión negociadora, fortaleciendo el poder del presidente, incorporando los poderes del primer ministro, cargo que dejaba de existir. A pesar de la "autoridad carismática"[49] de Erdogan el respaldo a la reforma fue más ajustado de lo esperado en el referéndum, y la campaña para el referéndum fue un nuevo elemento de tensión entre Erdogan y las autoridades europeas, llegando a acusar a Holanda y Alemania de impedir la campaña entre los emigrantes a favor de la reforma constitucional, dando lugar a un duro enfrentamiento dialéctico con la UE.

En las elecciones presidenciales del 24 de junio de 2018, en cumplimiento de la reforma constitucional Erdogan resulto elegido, y a pesar de las protestas de la oposición se mantiene fuerte en el poder. El cambio en la imagen presidencialista se puede apreciar en la nueva residencia del presidente de la república, *Ak Saray*, que tiene más el carácter de un palacio que de un edificio administrativo, para simbolizar el centro de poder, y su victoria en las elecciones presidenciales del 24 de junio de 2018 le ha fortalecido en el poder[50]. Esta victoria es aún más significativa por las circunstancias en que se ha producido, con un país en estado de excepción, con una profunda crisis económica, la lira turca se ha devaluado más del 35% respecto al euro y la inflación esta cera del 11%, no ha debilitado su candidatura. Por otro lado, se ha evolucionado tras el fallido golpe de Estado de 2016, a una recentralización de la administración y a un mayor control político de la mismas tras numerosas purgas de funcionarios; pero no se ha avanzado en la protección de los Derechos Humanos y el Estado de Derecho tal y como solicitaba la Comisión europea[51].

---

49 Ibídem., p. 17.

50 YUBERO, B., "Erdogan afianza una segunda década en el poder" en *Revista Española de Defensa,* julio/agosto 2018, pp. 52-55.

51 BALET ROBINSON, P., "La cuestión de la identidad europea en el proceso de adhesión de Turquía", en *UNISCI Discussion Papers,* nº 10, enero 2006, p. 211-218, p. 217.

Es difícil bajo este nuevo paradigma que la UE se crea la defensa del Estado de Derecho por el gobierno turco, y que se garantice de forma efectiva la separación de poderes, cuando la mitad de los miembros del Tribunal Constitucional según la reforma constitucional son designados por el Presidente. Al mismo tiempo la UE teme que como Turquía es miembro de numerosas instituciones sufra una avalancha de reclamaciones de los purgados o sus familias en busca de compensaciones.

Barish Tugrul, investigador de la Universidad de Hacettepe afirma que "Turquía se acerca cada vez más a regímenes parecidos al suyo, como son los de Oriente Próximo. El país parece alejarse del mundo occidental, pero más pronto que tarde la realidad política mostrará su mano más dura: el sistema económico y financiero mundial determina las políticas a seguir en Turquía"[52].

También la posición de la UE es delicada. La avalancha de inmigrantes en el otoño de 2015 puso de manifiesto la incapacidad de Europa a atender a este problema y el rechazo a esta oleada de la mayoría de los países. La solución pasaba por un acuerdo con Turquía en el llamado Plan de Acción Conjunto[53] y que culmino en la declaración conjunta UE Turquía de 18 de marzo de 2016 donde se puso de manifiesto que el interés de la UE en avanzar en la integración tal y como establecen los puntos 7 y 8 de la declaración, están muy relacionados con los problemas internos europeos. Esa declaración de voluntad de "revigorizar el proceso de adhesión" en los puntos 17 y 33 del protocolo establecido en 2015, están en consonancia con la necesidad de que Turquía se haga responsable de frenar la migración siria tal y como establece el punto 1: "Todos los nuevos migrantes irregulares que pasen de Turquía a las islas griegas a partir del 30 de marzo de 2016 serán retornados a Turquía"[54]. Para incentivar esta labor de policía la UE realizo el desembolso de una primera partida de 3.000 millones de euros como ayuda a Turquía. Turquía ha sido

---

52 Ibídem p. 55.

53 https://www.nuevatribuna.es/opinion/donato-fernandez-navarrete/grandes-desafios-union-iv-fronteras-union-problema-turco/20170721135434141949.html consultado 20/08/2020.

54 https://www.consilium.europa.eu/es/press/press-releases/2016/03/18/eu-turkey-statement/ consultado 18/08/2020.

el único baluarte defensivo con que ha contado Europa para frenar la oleada migratoria. Para Europa ha sido muy cómodo contar con un gobierno turco que frenaba con dureza la migración y hacía de policía fronterizo europeo cuando las propias fronteras europeas en Italia, España o Hungría estaban desbordadas, y sus opiniones públicas se escandalizaban por la dureza de las imágenes de los migrantes.

La Unión Europea se ha beneficiado ampliamente del acuerdo sobre inmigración firmado con Turquía al frenarse la ola de emigrantes, pero las contrapartidas no se han producido, el gobierno turco sigue reclamando las compensaciones económicas comprometidas, tampoco se ha cumplido la promesa de exención de visado para los turcos, ni ha sido incorporada a la lista de países del Tratado de Libre Comercio con la UE, impidiéndose la libre circulación de productos turcos y el tránsito por carretera, y por supuesto el avance en las negociaciones prometido tampoco se ha producido[55].

La declaración del Parlamento Europeo de 24 de noviembre de 2016 solicitando congelar el proceso de adhesión, aunque no es vinculante para el Consejo y no ha sido ratificado, tampoco ayuda en el clima de confianza mutua. Tanto Ángela Merkel como Emmanuel Macron y por supuesto el líder austriaco Sebastian Kurz han pedido en diversas ocasiones el fin del proceso de adhesión de Turquía, utilizando recientemente el argumento de la deriva autoritaria del presidente Erdogan. En realidad, lo que ven peligrar es la hegemonía de sus países con la entrada de un miembro con tanto territorio y población. Por otro lado, pese a los desplantes y declaraciones de ambas partes para poner fin al proceso acordado en 2005, sería necesario el voto unánime de los estados miembros, y curiosamente los países fronterizos, Bulgaria, Grecia y la propia Chipre son los que hasta ahora han sido más partidarios de la incorporación de Turquía, porque consideraban que dentro de la Unión y con el apoyo de todos los países será más fácil resolver el conflicto que en un enfrentamiento externo[56], además Grecia y Bulgaria dejarían de ser frontera exterior y bajaría la presión migratoria sobre sus territorios.

---

55 https://www.trt.net.tr/espanol/programas/2017/10/27/la-potencia-actual-de-las-relaciones-entre-turquia-y-la-union-europea-835014 consultado 20/08/2020.

56 https://www.elconfidencial.com/mundo/europa/2019-05-25/erdogan-turquia-ue-adhesion-rusia-elecciones-brexit_2017482/ consultado 20/08/2020.

Ante la falta de avances Turquía desde hace un año ha cambiado su política exterior y tras largos años de tradicional frialdad en las relaciones con Rusia, Erdogan ha hecho un claro acercamiento hacia Putin, más comprensivo con sus derivas autoritarias. Ha establecido una expansión de su hegemonía en Libia y últimamente está explorando los mares próximos al territorio europeo para la extracción de gas.

El 15 de marzo de 2019 se celebró la 54 sesión del Consejo de Asociación Turquía-UE, celebrada tras un parón por el estado de excepción en Turquía. Los representantes europeos encabezados por la comisaria de exteriores pusieron de manifiesto que las negociaciones están en punto muerto por la falta de medidas adoptadas por Turquía para cumplir con las exigencias de UE: independencia judicial, derechos, humanos, libertad de prensa, etc.; reprochando a Turquía la represión contra la oposición, las detenciones ilegales y la intención de realizar prospecciones en la zona marítima de Chipre. Pero al mismo tiempo destaca la gran labor de Turquía en la cuestión del control de la emigración ilegal y en la lucha contra el terrorismo, y por supuesto resaltaba de nuevo, la importancia comercial y las sólidas relaciones entre la UE y Turquía. La Declaración de la sesión 54 no constituía ningún avance real[57].

El 9 de marzo de 2020 se reunieron los presidentes de la Comisión y del Consejo con Erdogan para evaluar el acuerdo sobre migraciones, en concreto se trataba de liquidar las presuntas deudas pendiente con Turquía por la ayuda en el problema migratorio, así como a las medidas adoptadas para acabar con las mafias que se lucran con el tráfico de migrantes[58]. Y poco después surgió la crisis de Covid'19 y la UE ha vuelto a mirar a Turquía una vez más para contar con un colaborador necesario en el momento más crítico por la falta de suministros sanitarios, en especial la cuestión de los respiradores chinos gestionados vía Turquía.

---

57 https://www.consilium.europa.eu/es/press/press-releases/2019/03/15/press-statement-following-the-54th-meeting-of-the-association-council-between-the-european-union-and-turkey-brussels-15-march-2019/ consultado 20/08/2020.

58 https://www.consilium.europa.eu/es/meetings/international-summit/2020/03/09/ consultado 20/08/2020.

Finalmente, el verano de 2020 ha surgido una nueva crisis entre Turquía y los socios comunitarios con motivo de la ejecución de las amenazas turcas de realizar una explotación de gas en aguas chipriotas que Turquía considera propias, y para ello ha movilizado una pequeña flota. Grecia convertida en el paladín de esta crisis en defensa de Chipre ha movilizado al resto de los socios. El asunto viene de lejos, primero Turquía firmo un acuerdo con el gobierno libio, reconocido por Turquía, por el que se reconocían a esta una ampliación en su zona económica exclusiva, a lo que se siguió que Grecia y Egipto firmaron un acuerdo para delimitar las zonas marítimas económicas exclusivas entre ambos, lo que Ankara entendió como una agresión y su respuesta fue reanudar las exploraciones de hidrocarburos que había suspendido en julio como gesto de buena voluntad. El 1 de agosto de 2020 el buque de investigación Yavuz se incorporó al operativo para avanzar en la exploración de una gran bolsa de gas en las costas chipriotas. Por otro lado, Francia ha rescatado un acuerdo de defensa con Chipre de 2017 en virtud del cual ha enviado navíos a la zona[59].

Turquía pretende desarrollar un papel hegemónico panislamico en la zona, interviniendo en Siria, en la cuestión de Libia, con acuerdos con Rusia y manifestando su oposición a la política de Emiratos Árabes en relación a la apertura diplomática con Israel. La crisis se ha agudizado en la segunda quincena de agosto de 2020, cuando Francia e Italia se han sumado a Grecia y Chipre para desarrollar en aguas chipriotas las maniobras bautizadas "Eunomía" —la diosa griega que defendía la ley—, pensadas como réplica a la presencia de buques de guerra turco que escoltan a los buques de prospección de gas Oruç Reis y Yavuz que están actuando en lo que Turquía considera su propia zona económica exclusiva, donde se encuentran los campos de gas. La cuestión de este espacio marítimo es aún más compleja por la cuestión de la isla griega de Kantelorizo o Castelorizo, una isla de tan solo 9 kilómetros cuadrados situada a 3 kilómetros de la costa turca, muy cerca de Rodas, forma parte de las islas de Egeo que, aunque están más cerca de Turquía que de Grecia el control británico hizo que finalmente, como Chipre, quedaran en manos griegas. Por supuesto

---

59 https://www.abc.es/internacional/abci-turquia-envia-otro-buque-frente-chipre-pese-peticion-202008170225_noticia.html consultado 20/08/2020

Turquía no reconoce el derecho a las aguas territoriales griegas a tres kilómetros de sus costas afirmando que forma parte de su plataforma continental, y es en este espacio marítimo en donde se plantea el conflicto[60].

Es evidente que las acciones de Macron cuenta con el respaldo alemán y de toda la UE como lo demuestran las declaraciones de Borrell el representante de la UE para Relaciones Exteriores, quien ha amenazado a Turquía con nuevas sanciones sino se abre el dialogo con Grecia[61]. En concreto las sanciones consistirían en la prohibición de usar los puertos de la UE y confiscación de los barcos que se encuentren en aguas de Casteloricio, que se sumarian a las sanciones realizadas en 2019 contra los directivos de la Sociedad Turca de Petróleos, así como el recorte en 164 millones de dólares en ayuda de la UE a Turquía. Por su parte Alemania teme que Turquía abandone como represalia el pacto migratorio, lo que podía ser una catástrofe para Europa y para la propia Alemania, por lo que está asumiendo un papel de mediador, así como el presidente de la OTAN Jens Stoltenberg, que cuenta en su seno con ambos países y que no podría soportar un enfrentamiento interno[62]. Turquía por ahora ha elevado el tono anunciando maniobras con fuego real en la zona para primeros de septiembre de 2020.

La situación es insostenible, no es posible mantener la condición de "país candidato" al mismo tiempo se condena con sanciones económicas y se eleva la tensión militar, y no se puede exigir el control de aguas territoriales en la mima costa turca, al mismo tiempo que se es incapaz de frenar los movimientos migratorios y se dependen del gobierno turco para ello. A Erdogan se le pide que nos cubra bajo la mata de su protección fronteriza, mientras se le critica el medio como lo hace. Si esta situación sigue, es evidente que el Acuerdo de

---

60 https://www.eldia.com/nota/2020-8-30-3-34-11-tension-por-las-nuevas-maniobras-militares-turcas-en-el-mediterraneo-oriental-el-mundo consultado 30/08/2020

61 https://elpais.com/internacional/2020-08-26/cuatro-paises-europeos-inician-maniobras-militares-en-el-mediterraneo-ante-la-creciente-tension-con-turquia.html consultado 30/08/2020

62 https://www.larazon.es/internacional/20200830/djyetks3cra65aueja46iyh6pm.html consultado 30/08/2020

Asociación y la Unión Aduanera están en peligro, y que el lento divorcio que desde hacía un par de años se apreciaba se puede convertir en una violenta ruptura en poco tiempo entre la UE y Turquía[63]. Es difícil encontrar los rescoldos del entusiasmo y la ilusión de hace treinta años, que se han trasformado en rencor por parte del gobierno y la sociedad turca, y desconfianza en las UE y en las sociedades de la mayor parte de los países miembros. La UE sigue siendo para Turquía un gran salvavidas económico, y con su potencial sigue siendo la mejor oportunidad para relanzar su economía, y para la UE sigue siendo un problema estratégico, necesita tener un aliado que le guarde las espaldas en el oriente del continente.

La UE sigue con su política de palo y zanahoria, pero Turquía después de cincuenta años como país asociado y tres décadas de negociaciones merece una respuesta clara. Es evidente que las ventajas de la incorporación se contrarrestan con grandes inconvenientes, pero es necesario buscar una solución al problema de las relaciones entre la UE y Turquía, o en todo caso fijar una modelo de relación comercial y diplomática estable[64].

La Turquía de Erdogan camina rápidamente hacia el panislamismo, y busca reeditar expectativas hegemónicas que recuerdan las de Nasser, pero bajo una versión religiosa. La alianza con Egipto, su presencia en Libia y Siria, las nuevas relaciones con Irak, su oposición a las relaciones diplomáticas con Israel —aunque Turquía reconoció al Estado de Israel en 1949— y la expansión por el Mediterráneo oriental en busca de hidrocarburos y para defender su control de la zona marítima, anuncian un conflicto que solo puede evitar que se resucite con claridad y entusiasmo la candidatura europea, y que su integración, a pesar de todo permita restablecer la condición de puente que históricamente ha desarrollado el Bósforo. Europa no

---

63 AYDINTASBAS, A., "UE-Turquía, el valor de la hipocresía" en *Política Exterior*, 1 mayo 2018, nº 183, https://www.politicaexterior.com/producto/ue-turquia-valor-la-hipocresia/

64 https://www.nuevatribuna.es/opinion/donato-fernandez-navarrete/grandes-desafios-union-iv-fronteras-union-problema-turco/20170721135434141949.html consultado 20/08/2020

debería olvidar que en 1683 se produjo el ultimo asedio turco a Viena si quiere seguir el camino del enfrentamiento[65].

---

65 ECHEVARRIA JESUS, C., "Repercusión en la seguridad y estabilidad mediterránea de la adhesión de Turquía a la Unión Europea" en *Revista Española de Defensa*, julio/agosto 2018.

¿CUÁNDO UN TRABAJADOR A DISTANCIA COMPORTA UN ESTABLECIMIENTO PERMANENTE A CAUSA DE UN LUGAR FIJO DE NEGOCIOS?

Una visión crítica del posicionamiento de la OCDE

IRENE ROVIRA FERRER[1]

SUMARIO: INTRODUCCIÓN. 2. PREVISIONES DEL ARTICULADO DEL MCOCDE PARA LA EXISTENCIA DE LOS ESTABLECIMIENTOS PERMANENTES A CAUSA DE UN LUGAR FIJO DE NEGOCIOS. 3. PRECISIONES Y CONDICIONES REQUERIDAS POR PARTE DEL COMITÉ DE COMITÉ DE ASUNTOS FISCALES DE LA OCDE. 4. CONSIDERACIONES ESTABLECIDAS POR EL SECRETARIADO DE LA OCDE EN LOS SUPUESTOS DE TRABAJADORES A DISTANCIA. 5. CONCLUSIONES. REFERENCIAS BIBLIOGRÁFICAS.

Resumen: El objetivo principal del presente trabajo es clarificar cuándo un trabajador a distancia podrá conllevar un establecimiento permanente para su empleador, concretamente a causa de un lugar fijo de negocios (modalidad que, además de ser la más habitual, es la que implica una mayor incertidumbre). La relevancia de su estudio radica esencialmente en el hecho de que la detección de dicha figura opera principalmente como punto de conexión a la hora de otorgar a los estados la potestad tributaria para gravar los rendimientos de la actividad económica obtenidos por el empleador que le sean imputables; así como en las características inéditas del trabajo a distancia que, generalizado tras la pandemia de Covid-19, requiere la adaptación de la normativa actual. En concreto, en tanto que texto más seguido a la hora de firmar los convenios para evitar la doble imposición entre los estados, dicho estudio se realizará con base en el Modelo de convenio para evitar la doble imposición sobre la renta y sobre el patrimonio de la Organización para la Cooperación y el Desarrollo Económicos, así como en las consideraciones que, al respecto, ha realizado tanto su Comité de Asuntos Fiscales como su Secretariado. De este modo, además de determinar las condiciones que se deberán dar para la procedencia de esta modalidad de estableci-

1 Profesora agregada de Derecho Financiero y Tributario de la Universitat Oberta de Catalunya. Licenciada en Derecho por la Universitat Pompeu Fabra y Doctora en Derecho por la Universitat Oberta de Catalunya. E-mail: iroviraf@uoc.edu.

miento permanente ante un trabajador a distancia, se pondrán de manifiesto los principales problemas que se plantean, aportando al mismo tiempo determinadas propuestas para su adecuada consideración.

Palabras clave: Establecimiento permanente; Lugar fijo de negocios; Trabajador a distancia; OCDE.

Abstract: The main objective of this study is to clarify under what circumstances a remote employee can create a permanent establishment for their employer, specifically in relation to a fixed place of business (which is the modality not only the most common but also that carries the greatest uncertainty). The significance of its analysis lies essentially in the fact that the detection of such a figure operates mainly as a point of connection when granting the states the power to tax the employer's business profits; as well as in the unprecedented characteristics of distance work (which has become widespread after the Covid-19 pandemic and requires the the adaptation of existing regulations). In particular, as the most frequently referenced text in the Double Taxation Agreements, this study will primarily rely on the Organisation for Economic Co-operation and Development's Model Tax Convention, along with the insights provided by the Fiscal Affairs Committee and the Secretariat of the aforementioned organization. Thus, in addition to determining the requirements that must be considered to determine the existence of a permanent establishment in the aforementioned cases, the main problems that may arise will be highlighted, providing proposals for new criteria at the same time.

Keywords: Permanent establishment; Fixed place of business; Remote employee; OECD.

INTRODUCCIÓN

Una de las principales consecuencias que derivaron de la pandemia de Covid-19 fue la generalización del trabajo a distancia[2], lo que

---

2 A modo de ejemplo, en el caso de España, el porcentaje de establecimientos que optaron por el teletrabajo después de que el Gobierno aprobara el Real Decreto 463/2020, de 14 de marzo, por el que se declaró el estado de alarma en todo el territorio nacional, pasó del 16 al 51,4%, situándose la proporción de la plantilla que lo utilizó en un 46,7%. (AAVV. *Indicador de Confianza Empresarial (ICE). Módulo de Opinión sobre el Impacto de la COVID-19. Segundo semestre de 2020 y primer semestre de 2021*, Instituto Nacional de Estadística, Madrid, 2022, pág. 1). No obstante, conforme el Observatorio nacional de tecnología y sociedad, el total de empresas que lo sigue ofreciendo a sus empleados es del 35%: el 17,7% con carácter total y el 17,3% de forma parcial. (AAVV. *Radiografía del trabajo a distancia. Preferencias y posibilidades de la sociedad española*, Observatorio nacional

queda demostrado por el hecho de que, con el fin principal de proteger los derechos de los empleados, la gran mayoría de estados haya creado normativa específica al respecto. Sin ir más lejos, así puede constatarse en España, donde la extraordinaria y urgente necesidad de su regulación desde el punto de vista laboral legitimó la aprobación del Real Decreto-ley 28/2020, de 22 de septiembre, de Trabajo a Distancia.

En concreto, conforme a la normativa española actual (integrada hoy en la Ley 10/2021, de 9 de julio, del Trabajo a Distancia —LTD—), se define el "trabajo a distancia" como la "forma de organización del trabajo o de realización de la actividad laboral conforme a la cual esta se presta en el domicilio de la persona trabajadora o en el lugar elegido por esta, durante toda su jornada o parte de ella, con carácter regular", quedando configurado el "teletrabajo" como una mera subcategoría de este (apartados a) y b) del art. 2 de la LTD)[3].

En contrapartida, el art. 2.c) de la LTD conceptualiza el "trabajo presencial" como "aquel trabajo que se presta en el centro de trabajo o en el lugar determinado por la empresa", de lo que se desprende que la principal característica definitoria de esta nueva forma de trabajar es que es el empleado y no el empleador quien decide desde dónde se lleva a cabo su prestación laboral (hecho que comparte la regulación *ad hoc* de la mayor parte de países)[4].

---

de tecnología y sociedad y Ministerio de Asuntos Económicos y Transformación Digital, Madrid, 2022, pág. 4).

3 Concretamente, el art. 2.b) de la LTD concibe el "teletrabajo" como "aquel trabajo a distancia que se lleva a cabo mediante el uso exclusivo o prevalente de medios y sistemas informáticos, telemáticos y de telecomunicación".

4 A modo de ejemplo, el art. 152.quáter.H del Código del Trabajo de Chile, introducido por la Ley núm. 21.220, de 24 de marzo de 2020, precisa que no supondrán la realización de trabajo a distancia los supuestos en los que "el trabajador presta servicios en lugares designados y habilitados por el empleador, aun cuando se encuentren ubicados fuera de las dependencias de la empresa", del mismo modo que el art. 1 del Decreto 27/2021, de 20 de enero de 2021, por el que se aprobó la reglamentación de la Ley núm. 27.555 de Régimen Legal del Contrato de Teletrabajo de Argentina, señala que también quedan fuera las prestaciones laborales realizadas "en los establecimientos, dependencias o sucursales de las y los clientes a quienes el empleador o la empleadora preste servicios de manera continuada o regular". No obstante, como contempla el art. 2 de la *Convention du 20 octobre 2020 relative au régime juridique du télétravail* de

Por consiguiente, en tanto que son los trabajadores los que eligen el lugar desde el que trabajar a distancia, pueden verse exponencialmente incrementados los supuestos en los que realizan su prestación laboral desde un país distinto de aquel en el que se encuentra el centro de trabajo al que se hallan adscritos (y más considerando las incipientes políticas de muchos estados que, con el fin de atraer su establecimiento en el propio territorio, les ofrecen tanto ventajas administrativas como de carácter fiscal)[5], lo cual ha abierto un escenario inédito y no menor en materia de fiscalidad internacional.

Y es que la gran mayoría de previsiones relativas a los casos en los que un empleado trabaja desde un estado diferente del de su centro de trabajo fueron pensadas para los supuestos en los que esta divergencia de países no solo era temporal, sino también requerida por la propia prestación laboral. No obstante, en los supuestos de trabajo a distancia, esta disparidad no solo puede ser permanente (y más considerando la distancia que puede haber entre determinados territorios), sino que el país desde el que se decida trabajar a distancia resultará del todo irrelevante a efectos de ejercer el empleo[6].

Luxemburgo, firmada entre la *Confederation of Christian Unions in Luxembourg*, la *Independent Trade Union of Luxembourg, y la Union des Entreprises Luxembourgeoises* y declarada de obligación general por el Reglamento del Gran Ducado de 22 de enero de 2021, parece que, en puridad de términos, estos últimos supuestos no podrán ser considerados trabajo a distancia con independencia de su regularidad.

5 De hecho, así ocurre justamente en España tras la aprobación del visado y el permiso de residencia "por teletrabajo de carácter internacional", creado por el art. 74.bis de la Ley 28/2022, de 21 de diciembre, de fomento del ecosistema de las empresas emergentes. En particular, además de facilitar el traslado de tales empleados a nivel administrativo, puede darles derecho a los beneficios tributarios que, en materia de imposición sobre la renta, integra el "régimen fiscal especial aplicable a los trabajadores, profesionales, emprendedores e inversores desplazados a territorio español", el cual se encuentra regulado en el art. 93 de la Ley 35/2006, de 28 de noviembre, del Impuesto sobre la Renta de las Personas Físicas y de modificación parcial de las leyes de los Impuestos sobre Sociedades, sobre la Renta de no Residentes y sobre el Patrimonio.

6 En este sentido, como apuntan SITARAMAN, RICKS y SERKI, los desajustes de ubicación entre trabajadores y trabajos en el pasado solo podían remediarse moviendo a los trabajadores a donde estaban los trabajos o moviendo los trabajos a la ubicación de los trabajadores, mientras que hoy en día, como destaca NIESTEN, "se ha afianzado la movilidad internacional de los trabajadores y el

Así pues, tras la adaptación de la regulación laboral al trabajo a distancia, también resulta necesario ajustar la tributación a sus especiales características, tanto creando previsiones expresas como determinando la aplicación de las que se encuentran vigentes[7]. Y este contexto, una de las cuestiones más relevantes y polémicas que se plantean en materia de fiscalidad internacional es la de determinar cuándo un trabajador a distancia implicará la existencia de un establecimiento permanente (EP) para su empleador, figura que opera como punto de conexión en los convenios para evitar la doble imposición (CDI) firmados por los Estados a la hora de repartir su potestad tributaria para gravar los rendimientos de actividades económicas (*business profits*)[8].

---

trabajo a distancia", permitiéndose que a las personas puedan sustituir su presencia física por una virtual. (SITARAMAN, Ganesh, RICKS, Morgan y SERKI, Christopher. "Regulation and the Geography of Inequality", *Duke Law Journal*, vol. 70, no. 1763, 2021, pág. 1778; y NIESTEN, Hannelore. "Revising the Fiscal and Social Security Landscape of International Teleworkers in the Digital Age", *Intertax*, vol. 49, no. 2, 2021, pág. 120). Asimismo, destacando la necesidad de adaptación de los criterios de distribución de la potestad tributaria al respecto, véase, entre otros, DE LA FERIA, Rita y MAFFINI, Giorgia. "The Impact of Digitalisation on Personal Income Taxes", *British Tax Review*, no. 2, 2021, pág. 155; AGRAWAL, David y STARK, Kirk. "Will the Remote Work Revolution Undermine Progressive State Income Taxes?", *CESifo Working Paper*, no. 9805, 2022, pág. 3; o KOSTIC, Svetislav. "In Search of the Digital Nomad-Rethinking the Taxation of Employment Income under Tax Treaties", *World Tax Journal*, vol. 11, no. 2, 2019, pág. 224 (quien afirma que "es necesario revisar la comprensión actual de cómo se ejerce el empleo, ya que el concepto de lugar de trabajo está desapareciendo ante nuestros propios ojos").

7 En relación con el ordenamiento jurídico español, véase un análisis pormenorizado de la interpretación que debe darse y los problemas que plantea la normativa tributaria actual, junto a la aportación de determinadas propuestas de reforma, en ROVIRA FERRER, Irene. *La fiscalidad del trabajo a distancia*, Thomson Reuters-Aranzadi, Cizur Menor, 2023 y MORIES JIMÉNEZ, María Teresa. *Fiscalidad del teletrabajo*, Tirant lo Blanch, Valencia, 2023.

8 Al respecto, recuérdese que, con carácter general, la normativa interna de los estados les otorga potestad para gravar la obtención de una renta cuando ostentan la condición de "Estado de residencia" (la cual, conferida por un vínculo personal del contribuyente, como puede ser la permanencia mayoritaria en su territorio, les faculta para gravar la renta mundial que este adquiera) o cuando sean considerados "Estado fuente" (lo que ocurrirá cuando la concreta manifestación de capacidad económica objeto de imposición se haya generado en su territorio). Por consiguiente, puede darse el caso de que varios países, confor-

En concreto, en tanto que texto más seguido a la hora de firmar los respectivos CDI, así lo señala el art. 7 del Modelo de convenio para evitar la doble imposición sobre la renta y sobre el patrimonio de la Organización para la Cooperación y el Desarrollo Económicos (MCOCDE)[9], al establecer que "los beneficios de una empresa de un Estado contratante solamente pueden someterse a imposición en este Estado, a no ser que la empresa realice su actividad en el otro Estado contratante por medio de un establecimiento permanente situado en él" (de modo que, "si la empresa realiza su actividad de dicha manera, los beneficios imputables al establecimiento permanente de conformidad con las disposiciones del apartado 2 pueden someterse a imposición en este otro Estado")[10].

---

me a su respectiva normativa, ostenten potestad para gravar una misma renta (ya sea por tener más de uno la condición de "Estado de residencia" respecto de un mismo sujeto o por tener uno la condición de "Estado de residencia" y otro la de "Estado fuente"), hecho que tratan de evitar mediante la firma de CDI mayoritariamente bilaterales. De este modo, las previsiones de los CDI permiten determinar qué país podrá ostentar finalmente la condición de "Estado de residencia" o, en su caso, si el gravamen de cada tipo de renta podrá gravarse por el "Estado fuente" o el "Estado de residencia". Y es que, como pone de manifiesto CÓNDOR a lo largo de su trabajo, los efectos de la doble imposición internacional, con independencia de su origen, solo pueden ser negativos (CÓNDOR, Ioan. *International Double Tax Avoidance*, Monitorul Oficial, R.A., Bucharest, 1999).

9 Entre las ventajas que han llevado el MCOCDE a ser el modelo más seguido, puede destacarse la homogeneidad de la información de los distintos CDI firmados por un mismo estado, la simplificación a la hora de alcanzar acuerdos bilaterales o, en especial, la posibilidad de contar con los comentarios realizados por el Comité de Asuntos Fiscales de la Organización para la Cooperación y el Desarrollo Económicos (OCDE) a cada uno de sus preceptos para facilitar su interpretación y la resolución de los conflictos de aplicación que se puedan plantear (sin perjuicio de las reservas que puede hacer cada Estado a comentarios concretos y que conllevarán, respecto a los mismos, su no aplicación). Entre otros, véase en este sentido COCKFIELD, Arthur John. "Transforming the Internet into a Taxable Forum: A Case Study in E-Commerce Taxation", *Minnesota Law Review*, no. 85, 2001, pág. 1189.

10 A pesar de que el art. 7 del MCOCDE lleva por título "beneficios de actividades económicas", precisa el art. 3.1.h) que "el término "actividad económica" incluye la prestación de servicios profesionales y la realización de otras actividades de carácter independiente", añadiendo el art. 3.1.c) que "el término "empresa" se aplica al ejercicio de toda la actividad económica".

Y a tal efecto, especifica el apartado 2 que los beneficios imputables al EP en cada Estado contratante "son aquellos que el mismo hubiera podido obtener, particularmente, en sus operaciones con otras partes de la empresa, si fuera una empresa distinta e independiente que realizase actividades idénticas o similares, en las mismas o análogas condiciones, teniendo en cuenta las funciones desarrolladas, los activos utilizados y los riesgos asumidos por la empresa a través del establecimiento permanente y de las restantes partes de la empresa" (sin perjuicio de que, como advierte el apartado 4, "cuando los beneficios comprendan elementos de renta regulados separadamente en otros artículos de este Convenio, las disposiciones de dichos artículos no quedarán afectadas por las del presente artículo").

Por lo tanto, el hecho de que una empresa, empresario o profesional disponga de un EP en un determinado país que no tenga la condición de su "Estado de residencia" (es decir, donde no tenga la obligación de tributar por la obtención de su renta mundial por un criterio de índole personal) tiene una enorme relevancia, ya que permitirá que este país o jurisdicción pueda gravar toda la renta que sea imputable al EP con independencia de su lugar de obtención (quedando obligado el "Estado de residencia" a eliminar la correspondiente doble imposición)[11].

---

[11] En concreto, así se desprende de las líneas maestras del MCOCDE, donde párrafo 25 de su Introducción establece que, cuando las rentas o elementos patrimoniales puedan someterse a imposición, de forma limitada o ilimitada, en el Estado de la fuente o situación, el Estado de residencia estará obligado a eliminar la doble imposición, ya sea mediante el método de exención o por el método de imputación o de crédito. Por su parte, en relación con este último, señala el art. 4 del MCOCDE al delimitar su ámbito subjetivo que por "residente de un Estado contratante" debe entenderse "toda persona que, en virtud de la legislación de ese Estado, esté sujeta a imposición en el mismo en razón de su domicilio, residencia, sede de dirección o cualquier otro criterio de naturaleza análoga, incluyendo también a ese Estado y a sus subdivisiones políticas o entidades locales". Asimismo, deja claro que esta expresión no incluye "a las personas que estén sujetas a imposición en ese Estado exclusivamente por la renta que obtengan de fuentes situadas en el citado Estado o por el patrimonio situado en el mismo", por lo que se excluyen expresamente del ámbito subjetivo del MCOCDE los sujetos que resulten contribuyentes en más de un Estado con base, exclusivamente, en el criterio de territorialidad.

No obstante, la determinación de si existe o no un EP no resulta una cuestión sencilla, considerando, en primer lugar, que el MCOCDE contempla hasta cuatro posibles modalidades de dicha figura: tres de ellas previstas en el art. 5 de MCOCDE (los EP a causa de un lugar fijo de negocios; los EP a causa de una obra o proyecto de construcción o instalación que dure más de 12 meses; y los EP a causa de un agente dependiente); y una que permite pactar a los Estados contratantes si así lo deseen el Comentario 144 del Comité de Asuntos Fiscales al mencionado precepto (los EP a causa de la prestación de servicios).

Además, en cada caso, deben valorarse distintos requisitos a efectos de determinar o no su existencia, hecho que se agrava en tanto que no fueron pensados para la generalización de los supuestos de trabajo a distancia y sus singulares características.

Y en concreto, la modalidad que, al respecto, presenta una mayor controversia es la del EP a causa de un lugar fijo de negocios, cuyo análisis constituye el objeto del presente trabajo.

Así pues, con este estudio se procurarán clarificar y valorar las diferentes condiciones a las que deberá atenderse para determinar si un trabajador a distancia conlleva o no un EP a causa de un lugar fijo de negocios para su empleador, partiendo del propio art. 5 del MCOCDE, de los comentarios realizados al respecto por el Comité de Asuntos Fiscales y, por lo que respecta a las especialidades de los empleados a distancia, de las consideraciones realizadas por el Secretariado de la OCDE en el Informe *Analysis of Tax Treaties and the Impact of the Covid-19 crisis*, de 3 de abril de 2020, y en su actualización (*Updated Guidance on Tax Treaties and the Impact of the COVID-19 Pandemic*, de 21 de enero de 2021).

2. PREVISIONES DEL ARTICULADO DEL MCOCDE PARA LA EXISTENCIA DE LOS ESTABLECIMIENTOS PERMANENTES A CAUSA DE UN LUGAR FIJO DE NEGOCIOS

Las previsiones que contempla el MCOCDE acerca de los EP a causa de un lugar fijo de negocios son ciertamente escasas, empezando el art. 5.1 a definirlos como un lugar “mediante el cual una empresa realiza toda o parte de su actividad”.

En concreto, precisa a tal efecto el apartado 2 que tendrán dicha consideración las sedes de dirección; las sucursales; las oficinas; las fábricas; los talleres; y las minas, los pozos de petróleo o de gas, las canteras o cualquier otro lugar de extracción de recursos naturales.

No obstante, advierte finalmente el art. 5.4 que no conllevarán la existencia de esta modalidad de EP las siguientes actuaciones: la utilización de instalaciones con el único fin de almacenar, exponer o entregar bienes o mercancías pertenecientes a la empresa; el mantenimiento de un depósito de bienes o mercancías pertenecientes a la empresa con el mismo fin mencionado o con la única finalidad de que sean transformadas por otra empresa; el mantenimiento de un lugar fijo de negocios con el único fin de comprar bienes o mercancías, de recoger información para la empresa, o de realizar para la empresa cualquier otra actividad de carácter auxiliar o preparatorio; y el mantenimiento de un lugar fijo de negocios con el único fin de realizar cualquier combinación de las actividades mencionadas, siempre que el conjunto de la actividad que se realice en él resultante de esa combinación conserve su carácter auxiliar o preparatorio.

Así pues, parece que, en realidad, los requisitos expresamente exigidos por el articulado del MCOCDE para la existencia de un EP a causa de un lugar fijo de negocios se limitan básicamente a dos: por una parte, que la empresa disponga de un lugar estable en el que ejerza su actividad económica (ya sea en todo o en parte) y, por otra, que las labores que realice en él no sean únicamente de carácter auxiliar o preparatorio de la actividad principal.

3. PRECISIONES Y CONDICIONES REQUERIDAS POR PARTE DEL COMITÉ DE COMITÉ DE ASUNTOS FISCALES DE LA OCDE

Tal y como se señalaba, cada uno de los preceptos del MCOCDE cuenta con un conjunto de comentarios realizados por el Comité de Asuntos Fiscales de la OCDE desarrollando su interpretación, tanto con el fin de facilitar su aplicación como la resolución de los conflictos que se puedan plantear (sin perjuicio de las reservas que puede hacer cada Estado a comentarios concretos y que conllevarán, respecto a los mismos, su no aplicabilidad).

Pues bien, por lo que se refiere a las dos condiciones que, como se apuntaba, requiere el art. 5 del MCOCDE para la existencia de un EP a causa de un lugar fijo de negocios, pueden destacarse las siguientes exigencias adicionales aplicables en los supuestos de trabajo a distancia precisadas por el mencionado Comité:

– El lugar fijo de negocios debe radicar en un emplazamiento concreto: Conforme a los Comentarios 21 y 35 al art. 5 del MCOCDE, para que un local de negocios constituya un EP, es necesario que esté establecido en un lugar determinado, lo cual no será impedimento alguno en los supuestos de trabajo a distancia. Y es que, justamente, como ocurre en el caso de España, muchas de las regulaciones internas del trabajo no presencial requieren expresamente que se especifique la ubicación desde la que se llevará a cabo la prestación laboral[12].

– La utilización del local por parte de la empresa podrá ser parcial, es decir, que podrá servir también para otras finalidades: A tal efecto, señala el Comentario 10 que el concepto "lugar de negocios" abarca "los locales, instalaciones o equipos utilizados para la realización de las actividades de la empresa, sirvan o no exclusivamente a ese fin", por lo que, en principio, nada impedirá que también se utilice para otros propósitos, como puede ser el de vivienda del empleado[13].

Por consiguiente, como destaca BERETTA, parece que un despacho situado en el domicilio de un trabajador que tenga un doble empleo podrá constituir un EP para dos empresas al mismo tiempo[14]

---

12 A modo de ejemplo, el art. 7.f) de la LTD establece como parte del contenido mínimo obligatorio del necesario acuerdo de trabajo a distancia pactado entre el empleador y el empleado la especificación del "lugar de trabajo a distancia elegido por la persona trabajadora para el desarrollo del trabajo a distancia".

13 De hecho, así lo reconoce el propio Comentario 18, el cual, si bien advierte que no puede llegarse automáticamente a la conclusión de que un despacho situado en el domicilio de un empleado desde el que realiza su actividad laboral constituya un EP para su empleador, admite que podrá comportar su existencia en función de "los hechos y circunstancias de cada caso".

14 BERETTA, Giorgio. ""Work on the Move": Rethinking Taxation of Labour Income under Tax Treaties", *International Tax Studies*, vol. 5, no. 2, 2022, pág. 2.

(aunque también podrá ocurrir, por ejemplo, cuando lo utilice otra persona que conviva con el empleado para el ejercicio de su propia actividad laboral), advirtiendo REIMER que también podrá conllevar su existencia el hecho de que el despacho se utilice para trabajar durante las horas en las que el despacho principal situado en las instalaciones del empleador sea inaccesible[15].

– La empresa, simplemente, debe utilizar el lugar fijo para el ejercicio de su actividad principal: Añade el Comentario 10 que "poco importa que la empresa sea propietaria o arrendataria del local, instalaciones o equipo, o disponga de ellos por otra causa", ya que no será necesario que "tenga un derecho legítimo formal para utilizar el emplazamiento". En particular, lo único que será necesario es que la empresa realmente lo utilice, llegando el Comentario 11 a afirmar que incluso el hecho de que lo ocupe de forma ilegal podrá constituir un EP. Por consiguiente, que sea un empleado de la propia empresa quien le permita su utilización no podrá ser un hecho impeditivo de su existencia[16].

– La utilización del local para la realización de la actividad principal de la empresa debe hacerse de forma regular: En este sentido, el ejercicio de la actividad empresarial debe desarrollarse en el potencial EP con un cierto grado de permanencia, aunque no en el sentido de que no se interrumpa, sino con carácter regular. Así, como especifica el Comentario 28, lo relevante será que la utilización el emplazamiento no sea de índole meramente temporal, sino habitual, salvo en dos casos excepcionales: que así lo requiera la propia naturaleza del negocio desarrollado (lo cual será irrelevante en los supuestos de trabajo a distancia, puesto que la ubicación desde la que se trabaja depende de la libre decisión de los empleados) o que su utilización durante períodos cortos de tiempo se repita regularmente (lo que, por tanto, permitirá la existencia de EP ante el trabajo a distancia parcial).

---

15 REIMER, Ekkehart. "Permanent Establishment", en *Klaus Vogel on Tax Conventions*, Kluwer Law International, Alphen aan den Rijn, 2015, párr. 128 y 132.

16 Partiendo de tales consideraciones, véase LOUKOTA, Helmut, JIROUSEK, Heinz y SCHMIDJELL-DOMMES, Sabine. *Internationales Steuerrecht*, MANZ Verlag Wien, Viena, 2022.

En particular, añade a tal efecto el mismo Comentario que "la experiencia ha demostrado que lo normal es considerar que no existe establecimiento permanente en aquellas situaciones en las que la actividad de negocios se desarrolla en un país a través de una sede que se mantiene durante menos de seis meses", añadiendo al mismo tiempo que, en los casos donde el local se use para la actividad de la empresa durante períodos cortos de tiempo se repitan regularmente, este período de tiempo deberá "considerarse conjuntamente con el número de veces en las que se utiliza" (lo cual puede durar años).

Y es que, como resalta CALDERÓN CARRERO, no hay que olvidar que el fundamento de que el Estado fuente solo pueda tener potestad tributaria para gravar los beneficios de las actividades económicas de un empresario, profesional o empresa cuando opere en su territorio mediante un EP es la idea internacionalmente aceptada de que, cuando disponen de uno, participan de forma relevante en su vida económica (hecho que es el que genera el vínculo necesario para la legitimación de la correspondiente potestad tributaria), lo cual solo será posible si su presencia en el respectivo territorio no es meramente puntual[17].

– Las actuaciones realizadas en el local deben ser parte de la actividad principal de la empresa, aunque pueden consistir en la prestación laboral de los empleados: En concreto, especifica el Comentario 6 que, cuando el art. 5.1 del MCOCDE requiere que la empresa lleve a cabo toda o parte de su actividad a través del potencial EP, significa "habitualmente que las personas que de un modo u otro dependen de la empresa (el personal) realizan las actividades de la empresa en el Estado en que está situado el lugar fijo".

Sin embargo, como se señalaba, el art. 5.4 del MCOCDE excluye la existencia de esta modalidad de EP cuando las actividades que se realicen en el local sean exclusivamente de carácter auxiliar o preparatorio, lo que el Comentario 58 considera que se debe a que, en tales casos, su influencia en el desarrollo de la actividad empresarial

---

17 CALDERÓN CARRERO, José Manuel. "Comentarios al artículo 7", en *Comentarios a los convenios para evitar la doble imposición y prevenir la evasión fiscal concluidos por España (Análisis a la luz del Modelo de Convenio de la OCDE y de la legislación y la jurisprudencia española)*, Fundación Pedro Barrié de la Maza-Instituto de Estudios Económicos de Galicia, La Coruña, 2004, pág. 414.

será muy reducida (de modo que no se generará el vínculo mínimo necesario entre las rentas objeto de gravamen y el Estado fuente para que quede legitimada su imposición).

Por ello, señala el Comentario 59 que las actividades realizadas por la empresa en el correspondiente EP deben constituir en sí mismas "una parte esencial y significativa de las actividades del conjunto de la empresa", lo que el MCOCDE garantiza, pues, con esta exclusión de las labores que solo sean preparatorias o auxiliares y la exigencia de la regularidad.

No obstante, es importante destacar que, con el fin de evitar la fragmentación de las actividades realizadas en un mismo Estado para que ninguna de ellas, individualmente considerada, deje de tener el carácter de preparatorio o auxiliar, el art. 5.4.1 del MCOCDE excluye la aplicación del art. 5.4 cuando la empresa en cuestión u otra estrechamente vinculada desarrollen actividades económicas en el mismo lugar o en otro del mismo Estado y, además de constituir funciones complementarias de una actividad cohesionada:

a) Alguno de estos lugares conllevan la existencia de un EP a causa de un lugar fijo de negocios de la empresa o de la empresa estrechamente vinculada.

b) O el conjunto de la actividad llevada a cabo por la empresa y por sus eventuales empresas vinculadas en el mismo lugar o en otro del mismo Estado no tenga carácter preparatorio o auxiliar[18].

– La cuestionable exigencia de que, para que un despacho situado en el domicilio de un empleado constituya un EP de dicha modalidad, el empleador debe haberle requerido su uso para el ejercicio de la actividad laboral: A tal efecto, establece el Comentario 18 que, cuando una oficina situada en el domicilio de un trabajador "se use de forma continuada para ejercer una actividad para una empresa y de los hechos y circunstancias del caso pueda concluirse claramente que la empresa ha obligado a esa persona a utilizar ese emplazamiento para el ejercicio de la actividad (por ejemplo, no proporcionando

---

18 En relación con tales previsiones y, especialmente, por lo que respecta a su finalidad, véase MARTÍN JIMÉNEZ, Adolfo. "Preventing the artificial avoidance of PE Status", en *United Nations Papers on Selected Topics in protecting the tax bases of developing countries*, Naciones Unidas, New York, 2014, pág. 7.

un despacho a un empleado cuando las circunstancias de su trabajo claramente lo requieran"), podrá determinarse la existencia de un EP.

Asimismo, precisa el Comentario 19 en sentido inverso que, "cuando un trabajador transfronterizo lleva a cabo la mayor parte de su trabajo desde su domicilio situado en otro Estado, en lugar de desde la oficina puesta a su disposición en el otro Estado, no debe considerarse que el domicilio está a disposición de la empresa, ya que esta no le ha exigido que use su casa para el ejercicio de la actividad".

No obstante, en relación con estas últimas consideraciones, es importante tener en cuenta varios aspectos cuestionables, empezando por el hecho de que el poder de disposición sobre el pertinente local por parte del empleador no se requiere en el articulado del MCOCDE, sino únicamente por los Comentarios del Comité de Asuntos Fiscales de la OCDE y, además, de forma no homogénea (ya que, como se señalaba, el propio Comentario 11 admite la existencia de esta modalidad de EP en los casos de ocupación ilegal)[19].

Además, el hecho de impedir la existencia de este tipo de EP cuando, a pesar de que el empleador no hubiera requerido el uso del domicilio del empleado para trabajar, sí que lo hubiera aceptado, implicaría que, por definición, ningún trabajador a distancia lo podría conllevar, a pesar de que lo único que exige realmente el art. 5 del MCOCDE a la hora de regular dicha figura es que exista un lugar fijo de negocios mediante el cual una empresa realice toda o parte de su actividad principal (y no meramente actuaciones preparatorias o auxiliares de esta).

Y todo ello sin olvidar que, de conformidad con el art. 31.1 del Convenio de Viena sobre el Derecho de los Tratados, adoptado el 23 de mayo de 1969 (en cuyo ámbito objetivo quedan incluidos los

---

19 En este sentido, véase BÁEZ MORENO, quien señala que "cualquier decisión sobre la existencia de un EP que dependa del requisito de que esté 'a disposición' del empleador siempre va a ser problemática, considerando que ni el requisito es contenido en la literalidad del artículo 5.1 del modelo, ni siquiera ha sido homogéneo el abordaje del mismo en los comentarios". (BÁEZ MORENO, Andrés. "Unnecessary and Yet Harmful: Some Critical Remarks to the OECD Note on the Impact of the COVID-19 Crisis on Tax Treaties", *Intertax*, vol. 48, no. 8-9, 2020, págs. 817-818).

CDI), la regla general es que deben interpretarse "de buena fe conforme al sentido corriente que haya de atribuirse a los términos del tratado en el contexto de estos teniendo en cuenta su objeto y fin", por lo que la interpretación de cuándo existe el EP aquí estudiada, aparte de no poder ser rígida, debe adaptarse a las circunstancias de cada caso y regirse por la finalidad de los preceptos que regulan su constatación.

Por consiguiente, lo que realmente debe considerarse a la hora de valorar su existencia es si, en realidad, existe "un asentamiento operativo lo bastante sustancial y significativo como para ser considerado establecimiento permanente" o, en otras palabras, si "existe un grado de implantación operativa de la entidad no residente en el Estado de la fuente que le legitima para gravar los beneficios empresariales generados en su territorio de modo fijo y estable"[20], ya que, como precisó el Tribunal Supremo español, "la idea básica es la existencia de una organización que gestiona una actividad en un lugar fijo de actividad, de negocios, una instalación, una sede operativa, a través de la cuál una empresa no residente, sin constituir una sociedad mercantil con personalidad jurídica propia, opera habitualmente en otro Estado"[21].

Y a tal efecto, no cabe la menor duda de que el hecho de que un trabajador solicite trabajar desde su domicilio situado en otro Estado y que así lo acepte su empleador en ningún caso impedirá tales cuestiones, ya que, mediante la conformidad de este último, no solo quedará puesta de manifiesto su intencionalidad de que uno de sus empleados trabaje desde otro Estado, sino que también obtendrá la facultad de disponer del pertinente emplazamiento para el ejercicio de su actividad económica[22].

---

20 Resolución TEAC 00/00221/2009/00/00, de 20 de diciembre de 2012.

21 STS de 8 de octubre de 2009 (rec. núm. 9436/2003).

22 En este sentido, véase la Declaración *EAS-Auskunft des BMF vom 27.06.2019, BMF-010221/0323-IV/8/2018*, del Ministerio Federal de Hacienda de Austria de 27 junio de 2020, donde se precisaron los criterios para que una oficina situada en el domicilio de un empleado (*home office*) en Austria constituya un EP según su normativa y los CDI firmados por el Estado (los cuales siguen mayoritariamente el MCOCDE). Y es que, como precisa en ambos casos, el hecho de que el empleado realice su trabajo desde su domicilio en una medida significativa en

– Finalmente, resulta también cuestionable la relevancia de que el empleador proporcione o tenga a disposición de los empleados un despacho o local en el que puedan ejercer su prestación laboral que también destaca el Comité: Tal y como se señalaba, del Comentario 19 se desprende que, si un empleador ofrece o tiene a disposición de sus empleados un despacho o local para que trabajen presencialmente, el trabajo que realicen desde su domicilio no podrá constituir la presente modalidad de EP. No obstante, en la misma línea acabada de señalar, parece que este hecho también resultará del todo irrelevante, ya que, sin ir más lejos, ello excluiría su existencia ante el trabajo a distancia parcial (incluso dándose todas las condiciones previstas por el art. 5 del MCOCDE para su procedencia).

Así pues, y a pesar de la relevancia de que el Comité de Asuntos Fiscales se haya referido al trabajo a distancia en sus comentarios al mencionado art. 5, no cabe la menor duda de la necesidad de replantear y adaptar su interpretación a realidad actual, y es que la prueba más evidente de su desconexión se refleja literalmente en las últimas consideraciones del propio Comentario 19: "dado que la gran mayoría de los empleados residen en un Estado donde su empleador tiene a su disposición uno o más lugares de negocios a los que rinden cuentas estos empleados, la cuestión de si un despacho en el domicilio constituye o no un emplazamiento a disposición de una empresa se planteará en la práctica en pocas ocasiones".

4. CONSIDERACIONES ESTABLECIDAS POR EL SECRETARIADO DE LA OCDE EN LOS SUPUESTOS DE TRABAJADORES A DISTANCIA

Finalmente, por su relación directa con los supuestos aquí estudiados, procede resaltar las consideraciones más relevantes que, al respecto, fijó tanto el Informe *Analysis of Tax Treaties and the Impact of the Covid-19 crisis,* de 3 de abril de 2020, realizado por el Secretariado de la OCDE, como su actualización (*Updated Guidance on Tax Treaties and the Impact of the COVID-19 Pandemic,* de 21 de enero de 2021).

---

coordinación con el empleador "otorga al empleador el poder de disposición *de facto* al realizar el trabajo".

Y a tal efecto, su mayor aportación consistió en dejar claro que los empleados que trabajaron desde su domicilio como medida de salud pública impuesta o recomendada por al menos uno de los gobiernos de las jurisdicciones involucradas para evitar la propagación del virus COVID-19 no podían conllevar un EP a causa de un lugar fijo de negocios para su empleador.

Así, aparte de reiterar también los dos últimos requisitos ya cuestionados en el apartado anterior que exige el Comité de Asuntos Fiscales[23], la precisión relevante que establecieron fue que no podrá proceder esta modalidad de EP si el ejercicio de la prestación laboral desde un país distinto del Estado de residencia del empleador se debe a causas de fuerza mayor y no a la voluntad de este último, hecho que, tanto por cuestiones de legitimidad impositiva como de simplificación administrativa, parecería trasladable a cualquiera de los otros tipos de EP que contempla el MCOCDE.

De todos modos, en relación directa con la voluntad del empleador a tal efecto, es importante destacar por último que, a la hora de valorarla, resultará del todo irrelevante si este suministra o no a los trabajadores los elementos necesarios para el desarrollo de su prestación laboral a distancia o les abona los gastos que conlleve su ejercicio, y es que tales aspectos, en garantía de los derechos de los trabajadores, vienen requeridos por la mayor parte de normativas nacionales del propio trabajo a distancia (sin olvidar que su aprobación mayoritaria vino justamente requerida por la pandemia de Covid-19 y que, por consiguiente, resultaron exigibles incluso los casos de fuerza mayor)[24].

---

23 A modo de ejemplo, véase el punto 16 del *Updated Guidance on Tax Treaties and the Impact of the COVID-19 Pandemic*, donde deja claro que el trabajo realizado por los empleados desde su domicilio radicado en otro país a causa de las circunstancias excepcionales provocadas por la pandemia de Covid-19 no podía conllevar este tipo de EP para el empleador, ya que, aparte de que esta forma de trabajar careció de un grado suficiente de permanencia o continuidad (lo cual, ciertamente resulta incuestionable), no pudo considerarse que el despacho estuviera "a disposición" del empleador, sin olvidar que este todavía proporcionaba un local que, en ausencia de medidas de salud pública, estaba disponible para los correspondientes empleados.

24 Por lo que respecta a la previsión de tales deberes de los empleadores, véanse los arts. 7, 11 y 12 de la LTD, el actual art. 75-D de la *Consolidação das Leis do*

5. CONCLUSIONES

Uno de los aspectos más relevantes que, en materia de fiscalidad internacional, requiere la generalización del trabajo a distancia es la clarificación de cuándo un trabajador a distancia conlleva la existencia de un EP para su empleador no residente, considerando que opera como criterio de reparto de la potestad tributaria de los Estados a la hora de gravar los rendimientos de las actividades económicas en la mayor parte de CDI (los cuales siguen generalmente el MCOCDE).

Particularmente, la modalidad de EP que más dudas plantea al respecto es la causada por un lugar fijo de negocios, ya que, si bien el MCOCDE admite que los empleados a distancia puedan comportar su constatación, deben valorarse diferentes condiciones en cada caso concreto y no todas las que hoy se requieren vienen exigidas por su articulado.

No obstante, como señaló el Secretariado de la OCDE, el principal criterio que procederá evaluar es si el concreto trabajo no presencial es requerido por causas de fuerza mayor, pudiéndose concluir directamente la inexistencia de un EP en caso de que así sea.

Sin embargo, de haber sido aceptado por el empleador, parece que las circunstancias que deberán examinarse para determinar la procedencia de esta modalidad de EP pueden concretarse en las siguientes: si la prestación laboral del trabajador a distancia implica el ejercicio de la actividad principal del empleador; si no se limita a llevar a cabo labores preparatorias o auxiliares de esta (sin perjuicio de las salvedades mencionadas cuando el empleador o una empresa

---

Trabalho de Brasil, el art. 67 de la Ley griega 4808/2021, de 19 de junio de 2021; el Decreto Presidencial N° 52/22 de Angola, de 17 de febrero de 2022; el art. 2 de la Ley de Teletrabajo N° 27.555 de Argentina, de 31 de julio de 2020; los arts. 152.quáter, 152.quáter.O y 152.quáter.G de la Ley de Chile N° 21.220, de 24 de marzo de 2020; los arts. 7°.2 y 10° de la Ley colombiana 2121, de 3 de agosto de 2021; los actuales arts. 330-B, E, H e I de la Ley Federal del Trabajo de México; los vigentes arts. 166°, 168° y 169° del *Código do Trabalho* de Portugal; el actual art. 52 del Código Laboral de Eslovaquia; los arts. 14/4 a 14/6 de la Ley turca N° 4857 del Trabajo, junto con los arts. 5 y 7 del Reglamento turco 31419 del Trabajo a Distancia; las *Occupational Safety and Health References Guidelines on Working from Home*, aprobadas por el Ministerio de Trabajo de Taiwán el 23 de junio de 2021; o el Capítulo 49.1 del *Labor Code of the Russian*, modificado por la Ley Federal rusa N° 407-FZ.

directamente vinculada tengan presencia en el país en cuestión más allá de la que implica el propio trabajador); y si el trabajo a distancia es habitual (en el sentido de no puntual, ya sea previéndose por un mínimo de seis meses o de forma regular —por lo que no constituye obstáculo alguno el hecho de que sea parcial—).

Finalmente, y a pesar de su reconocimiento por el Comité de Asuntos Fiscales y el Secretariado de la OCDE, parece será del todo irrelevante que el empleador haya ordenado el ejercicio de la prestación laboral desde el correspondiente país del que no sea residente (teniendo en cuenta que, de ser así, quedarían excluidos todos los supuestos de trabajo a distancia), del mismo modo que resultará indiferente que suministre los elementos necesarios para el desarrollo de la actividad laboral o que compense a los trabajadores los gastos de su ejercicio (ya que, en cualquier caso, así lo requieren la mayor parte de normativas nacionales).

REFERENCIAS BIBLIOGRÁFICAS

AAVV. *Indicador de Confianza Empresarial (ICE). Módulo de Opinión sobre el Impacto de la COVID-19. Segundo semestre de 2020 y primer semestre de 2021*, Instituto Nacional de Estadística, Madrid, 2022.

AAVV. *Radiografía del trabajo a distancia. Preferencias y posibilidades de la sociedad española*, Observatorio nacional de tecnología y sociedad y Ministerio de Asuntos Económicos y Transformación Digital, Madrid, 2022.

AGRAWAL, David y STARK, Kirk. "Will the Remote Work Revolution Undermine Progressive State Income Taxes?", *CESifo Working Paper*, no. 9805, 2022.

BÁEZ MORENO, Andrés. "Unnecessary and Yet Harmful: Some Critical Remarks to the OECD Note on the Impact of the COVID-19 Crisis on Tax Treaties", *Intertax*, vol. 48, no. 8-9, 2020.

BERETTA, Giorgio. ""Work on the Move": Rethinking Taxation of Labour Income under Tax Treaties", *International Tax Studies*, vol. 5, no. 2, 2022.

CALDERÓN CARRERO, José Manuel. "Comentarios al artículo 7", en *Comentarios a los convenios para evitar la doble imposición y prevenir la evasión fiscal concluidos por España (Análisis a la luz del Modelo de Convenio de la OCDE y de la legislación y la jurisprudencia española)*, Fundación Pedro Barrié de la Maza-Instituto de Estudios Económicos de Galicia, La Coruña, 2004.

COCKFIELD, Arthur John. "Transforming the Internet into a Taxable Forum: A Case Study in E-Commerce Taxation", *Minnesota Law Review*, no. 85, 2001.

CÓNDOR, Ioan. *International Double Tax Avoidance,* Monitorul Oficial, R.A., Bucharest, 1999.

DE LA FERIA, Rita y MAFFINI, Giorgia. "The Impact of Digitalisation on Personal Income Taxes", *British Tax Review,* no. 2, 2021.

KOSTÍC, Svetislav. "In Search of the Digital Nomad-Rethinking the Taxation of Employment Income under Tax Treaties", *World Tax Journal,* vol. 11, no. 2.

LOUKOTA, Helmut, JIROUSEK, Heinz y SCHMIDJELL-DOMMES, Sabine. *Internationales Steuerrecht,* MANZ Verlag Wien, Viena, 2022.

MARTÍN JIMÉNEZ, Adolfo. "Preventing the artificial avoidance of PE Status", en *United Nations Papers on Selected Topics in protecting the tax bases of developing countries,* Naciones Unidas, New York, 2014.

MORIES JIMÉNEZ, María Teresa. *Fiscalidad del teletrabajo,* Tirant lo Blanch, Valencia, 2023.

NIESTEN, Hannelore. "Revising the Fiscal and Social Security Landscape of International Teleworkers in the Digital Age", *Intertax,* vol. 49, no. 2, 2021.

REIMER, Ekkehart. "Permanent Establishment", en *Klaus Vogel on Tax Conventions,* Kluwer Law International, Alphen aan den Rijn, 2015.

ROVIRA FERRER, Irene. *La fiscalidad del trabajo a distancia,* Thomson Reuters-Aranzadi, Cizur Menor, 2023.

SITARAMAN, Ganesh, RICKS, Morgan y SERKI, Christopher. "Regulation and the Geography of Inequality", *Duke Law Journal,* vol. 70, no. 1763, 2021.

LA ENFERMEDAD MENTAL EN EL DERECHO PENAL: UN ANÁLISIS DE ACTUALIDAD

JESÚS RUIZ POVEDA[1]

SUMARIO: INTRODUCCIÓN. 2. EL TRATAMIENTO JURÍDICO DE LA ENFERMEDAD MENTAL A LO LARGO DE LA HISTORIA PENAL ESPAÑOLA. 3. RESPONSABILIDAD PENAL Y ANOMALÍAS PSÍQUICAS. CONFIGURACIÓN JURÍDICO-PENAL ACTUAL. 4. LAS MEDIDAS DE SEGURIDAD COMO ALTERNATIVA A LA PENA. 5. CONCLUSIONES: EL DERECHO PENAL TAMBIÉN SIRVE PARA CUIDAR A LAS PERSONAS. REFERENCIAS BIBLIOGRÁFICAS.

INTRODUCCIÓN

Si nos preocupásemos por intentar averiguar cuál es el origen de la enfermedad mental en la historia humana observaríamos con gran desaliento que esta tarea sería hartamente complicada entendiendo que, desde el origen de los tiempos, el ser humano ha sufrido patologías que, aún sin saber sobre ellas, o sobre su sintomatología y desarrollo, han afectado (de uno u otro modo) al grado de conocimiento de las acciones más esenciales que todos desarrollamos en nuestra vida cotidiana, comprendiendo así, que la enfermedad mental convive con nosotros de una manera silenciosa pero tristemente potente en cuanto a los efectos negativos que tiene sobre el comportamiento humano.

Hablaba LEGANÉS GÓMEZ[2] de la racionalidad intrínseca del ser humano y afirmaba que a pesar de perder la razón (parcial o totalmente) a causa de la enfermedad, el ser humano no deja de serlo por el hecho de su irracionalidad sobrevenida sino que su condición

---

1 Profesor Ayudante de Derecho Pena Universidad de Castilla- La Mancha

2 LEGANÉS GÓMEZ, S. "Enfermedad Mental y Delito (perspectiva Jurídica y Criminológica)" *en La Ley Penal nº 76,* Ed. Wolters Kluwer. 2010. Pág. 1

humana se reafirma con mayor nitidez mostrando también así, la fragilidad inherente a las personas que necesitan de nuestra atención.

Por suerte o por desgracia, todas estas premisas y preocupaciones sobre la enfermedad mental, se han convertido en un tema de rabiosa actualidad puesto que, de un tiempo a esta parte, venimos observando cómo la enfermedad mental se visibiliza en toda clase de medios, instituciones y entidades que muestran su preocupación por el aumento de estas patologías, especialmente entre nuestros jóvenes y que requieren de un tratamiento específico, en muchos ámbitos de nuestra sociedad y también por supuesto, en el ámbito del Derecho y específicamente también en el Derecho Penal.

Como sabemos, el Derecho Penal, es el encargado de salvaguardar en última instancia los principales y fundamentales valores de nuestra sociedad configurados como bienes jurídicos a proteger, imponiendo las sanciones más graves de nuestro ordenamiento jurídico a aquellas personas que atenten contra dichos bienes, pero ¿cómo incardinamos aquí la presencia de la enfermedad mental? ¿Qué tratamiento jurídico-penal reciben las personas que sufren de estas patologías? Y en definitiva, debemos contestar a la pregunta de qué actuaciones debe acometer el Derecho Penal para cumplir con sus propósitos atendiendo también a las necesidades humanas derivadas de la enfermedad.

2. EL TRATAMIENTO JURÍDICO DE LA ENFERMEDAD MENTAL A LO LARGO DE LA HISTORIA PENAL ESPAÑOLA

Como ya hemos señalado, el concepto de enfermedad mental ha estado siempre vinculado al ser humano pero, interesa conocer cuál ha sido el tratamiento que nuestra sociedad ha ido dando a este tipo de enfermedad cuando afecta al comportamiento social y por tanto requiere (a priori) de un reproche penal.

En primer lugar, en el Código penal de 1822[3] en su artículo diez del Capítulo II ya se ponía de manifiesto la definición de lo que era

---

3 Código Penal Español. Promulgado el 9 de Julio de 1822. Madrid.

considerado un delincuente: "todo español o extranjero que dentro del territorio de las Españas cometa un delito o culpa, será castigado sin distinción alguna con arreglo a este código, sin que a nadie sirva de disculpa la ignorancia de lo que en él dispone; salvas las excepciones pulgadas en los tratados existentes en otras Ponencias".

En este mismo código se establece también en su artículo 23 que, "los menores de siete años no serán considerados como delincuentes en ningún caso". Si el mayor de esta edad, no hubiese cumplido aún los diecisiete, y cometiese alguna acción violenta, este código ya contemplaba la examinación y declaración de éste mediante juicio para valorar si ha obrado o no con lo que se denominaba "discernimiento" y "malicia" y contemplar si estaban "más o menos" desarrolladas sus facultades intelectuales. Así como también, en su artículo 26, se enunciaba lo siguiente: "Tampoco se puede tener por delincuente ni culpable al que comete la acción hallándose dormido, o en estado de demencia o delirio, o privado del uso de su razón de cualquiera otra manera independiente de su voluntad. La embriaguez voluntaria y cualquiera otra privación o alteración de la razón de la misma clase no serán nunca disculpa del delito que se corneta en este estado, ni por ella se disminuirá la pena respectiva".

Con todo ello, lo que venimos a destacar, es que en este primer código penal de nuestra historia, ya se hacía de algún modo referencia a la necesidad de valorar conceptos tales como la "demencia" o el "delirio" y también la capacidad de "discernimiento" en el ámbito de la imputación de un delito lo que evidencia ya una primaria preocupación porque el delincuente comprenda la ilicitud de los hechos que ha realizado como esencia de la imputabilidad.

El segundo código que analizamos es el Código penal de 1848[4] y en él se comienzan a diferenciar por primera vez, en el Capítulo II las circunstancias que eximen de responsabilidad criminal. En su artículo 8 apartado 1° se dispone de lo siguiente: "están exentos de responsabilidad penal: el loco o demente, a no ser que haya obrado en un intervalo de razón". Entendiendo aquí por "loco" o "demente" a toda persona que sufre la pérdida de las facultades mentales o la pre-

---

4 Código Penal Español, aprobado por Real Decreto de 19 de marzo de 1848. Madrid.

sencia de las mismas perturbadas o trastornadas. También se añade que: "cuando el loco o demente hubiere ejecutado un hecho que la ley califique de delito grave, el Tribunal podrá decretar su reclusión a uno de los hospitales destinados a los enfermos de aquella clase, de la cual no podrá salir sin previa autorización del mismo Tribunal. En otro caso, será entregado a su familia bajo fianza de custodia; y no presentándola, se observará lo dispuesto en el párrafo anterior"

De aquí, extraemos ya la primera referencia expresa a una exención de responsabilidad penal a causa de afectaciones mentales y también a lo que sería una suerte de medida de seguridad tal cual las conocemos hoy en día exponiendo la posibilidad de enviar a estas personas a hospitales habilitados a tal efecto.

La Constitución de 1869 obligó a reformar el código penal con gran rapidez, dando lugar al Código penal de 1870[5]. En éste, se realizaron algunas modificaciones de delitos y entre ellas, a nuestro interés cabe destacar la siguiente: en las circunstancias eximentes que se contemplan en el Título primero sobre los delitos y faltas, y de las circunstancias que eximen de responsabilidad criminal, la atenúan o la agravan, en el Capítulo II, en el artículo 8, apartado 1° ahora se habla de: "el imbécil o el loco, a no ser que este haya obrado en un intervalo de razón", ampliando así de algún modo, los conceptos anteriormente desarrollados en este sentido.

Seguidamente, en el Código penal de 1928[6] en el Titulo II, Capitulo II se habla de la irresponsabilidad penal y no de circunstancias eximentes, y es en su sección primera donde destacamos la aparición de las causas de inimputabilidad que de algún modo y exponía el artículo 55 al decir que "es irresponsable el que, en el momento de ejecutar la acción u omisión punible, se hallare en estado de perturbación o debilidad mental, de origen patológico, que priven necesariamente y por completo su conciencia de la aptitud para comprender la injusticia de sus actos, o a su voluntad para obrar de

---

5 Código Penal Español, aprobado por la Ley de 18 de junio de 1870 "del código Penal". Madrid.

6 Código Penal Español, aprobado por Real Decreto-Ley de 13 de septiembre de 1928. Madrid.

acuerdo con ella, siempre que no se hubiera colocado en ese estado voluntariamente."

Con la llegada de la República se propuso por el gobierno provisional la reforma del antiguo CP de 1870 para que se pudiera aguardar a la legislación innovadora. Por esta razón, se realizaron modificaciones que se materializaron en el Código penal de 1932[7] y en lo que nos concierne, de las circunstancias que eximen la responsabilidad criminal, se habla por primera vez de trastorno mental en el CP y desarrolla (como ya se hacía de algún modo en el código anterior) el concepto de la "actio liberae in causa" a través de la cual la provocación voluntaria de la situación de enajenación mental no exime de responsabilidad penal. Así, se regula en el artículo 8 apartado 1° del código del 32: "están exentos de responsabilidad criminal: el enajenado y el que se halle en situación de trastorno mental transitorio, a no ser que este haya sido buscado a propósito".

El Decreto de 23 de diciembre de 1944 aprueba y promulga el Código Penal (como texto refundido). En este Código penal de 1944, por tanto no se produjo una reforma como tal, ni una obra nueva, si no que se redactó una edición renovada o actualizada del antiguo Código Penal, suprimiendo, entre otras adaptaciones, las alusiones al régimen de la república. En este sentido, se mantuvo lo dispuesto en el código anterior sobre las circunstancias eximentes, excepto en lo relativo a la edad, pues los preceptos anteriores establecían como inimputables los menores de nueve años, y en este se establece el rango de edad al menor de dieciséis años.

Después de todo ello, llegamos al Código Penal de la democracia (1995)[8], que permanece vigente en la actualidad en el que fruto del desarrollo de todo lo anterior encontramos una clara actuación para el correcto abordaje de la enfermedad mental en el Derecho Penal y su desarrollo en el sentido que veremos a continuación.

---

7 Código Penal Español, aprobado a través de la Ley de 27 de octubre de 1932 que autorizaba al ministro para publicar el código penal. Madrid.

8 Ley Orgánica 10/1995 de 23 de noviembre, Del Código Penal. 1995. Madrid.

3. RESPONSABILIDAD PENAL Y ANOMALÍAS PSÍQUICAS. CONFIGURACIÓN JURÍDICO-PENAL ACTUAL

Para contestar las preguntas que exponíamos al inicio del presente estudio, se hace necesario conocer cuál es la situación actual de la enfermedad mental dentro de nuestro Derecho Penal. Pues bien, en nuestro Código Penal vigente, la respuesta jurídica a la enfermedad mental se materializa en la existencia de una eximente completa de responsabilidad penal (art. 20.1) que actúa cuando el sujeto (al tiempo de cometer la infracción penal) presenta cualquier "anomalía" o "alteración psíquica" que no le permitan comprender la ilicitud del hecho o actuar conforme a dicha comprensión.

Por ello, para comprender el alcance de esta norma, debemos analizar los elementos que en ella se exponen: por un lado desde el punto de vista terminológico en referencia a los conceptos de "anomalía" definida por la RAE como "defecto en el funcionamiento" y "alteración psíquica" definida en el marco del verbo "alterar" como un "cambio en la esencia de algo", lógicamente, aplicando este concepto a la psique humana, debemos entender la alteración psíquica como un cambio en la esencia del pensamiento humano, o como más concretamente definen autores como MATEO ALAYA[9], el concepto de "anomalía" equivale a deformidad, defecto en una parte del organismo, o también perturbación connatural o adquirida del cuerpo humano. Y el término "alteración" es la perturbación o trastorno en este caso, psíquico, de algunas de sus funciones o globalmente.

De estos conceptos generales, se derivan otros dos elementos que gozan de un contenido más jurídico como son los conceptos de "capacidad intelectiva (o cognitiva)" y "capacidad volitiva" definidos como la capacidad del sujeto interviniente en el delito de conocer y entender lo que está haciendo y además poder comprender y manifestar su deseo de llevarlo a cabo. Todo ello, se ha de enmarcar en el ámbito de nuestra Teoría Jurídica del Delito que define al mismo como el comportamiento humano típicamente antijurídico

---

9 MATEO ALAYA, E.J., *La imputabilidad del enfermo psíquico: un estudio de la eximente de la anomalía o alteración psíquica en el código penal español,* Higuera Guimerá, J.F. (Prólogo), Instituto de criminología de la Universidad Complutense de Madrid, Madrid, 2003, p. 109.

y culpable[10] centrándonos, como resulta evidente, en el elemento de la culpabilidad entendida como la reprochabilidad personal por la acción típica y antijuridica cometida, fundada en la capacidad de obrar de otro modo del sujeto actuante en la situación concreta en la que realizó el hecho[11], así la culpabilidad, por tanto, es un juicio sobre la persona del autor en virtud de haber ocasionado la lesión o puesta en peligro de un bien jurídico, no obstante, teniendo otras posibilidades de actuación menos lesivas o dañinas del bien jurídico[12]. Esta distinción es la más importante y difícil de comprender en la teoría jurídica del delito ya que la culpabilidad requiere también comprobar, que el autor de la infracción que ya ha tenido lugar tuvo la capacidad de evitarla[13].

Así las cosas, dentro del elemento de la culpabilidad encontramos plenamente relacionado el de la imputabilidad, como figura en la que se materializan estas capacidades de comprender la ilicitud del hecho y actuar conforme a dicha comprensión, de ello, podemos afirmar que la imputabilidad requiere de dos elementos: a) la capacidad de comprender lo injusto del hecho y, b) la capacidad de dirigir u obrar la actuación conforme a dicho entendimiento. Este concepto exige que el autor del hecho antijurídico se encuentre bajo unas facultades psíquicas y un grado de madurez suficiente para ser considerado culpable o para comprender la ilicitud o licitud de sus acciones. En sentido complementario a todo esto, también encontramos otros autores como MUÑOZ CONDE Y GARCÍA ARÁN, los cuales determinan que la inimputabilidad no puede atender únicamente a facultades intelectuales y volitivas, pues señalan, que es evidente que no se puede reducir a ellas toda la amplia gama de las demás facultades psíquicas. Para ellos, las alteraciones en la memoria, en la afectividad, el pensamiento o, de la misma motivación, son facultades que

---

10 MIR PUIG, S., *Derecho penal. Parte General*[10], Reppertor, Barcelona, 2016, p. 146.

11 URRUELA MORA, A., *La imputabilidad en el derecho penal. Causas de inimputabilidad,* en ROMEO CASABONA, C.M., SOLA RECHE E., BOLDOVA PASAMAR, M.A. (Coordinadores): Derecho Penal. Parte General. Introducción Teoría Jurídica del Delito, 2ª ed., Comares, Granada, 2016, p. 269.

12 LACABA SÁNCHEZ, F., Los límites de la culpabilidad, *en Diario La Ley,* Wolters Kluwer. 1999.

13 CUELLO CONTRERAS, J. y MAPELLI CAFFARENA, B. *Curso de derecho penal. Parte general.* Tecnos (Grupo Anaya, S.A.), Madrid, 2011, p. 101.

son también el motor de nuestros actos, por ello, concluyen en que el Derecho Penal debe dar relevancia eximente o atenuante a cualquier trastorno relevante en la capacidad de la motivación del sujeto[14].

En cualquier caso, podemos afirmar que el autor ha de actuar atendiendo a los hechos con capacidad de culpabilidad o que la conducta se haya realizado de forma culpable[15]. Para ello, y con la finalidad de realizar el juicio pertinente sobre la inimputabilidad que debemos analizar en todos los supuestos para la aplicación de la eximente, deben concurrir simultáneamente tres criterios enunciados por la doctrina[16]:

a) Criterio cualitativo: relativo a la naturaleza de la perturbación. Evidentemente hace referencia a aquellos trastornos, en este caso mentales, inscribibles en la fórmula legal vigente a dichos efectos, ya mencionada con anterioridad, y basada en los conceptos de anomalía y alteración psíquica.

b) Criterio cuantitativo: ligado al grado o intensidad de la perturbación. De acuerdo con nuestro CP es preciso que el trastorno mental sea de tal intensidad que prive al sujeto de su capacidad de comprender la ilicitud del hecho o de actuar conforme a dicha comprensión. Corresponderá al juez, en palabras de URRUELA MORA[17] que este irá normalmente asesorado por un perito forense para determinar si alcanza o no la intensidad suficiente para privar al sujeto de dichas facultades o si por el contrario, procede únicamente aplicar la semiimputabilidad del art. 21.1 CP o una atenuante analógica conforme al 21.7.

c) Criterio cronológico: este criterio exige la permanencia del trastorno mental producido en el momento de comisión del hecho delictivo. Conviene por tanto poner de manifiesto de nuevo que la imputabilidad supone la capacidad de comprender la ilicitud del hecho o de actuar conforme a dicha comprensión, lo que implica que

---

14 MUÑOZ CONDE, F y GARCÍA ARÁN, M., *Derecho Penal, Parte General*[10,] Tirant lo Blanch, Valencia, 2019, pp. 352-383.

15 MIR PUIG, S., op. cit., p. 563.

16 URRUELA MORA, A., *Imputabilidad penal y anomalía o alteración psíquica*, Comares, Granada, 2004, pp. 202-203.

17 URRUELA MORA, A., op, cit. p. 210.

la anomalía o alteración psíquica debe haber incidido en el sujeto en relación directa con la realización del hecho delictivo. Con lo cual, para la declaración de inimputabilidad se hace necesaria la existencia de la perturbación en el sujeto que esté condicionalmente ligada a un grado o intensidad lo suficientemente elevada para que él no comprenda de la ilicitud de sus actos, o no pueda actuar conforme a la misma, y que se produzca esta perturbación en el momento de cometer el delito.

Del mismo modo, y con la finalidad de delimitar el tipo de afecciones que pueden englobarse el precepto mencionado y clarificar de alguna manera la aplicación de la eximente MIR PUIG plantea la existencia de tres fórmulas[18]:

a) La fórmula biológica: se limita a requerir una enfermedad o anomalía mental del sujeto, es decir, sólo engloba la patología o enfermedad presente, sin hacer referencia a la incidencia que la misma ha de tener en la capacidad del sujeto para comprender la ilicitud del hecho o de actuar conforme a dicha comprensión.

b) La fórmula psicológica: se refiere solo al efecto de inimputabilidad en el momento del hecho, sin exigir una anomalía psíquica del sujeto. Alude exclusivamente a la anulación de las capacidades de comprender la ilicitud del hecho o de actuar conforme a dicha comprensión. Hace referencia a la anulación o perturbación de las capacidades volitivas y cognitivas (anteriormente explicadas).

c) La fórmula mixta (biológico - psicológicas): requiere ambas cosas: por un lado, se sustentan en la base "biológica" constituida por la presencia de la anormalidad del sujeto y, por otro, requieren el concreto efecto de la inimputabilidad en el hecho. Así, nuestro Código Penal acoge esta fórmula mixta en el art. 20.1° ya que, como hemos enunciado al inicio, exige por una parte, la presencia de alguna "anomalía o alteración psíquica" y por otra, que "al tiempo de cometer la infracción penal" la misma impida "comprender la ilicitud del hecho o de actuar conforme a dicha comprensión"[19].

---

18 MIR PUIG, S., op. cit., p. 586.

19 Esta cuestión también ha sido aclarada por la jurisprudencia del Tribunal Supremo, como así manifestó en su STS 1747/2003, de 29 de diciembre, afirmando que "para configurar la causa de inimputabilidad la fórmula adecuada

Con todo ello, y una vez que encontramos los elementos necesarios en aplicación de esta fórmula mixta, llegamos a la fase final en la aplicación de la eximente que sería la de graduar la afectación que produce la patología sobre las capacidades cognitivas y volitivas del sujeto ya que, también será graduable el efecto de exención que otorgamos a dicha situación, pudiéndose aplicar una exención total de responsabilidad penal en el caso de una afectación igualmente total de las referidas capacidades (art. 20. 1° CP), o en su caso, encontrarnos ante supuestos en que las mismas se vean parcialmente mermadas, lo que nos permitiría hablar de una situación de semiimputabilidad que derivaría en la aplicación de una eximente incompleta por aplicación del art. 21.1 CP (con la aplicación de una pena inferior en uno o dos grados) o, ante el supuesto de una afectación más leve incluso, derivando en la aplicación de una atenuante analógica del art. 21.7, tratada penalmente junto al resto de circunstancias que existan y a tenor de las normas para la aplicación de las mismas que enuncia el art. 66 CP, lo que en definitiva nos muestra un sistema proporcional con el que se pretende garantizar el mejor tratamiento penal para las personas que sufren la enfermedad mental comprobando, como hemos analizado, y con multitud de elementos valorativos que solamente se castigará a estas personas acorde al grado de comprensión de la ilicitud de los hechos que han realizado.

En este sentido, y aunque no hay una clasificación legal de las patologías mentales a modo de poder determinar con claridad meridiana el tipo de precepto que resulta más adecuado, si encontramos dos tradicionales clasificaciones de enfermedades que realiza la psiquiatría y que engloba, los diversos trastornos o enfermedades mentales en estos términos de anomalía o alteración psíquica, por un lado la clasificación la de la Asociación Americana de Psiquiatría, conocida como DSM-5, que se centra en factores psicopatológicos (2013), y por otro la de la O.M.S., conocida como CIE-11 (2022), que lo hace

---

es la mixta en la que deben simultáneamente concurrir una causa biológica o psiquiátrica (anomalía o alteración psíquica), junto a un efecto psicológico proveniente o derivado de esa causa (capacidad de comprender el hecho o actuar conforme a esa comprensión"

basándose en la patología. como son: la psicosis (endógena y exógena), las oligofrenias, psicopatías o neurosis.[20]

Partiendo de lo anterior, el TS ha utilizado esta última división de patologías en 4 grandes bloques como referencia para la aplicación de la eximente y valora que aunque las oligofrenias no se consideran enfermedades mentales, pueden tener efecto en la imputabilidad del sujeto, en la medida que un retraso mental puede perturbar la capacidad intelectual para comprender la ilicitud del hecho. Por el contrario, psicosis y neurosis sí son consideradas enfermedades mentales propiamente a efectos judiciales: las primeras con base biológica, como podrían ser en el caso de encontrarse de manera interna en el sujeto (endógenas): esquizofrenias, paranoias... O en el caso de tratarse de una psicosis exógena, provocada por un elemento circunstancial: estas podrían ser toxifrenias, psicosis traumáticas, y las segundas, consideradas como simples vivencias o reacciones anómalas, Por último, las psicopatías, que se consideran trastornos de personalidad, aunque están vinculadas a otras alteraciones psíquicas.

En definitiva, y aunque partiremos de esta referencia teórica, observamos que el tratamiento jurídico de estas circunstancias ha de valorarse individualmente en cada caso que se presente, ya que requerirá de una comprobación judicial de los elementos que producen la alteración psíquica y el grado de afectación que ésta pueda tener en el sujeto al momento de cometer el delito, para así determinar la pena o medida de seguridad que mejor pueda corresponder dando así un tratamiento muy humano y cuidadoso con la cuestión de la enfermedad mental.

4. LAS MEDIDAS DE SEGURIDAD COMO ALTERNATIVA A LA PENA

La pena es el principal mecanismo de reacción del Derecho Penal, pero es un medio que puede resultar inadecuado para aquellos autores no culpables (inimputables). Por ello, el Derecho Penal posee un sistema vicarial o de doble vía de reacción penal que hace

---

20 CARRETERO SÁNCHEZ, A. La enfermedad mental y el Derecho Penal: una visión realista, *en la Ley Penal 164,* Wolters Kluwer., 2023.

posible el uso por un lado de la pena, y por otro, de la medida de seguridad atendiendo al criterio de la peligrosidad social.

Las medidas de seguridad son definidas por GRACIA MARTIN[21] como una "consecuencia jurídica de naturaleza penal prevista por la Ley frente a la comisión de un hecho delictivo, en cuya virtud se priva de un determinado derecho al responsable, no en función de su culpabilidad, sino sobre la base de la peligrosidad criminal, exteriorizada con la comisión del hecho delictivo. Las medidas de seguridad sustitutivas son aquellas que se imponen en lugar de la pena porque ésta no puede ser aplicada en ningún caso. Son las medidas que se aplican a los inimputables" éstas al igual que las penas privativas de libertad, están orientadas a la reinserción y la reeducación social, prohibiéndose además los trabajos forzados durante la ejecución de las mismas.

Aunque el Código Penal prevea la inimputabilidad de los enajenados, y por tanto que no se les pueda imponer una pena, ello no excluye que se contemple la posibilidad de imponerles medidas de seguridad, ya que las anomalías psíquicas pueden conllevar una cierta peligrosidad y por ello puede ser necesario tratarles para evitar la posibilidad de cometer nuevos delitos.

La medida de seguridad no pretende castigar como hace la pena ni compensar el delito cometido, sino sólo intervenir para prevenir futuros delitos en quien es posible que los pueda volver a cometer[22]

Estas medidas de seguridad se encuentran reguladas en nuestro Código Penal en el Título IV de su libro I, Capítulo 1. En él se establece la tipología de las consecuencias jurídico-penales de dicha naturaleza imponibles en nuestro país, así como las características y limites propios de las mismas.

Existen tres principios generales del Derecho Penal que por supuesto, son aplicables tanto para las penas como también para las medidas de seguridad: en primer lugar, el principio de legalidad,

---

21 GRACIA MARTÍN, L. Lecciones de consecuencias jurídicas del delito: el sistema de penas, de medidas de seguridad, de consecuencias accesorias y de responsabilidad civil derivada del delito. Tirant. 2016. Valencia.

22 CERVELLÓ DONDERIS, V., "Tratamiento de la enajenación mental". Tirant. Valencia, 2004.

manifestado en los artículos 1.2,2.1 y 3 CP, los cuales reflejan la idea de que para que se puedan aplicar este tipo de medidas, es necesario cumplir con dos presupuestos materiales: la peligrosidad criminal del sujeto y la comisión de un delito como manifestación de esa peligrosidad (art. 6.1 CP). Estos dos presupuestos se articulan debidamente en el artículo 95. 1ª del CP al exigir que concurran las dos circunstancias siguientes en el marco de la imposición de una medida de seguridad:

1ª Que el sujeto haya cometido un hecho previsto como delito.

2ª Que el hecho y de las circunstancias personales del sujeto pueda deducirse un pronóstico de comportamiento futuro que revele la probabilidad de comisión de nuevos delitos.

Estos dos presupuestos constituyen, por tanto, el límite a la gravedad y la duración de las medidas. El principio de que la medida no podrá ser más grave que la pena señalada al delito realizado se concreta en dos sentidos: por una parte, se prohíbe la imposición de una medida de seguridad privativa de libertad si el delito cometido no está castigado con una pena privativa de libertad (art. 104 CP) y por otra parte, el internamiento no podrá exceder del tiempo que habría durado una pena privativa de libertad, si se declara culpable al sujeto, y a tal efecto el Juez o Tribunal deberá fijar en la sentencia el límite máximo (art. 101 CP).

Además, se regularán los requisitos para la revisión de la ejecución de las medidas, competencia que recae en los órganos sentenciadores a propuesta de los juzgados de vigilancia penitenciaria debidamente informados por los servicios penitenciarios, para garantizar su mantenimiento, cese, suspensión o sustitución de la medida (art. 97 CP).

El segundo principio hace referencia a la irretroactividad, la cual se entiende bajo el supuesto de que, en el momento de cometer un delito, no existiese una determinada ley, pero sí se encuentre en vigor en el momento de la celebración del juicio, y que en dicha ley, se introduzcan nuevos supuestos de peligrosidad criminal o nuevas medidas de seguridad. En este caso, no se considera retroactiva la ley, ya que la peligrosidad del sujeto se ha de valorar durante todo el proceso. Y en tercer lugar, el principio de proporcionalidad, el cual hace necesario que la media impuesta sea proporcional, justa y necesaria, para lograr la finalidad perseguida.

Por otro lado, respecto a la peligrosidad criminal en el sujeto, se debe valorar si existe probabilidad de que se cometan hechos delictivos en un futuro. Para determinar la existencia o no de peligrosidad, se habrá de realizar un diagnóstico individual de peligrosidad[23].

El tipo medidas de seguridad imponibles pueden ser privativas o no privativas de libertad y se encuentran en el art. 96.1 del Código Penal. Las medidas privativas de libertad están previstas cuando la pena correspondiente al delito cometido sea privativa de libertad y consiste en el internamiento del sujeto en distintos centros. Estas son:

- El internamiento en centro psiquiátrico.
- El internamiento en centro de deshabituación.
- El internamiento en centro educativo especial.

Las mismas medidas podrán imponerse en sus respectivos casos, además de la pena atenuada, a los semiimputables a quienes se aplique una eximente incompleta del art. 21.1 en relación con los números 1°, 2° y 3° del art. 20 CP, aunque esa medida de internamiento solo será aplicable cuando la pena impuesta sea privativa de libertad y su duración no podrá exceder de la pena prevista por el Código penal para el delito.

En este sistema vicarial que incorpora la concurrencia de medidas de seguridad y el cumplimiento de la pena, consistente en que la medida de seguridad se cumple siempre antes que la pena[24], y que el Juez o Tribunal ordenará el cumplimiento de la medida de seguridad, que se abonará para el de la pena, así una vez cumplida la medida de seguridad, el Juez o Tribunal podrá, si con la ejecución de la pena pusiera en peligro los fines o efectos conseguidos en el trascurso de la medida de seguridad, suspender el cumplimiento del resto de la penal por un plazo no superior a la duración de la misma, o aplicar alguna otra de las medidas previstas en el artículo 96. 3 CP.

---

23 URRUELA MORA, A., *Las medidas de seguridad y reinserción social en la actualidad. Especial consideración de las consecuencias jurídico-penales aplicables a sujetos afectos de anomalías o alteración psíquica,* Comares, Granada, 2009, p. 56.

24 HIDALGO BLANCO, S., La esquizofrenia en los tribunales, en *Diario LA LEY,* N.° 8222, Wolters Kluwer. 2014.

En general, cuando se trate de un enfermo mental o al que sufra cualquier otra anomalía o alteración psíquica que excluya la imputabilidad, la consecuencia jurídica más habitual será el internamiento en centro psiquiátrico o de educación especial, según se establece en el artículo 101 CP pero por el contrario, otras medidas no privativas de libertad que aparecen en nuestro Código Penal son aquellas como:

- La inhabilitación profesional.
- La expulsión del territorio nacional de extranjeros no residentes legalmente en España.
- La libertad vigilada.
- La custodia familiar.
- La privación del derecho a conducir vehículos a motor o ciclomotores.
- La privación del derecho a la tenencia y porte de armas.

Como se ha señalado anteriormente, las medidas de seguridad privativas de libertad no podrán durar más que la pena privativa de libertad señalada para el delito cometido ni exceder del tiempo necesario para prevenir la peligrosidad criminal, es decir, no se establecen unos límites fijados de su duración. Las medidas no privativas de libertad se agrupan, además, para inimputables y semiimputables, en que no podrán sobrepasar los cinco años y las que no pueden exceder de diez años, según lo establecido en el art. 105 CP.

Además de todo esto, en el caso de que la enfermedad mental no ocurriera en curso del proceso penal sino que se forjara de forma sobrevenida o posterior a la sentencia, en fase de ejecución de la misma también se prevé en el art. 60 CP la posibilidad que ante la presencia de un sujeto que no es capaz de comprender el sentido de la pena que está cumpliendo[25], se faculta al Juez de Vigilancia Penitenciaria para: 1)Suspender la pena. Para lo que es necesario poner en conocimiento del Ministerio Fiscal la suspensión de la ejecución de la pena por demencia sobrevenida para actuar en su caso por vía civil.

---

25 MAGRO SERVET, Vicente, Casuística práctica del internamiento en centro psiquiátrico como medida de seguridad, *en Diario La Ley*, n.º 6594, Wolters Kluwer. 2006, pág. 13.

Y 2) Declarar la imposición de una medida de seguridad privativa de libertad nunca más gravosa que la pena privativa de libertad a la que sustituye. Hasta el punto de que si recobrada la salud mental del pando (lo que conllevaría la necesidad de cumplir su pena) existen razones de equidad se pueda dar por extinguida la condena inicial o reducir su duración ex art. 60.2 CP en la medida en que el cumplimiento de dicha pena resulte contraproducente o innecesario.

5. CONCLUSIONES: EL DERECHO PENAL TAMBIÉN SIRVE PARA CUIDAR A LAS PERSONAS

De todo lo expuesto con anterioridad, podemos obtener la respuesta a las preguntas que al inicio formulábamos en referencia a cómo se encuentra tratado el asunto de la enfermedad mental dentro de nuestro Derecho Penal y con ello queremos señalar a modo de conclusión que la enfermedad mental, cómo fenómeno que ha acompañado siempre al ser humano tiene un tratamiento especial en nuestro Derecho Penal, un tratamiento sensible y preciso que pretende garantizar que el enfermo reciba la ayuda del estado que necesita en lugar de castigarlo sin más por las acciones que no alcanza a comprender.

Es por ello, que la enfermedad mental exime de responsabilidad penal cuando tras un exhaustivo proceso de análisis se comprueba el hecho de que el sujeto ni siquiera llegue a comprender el mal que está causando a la sociedad con su actuación, pero este proceso, se lleva a cabo cumpliendo con los principios de proporcionalidad, legalidad y resocialización como elementos fundamentales de nuestro Derecho Penal y como signos evidentes de la humanización del Derecho ante esta causa. Es así, que también disponemos del sistema de medidas de seguridad ya explicadas que cumplen no solo la función de prevenir futuros delitos sino ayudar en los centros precisos a que el enfermo pueda ser tratado adecuadamente a fin de intentar devolverle a la sociedad de la mejor manera posible en cada caso.

Por fortuna, en el siglo XXI, aunque no ha desaparecido la estigmatización del enfermo mental, ya no se le considera, como en la Antigüedad y hasta el Siglo de las Luces, un endemoniado o una especie de animal irracional, sino como una persona enferma de la mente a la que hay que tratar de paliar su sufrimiento pese a que su mal sea incurable[26], y es ahí donde el Derecho Penal tiene que estar activo, actualizado y cauteloso pero sobre todo, siempre presente como rama del Derecho que no solo sirve para castigar sino también para cuidar a las personas a través de su función resocializadora con la que se pretende que vivamos, a pesar de nuestros errores, en una sociedad tranquila, y de buena convivencia con los demás ayudando también a que aquellos que lo necesiten, también reciban de la sociedad su ayuda y su integración.

REFERENCIAS BIBLIOGRÁFICAS

Bibliografía

CARRETERO SÁNCHEZ, A. La enfermedad mental y el Derecho Penal: una visión realista, *en la Ley Penal 164,* Wolters Kluwer., 2023.

CERVELLÓ DONDERIS, V., "Tratamiento de la enajenación mental". Tirant. Valencia, 2004.

CUELLO CONTRERAS, J. y MAPELLI CAFFARENA, B. *Curso de derecho penal. Parte general.* Tecnos (Grupo Anaya, S.A.), Madrid, 2011.

GRACIA MARTÍN, L. Lecciones de consecuencias jurídicas del delito: el sistema de penas, de medidas de seguridad, de consecuencias accesorias y de responsabilidad civil derivada del delito. Tirant. Valencia. 2016.

HIDALGO BLANCO, S., La esquizofrenia en los tribunales, en *Diario LA LEY,* N.° 8222, Wolters Kluwer. 2014.

LACABA SÁNCHEZ, F., Los límites de la culpabilidad, *en Diario LA LEY,* Wolters Kluwer. 1999.

LEGANÉS GÓMEZ, S. "Enfermedad Mental y Delito (perspectiva Jurídica y Criminológica)" *en La Ley Penal nº 76,* Ed. Wolters Kluwer. 2010.

MAGRO SERVET, Vicente, Casuística práctica del internamiento en centro psiquiátrico como medida de seguridad, *en Diario La Ley,* n.° 6594, Wolters Kluwer. 2006.

MATEO ALAYA, E.J., La imputabilidad del enfermo psíquico: un estudio de la eximente de la anomalía o alteración psíquica en el código penal español, Higuera Guimerá, J.F. (Prólogo), Instituto de criminología de la Universidad Complutense de Madrid, Madrid, 2003.

MIR PUIG, S., Derecho penal. Parte General, Reppertor, Barcelona, 2016.

MUÑOZ CONDE, F y GARCÍA ARÁN, M., *Derecho Penal, Parte General*[10,] Tirant lo Blanch, Valencia, 2019.

---

26 CARRTERO SÁNCHEZ, A. op cit. pág. 1

URRUELA MORA, A., Imputabilidad penal y anomalía o alteración psíquica, Comares, Granada, 2004.

URRUELA MORA, A., La imputabilidad en el derecho penal. Causas de inimputabilidad, en ROMEO CASABONA, C.M., SOLA RECHE E., BOLDOVA PASAMAR, M.A. (Coordinadores): Derecho Penal. Parte General. Introducción Teoría Jurídica del Delito, 2ª ed., Comares, Granada, 2016.

URRUELA MORA, A., Las medidas de seguridad y reinserción social en la actualidad. Especial consideración de las consecuencias jurídico-penales aplicables a sujetos afectos de anomalías o alteración psíquica, Comares, Granada, 2009.

Legislación y Jurisprudencia

- Código Penal Español. Promulgado el 9 de Julio de 1822. Madrid.
- Código Penal Español, aprobado por Real Decreto de 19 de marzo de 1848. Madrid.
- Código Penal Español, aprobado por la Ley de 18 de junio de 1870 "del código Penal". Madrid.
- Código Penal Español, aprobado por Real Decreto-Ley de 13 de septiembre de 1928. Madrid.
- Código Penal Español, aprobado a través de la Ley de 27 de octubre de 1932 que autorizaba al ministro para publicar el código penal. Madrid.
- Ley Orgánica 10/1995 de 23 de noviembre, Del Código Penal. 1995. Madrid
- Sentencia del Tribunal Supremo nº 1747/2003, de 29 de diciembre.

DERECHOS HUMANOS, GOBERNANZA E INNOVACIÓN EN CRISIS EN EL MUNDO LABORAL DEL SIGLO XXI

JOÃO PROENÇA XAVIER[1]
VEGA MARÍA GARCÍA GONZÁLEZ[2]
MANUEL FERREIRA RAMOS[3]

SUMARIO: 1. REVISITANDO LAS CONFERENCIAS DE LA OIT A DÍA DE HOY. 2. DE VUELTA CASI AL PUNTO DE PARTIDA - LA EXTRAÑA ACTUALIDAD DE LOS CONVENIOS DE LA OIT EN EUROPA. 3. EN CONCLUSIÓN. REFERENCIAS BIBLIOGRÁFICAS.

RESUMEN: En este artículo se pretende realizar un breve análisis crítico de los tiempos actuales en materia de derecho del trabajo a la luz de los objetivos principales de los Convenios de la OIT, que ya manifestaban una creciente preocupación por las reformas sociales, bajo la premisa de que la paz mundial solo sería posible si se basara en la justicia social, que incluye condiciones de trabajo dignas. Para una tormenta de ideas intergeneracional e ibérica de los autores de esta recensión, basada en el análisis y la experiencia de su práctica profesional en esta materia, evidenciada en la actualidad, nos permite concluir que hemos vuel-

---

1 Profesor Adjunto Invitado de COIMBRA BUSINESS SCHOOL | ISCAC (Portugal), Investigador Posdoctoral - "Derechos Humanos en perspectiva comparada Brasil-España". Institución: Universidad de Salamanca - CEB - Centro de Estudios Brasileños de la Universidad de Salamanca - Doctor en Derechos Humanos PPDH/USAL por la Universidad de Salamanca, España: joao.proenca.xavier@usal.es - Integrado en CEIS 20 Centro de Estudos Interdisciplinares da Universidade de Coimbra - Portugal. Abogado Europeo con la insignia del Ilustre Colegio de Abogados de Salamanca.

2 Profesora Ayudante Doctora de la Universidad de Salamanca (España), acreditada a Contratada Doctora por ACSUCYL. vega.garcia@usal.es.

3 Doctorando en el Programa de Doctorado Estudos Contemporâneos do CEIS20 - Centro de Estudos Interdisciplinares da Universidade de Coimbra. - Portugal. Abogado Licenciado en Derecho por la Facultad de Derecho de la Universidad de Coimbra. Cofundador de ALDIS - Associação Lusófona do Direito da Saúde. Miembro de WAML - Word Association for Medical Law. Miembro del Instituto Benjamin Franklin. Miembro de la República do Direito - Associação Jurídica de Coimbra. Miembro de la JUTRA - Associação Luso Brasileira de Juristas do Trabalho. mfr@ferreiraramos.pt.

to casi al punto de partida, donde extrañamente se mantienen en la actualidad de los Convenios de la OIT, con preocupaciones no demasiado diferentes de las que dieron origen a los mecanismos intrnacionales de defensa de los Derechos Humanos hace casi cien años.

Palabras clave: OIT, Derechos Humanos, Condiciones de trabajo dignas, Dignidad Humana.

Abstract: This article, means to be a brief critical analysis, of modern times, in what concerns labour law, unlighted by the first objectives of the ILO Conventions, that from an earthly moment, where very concerned with social reforms, towards word peace, that can only be achieved based on a social justice, that includes human dignity working conditions. From within an generational and Iberian "Brainstorming" from the Authors perspective of this reception, based on their professional practice, on this field, from modern times, that aloe us to conclude that we are back almost to square one, were strangely, the *update ness* of the ILO Convention nowadays, shows preoccupations that are not so different from those that originated this actual international Defence Mechanism of Human Rights, almost 100th years ago.

Keywords: ILO, Human Rights, Dignifying Working Conditions, Human Dignity.

1. REVISITANDO LAS CONFERENCIAS DE LA OIT A DÍA DE HOY

Cuando se creó la Organización Internacional del Trabajo (OIT) en 1919, en plenas secuelas de la I Guerra Mundial, esta tenía como objetivo principal expresar una creciente preocupación por las reformas sociales, bajo la premisa de la que paz mundial solo sería posible si se basaba en una justicia social que incluyera condiciones dignas de trabajo[4].

Esta organización tenía como principal función fijar normas y recomendaciones internacionales que aseguraran un trabajo digno y justo a todos los trabajadores. Es en este ámbito donde la OIT viene

---

[4] Ver: Preámbulo de la Constitución de la OIT, adoptada el 28 de junio de 1919, ratificada por Portugal el 8 de abril de 1920 y en vigor en España entre 1919 y 1941 y desde 1956. Disponible en portugúes en https://www.ilo.org/wcmsp5/groups/public/—europe/—ro-geneva/—ilo-lisbon/documents/genericdocument/wcms_666234.pdf (recuperado el 08/05/2022) y en español en https://www.ilo.org/dyn/normlex/es/f?p=1000:62:0:NO:P62_LIST_ENTRIE_ID:2453907 (recuperado el 05/06/2023).

celebrando varios convenios de carácter vinculante relativos a diversas cuestiones laborales que hoy día están consagradas y presentes como auténticos derechos, como la regulación del horario laboral y el derecho al descanso, el derecho a un salario que asegure las condiciones de subsistencia adecuadas[5], las protecciones sociales de los trabajadores contra enfermedades o accidentes de trabajo[6], la libertad sindical y la protección del derecho de organización y negociación colectiva[7], entre otras.

Cien años después, el mercado de trabajo afronta hoy nuevos desafíos que ponen en entredicho muchos de los derechos fundamentales consagrados por la OIT. Así, en el año en que se celebra el centenario de la OIT, resulta pertinente revisitar las normas y reco-

---

5 Ver: Convenio 26 (1928), Convenio 95 (1949) y Convenio 131 (1970), disponibles en portugués en https://www.ilo.org/wcmsp5/groups/public/—europe/--ro-geneva/---ilo-lisbon/documents/genericdocument/wcms_651735.pdf, https://www.ilo.org/wcmsp5/groups/public/—europe/—ro-geneva/—ilo-lisbon/documents/genericdocument/wcms_651736.pdf y https://www.ilo.org/wcmsp5/groups/public/—europe/—ro-geneva/—ilo-lisbon/documents/genericdocument/wcms_651737.pdf, respectivamente (recuperado el 08/05/2022) y en español en https://www.ilo.org/dyn/normlex/es/f?p=NORMLEXPUB:12100:0:NO:P12100_ILO_CODE:C026, https://www.ilo.org/dyn/normlex/es/f?p=NORMLEXPUB:12100:0:NO:P12100_ILO_CODE:C095 y https://www.ilo.org/dyn/normlex/es/f?p=normlexpub:12100:0:no:p12100_ilo_code:C131, respectivamente (recuperado el 05/06/2023).

6 Ver: Convenio 17 (1925) y Convenio 102 (1952), disponibles en portugués en https://www.ilo.org/wcmsp5/groups/public/—europe/—ro-geneva/—ilo-lisbon/documents/genericdocument/wcms_654028.pdf y https://www.ilo.org/wcmsp5/groups/public/—europe/—ro-geneva/—ilo-lisbon/documents/genericdocument/wcms_654031.pdf, respectivamente (recuperado el 08/05/2022) y en español en https://www.ilo.org/dyn/normlex/es/f?p=NORMLEXPUB:12100:0:NO:P12100_ILO_CODE:C017 y en https://www.ilo.org/dyn/normlex/es/f?p=NORMLEXPUB:12100:0:NO:P12100_INSTRUMENT_ID:312247, respectivamente (recuperado el 05/06/2023).

7 Ver: Convenio 87 (1948) e Convenio 98 (1949), disponibles en portugués en https://www.ilo.org/dyn/normlex/en/f?p=NORMLEXPUB:12100:0:NO:P12100_INSTRUMENT_ID:312232 y https://www.ilo.org/wcmsp5/groups/public/---europe/---ro-geneva/---ilo-lisbon/documents/genericdocument/wcms_651685.pdf, respectivamente (recuperado el 08/07/2022) y en español en https://www.ilo.org/dyn/normlex/es/f?p=NORMLEXPUB:12100:0:NO:P12100_ILO_CODE:C087 y https://www.ilo.org/dyn/normlex/es/f?p=NORMLEXPUB:12100:0:NO:P12100_INSTRUMENT_ID:312243, respectivamente (recuperado el 05/06/2023).

mendaciones de esta organización y su relevancia actual en el derecho laboral a nivel mundial.

Pocos podrían negar el impacto beneficioso que las innovaciones tecnológicas tienen en las pequeñas cosas del día a día. En lo que respecta al mercado de trabajo, los avances tecnológicos, como la automatización y la robotización, vinieron a traer rapidez y eficiencia a los procesos de producción y flexibilidad en el acceso y distribución del trabajo. Por otro lado, muchas de las innovaciones tecnológicas han contribuido a una considerable desaparición de puestos de trabajo, además de a una gran inestabilidad tanto en el acceso como en el mantenimiento del empleo. El llamado "trabajo tradicional", esto es, el empleo a tiempo completo y jornada continua, con un vínculo empleador-trabajador, ha llegado a ser progresivamente sustituido por trabajos bajo demanda ("work on demand") a primera vista muy tentadores, con promesas de horarios flexibles y de rendimiento fácil, pero que acaban por conducir a situaciones de precariedad y a un debilitamiento de los derechos sociales de los trabajadores. La externalización de servicios ("outsourcing"), las prácticas de la economía colaborativa y las de la economía bajo demanda ("gig economy") se han convertido en tendencias en el mercado de trabajo a nivel global. Visto por las empresas como una forma de reducir los costes fijos, la externalización permite recurrir a prestadores de servicios externos a la empresa para la realización de determinados trabajos, sin llegar a crear un vínculo laboral permanente que, a la luz del derecho del trabajo portugués, conlleva una serie de obligaciones laborales y fiscales.

La economía colaborativa, por su parte, consiste en la promoción por parte de las empresas del uso compartido de bienes a través de un servicio prestado a la distancia de un clic, mediante plataformas digitales móviles. Empresas como Uber o Airbnb son de los ejemplos más conocidos de la economía colaborativa en Portugal, que se lucran con la distribución de tareas a trabajadores independientes, privándoles de los derechos laborales fundamentales, como el derecho al salario mínio y el acceso a la protección social, entre otros. ¿Qué ocurre cuando se pide un Uber? ¿Y cuando no se pide? ¿Quién paga el seguro de salud y la pensión del motorista? ¿Qué ocurre cuando el motorista se pone enfermo?

Las plataformas digitales aprovechan así la tecnología para conectar trabajadores con trabajos de carácter puntual, bajo demanda, trabajos ocasionales. Mientras que unos ven el trabajo bajo demanda como una forma de mejorar la eficiencia de las empresas y de crear oportunidades de rendimiento más flexibles para los trabajadores, la economía colaborativa ha sido asociada a ganancias inestables, trabajo imprevisible y oportunidades precarias para los trabajadores[8].

En realidad, estos desafíos que afronta actualmente el mercado de trabajo representan no solo una ruptura de los derechos sociales de los trabajadores de hoy, sino también una posibilidad de cuestionar la protección social futura. Gran parte de la financiación de la seguridad social se basa en un modelo de contribución compartida entre el empleador y el empleado. Con estas preocupaciones en mente, la OIT ha publicado recientemente un estudio específicamente referido a este modelo de trabajo que recurre a plataformas digitales, alertando del riesgo de retroceder a prácticas laborales del siglo XIX[9]. Por ello, resulta importante revisitar los Convenios de la Organización Internacional del Trabajo, así como sus declaraciones y recomendaciones, y repensar cuánto estamos dispuestos a perder, en nombre de la comodidad ofrecida por estos nuevos modos de trabajo.

2. DE VUELTA CASI AL PUNTO DE PARTIDA - LA EXTRAÑA ACTUALIDAD DE LOS CONVENIOS DE LA OIT EN EUROPA

Parece que fue hace una eternidad, ¡pero pasó hace treinta años!

---

8 ILO, Organizing on-demand: Representation, voice, and collective bargaining in the gig economy, *Conditions Of Work And Employment Series No. 94*, (2018), disponible en https://www.ilo.org/wcmsp5/groups/public/—ed_protect/—protrav/—travail/documents/publication/wcms_624286.pdf (recuperado el 08/05/2022).

9 ILO, Work For A Brighter Future Global Commission On The Future Of Work (2019), disponible en https://www.ilo.org/wcmsp5/groups/public/—dgreports/—cabinet/documents/publication/wcms_662410.pdf (recuperado el 08/05/2022).

En esta parte del mundo, el mundo occidental, que se cree el centro del mundo y que todavía lo gobierna, vana ilusión, los trabajadores que aún se despertaban ebrios de capitalismo popular y pasan la noche en vela mirando su cartera de acciones, disfrutando del dinero fácil de las plusvalías (de pocas ganancias de capital en comparación con los millones de ganancias de capital obtenidos por los tenedores de grandes capitales), se enfrentaron a la frase "el fin del siempre más". Es decir, los trabajadores, aquellos que trabajaban en la economía real (denominación surgida como contrapunto a la tecnológica), que hacían "cosas", objetos palpables, estaban habituados (toda su vida ha sido así, después de la II Guerra Mundial) a conquistar más derechos: más salario, más meses de nómina, más subsidios, más beneficios, más faltas justificadas y pagas y menos horas de trabajo.

De la noche a la mañana, anunciando lo que habría de venir, anticipando años de plomo, los gobiernos, la concertación social, decretaban: finito, *kaput*, se acabó. Podría pensarse que sería temporal. En efecto, en algunos países el acceso a la cima de la montaña no se había concretado.

Veamos Portugal.

Comenzaron las manifestaciones por las 35 horas de trabajo (sólo más tarde alcanzables en algunas profesiones públicas) cuando en el centro de Europa ya estaba en vigor. Pero, mientras se anunciaban estas luchas, sin percibir del todo las consecuencias, lo que era un hecho innegable era que la jornada laboral aumentaba, legalmente, ¡a sesenta horas semanales!, casi el doble de lo que se reclamaba en la calle. Era solamente una de las paradojas. Legalmente, a través de la "creación" en un "Laboratorio de Concertación Social" de un mecanismo llamado *Banco de Horas* se conseguía reducir, combatiendo excesos anteriores, el coste del trabajo adicional: el trabajo a mayores, que puede llegar a más del 50% más veinte horas en un horario de cuarenta y que se presenta como una inversión: trabaje hoy a más, para recibir mañana en descanso, a veces sin aumento pero otras con aumento y aumento también del derecho a vacaciones.

La existencia de este Banco de Horas puede crear una mayor dificultad para la fiscalización de este trabajo extraordinario. En resumen, después de las luchas por el horario de trabajo, por el límite, ahí está su completa deconstrucción. Hoy en día, con este Código de Trabajo (en el caso portugués), en términos de horario, todo es posible. El fin del siempre más acompaña al fin del trabajo para toda la vida y al fin de un único trabajo.

La precariedad, los salarios bajos, la uniformización por el salario mínimo, el trabajo a tiempo parcial, el trabajo siete días a la semana, doce meses al año, 365 días al año en cada vez más actividades, permite e incentiva que haya trabajadores que no tienen el tiempo mínimo de descanso.

Así, si trabajaran para un solo empleador, estarían obligados a descansar al menos once horas, lo cual, con el pluriempleo, deja de ser controlable. En algunos tipos de actividad no causa ningún daño, es cierto, pero en otras, en las que las cuestiones de seguridad resultan significativas, ya no será así.

Si en un análisis sociológico, en algunos países del sur de Europa queda patente el retorno a los siervos de la gleba - una multitud de ciudadanos de lo que aparentaba ser clase media, se encuentran presos de su trabajo, en ese lugar, con un salario que no fluctúa y que solo les alcanza para pagar su préstamo de vivienda, que algún banco, probablemente no rescatado de sus impuestos, les vendió en la época del paraíso... a nivel laboral se ha vuelto claramente al trabajo al día.

3. EN CONCLUSIÓN

A comienzos del siglo pasado, decenas o centenas, dependiendo del caso, de hombres y mujeres todavía salían a la calle todos los días para vender el único bien que tenían, su fuerza, su capacidad de trabajo. Trabajarían o no, no lo sabían. Llevarían alimentos a sus familias, no lo sabían. Sobrevivirían o no, no lo sabían. La elección era aleatoria. Era por eso o por aquello... Se permitía al máximo la discrecionalidad, la injusticia, lo moralmente criticable.

Nuevamente, nos encontramos próximos a estos tiempos.

Es cierto que los motoristas de TVDE[10] tienen una mejor presencia, como exige la Plataforma, impecable, pero ¿trabajarán la hora siguiente? ¿Mañana? ¿El mes que viene? Es cierto que los operadores de *call center* tienen una formación muy elevada, la mayor parte de ellos están sobre cualificados, pero ¿verán renovado su contrato semanal? ¿Quincenal? Quién sabe. ¿No serían similares los dramas los dramas de unos y de otros, las dudas respecto al mañana, la (in) capacidad de cortar los grilletes de los *millennials* o de los del 1900?

Y si fueran, de hecho, tiempos similares, ¿para qué servirían los Convenios de la OIT?

Y si lo son, ¿no deberíamos aprovechar el trabajo ya realizado y releerlo?

Incluso hoy, ¿legislamos acerca de formas modernas de trabajo forzado? El trabajo forzado nunca puede ser moderno, es esclavizante, humillante e infrahumano, nunca debe ser permitido legalmente. En un momento en el que el foco se pone sobre los derechos de los animales, de las personas no humanas, en el que los animales ganan peso frente a los ancianos desde el punto de vista criminal, en el que los veterinarios ganan poder frente a las tarifas de usuario, en el que las raciones ganan fiscalmente a la carne de bovino atacada por los anti taurinos y los veganos, es necesario enfrentarse a la existencia del trabajo forzado que encontramos aquí en Europa, en el centro de la civilización que abrió sus puertas y sus secretos a otros que no cumplirán ni van a cumplir las reglas del Estado Social y el respeto a los Derechos Humanos. En realidad, los negreros no siempre fueron los bancos. Hoy, en la agricultura, en la obra civil, en las fábricas, los ciudadanos orientales se cambian, se venden por un plato de arroz mejor que aquel que se servía lejos, pero *un plato de arroz*.

No podemos volver a vernos en eso, en el trabajo forzado. Aunque hayamos aceptado la invasión civil y silenciosa del Código del Trabajo, este es un campo de causas y barreras. Deberemos estar en la barrera que maneja los Convenios de la OIT y de los Derechos Humanos. Es cierto que las proyecciones apuntan a que de aquí a 25

10 Transporte Individual e Remunerado de Passageiros em Veículos Descaracterizados a partir de Plataforma Eletrónica - TVDE https://imt-tvde.webnode.pt/certificacao-de-motoristas-tvde/ (recuperado el 08/05/2022).

años el modelo europeo se mantendrá como el más avanzado en la civilización. De aquí a 25 años llegaremos allí. ¿No es mucho tiempo?

¿A cuántos ataques más a los Derechos Humanos, de aquí a 25 años, resistiremos aquí, en esta Europa nuestra?

REFERENCIAS BIBLIOGRÁFICAS

Convenio 1 (1919); sobre el descanso semanal, *cfr.* Convenio 14 (1921) y Convenio 106 (1957), disponibles en:

https://www.ilo.org/wcmsp5/groups/public/—europe/—ro-geneva/—ilo-lisbon/documents/genericdocument/wcms_651649.pdf, https://www.ilo.org/wcmsp5/groups/public/—europe/—ro-geneva/—ilo-lisbon/documents/genericdocument/wcms_651651.pdf y https://www.ilo.org/wcmsp5/groups/public/—europe/—ro-geneva/—ilo-lisbon/documents/genericdocument/wcms_651653.pdf, respectivamente (recuperados el 08/05/2022).

Convenio 26 (1928), Convenio 95 (1949) y Convenio 131 (1970), disponibles en: https://www.ilo.org/wcmsp5/groups/public/—europe/—ro-geneva/—ilo-lisbon/documents/genericdocument/wcms_651735.pdf, https://www.ilo.org/wcmsp5/groups/public/—europe/—ro-geneva/—ilo-lisbon/documents/genericdocument/wcms_651736.pdf y https://www.ilo.org/wcmsp5/groups/public/—europe/—ro-geneva/—ilo-lisbon/documents/genericdocument/wcms_651737.pdf, respectivamente (recuperado el 08/05/2022).

Convenio 17 (1925) y Convenção 102 (1952), disponibles en: https://www.ilo.org/wcmsp5/groups/public/—europe/—ro-geneva/—ilo-lisbon/documents/genericdocument/wcms_654028.pdf e https://www.ilo.org/wcmsp5/groups/public/—europe/—ro-geneva/—ilo-lisbon/documents/genericdocument/wcms_654031.pdf, respectivamente (recuperado el 08/05/2022).

Convenio 87 (1948) y Convenio 98 (1949), disponibles en: https://www.ilo.org/dyn/normlex/en/f?p=NORMLEXPUB:12100:0:NO:P12100_INSTRUMENT_ID:312232 e https://www.ilo.org/wcmsp5/groups/public/---europe/---ro-geneva/---ilo-lisbon/documents/genericdocument/wcms_651685.pdf, respectivamente (recuperado el 08/05/2022).

ILO, Organizing on-demand: Representation, voice, and collective bargaining in the gig economy, *Conditions Of Work And Employment Series No. 94*, (2018), disponible en: https://www.ilo.org/wcmsp5/groups/public/—ed_protect/—protrav/—travail/documents/publication/wcms_624286.pdf (recuperado el 08/05/2022).

ILO, Work For A Brighter Future Global Commission On The Future Of Work (2019), disponible en:

https://www.ilo.org/wcmsp5/groups/public/—dgreports/—cabinet/documents/publication/wcms_662410.pdf (recuperado el 08/05/2022).

Lei n.º 7/2009, de 12 de Fevereiro, alterado pela Lei n.º 14/2018, de 19/03, disponible en: http://www.pgdlisboa.pt/leis/lei_mostra_articulado.php?nid=1047&tabela=leis (recuperado el 08/07/2019).

https://imt-tvde.webnode.pt/certificacao-de-motoristas-tvde/ (recuperado el 08/05/2022).

DE LA EUROPA DE LOS SEIS A LA CULMINACIÓN DEL BREXIT: LA POSIBLE ADHESIÓN DE TURQUÍA A LA UNIÓN EUROPEA

JOSÉ ENRIQUE ANGUITA OSUNA[1]

Resumen: Desde el comienzo del proceso de integración europea se ha observado el camino hacia la construcción de una Europa unida, que trabaja de forma coordinada para lograr sus objetivos y hacer frente a los desafíos del siglo XXI. La Unión Europea ha pasado de estar constituida en sus inicios por tan solo seis Estados miembros a conformarse por los actuales 27 Estados miembros, tras la culminación del Brexit. La política de ampliación de la Unión Europea es importante para consolidar el proceso de integración, reforzar los principios y valores europeos y ampliar tanto sus fronteras exteriores como su población, suponiendo grandes beneficios para los Estados miembros, los terceros Estados que tienen interés en incorporarse al proyecto comunitario y para la propia Unión Europea. En este sentido, se va a abordar la evolución histórica de las ampliaciones a la Unión Europea, así como su régimen jurídico vigente. Por otro lado, es importante resaltar la necesidad de fortalecer el proyecto comunitario, a través de la incorporación de nuevos Estados miembros, entre los que se encuentra Turquía. Así pues, se plantea la evolución histórica de las relaciones entre la Unión Europea y Turquía a lo largo de los últimos tiempos, así como el debate sobre la conveniencia de su incorporación a la Unión Europea.

Palabras clave: Unión Europea, Turquía, Ampliación, Derecho, Historia

Abstract: Since the beginning of the European integration process, the path towards the construction of a united Europe has been observed, which works in a coordinated manner to achieve its objectives and face the challenges of the 21st century. The European Union has gone from being made up of only six member states at the beginning to being made up of the current 27 member states, after the

[1] Profesor Contratado Doctor de Historia del Derecho y las Instituciones de la Universidad Rey Juan Carlos (joseenrique.anguita@urjc.es).

completion of Brexit. The enlargement policy of the European Union is important to consolidate the integration process, reinforce European principles and values and expand both its external borders and its population, providing great benefits for the Member States, third States that have an interest in joining the community project and for the European Union itself. In this sense, the historical evolution of the enlargements to the European Union will be addressed, as well as its current legal regime. On the other hand, it is important to highlight the need to strengthen the community project, through the incorporation of new member states, among which is Turkey. Thus, the historical evolution of relations between the European Union and Turkey over recent times is discussed, as well as the debate on the convenience of its incorporation into the European Union.

Keywords: European Union, Turkey, Enlargement, Law, History

INTRODUCCIÓN

Cuando se aborda el estudio de las ampliaciones de la Unión Europea, previamente hemos de remitirnos a la Historia de la construcción jurídica europea y a los orígenes de Europa. En este sentido, el origen del término Europa se puede observar desde diferentes perspectivas. Tal y como sostiene Fernández Rodríguez, lo vamos a plantear desde la perspectiva mitológica, geográfica y sociopolítica. Desde el punto de vista mitológico, Europa, la bella hija del rey de Tiro, atrajo a Zeus, quien como no pudo seducirla, adoptó forma de animal haciéndose pasar por un toro y la secuestró. Desde la perspectiva geográfica, la primera vez que se utilizó el término Europa fue cuando, en el siglo VII a. C., Anaximandro elaboró un mapamundi. Finalmente, atendiendo a la perspectiva sociopolítica, el uso del término de Europa se remonta al legado escrito que dejaron en la humanidad grandes figuras como el historiador Herodoto o el médico Hipócrates. Concretamente, Herodoto apuntaba lo siguiente[2]:

> *"Europa aparece como la patria de los hombres libres y racionales en contraposición con Asia, tierra del despotismo y la tiranía, donde los hombres viven sometidos a sus deseos. Europa aparece así configurada como el lugar donde domina la democracia y la razón, frente a una visión del resto del mundo sometida a la tiranía y la superstición".*

---

2 FERNÁNDEZ RODRÍGUEZ, Manuela. *Manual de introducción a la Historia de la Integración Europea.* Valladolid: Omnia Mutantur, 2015, p. 19.

Remontándonos a la construcción de una Europa unida, podemos hacer referencia a la idea que en el siglo XV tenían algunos medievalistas, en la que se planteaba *"la unidad de la Universitas Christiana, de una Europa uniforme identificada sobre todo por su unidad religiosa"*. Sin embargo, este planteamiento quedó desvirtuado por los ilustrados, quienes construyeron unos nuevos planteamientos en virtud de los cuales configurar *"una nueva base de identidad, ya no europea, sino nacional. Surgió así el Estado-nación"*. Posteriormente, acabaría apareciendo en el siglo XIX el nacionalismo que, entre otras razones, contribuyó a que proliferaran las tensiones y roces entre las potencias europeas[3].

Tras la finalización de la Primera Guerra Mundial, en el periodo de entreguerras el conde Coudenhove-Kalergi comenzó a construir un nuevo concepto de integración europea denominado Paneuropa. Este diplomático austriaco sostenía que la pérdida de importancia de Europa en el orden internacional se debía a su división en más de 20 Estados. Además, declaró que para lograr una auténtica integración y construcción de una Europa unida era inevitable conseguir la reconciliación entre Alemania y Francia[4].

A pesar de la necesidad de que se acercaran posturas y se limaran asperezas entre los diferentes Estados, fue inevitable que estallara la Segunda Guerra Mundial, que provocó un enorme desastre que devastó Europa durante muchos años. Finalizado este conflicto, desde mediados del siglo XX se produjo una transformación en la identidad europea, desde una identidad nacional a otra supranacional, que tenía que *"basarse en un sistema de lealtades pactadas, pero lo único que se consiguió fue la realización de pactos económicos"*[5]. Desde este momento podemos hablar del inicio de la construcción reciente de la unidad europea, dando lugar a la creación de las Comunidades Europeas y posteriormente a la hoy conocida como Unión Europea.

---

3 SUÁREZ BILBAO, Fernando. "Orígenes históricos del proceso de construcción europea". En: VVAA. *Homenaje al profesor José Antonio Escudero*, Vol. 3. Madrid: Universidad Complutense de Madrid, 2012, pp. 1219-1221.

4 FERNÁNDEZ RODRÍGUEZ, Manuela. *Manual de introducción* [...], op. cit., p. 51.

5 SUÁREZ BILBAO, Fernando. "Orígenes históricos del [...], op.cit., pp. 1219-1221.

En el proceso de construcción jurídica europea es necesario ir incorporando nuevos Estados, lo que se consigue mediante la política de ampliación de la Unión Europea, constituida como un proceso en virtud del cual algunos países europeos pueden llegar a solicitar su incorporación a la Unión Europea, siempre y cuando, estos Estados respeten los derechos de la Unión que se recogen en el Tratado de la Unión Europea y, al mismo tiempo, muestren su compromiso de promoverlos[6].

En el proceso de integración europea sus padres fundadores quisieron que este proyecto fuera avanzando e incorporando a nuevos Estados miembros que contribuyeran a consolidar la creación de una Europa unida. Uno de los baluartes de la ampliación fue Jean Monnet, quien fue *"partidario de mantener la supranacionalidad de los tratados, de facilitar su paulatina ampliación, y particularmente la incorporación del Reino Unido"*, puesto que en un principio el presidente de Francia De Gaulle se negó a que Reino Unido se incorporara al proyecto de integración europea[7]. Por tanto, Monnet y algunos precursores de la configuración de una Europa unida han sido determinantes en la política de ampliación, estableciendo las bases para que, poco a poco, se hayan ido aumentando las fronteras de la Unión Europea.

La incorporación al proyecto de integración comunitaria puede llegar a ser interesante no solamente para la propia Unión sino también para los Estados candidatos, puesto que la pertenencia a la Unión Europea supone una serie de privilegios y beneficios para sus Estados miembros, entre los cuales se encuentran los siguientes: en primer lugar, aumentar la prosperidad de todos los Estados miembros, puesto que las relaciones comerciales entre los antiguos y los nuevos Estados miembros se han triplicado, y entre los nuevos Estados miembros se han llegado a quintuplicar; en segundo lugar, se consigue obtener una mayor estabilidad en Europa; finalmente, en

---

6 CONSEJO EUROPEO. *Política de ampliación de la UE*, https://www.consilium.europa.eu/es/policies/enlargement/ (Fecha de consulta: 01.08.2023).

7 PÉREZ-BUSTAMANTE, Rogelio y SAN MIGUEL PÉREZ, Enrique. *Precursores de Europa*, Madrid: Dykinson, 1998, p. 136.

tercer lugar, aumenta considerablemente el peso de la Unión Europea en los asuntos de relevancia en el orden mundial[8].

La política de ampliación de la Unión es respaldada y potenciada por las instituciones europeas. Tal y como manifiesta el Parlamento Europeo, los objetivos de las ampliaciones de la Unión Europea son claros[9]:

> *"La política de ampliación de la Unión persigue unir los países europeos en torno a un proyecto político y económico común. Guiadas por los valores de la Unión y sujetas a estrictas condiciones, las ampliaciones han demostrado ser una de las herramientas más eficaces en la promoción de reformas políticas, económicas y sociales, así como en la consolidación de la paz, la estabilidad y la democracia en todo el continente. La política de ampliación también refuerza la presencia de la Unión en la escena internacional".*

Además, la Comisión Europea considera que la política de ampliación de la Unión tiene los siguientes objetivos: fomentar la paz y estabilidad en la regiones cercanas a las fronteras de la Unión Europea; aumentar la calidad de vida de los ciudadanos a través de la integración y la cooperación en las fronteras de los Estados miembros; incrementar la prosperidad y las oportunidades para los ciudadanos y empresas europeas; y apoyar y controlar las transformaciones en los Estados que pretenden incorporarse a la Unión Europea para que respeten los valores, principios y legislación de la Unión[10].

La actual política de ampliación de la Unión se aplica a los Estados que pretenden adherirse a la Unión Europea y a los candidatos potenciales, y sirve como un gran incentivo a estos países para llevar a cabo transformaciones económicas y democráticas, si es que realmente quieren convertirse en Estados miembros de la Unión Europea[11].

---

8 CONSEJO EUROPEO. *Política de ampliación de la UE*, https://www.consilium.europa.eu/es/policies/enlargement/ (Fecha de consulta: 01.08.2023).

9 PARLAMENTO EUROPEO. *Fichas técnicas sobre la Unión Europea. La ampliación de la Unión*, https://www.europarl.europa.eu/factsheets/es/sheet/167/la-ampliacion-de-la-union (Fecha de consulta: 03.08.2023).

10 COMISIÓN EUROPEA. *Ampliación de la UE*, https://ec.europa.eu/info/policies/eu-enlargement_es (Fechas de consulta: 11.08.2023).

11 COMISIÓN EUROPEA. *Ampliación de la UE*, https://ec.europa.eu/info/policies/eu-enlargement_es (Fechas de consulta: 11.08.2023).

Entre estos países se puede hacer referencia al caso de la posible futura adhesión de Turquía, puesto que se trata de un socio clave para la Unión Europea, por lo que todavía sigue siendo un país candidato a adherirse al proyecto comunitario. A pesar de la colaboración estrecha entre la Unión Europea y Turquía en ámbitos concretos de interés común como es la cooperación en la política migratoria y el apoyo de la Unión a los refugiados, el Estado turco se ha ido alejando de la Unión y, por tanto, de la posibilidad de incorporarse en un futuro por cuestiones variadas como el retroceso en su Estado de Derecho, la vulneración de los derechos fundamentales o la debilidad del sistema de contrapoderes institucionales surgido tras la reforma que se ha llevado a cabo en su Constitución[12].

En definitiva, la ampliación de la Unión Europea es una cuestión muy relevante para el proyecto de construcción europea, puesto que, tal y como sostiene Casado, *"la ampliación es uno de los grandes desafíos que afronta la Unión Europea del siglo XXI y una oportunidad inigualable para la integración política, social y económica del viejo continente"*[13].

2. EVOLUCIÓN HISTÓRICA DE LAS AMPLIACIONES

Los inicios del proceso de integración europea se produjeron con la firma de los Tratados Constitutivos de la Unión Europea, es decir, el Tratado de París en 1951 (CECA) y los Tratados de Roma en 1957 (CEE y Euratom), los cuales únicamente fueron firmados por Bélgica, Francia, Alemania, Italia, Luxemburgo y Países Bajos. Por tanto, durante esta primera etapa del proyecto comunitario, este grupo de Estados miembros fueron conocidos como la Europa de los Seis. Poco a poco se incorporaron nuevos Estados al proyecto comunitario, de modo que se sucedieron una serie de ampliaciones hasta llegar a la actualidad: la primera ampliación se produjo en 1973 con la incorporación al proyecto europeo de Dinamarca, Irlanda y

---

12 COMISIÓN EUROPEA, *Comunicación de la Comisión al Parlamento Europeo, al Consejo, al Comité Económico y Social Europeo y al Comité de las Regiones "Comunicación de 2019 sobre la política de ampliación de la UE"*, Bruselas, 29.05.2019, COM(2019) 260 final, p. 2.

13 CASADO RAIGÓN, José María. "Consecuencias de la quinta ampliación de la Unión Europea". *Revista de economía mundial*, núm. 6, 2002, p. 85.

Reino Unido; la segunda ampliación se llevó a cabo en 1981 con la única incorporación de Grecia; la tercera ampliación tuvo lugar en 1986 con la adhesión de Portugal y España; la cuarta ampliación se produjo en 1995 con la incorporación de Austria, Finlandia y Suecia; la quinta ampliación fue la que incorporó el mayor número de Estados miembros, concretamente se unieron al proyecto comunitario Chipre, República Checa, Estonia, Hungría, Letonia, Lituania, Malta, Polonia, Eslovaquia y Eslovenia; la sexta ampliación se llevó a cabo en 2007 con la incorporación de Bulgaria y Rumanía; la séptima ampliación, fue la última y se produjo en 2013 con la incorporación de Croacia[14].

Atendiendo a la primera ampliación de las Comunidades Europeas, fruto de las negociaciones entre los Estados miembros originarios y los países candidatos a incorporarse, se firmaron en 1972 los Tratados de Adhesión de Reino Unido, Irlanda, Dinamarca y Noruega. Mientras que los tratados fueron ratificados por Irlanda y Dinamarca, vía referéndum, así como por Reino Unido, en su parlamento, por otro lado, Noruega no terminó ratificando el tratado, ya que fue rechazado en un referéndum nacional, por lo que finalmente no se incorporó al proyecto europeo. En definitiva, tal y como señala Fernández Rodríguez, tras la adhesión de Reino Unido, Irlanda y Dinamarca *"el 1 de enero de 1973, con la entrada en vigor de los tratados de adhesión, la Europa de los Seis se convirtió en la Europa de los Nueve"*[15]. Esta adhesión supuso la imposición de obligaciones para estos nuevos Estados miembros como fue su sometimiento al acervo comunitario, por lo que se debían comprometer a respetar los Tratados, las políticas, así como respetar todos los acuerdos adoptados en el proceso de integración europea[16].

---

14 PARLAMENTO EUROPEO. *Fichas técnicas sobre la Unión Europea. La ampliación de la Unión*, https://www.europarl.europa.eu/factsheets/es/sheet/167/la-ampliacion-de-la-union (Fecha de consulta: 03.08.2023).

15 FERNÁNDEZ RODRÍGUEZ, Manuela. *Manual de introducción* [...], op. cit., pp. 96-97.

16 GAY ARMENTEROS, Juan Cristóbal. "El proceso de integración europea: de la "pequeña Europa" a la Europa de los Quince". En: MARTÍN DE LA GUARDIA, Ricardo y PÉREZ SÁNCHEZ, Guillermo. *Historia de la integración europea.* Barcelona: Ariel, 2001, p. 137.

Respecto con la segunda ampliación, se pretendió que Grecia se convirtiera en el décimo Estado miembro de las Comunidades Europeas. Fue el primer Estado asociado a la CEE, en virtud del acuerdo de Atenas de 9 de julio de 1961, lo que le proporcionó una serie de ventajas tarifarias y ayudas financieras, aunque este acuerdo se suspendió durante la dictadura militar que se inició en Grecia en 1967[17].

En el contexto de que esta ampliación fuese la primera orientada al sur de Europa, Grecia presentó su candidatura de adhesión a las Comunidades Europeas en 1975, aunque no fue hasta el 28 de mayo de 1978 cuando se firmó el Tratado de Adhesión de Grecia. La incorporación no fue inmediata, puesto que tuvo que someterse a un periodo de transición de cinco años para poder incorporarse a la unión aduanera y adecuar sus precios agrícolas con los del resto de los Estados miembros. Asimismo, tuvieron que transcurrir siete años hasta que se permitiera la entrada en funcionamiento de la libre circulación de trabajadores. Esta ampliación supuso la introducción de cambios institucionales, como fue el caso de la Comisión, puesto que se determinó que los Estados de mayor envergadura, es decir, Francia, Alemania, Reino Unido e Italia, debían ostentar cada uno dos comisarios, mientras que el resto de los Estados más pequeños únicamente tendrían un representante en la Comisión. Finalmente, el Tratado de Adhesión de Grecia entró en vigor el 1 de enero de 1981, y desde su incorporación se pudo hablar de la Europa de los Diez[18].

La tercera ampliación es la que más nos interesa, ya que fue la protagonizada por España y Portugal, dando un paso más en la política de ampliación de la Unión y provocando la creación de la Europa de los Doce. Esta ampliación, orientada al sur de Europa, permitió la incorporación de estos dos países, que contaban con una situación económica y social peor que la del resto de los Estados miembros. Previamente a la firma del Tratado de Adhesión, ambos Estados nunca se habían asociado a las Comunidades Europeas, aunque si es cierto que España logró firmar con las Comunidades un acuerdo

---

17 PÉREZ-BUSTAMANTE, Rogelio. *Historia política y jurídica de la Unión Europea.* Madrid: Edisofer, 2008, p. 231.

18 FERNÁNDEZ RODRÍGUEZ, Manuela. *Manual de introducción* [...], op. cit., p. 108.

preferencial en 1970 para potenciar las exportaciones industriales y agrícolas de España en los países de la Comunidad. Por otro lado, Portugal contaba con algunos beneficios comerciales en el ámbito industrial como Estado miembro de la Asociación Europea de Libre Comercio (EFTA). Tras la finalización de las dictaduras en España y Portugal en los años 70 del siglo pasado, ambos Estados presentaron su candidatura a las Comunidades Europeas en 1977, y su adhesión se acabó firmando en los Tratados de Madrid y Lisboa el 12 de junio de 1985. Sin embargo, ambos tratados no entraron en vigor hasta el 1 de enero de 1986[19]. Las Comunidades Europeas impusieron unas condiciones duras a España, que tuvo que disminuir la producción y exportación de algunos productos siderúrgicos, y además limitar la capacidad de trabajo de la flota pesquera española estableciéndose unas cuotas de captura. En este sentido, Pérez-Bustamante apunta lo siguiente: *"La necesidad de lograr el refrendo europeo por parte de la joven democracia española debilitó probablemente su capacidad de negociación"*[20].

Respecto con la cuarta ampliación, los Estados que en 1989 solicitaron su adhesión a la Unión fueron Austria, Finlandia, Noruega y Suecia[21]. La firma de los Tratados de Adhesión tuvo lugar durante la celebración del Consejo Europeo de Corfú el 24 de junio de 1994[22]. Sin embargo, finalmente la incorporación de estos Estados tuvo lugar en 1995, exceptuando el caso de Noruega puesto que, tras la celebración de un referéndum, la población noruega no votó de forma favorable su incorporación a la Unión[23].

En definitiva, la valoración que Tamames y López realizaron de esta ampliación fue la siguiente[24]:

> *"La cuarta ampliación comunitaria significó un avance no desdeñable; y no tanto por el peso económico, como por el hecho de que la Unión*

---

19 *Ibídem*, p. 112-113.

20 PÉREZ-BUSTAMANTE, Rogelio. *Historia política y* [...], op. cit., p. 251.

21 FERNÁNDEZ RODRÍGUEZ, Manuela. *Manual de introducción* [...], op. cit., p. 144.

22 TAMAMES, Ramón. y LÓPEZ, Mónica. *La Unión Europea,* 4ª edición revisada y ampliada. Madrid: Alianza Editorial, 1999, p. 662.

23 FERNÁNDEZ RODRÍGUEZ, Manuela. *Manual de introducción* [...], op. cit., p. 144.

24 TAMAMES, Ramón. y LÓPEZ, Mónica. *La Unión Europea* [...], op. cit., p. 663.

Europea —de acuerdo con el compromiso adquirido en el Tratado de Maastricht— demostró su voluntad inequívoca de abrirse más; esta vez hacia el norte y redondeando el espacio alpino".

La quinta ampliación de la Unión Europea, orientada hacia los países del este, ha sido la más grande en la Historia de la Unión. Su origen se remonta a la firma de los Acuerdos de Asociación entre 1991 y 1996 con Polonia, Checoslovaquia (ahora República Checa y Eslovaquia), Hungría, Rumanía, Bulgaria, Estonia, Letonia, Lituania y Eslovenia. Incluso, previamente la Comunidad Económica Europea desarrolló iniciativas para ayudar a los países pertenecientes a la antigua URSS, con el objeto de que introdujeran cambios en sus países que ayudaran a una posible adhesión al proyecto comunitario. Nos estamos refiriendo a los programas PHARE y TACIS[25]. Finalmente, esta ampliación se culminó con la firma del Tratado de Adhesión el 16 de abril de 2003, permitiendo la incorporación a la Unión Europea de diez nuevos Estados pertenecientes al centro y este de Europa, es decir, República Checa, Estonia, Chipre, Letonia, Lituania, Hungría, Malta, Polonia, Eslovenia y Eslovaquia. No fue hasta el 1 de mayo de 2004 cuando entraría en vigor este Tratado de Adhesión y la Unión pasaría a contar con 25 Estados miembros[26].

Asimismo, la sexta ampliación fue la protagonizada por Rumanía y Bulgaria, Estados que tuvieron unas negociaciones flexibles, siendo el Tratado de Adhesión firmado el 25 de abril de 2005, aunque finalmente entraría en vigor en 2007[27]. Con carácter previo a su adhesión, ambos países recibieron ayudas financieras para transformar de forma real y efectiva sus estructuras económicas, sociales y políticas, haciendo hincapié en la mejora de su capacidad administrativa y judicial y la reforma estructural y económica, siendo todos estos aspectos claves para poder culminar su adhesión a la Unión Europea[28].

---

25 *Ibídem*, p. 662.

26 MANGAS MARTÍN, Araceli y LIÑÁN NOGUERAS, Diego J. *Instituciones y Derecho de la Unión Europea*, 9ª edición. Madrid: Tecnos, 2016, p. 42.

27 *Ibídem*, p. 42.

28 PÉREZ-BUSTAMANTE, Rogelio. *Historia política y* [...], op. cit., p. 508.

Para finalizar, la séptima ampliación de la Unión fue la última, en virtud de la cual Croacia firmó el Tratado de Adhesión el 9 de diciembre de 2011 y entró en vigor el 1 de julio de 2013[29].

Como aspecto negativo para el proceso de integración europea, se culminó el proceso de retirada de Reino Unido de la Unión Europea, conocido como "Brexit". Este proceso se inició el 23 de junio de 2016, cuando se celebró en Reino Unido un referéndum en el que el pueblo británico debía decidir si quería permanecer dentro de la Unión Europea o por el contrario retirarse. El resultado de este referéndum fue favorable a la retirada del proyecto comunitario, así que el 29 de marzo de 2017 Reino Unido notificó al Consejo Europeo su voluntad de retirarse oficialmente de la Unión Europea[30], de modo que se activó el artículo 50 del Tratado de la Unión Europea, en virtud del cual *"todo Estado miembro podrá decidir, de conformidad con sus normas constitucionales, retirarse de la Unión"*[31]. Tras un largo periodo de negociaciones, el Consejo Europeo llegó a prorrogar el plazo del Brexit y el 24 de enero de 2020 se firmó el Acuerdo de Retirada en Bruselas. Una vez ratificado dicho acuerdo tanto por Reino Unido como por la Unión Europea, finalmente el 31 de enero de 2020 Reino Unido abandonó la Unión[32].

3. RÉGIMEN JURÍDICO VIGENTE

La base jurídica de la ampliación de la Unión Europea se encuentra regulada principalmente en los artículos 2 y 49 del Tratado de la Unión Europea (TUE).

---

29 MANGAS MARTÍN, Araceli y LIÑÁN NOGUERAS, Diego J. *Instituciones y Derecho* […], op. cit, p. 42.

30 EUR-LEX. *Brexit: relaciones entre la UE y el Reino Unido*, https://eur-lex.europa.eu/content/news/Brexit-UK-withdrawal-from-the-eu.html?locale=es (Fecha de consulta: 02.09.2023).

31 Artículo 50 del Tratado de la Unión Europea.

32 CONSEJO EUROPEO. *Cronología - Acuerdo de Retirada del Reino Unido*, https://www.consilium.europa.eu/es/policies/eu-relations-with-the-united-kingdom/the-eu-uk-withdrawal-agreement/timeline-eu-uk-withdrawal-agreement/ (Fecha de consulta: 10.08.2023).

Por un lado, en el artículo 2 del TUE se hace referencia a los valores en los que la Unión se debe fundamentar[33]:

> *"La Unión se fundamenta en los valores de respeto de la dignidad humana, libertad, democracia, igualdad, Estado de Derecho y respeto de los derechos humanos, incluidos los derechos de las personas pertenecientes a minorías. Estos valores son comunes a los Estados miembros en una sociedad caracterizada por el pluralismo, la no discriminación, la tolerancia, la justicia, la solidaridad y la igualdad entre mujeres y hombres".*

Por otro lado, en el artículo 49 del TUE se determina cuáles son los Estados que podrían llegar a solicitar su incorporación a la Unión Europea[34]:

> *"Cualquier Estado europeo que respete los valores mencionados en el artículo 2 y se comprometa a promoverlos podrá solicitar el ingreso como miembro en la Unión. Se informará de esta solicitud al Parlamento Europeo y a los Parlamentos nacionales. El Estado solicitante dirigirá su solicitud al Consejo, que se pronunciará por unanimidad después de haber consultado a la Comisión y previa aprobación del Parlamento Europeo, el cual se pronunciará por mayoría de los miembros que lo componen. Se tendrán en cuenta los criterios de elegibilidad acordados por el Consejo Europeo.*
>
> *Las condiciones de admisión y las adaptaciones que esta admisión supone en lo relativo a los Tratados sobre los que se funda la Unión serán objeto de un acuerdo entre los Estados miembros y el Estado solicitante. Dicho acuerdo se someterá a la ratificación de todos los Estados contratantes, de conformidad con sus respectivas normas constitucionales".*

En relación con los requisitos que se deben cumplir para poder incorporarse a la Unión Europea, hemos de reseñar que se deben cumplir unos criterios de adhesión que se conocen como los "Criterios de Copenhague", que fueron definidos en el Consejo Europeo de Copenhague en 1993. Estos criterios establecían un conjunto de condiciones relativas a la democracia, economía y política para los países que aspiraban a adherirse al proyecto de construcción europea entre los cuales se encuentran los siguientes: en primer lugar, contar con instituciones estables que garantizaran la democracia, el Estado de Derecho, los derechos humanos y el respeto y la protección de las

---

33 Artículo 2 del Tratado de la Unión Europea.

34 Artículo 49 del Tratado de la Unión Europea.

minorías; en segundo lugar, contar con una economía de mercado en funcionamiento y tener la capacidad necesaria para afrontar la presión competitiva y las fuerzas del mercado en la Unión Europea; en tercer lugar, la capacidad de asumir y cumplir las obligaciones que impone la Unión Europea a sus Estados miembros, como son la adhesión a los objetivos de la unión política, económica y monetaria[35].

Respecto con el procedimiento que se debe cumplir para llevar a cabo la adhesión a la Unión, el Estado que tenga la voluntad de incorporarse a la Unión enviará su solicitud al Consejo, el cual pedirá que la Comisión presente un dictamen sobre esta cuestión. Además, se debe informar de la presentación de esta solicitud al Parlamento Europeo. En el supuesto de que el dictamen de la Comisión sea favorable, el Consejo podrá decidir por unanimidad, otorgar el estatuto de candidato al Estado solicitante. Asimismo, la Comisión formula una recomendación y, posteriormente, el Consejo volverá a decidir por unanimidad si se deben iniciar las negociaciones de adhesión. Con carácter previo al inicio de las negociaciones, la Comisión debe presentar un informe que analice cada capítulo de los más de treinta que conforman el conjunto de la legislación de la Unión Europea o acervo comunitario. Tras la emisión de este informe, el Consejo debe decidir por unanimidad la apertura o no de nuevos capítulos de negociación. Cuando se considere que se ha progresado adecuadamente en uno de los capítulos analizados, la Comisión puede llegar a recomendar "cerrar provisionalmente" el capítulo en cuestión. Después, el Consejo tendrá que volver a decidir por mayoría de unanimidad, y cuando se hayan finalizado las negociaciones sobre todos los capítulos y las cláusulas planteadas, todas estas cuestiones deberán quedar recogidas en un Tratado de Adhesión que deberá ser firmado entre el país que pretende adherirse y los Estados miembros de la Unión Europea. Previamente a la firma de este tratado, será imprescindible contar con la aprobación del Parlamento Europeo y con una decisión unánime favorable del Consejo. Una vez cumplidos todos estos trámites, el Tratado de Adhesión será ratificado por todos los Estados contratantes en base a sus respectivas normas constitucio-

35 CONSEJO EUROPEO. *Política de ampliación de la UE*, https://www.consilium.europa.eu/es/policies/enlargement/ (Fecha de consulta: 01.08.2023).

nales nacionales, es decir, mediante la ratificación por vía de referéndum o por vía parlamentaria[36].

4. LA POSIBLE ADHESIÓN DE TURQUÍA A LA UNIÓN EUROPEA

4.1. Consideraciones generales

Según ha ido avanzando el proceso de integración europea, ha aumentado de forma paralela el interés de muchos Estados por pertenecer a la Unión, y así compartir los valores y principios europeos potenciados por Robert Schuman y los padres fundadores de la Unión.

Al referirnos a las futuras ampliaciones que se pueden llevar a cabo en la Unión, tras los acontecimientos que se han vivido en los últimos tiempos, lo cierto es que ya se habían abierto negociaciones y capítulos de adhesión con Montenegro, Serbia y Turquía. Además, en julio de 2022 también se abrieron negociaciones de adhesión con Albania y Macedonia del Norte. Asimismo, en diciembre de 2022 Bosnia y Herzegovina obtuvo el estatuto de país candidato y Kosovo presentó su solicitud de adhesión a la Unión Europea. Igualmente, en junio de 2022 se concedió el estatuto de país candidato a Ucrania y Moldavia[37]. Concretamente, a la hora de desarrollar sus políticas de ampliación, la Unión realiza una diferenciación técnica entre los diferentes Estados que pretenden unirse al proyecto comunitario, precisando entre los países candidatos y los países candidatos potenciales. Actualmente los países candidatos a adherirse a la Unión Europea son Albania, Bosnia y Herzegovina, Moldavia, Montenegro,

---

36 PARLAMENTO EUROPEO. *Fichas técnicas sobre la Unión Europea. La ampliación de la Unión,* https://www.europarl.europa.eu/factsheets/es/sheet/167/la-ampliacion-de-la-union (Fecha de consulta: 03.08.2023).

37 PARLAMENTO EUROPEO. *Fichas técnicas sobre la Unión Europea. La ampliación de la Unión,* https://www.europarl.europa.eu/factsheets/es/sheet/167/la-ampliacion-de-la-union (Fecha de consulta: 03.08.2023).

Macedonia del Norte, Serbia, Turquía y Ucrania. Por otro lado, actualmente los países candidatos potenciales son Georgia y Kosovo[38].

No obstante, en algún momento se ha llegado a plantear un debate sobre la posible futura incorporación a la Unión Europea de grandes potencias que sobrepasan los límites territoriales de Europa, como es el caso de Rusia. Lo cierto es que esta opción ya parecía bastante improbable por diferentes tipos de motivos geográficos, políticos, económicos o culturales, a lo que evidentemente se tiene que añadir la invasión que Rusia inició hacia Ucrania el pasado 24 de febrero de 2022. A parte de la lógica exclusión de Rusia de una hipotética incorporación de Rusia a la Unión Europea como motivo de la invasión y posterior conflicto bélico, previamente a este suceso algunos expertos se pronunciaron sobre la posible incorporación de Rusia al proyecto comunitario. En este sentido, Tamames y López apuntaban que sería muy complicado que Rusia acabara siendo un Estado miembro de la Unión Europea[39]:

> *"La Federación de Rusia, lo más seguro es que nunca ingrese en la UE. Su espacio geográfico es demasiado grande para ser un mero Estado miembro. Y además, los dirigentes del Kremlin aspiran a retomar el papel de potencia mundial (¡cuánto les falta!). No obstante, la Unión podría establecer un trato comercial y económico de gran alcance no solo con Moscú, sino también con otras piezas de lo que anteriormente fue Unión Soviética: las tres repúblicas caucásicas (Georgia, Armenia y Azerbaijan) y las cinco centroasiáticas (Kazajistán, Kirguistán, Uzbekistán, Tayikistán y Turkmenistán)".*

4.2. Turquía

La primera toma de contacto entre los europeos y los turcos se produjo hace siglos durante las cruzadas, época en la que luchaban para conquistar las tierras santas. Poco a poco, se fue constituyendo el imperio otomano, siendo un actor muy importante para las potencias europeas por su gran valor desde el punto de vista geoestra-

---

[38] UNIÓN EUROPEA, *Adhesión a la UE*, https://european-union.europa.eu/principles-countries-history/joining-eu_es (Fecha de consulta: 29.9.2023).

[39] TAMAMES, Ramón. y LÓPEZ, Mónica. *La Unión Europea* [...], op. cit., pp. 667-668.

tégico. Durante el siglo XX, el imperio otomano se desmembró y se acabaría proclamando en 1923 el Estado independiente de Turquía, país que empezó a implementar políticas orientadas a su acercamiento a Occidente[40].

El inicio del punto de unión entre las Comunidades Europeas y Turquía se produjo el 31 de julio de 1959, momento en el que el gobierno turco decidió solicitar su incorporación a las Comunidades Europeas, aunque desafortunadamente para ellos, esta solicitud fue rechazada. No obstante, conseguiría que el 12 de septiembre de 1963 se firmara un Acuerdo de Asociación entre Turquía y las Comunidades Europeas[41].

De nuevo, el 14 de abril de 1987 Turquía volvió a presentar su candidatura para formar parte de las Comunidades Europeas, aunque no fue hasta el Consejo Europeo de Helsinki de diciembre de 1999 cuando conseguiría obtener el estatuto de país candidato a la adhesión[42]. Su camino hacia su incorporación al proyecto comunitario no fue nada fácil, hasta el punto de que, tal y como recuerdan Serrano y Navarrete, hubo un momento en el que Turquía no se sintió bien tratada por las potencias europeas y manifestó ser discriminada. Esta situación provocó que, tras haber sido invitada a participar en la Conferencia Europea de Londres en marzo de 1998, Turquía declinara la invitación y finalmente no participara en dicha reunión[43].

Para que Turquía pudiera acceder a la Unión Europea y conseguir el estatuto de país candidato a la Unión, se le exigió una serie de reformas constitucionales que mejoraran la independencia y funcionamiento de su poder judicial, la garantía de las libertades fundamentales relativas a la asociación, libertad de expresión y libertad religiosa y los derechos culturales. Además, las reformas también se debían realizar en el ámbito económico y financiero. La transforma-

---

40 SERRANO CABALLERO, Enriqueta y NAVARRETE ORTIZ, Paola. "Retos de la adhesión de Turquía a la Unión Europea". *Desafíos*, Vol. 23, núm. 1, 2011, p. 102.

41 ORTIZ HERNÁNDEZ, Elmys. "La oportunidad de Turquía de posicionarse como líder regional ante la UE: la Primavera Árabe". *Anuario español de Derecho Internacional*, Vol. 28, 2012, p. 336.

42 PÉREZ-BUSTAMANTE, Rogelio. *Historia política y* [...], op. cit., pp. 508-509.

43 SERRANO CABALLERO, Enriqueta y NAVARRETE ORTIZ, Paola. "Retos de la [...], op. cit., p. 100.

ción del país se fue produciendo hasta el punto de que la Comisión Europea emitió una Recomendación el 6 de octubre de 2004 en el que declaró que Turquía cumplía con garantías los criterios políticos de Copenhague, lo que provocó que posteriormente en el Consejo Europeo de diciembre de 2004 se decidiera que las negociaciones de adhesión con Turquía se iniciarían en el mes de octubre de 2005[44].

Sin embargo, tras haber transcurrido varios años de paralización, en el mes de noviembre de 2013 se produjo la apertura de un nuevo capítulo de negociación y, del mismo modo, otro más sería abierto en diciembre de 2015. Aún más, el compromiso de Turquía y la Unión para acercar sus posturas fue reforzado el 18 de marzo de 2016, cuando mostraron la voluntad de aplicar el plan de acción conjunto para frenar los flujos migratorios de carácter irregular en la Unión, siendo este un paso importante para volver a relanzar el proceso de adhesión de Turquía a la Unión Europea. Fruto de estas maniobras políticas, se consiguió abrir un capítulo adicional en el mes de junio de 2016. Sin embargo, tras el intento de golpe de Estado en Turquía en julio de 2016 que afectó seriamente a su imagen en el ámbito internacional, el proceso de adhesión a la Unión Europea quedó paralizado[45].

No obstante, en los últimos años la relaciones entre la Unión Europea y Turquía se han producido desde diferentes instancias. En primer lugar, en las sesiones del Consejo de Asociación, habiéndose celebrado la nº 54 sesión del Consejo de Asociación UE-Turquía el 15 de marzo de 2019 en Bruselas, donde se analizaron las relaciones bilaterales entre la Unión Europea y Turquía; en segundo lugar, se han celebrado cumbres internacionales UE-Turquía, como han sido la celebrada el 29 de noviembre de 2015 entre los jefes de Estado y de gobierno de la Unión Europea con Turquía para debatir la gestión de la crisis migratoria, así como la celebrada por los mismos protagonistas el 7 de marzo de 2016 con el objeto de mejorar la cooperación en el ámbito de la crisis migratoria y de los refugiados; en tercer lugar, en el seno de la conferencia de adhesión con Turquía a nivel

---

44 PÉREZ-BUSTAMANTE, Rogelio. *Historia política y* [...], op. cit., pp. 508-509.

45 PARLAMENTO EUROPEO. *Fichas técnicas sobre la Unión Europea. La ampliación de la Unión*, https://www.europarl.europa.eu/factsheets/es/sheet/167/la-ampliacion-de-la-union (Fecha de consulta: 03.08.2023).

ministerial, se celebró una reunión el 30 de junio de 2016, en la que se negoció sobre el capítulo 33 relativo a las disposiciones financieras y presupuestarias, aunque posteriormente se han abierto 16 de los 35 capítulos; en cuarto lugar, en el seno del Consejo Europeo del 19 de octubre de 2017 las autoridades de la Unión Europea debatieron sobre sus relaciones con Turquía; en quinto lugar, se produjo la reunión de los dirigentes de la Unión Europea con el presidente turco en Varna (Bulgaria) donde celebraron un importante debate sobre la relaciones entre la Unión Europea y Turquía abordando temas como la cooperación en la gestión de los flujos migratorios, la lucha contra el terrorismo, el Estado de Derecho en Turquía, las actuaciones turcas en el mar Egeo y Mediterráneo oriental y el papel de Turquía en Siria[46].

Siguiendo la Comunicación de la Comisión Europea de 2019 sobre la política de ampliación de la Unión Europea[47], se van a analizar algunos de los principales aspectos de evaluación para que finalmente Turquía pueda logar adherirse a la Unión:

a) Funcionamiento de las instituciones democráticas. Las instituciones democráticas han sido vulneradas tras la reforma del modelo presidencial turco que entró en vigor tras las elecciones de junio 2018, puesto que redujo de forma notable las funciones legislativas y de supervisión del Parlamento, por lo que no existe un diálogo parlamentario constructivo y no hay un modelo de contra poderes institucionales.

b) Estado de Derecho y seguridad. Existen graves deficiencias en la aplicación del Estado Derecho a todos los niveles de poder, y en Turquía no se adoptó ninguna medida para solucionar la regresión en el ámbito del Estado de Derecho. La independencia judicial se ha visto afectada puesto que en Turquía existe una fuerte presión política contra los jueces y fiscales. Además de existir un elevado número de casos de corrupción en las instituciones turcas, también abunda la

---

[46] CONSEJO EUROPEO. *Turquía*, https://www.consilium.europa.eu/es/policies/enlargement/turkey/ (Fecha de consulta: 20.08.2023).

[47] COMISIÓN EUROPEA, *Comunicación de la Comisión al Parlamento Europeo, al Consejo, al Comité Económico y Social Europeo y al Comité de las Regiones "Comunicación de 2019 sobre la política de ampliación de la UE"*, Bruselas, 29.05.2019, COM(2019) 260 final, pp. 3-12.

delincuencia organizada existiendo rutas de contrabando que atraviesan el país. En cuanto a la lucha contra el terrorismo, es necesario que en Turquía se modifique la legislación antiterrorista vigente.

c) Derechos fundamentales. En los últimos años ha sido notable la vulneración continua de los derechos humanos en Turquía, afectando a derechos tales como la libertad de expresión, ya que más de 160 periodistas llegaron a ser encarcelados. Asimismo, se deben adoptar medidas más decisivas para luchar contra los abusos de los derechos del niño, o garantizar aún más los derechos procesales en los procesos judiciales, como son el derecho a la tutela judicial efectiva y el derecho a la defensa.

d) Reforma de la Administración Pública. Este aspecto es clave para mejorar la gobernanza a todos los niveles. El retroceso en este aspecto en Turquía ha sido muy acusado, principalmente en el ámbito de la función pública, la planificación de políticas y la rendición de cuentas, todo ello como consecuencia de una restructuración de la Administración y función pública de gran calado adoptada en virtud de la aprobación de una serie de decretos de carácter presidencial.

e) Migración. En los últimos tiempos algunos de los grandes retos asumidos por Turquía han sido la crisis de los refugiados y la migración irregular, siendo la trata de seres humanos una gran preocupación. Sin embargo, gracias a la declaración UE-Turquía de marzo de 2016 se han conseguido grandes resultados en la materia migratoria, puesto que se redujeron de forma considerable los cruces irregulares y peligrosos y se ha conseguido salvar muchas vidas en el mar. Además, Turquía ha elaborado un gran trabajo acogiendo a más de 3,6 millones de refugiados procedentes de Siria y a alrededor de 370.000 refugiados que procedían de otros Estados. Por otro lado, la Unión Europea ha tratado de ayudar a Turquía en estas labores mediante el Mecanismo de la UE para los refugiados en Turquía, que contaba con una dotación presupuestaria de 6.000 millones de euros, destinados a desarrollar labores humanitarias y de apoyo a los refugiados y a las comunidades de origen.

f) Economía. La economía turca todavía tiene que hacer frente a relevantes desafíos que la impide aprovechar con plenitud su potencial económico. En realidad, la economía de Turquía está sometida a un grave retroceso que provoca una preocupación sobre la viabilidad de su economía de mercado. Además, la fuerte injerencia del Estado en su economía ha provocado un fuerte deterioro de la gobernanza económica, de modo que Turquía tendrá que cambiar esta tendencia de retroceso mediante la aplicación de profundas reformas en su economía y mercado.

g) Cooperación regional y relaciones de buena vecindad. En el caso turco es necesario conservar los avances logrados en el marco de las negociaciones dirigidas por las Naciones Unidas en relación con Chipre, con el objeto de lograr una solución definitiva que sea justa, global y viable. En este sentido, Turquía debe comprometerse a cumplir los acuerdos adquiridos y asimismo cumplir con carácter urgente su obligación de aplicar íntegramente el protocolo adicional del acuerdo de asociación UE-Turquía y continuar el trabajo hacia la normalización de las relaciones con Chipre.

Además, se puede destacar la Comunicación conjunta al Consejo Europeo "Situación de la relaciones políticas, económicas y comerciales entre la UE y Turquía", de 20 de marzo de 2021, donde se abordaron diferentes aspectos: en primer lugar, las relaciones políticas, recogiendo las acciones turcas en el Mediterráneo oriental, destacando algunos comportamientos provocadores de Turquía contra Grecia y el conflicto relativo a Chipre; en segundo lugar, se recogía la evolución de las relaciones bilaterales entre la Unión Europea y Turquía; en tercer lugar, se profundizó en los avances y problemas suscitados en el ámbito de la economía y el comercio[48].

Asimismo, en los últimos tiempos, se han ido celebrando algunos acontecimientos importantes en las relaciones entre la Unión Europea y Turquía, entre los que se encuentran los siguientes: diálogo de alto nivel sobre migración y seguridad, celebrado en Ankara en octubre de 2021; dialogo de alto nivel sobre la salud en noviembre de 2021; la 80ª Comisión Parlamentaria Mixta UE-Turquía, celebrada en Bruselas en marzo de 2022; segundo diálogo de alto nivel UE-Turquía sobre el clima, celebrado en Ankara en abril de 2022; diálogo de alto nivel sobre agricultura, celebrado en Ankara en mayo de 2022;

---

48 COMISIÓN EUROPEA, *Comunicación conjunta al Consejo Europeo "Situación de las relaciones políticas, económicas y comerciales entre la UE y Turquía"*, Bruselas, 20.3.2021 JOIN(2021) 8 final.

el primer diálogo de alto nivel UE-Turquía sobre ciencia, investigación, tecnología e innovación, celebrado en Bruselas en noviembre de 2022, etc.[49].

En cuanto a las consecuencias de la adhesión de Turquía a la Unión Europea, según Barón, esta relación genera beneficios, tanto para la Unión Europea como para Turquía[50].

Por un lado, para la Unión Europea:

> *"La posición geopolítica única de Turquía en la encrucijada de los Balcanes, el más amplio Oriente Medio, el sur del Caúcaso, Asia Central para la seguridad de los suministros energéticos de Europa así como su peso político, económico y militar supondrían valiosos activos. Además, como país musulmán grande sólidamente afianzado en la Unión Europea, Turquía podría jugar un importante papel en las relaciones de Europa con el mundo islámico".*

Por otro lado, para Turquía:

> *"La adhesión a la UE constituiría la confirmación definitiva de que su centenaria orientación hacia Occidente ha sido aceptada por Europa. Su condición de miembro de la UE garantizaría igualmente el carácter irreversible de la transformación del país en una sociedad democrática moderna, a partir de la creación de la república laica y democrática".*

Atendiendo a las problemas y soluciones vinculados a la adhesión de Turquía, y siguiendo los estudios realizados por Fuentes, por un lado, vamos a mostrar los siguientes problemas: el territorio, puesto que la gran parte del territorio de Turquía se encuentra en Asia (el 97 %), mientras que tan solo una mínima parte está en Europa (el 3 %), lo que podría llegar a suponer un debate sobre los límites geográficos de Europa que pueden perjudicar al proceso de construcción europea; la población, ya que con aproximadamente 70 millones de habitantes, Turquía sería el segundo país más poblado de la Unión, lo que supondría un elevado protagonismo en las instituciones europeas a través de sus representantes; la economía, puesto que la economía turca muestra grandes debilidades, cuestión que va en contra

---

49 COMISIÓN EUROPEA, *Türkiye*, https://neighbourhood-enlargement.ec.europa.eu/enlargement-policy/turkiye_es (Fecha de consulta: 12.10.2023).

50 BARÓN CRESPO, Enrique. "Turquía y la Unión Europea". En: VVAA. *Turquía a las puertas de Europa*. Madrid: Ministerio de Defensa, 2006, pp. 17-18.

de los criterios de Copenhague; las migraciones, ya que la libre circulación de trabajadores turcos podría suponer una preocupación para las instituciones europeas y los demás Estados miembros; la cultura y la religión, puesto que supondría la introducción de muchos millones de fieles musulmanes en una Unión tradicionalmente cristiana. Asimismo, pueden llegar a preocupar las diferencias culturales entre un Estado turco eminentemente oriental con una abultada mayoría de Estados miembros occidentales[51].

Por otro lado, vamos a mostrar algunas de las soluciones que se pueden aportar ante el reto de la adhesión de Turquía a la Unión: el acercamiento al mundo árabe, puesto que tras su posible integración en la Unión Europea, las fronteras exteriores de la Unión Europea se encontrarían en Oriente Medio, lo que facilitaría el acercamiento de la Unión a todas las potencias árabes de la región; la seguridad, ya que con su adhesión, se reforzaría aún más la cooperación en el ámbito de la seguridad, del mismo modo que se produce en la OTAN; el contencioso con Chipre, puesto que como Estado miembro de la Unión Europea, este conflicto debería desaparecer por completo; los criterios de Copenhague, ya que si se incorpora a la Unión, la transformación de Turquía será global en diferentes facetas, como el respeto al Estado de Derecho, la protección de los derechos fundamentales, la reforma de la Administración, o la transformación política, económica y social; el Mediterráneo, puesto que su adhesión supondría una consolidación de la ampliación de la Unión hacia el mar Mediterráneo[52].

5. CONCLUSIONES

Durante los últimos 70 años el proceso de integración europea se ha desarrollado de forma constante, acogiendo a cada vez más Estados miembros que han querido asumir los principios, valores y objetivos de la Unión Europea, lo que ha supuesto un beneficio pa-

---

51 FUENTES MONZONÍS-VILLALONGA, Jorge. "Turquía: ¿asociado o miembro?". En: VVAA. *Turquía a las puertas de Europa.* Madrid: Ministerio de Defensa, 2006, pp. 30-32.

52 *Ibídem*, pp. 33-35.

ra los Estados miembros originarios, los nuevos Estados que se han ido incorporando con el paso de los años, así como para la propia Unión Europea. En términos generales, en este proyecto comunitario han salido ganando todos sus participantes, puesto que se han beneficiado del trabajo conjunto, de la ayuda mutua y durante los últimos años han podido cumplir de forma coordinada los objetivos comunitarios que los Estados miembros y la propia Unión Europea se han ido planteando.

Para poder continuar el proyecto de integración europea, la Unión debe mantener buenas relaciones con todos los actores internacionales que la rodean, terceros Estados y organizaciones internacionales, y además debe asumir la posible incorporación de nuevas potencias a la Unión, si realmente quiere seguir creciendo y difundiendo los principios y valores comunitarios.

De ahora en adelante la Unión Europea debe mantenerse fuerte y firme en el cumplimiento de sus objetivos, teniendo en cuenta las preferencias y objetivos de todos sus Estados miembros, de modo que la convivencia dentro de la Unión sea buena para todos, sin que exista ningún tipo de tensión, que pueda provocar episodios como el Brexit, puesto que, si este tipo de acontecimientos se van repitiendo con frecuencia, podrían acabar con el proyecto de integración europea.

Atendiendo a la posible incorporación de Turquía a la Unión, a pesar de la paralización de su adhesión, este país sigue siendo un socio muy relevante para la Unión Europea desde diferentes perspectivas, como son la política migratoria, la lucha contra las organizaciones terroristas, las relaciones comerciales, los medios de transporte o la energía. Es posible que la relación entre Turquía y la Unión Europea no solamente sea conveniente sino también necesaria, puesto que ambas entidades se necesitan la una a la otra siendo esta relación un punto de unión entre Occidente y Oriente que les permitirá completar muchos objetivos, proyectos y desafíos de forma conjunta y coordinada.

REFERENCIAS BIBLIOGRÁFICAS

Bibliografía

BARÓN CRESPO, Enrique. "Turquía y la Unión Europea". En: VVAA. *Turquía a las puertas de Europa.* Madrid: Ministerio de Defensa, 2006, pp. 17-21.

CASADO RAIGÓN, José María. "Consecuencias de la quinta ampliación de la Unión Europea". *Revista de economía mundial*, núm. 6, 2002, pp. 85-93.

FERNÁNDEZ RODRÍGUEZ, Manuela. *Manual de introducción a la Historia de la Integración Europea.* Valladolid: Omnia Mutantur, 2015.

FUENTES MONZONÍS-VILLALONGA, Jorge. "Turquía: ¿asociado o miembro?". En: VVAA. *Turquía a las puertas de Europa.* Madrid: Ministerio de Defensa, 2006, pp. 25-36.

GAY ARMENTEROS, Juan Cristóbal. "El proceso de integración europea: de la "pequeña Europa" a la Europa de los Quince". En: MARTÍN DE LA GUARDIA, Ricardo y PÉREZ SÁNCHEZ, Guillermo. *Historia de la integración europea.* Barcelona: Ariel, 2001.

MANGAS MARTÍN, Araceli y LIÑÁN NOGUERAS, Diego J. *Instituciones y Derecho de la Unión Europea,* 9ª edición. Madrid: Tecnos, 2016.

ORTIZ HERNÁNDEZ, Elmys. "La oportunidad de Turquía de posicionarse como líder regional ante la UE: la Primavera Árabe". *Anuario español de Derecho Internacional,* Vol. 28, 2012, pp. 335-354.

PÉREZ-BUSTAMANTE, Rogelio y SAN MIGUEL PÉREZ, Enrique. *Precursores de Europa.* Madrid: Dykinson, 1998.

PÉREZ-BUSTAMANTE, Rogelio. *Historia política y jurídica de la Unión Europea.* Madrid: Edisofer, 2008.

SERRANO CABALLERO, Enriqueta y NAVARRETE ORTIZ, Paula. "Retos de la adhesión de Turquía a la Unión Europea". *Desafíos,* Vol. 23, núm. 1, 2011, pp. 97-141.

SUÁREZ BILBAO, Fernando. "Orígenes históricos del proceso de construcción europea". En VVAA. *Homenaje al profesor José Antonio Escudero,* Vol. 3, Madrid: Universidad Complutense de Madrid, 2012, pp. 1219-1239.

TAMAMES, Ramón y LÓPEZ, Mónica. *La Unión Europea,* 4ª edición revisada y ampliada. Madrid: Alianza Editorial, 1999.

Webgrafía

COMISIÓN EUROPEA. *Ampliación de la UE,* https://ec.europa.eu/info/policies/eu-enlargement_es (Fecha de consulta: 11.08.2023).

COMISIÓN EUROPEA, *Türkiye,* https://neighbourhood-enlargement.ec.europa.eu/enlargement-policy/turkiye_es (Fecha de consulta: 12.10.2023).

CONSEJO EUROPEO. *Política de ampliación de la UE,* https://www.consilium.europa.eu/es/policies/enlargement/ (Fecha de consulta: 01.08.2023).

CONSEJO EUROPEO. *Cronología - Acuerdo de Retirada del Reino Unido,* https://www.consilium.europa.eu/es/policies/eu-relations-with-the-united-kingdom/the-eu-uk-withdrawal-agreement/timeline-eu-uk-withdrawal-agreement/ (Fecha de consulta: 10.09.2023).

CONSEJO EUROPEO. *Turquía,* https://www.consilium.europa.eu/es/policies/enlargement/turkey/ (Fecha de consulta: 20.08.2023).

EUR-LEX. *Brexit: relaciones entre la UE y el Reino Unido,* https://eur-lex.europa.eu/content/news/Brexit-UK-withdrawal-from-the-eu.html?locale=es (Fecha de consulta: 02.09.2023).

PARLAMENTO EUROPEO, *Fichas técnicas sobre la Unión Europea. La ampliación de la Unión,* https://www.europarl.europa.eu/factsheets/es/sheet/167/la-ampliacion-de-la-union (Fecha de consulta: 03.08.2023).

UNIÓN EUROPEA, *Adhesión a la UE,* https://european-union.europa.eu/principles-countries-history/joining-eu_es (Fecha de consulta: 29.9.2023).

Legislación y documentos comunitarios

COMISIÓN EUROPEA, *Comunicación conjunta al Consejo Europeo "Situación de las relaciones políticas, económicas y comerciales entre la UE y Turquía"*, Bruselas, 20.3.2021 JOIN(2021) 8 final.

COMISIÓN EUROPEA, *Comunicación de la Comisión al Parlamento Europeo, al Consejo, al Comité Económico y Social Europeo y al Comité de las Regiones "Comunicación de 2019 sobre la política de ampliación de la UE"*, Bruselas, 29.05.2019, COM(2019) 260 final.

Tratado de la Unión Europea, DOUE, C 202 de 7 de junio de 2016.

EL DESARROLLO JURÍDICO-CONSTITUCIONAL DE LA POLÍTICA EXTERIOR DE LA UNIÓN EUROPEA: EL TRATADO CONSTITUCIONAL Y EL TRATADO DE LISBOA

JULIO GUINEA BONILLO[1]

SUMARIO: 1. LA NEGOCIACIÓN DEL PROYECTO DE TRATADO CONSTITUCIONAL. 2. EL CAMINO AL TRATADO DE LISBOA. 3. LOS AVANCES DEL TRATADO DE LISBOA EN LA POLÍTICA EXTERIOR Y LAS REFORMAS PENDIENTES. REFERENCIAS BIBLIOGRÁFICAS.

1. LA NEGOCIACIÓN DEL PROYECTO DE TRATADO CONSTITUCIONAL

Tras la celebración de la Convención para el Futuro de Europa donde se esbozó el borrador de Tratado Constitucional, el Presidente de la Convención, Valery Giscard d'Estaing, facilitaría a los Jefes de Estado y de Gobierno un Proyecto de Tratado Constitucional, el 18 de julio de 2003[2], y con ello quedaba en manos de los representantes de los Estados su conclusión final.

La construcción de la Unión Europea se ha llevado a cabo siempre por deseo expreso de los Gobiernos de los distintos Estados, junto al necesario apoyo de sus respectivos Parlamentos nacionales[3]. A mediados de 2003, un grupo de Estados comenzó a ordenar sus

---

1 Prof. Universidad Rey Juan Carlos.

2 *«UE/Constitution: le président Giscard d'Estaing a remis officiellement le projet de Traité Constitutionnel a la Présidence italienne»*, Bulletin Quotidien de l'Agence Europe, 19.07.2003, n° 8508, p. 5.

3 *«PE/CIG: les parlementaires nationaux et européens réclament le maintien du Conseil Législatif - M. Frattini invite les parlements à donner des mandats clairs a leurs gouvernements - le conclave des 27-28 Novembre à Naples (et non a Roma)»*, Bulletin Quotidien de l'Agence Europe, 23.10.2003, n° 8570, p. 7.

prioridades, concertarse entre sí[4] y establecer sus intereses, frente a la Conferencia Intergubernamental (CIG), momento clave en la negociación y reforma del derecho originario de la Unión. La CIG del Tratado Constitucional Europeo se esperaba breve y, al mismo tiempo, intensa porque el número de participantes se dispararía, de quince a veinticinco miembros.

El 4 de octubre de 2003 daba comienzo formalmente la CIG, y fue un momento histórico, tal y como afirmó el Primer Ministro belga, Guy Verhofstadt, "*hemos dado un paso enorme con la Convención (...) Debería ejecutarse lo más rápidamente posible, antes de final de año*"[5]. Sin embargo, la evolución en la Política Exterior de la Unión estará destacada por notables resistencias a la integración, con ciertos sectores más soberanistas de los grandes Estados presionando en contra de la cesión de soberanía[6].

La CIG contó con la presencia de Valery Giscard d'Estaing, que en calidad de antiguo Presidente de la Convención, quería evitar unas largas y prolongadas sesiones de negociación, que diluyesen el sentido del borrador de Tratado[7]. Además, demandaría un enfoque constitucionalista que mejorase la propuesta que ya estaba en manos de los gobiernos[8]. Ésta llegaría a la CIG con un apoyo amplio de los

---

4 *«UE/CIG/Elargissement: concertation entre les quatre pays «Višegrad» avant l'ouverture de la CIG - Bucarest est satisfait du projet de traité»*, Bulletin Quotidien de l'Agence Europe, 10.09.2003, n° 8538, p. 6.

5 *«UE/CIG: les «petits» pays ont réclamé des changements au texte de la Convention, sans toutefois s'entendre sur une liste précise de revendications»*, Bulletin Quotidien de l'Agence Europe, 03.09.2003, n° 8533, p. 6.

6 *«PE/CIG/France: les souverainistes appellent la Conférence Intergouvernementale à modifier le texte de la Convention»*, Bulletin Quotidien de l'Agence Europe, 03.09.2003, n° 8533, p. 7.

7 *«UE/Constitution: Valery Giscard d'Estaing ne croit pas à la possibilité de modifier le projet actuel de Constitution Européenne (sauf pour quelques détails) et formule des recommandations a l'intention de la CIG»*, Bulletin Quotidien de l'Agence Europe, 19.09.2003, n° 8545, p. 4-5.

8 *«PE/Convention/CIG: M. Giscard d'Estaing souhaite que la CIG approuve le projet de la Convention, en mettant en garde contre «une crise dont l'Europa n'a nul besoin» et demande que, pendant la «CIG de type constitutionnel», les députes «alertant l'opinion publique et demandent la transparence» - M. Prodi: prévoir des mécanismes qui «permettent de décider demain ce qu'on ne peut pas décider aujourd'hui» la Présidence italienne invite*

parlamentarios europeos[9] y el enfoque de trabajo no iba a ser precisamente innovador, en comparación con las anteriores reformas de los Tratados en Niza, Ámsterdam, Maastricht o el Acta Única, según lo expresaría Gianfranco Fini, Viceprimer Ministro de Italia.

Durante el semestre de la Presidencia italiana, los Estados no estaban dispuestos a abrir las sesiones de la CIG a una lista de puntos que quisieran cambiar[10] sino que pondrían en manos de ellos mismos la posibilidad de plantear redacciones alternativas a alguna parte del articulado del Tratado, si contaban con voluntad para ello. En tal sentido, se requerían los contactos oportunos entre delegaciones de distintos países para recabar apoyos a una redacción alternativa, que sirviese para alcanzar la unanimidad entre el resto de Estados a fin de que dicha reforma prosperase. Lo que significaba, *de facto*, limitar la maniobrabilidad de los Estados en la reforma del borrador de Tratado Constitucional, cuya única línea roja, no abierta a excesivos debates, sería la reforma del capítulo institucional, para evitar choques innecesarios o alteración en el equilibrio de poder.

Las cuestiones más conflictivas se abordarían a nivel de Jefes de Estado y de Gobierno en las tres Cumbres que se sucederían a lo largo del semestre italiano (4 de octubre, 16 y 17 de octubre[11] y 12 de diciembre). El resto de los asuntos de trámite podrían ser tratados por los Ministros de Asuntos Exteriores, al margen del Consejo de Asuntos Generales (4 de octubre en Roma, 13 de octubre en Luxemburgo, 26 y 27 de octubre en Bruselas, 17 de noviembre en Bruselas, 28 y 29 de noviembre en Nápoles en cónclave, 8 de diciembre en Bruselas), mientras que el texto de la Convención era analizado

---

Vge a la CIG», Bulletin Quotidien de l'Agence Europe, 04.09.2003, n° 8534, p. 5 y ss.

9 *«PE/Convention/CIG: large appui des parlementaires européen au projet de Constitution de la Convention, malgré quelques divergences»*, Bulletin Quotidien de l'Agence Europe, 05.09.2003, n° 8535, p. 6 - 7.

10 *«UE/Convention/CIG: M. Fini a exposé la méthodologie de la Présidence italienne pour la Conférence Intergouvernementale»*, Bulletin Quotidien de l'Agence Europe, 05.09.2003, n° 8535, p. 7.

11 *«Conseil Européenne de Bruxelles, 16 et 17 de octobre 2003, conclusions de la Présidence»*, Bulletin Quotidien de l'Agence Europe, 19.10.2003, n° 8567, p. 4-15.

paralelamente por un grupo de expertos juristas que velaban por la coherencia y seguridad jurídica[12], liderados por Jean-Claude Piris[13].

El ambiente general era de franco optimismo, en aquellos momentos no aparecerían en Europa las sombras de los nacionalismos y de la crisis económica, eran los felices primeros años del s. XXI. Los Estados más reticentes apoyaban el Tratado elaborado por la Convención, incluido el gobierno británico[14], y los ciudadanos de algunos Estados más reacios a integrarse, inclusive, estaban dispuestos a avanzar en áreas donde otrora no habrían apoyado a sus gobiernos, caso del pueblo danés y su voluntad de participar en la Defensa y el Euro[15].

El eurodiputado español, Iñigo Méndez de Vigo, junto al socialdemócrata alemán, Klaus Hänsch, fue uno de los representantes que acudieron a las reuniones de la CIG en nombre del Parlamento Europeo. A comienzos de 2003, las posiciones de cada Estado miembro estaban ya sobre la mesa[16], y con siete Estados[17] solicitando por carta a Silvio Berlusconi, como Presidente del Consejo, poder discutir y reformar todo tipo de materias[18]. La CIG, como cualquier otra en la historia de la integración jurídica europea, tenía encomendando finalizar no solo con un Tratado que reformase los anteriores Tratados, sino un Tratado sólido en sí mismo, de carácter constitucional,

---

12 *«UE/CIG: Groupe de travail pour veiller à la cohérence juridique du projet de Constitution - le Royaume-Uni s'oppose à l'inscription de l'article sur les symboles de l'UE dans la partie i»*, Bulletin Quotidien de l'Agence Europe, 05.11.2003, n° 8578, p. 5.

13 PIRIS, Jean-Claude. *El Tratado Constitucional para Europa: un análisis jurídico.* Marcial Pons, 2006. pp. 78-82

14 *«UE/Constitution: le Gouvernement britannique endosse la Constitution»*, Bulletin Quotidien de l'Agence Europe, 11.09.2003, n° 8539, p. 7.

15 *«UE/Danemark: une majorité de danois favorable à la participation de leur pays a la défense européenne et à l'euro, selon un sondage»*, Bulletin Quotidien de l'Agence Europe, 10.09.2003, n° 8538, p. 6.

16 *«UE/CIG: positions des états membres et des pays candidats ou en voie d'adhésion a la veille de l'ouverture de la Conférence Intergouvernementale»*, Bulletin Quotidien de l'Agence Europe, 03.10.2003, n° 8555, p. 6-10.

17 Austria, Malta, Lituania, Hungría, Eslovenia, República Checa y Finlandia.

18 *«UE/CIG: la Conférence Intergouvernementale s'ouvre, ce samedi à Rome - sept premiers ministres demandent que tous les sujets puissent être abordes»*, Bulletin Quotidien de l'Agence Europe, 04.10.2003, n° 8556, p. 4.

cuya génesis había comenzado a partir de la Declaración de Laeken, documento que para europeístas como Josep Borrell, se trataba de un texto repleto de buenas intenciones[19].

Este proceso no dejaba ninguna alternativa que no fuese la aprobación de una Constitución y los gobiernos más críticos debían ser realistas y moderados, especialmente, sobre su capacidad de alterar la esencia de un texto tan consensuado como el que Valery Giscard d'Estaing había entregado a los líderes europeos[20].

En la segunda sesión de la CIG, celebrada en Luxemburgo, los Estados manifestaron sus reservas a mantener una Comisión reducida, pero algunos objetaron al ver perdido su derecho a poseer un Comisario de su nacionalidad e igualmente, aparecieron fuertes oposiciones, mayormente por parte del Reino Unido, a que el nuevo cargo de Ministro de Asuntos Exteriores de la Unión Europea, fuera denominado Ministro, en vez de Alto Representante, o Secretario General, y permitir que éste tuviera responsabilidades tanto a nivel de Consejo como en la Comisión[21].

Aquel conjunto de exigencias, según el Parlamento Europeo, podían llevar a la deriva a la propia Conferencia Intergubernamental, porque volvería a configurarse el sistema institucional alcanzado en Niza que no suponía un gran avance integrador. La Unión requería ambición, atender a las Resoluciones que el Parlamento Europeo efectuaría sobre la PESC y aprovechar el momento en que la opinión pública de la UE y fuera de ella mejoraba en su confianza en el sistema, para alcanzar con su organización unas políticas más perfectas que pudiesen reformar el sistema de gobernanza mundial.

---

19 BORRELL, Josep. Política Exterior Común: Las buenas intenciones de Laeken. *Política Exterior*, Vol. 17, No. 96 (Nov. - Dec., 2003), pp. 13-21.

20 *"UE/CIG: M. Giscard d'Estaing répète qu'il n'y a pas d'alternative au projet de Constitution - l'Espagne et la Pologne devraient être réalistes et modérées"*, Bulletin Quotidien de l'Agence Europe, 08.10.2003, n° 8558, p. 6.

21 *«UE/CIG: à Luxembourg, une majorité d'états rejettent une Commission réduite en nombre - selon le Royaume-Uni, le futur ministre des Affaires Etrangères ne devrait pas avoir de «double casquette» et ne devrait même pas s'appeler «ministre» - Défense: réticence sur les coopérations structurées»*, Bulletin Quotidien de l'Agence Europe, 15.10.2003, n° 8563, p. 3.

Italia tuvo que hacer, durante el semestre que ostentó la presidencia del Consejo, un notable esfuerzo, encaminado a perseguir los acuerdos y el entendimiento entre los veinticinco socios de la Unión, precisamente, en los puntos de mayor tensión, antes de alcanzar un compromiso global en el mes de noviembre. Precisamente, en dicho mes, la Comisión llegaría a manifestar sus temores sobre la posibilidad de que los Estados empantanasen las negociaciones, alcanzando una vía muerta y sin poder avanzar más, por falta de voluntad política[22]. Según Javier Solana, era necesario alcanzar consenso sobre los puntos más destacados que requerían ser respetados del texto constitucional, por ejemplo, en torno a las cooperaciones estructuradas[23], que venían a ser cooperaciones reforzadas pero en el ámbito de la Defensa.

El hecho de mantener la regla de la unanimidad, como algunos Estados todavía defendían, implicaba incertidumbres extremadamente graves para el futuro de Europa y era algo necesario de evitar en el primer proyecto de Constitución que se presentaría en el cónclave de Nápoles. En principio, era necesario acabar con dichas praxis si se quería adaptar la Unión Europea a los desafíos del s. XXI que el Presidente de la Comisión, Romano Prodi especificó en su manifiesto político "*L'Europe: le rêve, les choix*"[24].

En aquellos momentos previos al encuentro de Nápoles, la ministra de Asuntos Exteriores de España, Ana Palacio, todavía mantenía dudas sobre las consecuencias del cargo con doble sombrero del Ministro de Asuntos Exteriores europeo y tanto Polonia, como un

---

22 «*PE/CIG: la Commission est inquiète, déclare M. Barnier en critiquant l'attitude des gouvernements qui sont en train d'entrainer la CIG dans l'impasse*», Bulletin Quotidien de l'Agence Europe, 07.11.2003, n° 8580, p. 4.

23 «*UE/Défense: M. Solana espère que la CIG parviendra à un consensus sur les "coopérations structurées"*», Bulletin Quotidien de l'Agence Europe, 07.11.2003, n° 8580, p. 5.

24 Los principales desafíos identificados fueron: la globalización, la innovación tecnológica, la evolución demográfica, la degradación del medio ambiente, las democracias jadeantes, la fosa abierta entre el norte y el sur, la fuerza de Europa. «*Avenir de l'Europe: la vision du président Prodi*», EUROPE DOCUMENTS, 21.11.2003, n° 2339-2340, p. 1-3.

Reino Unido dispuesto a ejercer su poder de veto[25], renegaban del nombre, prefiriendo el de Representante[26] y renegaban también de la extensión del voto por mayoría cualificada a todas las propuestas que el Ministro presentase.

Estas cuestiones de poder[27], a las que se sumaban las necesaria discusión sobre las pasarelas jurídico-políticas entre las competencias de la UEO y la UE, parecían hacer insalvable el entendimiento y podrían haber hecho encallar la CIG, abriendo entonces la posibilidad al nacimiento de una Europa a dos velocidades, con cooperaciones estructuradas complementarias respecto a las fuerzas tradicionales que operaban en el marco institucional. La presidencia italiana intentó evitar las fricciones, presentando textos en línea con la Convención, asegurando un nuevo compromiso europeo y respetando el sentir expresado por Valery Giscard d'Estaing, aunque hubo miembros como Irlanda o Finlandia, que no se sentían suficientemente llamados a participar de un compromiso de Defensa mutua, tal y como se había propuesto en Nápoles. Esta cuestión sería largamente discutida entre los Ministros de Asuntos Exteriores de los veinticinco[28], e incapaces de llegar a un consenso[29], supuso un punto de fricción importante.

---

25 *«UE/CIG: Londres prête à opposer son veto à la Constitution si nécessaire - Dominique de Villepin confiant pour Naples»*, Bulletin Quotidien de l'Agence Europe, 26.11.2003, n° 8592, p. 5.

26 *«UE/CIG: la dernière réunion de la CIG avant le Conclave de Naples a permis de débroussailler le terrain pour les futures révisions du Traité - la Présidence soumettra un compromis au Conclave qui ne devrait pas se transformer en marathon»*, Bulletin Quotidien de l'Agence Europe, 19.11.2003, n° 8587, p. 5.

27 *«PE/CIG/Conclave: les décisions «catastrophiques» sur le pacte de stabilité pourraient accroitre la pression pour un succès de la CIG, dit M. Brok - optimiste pour le Conclave de Naples (sauf sur les trois «questions de pouvoir»)»*, Bulletin Quotidien de l'Agence Europe, 27.11.2003, n° 8593, p. 6.

28 *«UE/CIG: Défense et budget au menu des discussions lundi après-midi - la CIG «très près» d'un accord sur la défense»*, Bulletin Quotidien de l'Agence Europe, 06.12.2003, n° 8600, p. 5.

29 *«UE/CIG: dernière ligne droite avant la fin de la Conférence Intergouvernementale - les Ministres n'ont pas réussi à résoudre le problème posé par les pays neutres dans l'édification d'une défense commune «*, Bulletin Quotidien de l'Agence Europe, 09.12.2003, n° 8601, p. 4.

Por momentos, y ante la poca ilusión de algunos países por avanzar a cualquier precio, se pensó como algo preferible en carecer de Constitución, a un tener en su lugar una mala Constitución[30] decidida solo por un puñado de Estados en la CIG. La presidencia italiana mantenía una cautela propia de un buen actor diplomático, precisamente en el punto más delicado de la negociación del Tratado, con la esperanza de agradar a todos los Estados y confiar en su voluntad política para hacer avanzar la integración europea. Los Estados se enfrascaron en discusiones tan tensas, a mediados de diciembre de 2003, que no se esperaba alcanzar un acuerdo rápidamente sobre la Constitución, a pesar de contar los líderes europeos con sugerencias y fórmulas para vencer la crisis institucional a lo largo de todo el proceso.

El avance se enturbió, especialmente, en relación a dos aspectos muy concretos, el montante de la ponderación de los votos en los procedimientos por mayoría cualificada y el número de comisarios que compondrían el futuro colegio de Comisarios. Las discusiones se enconaron exclusivamente sobre esos dos puntos, más que en temas de Política Exterior y de Defensa, al que habían accedido, tras establecerse los términos exactos de las nuevas capacidades acordadas. El grado de intransigencia que demostraron algunos Estados, en particular España y Polonia, impidieron que la CIG concluyese su labor en la presidencia italiana del 2003, resultando, por ello, muy duramente criticada por el Presidente de la Comisión Europea.

El 2004 sería el año de la firma de la Constitución, veinte años después del Proyecto de Tratado Spinelli, y el comienzo de la reunificación de Europa[31], con la adhesión de diez nuevos Estados al espacio de solidaridad, seguridad, pacifismo y prósperidad que, según Jacques Delors, representaba Europa[32]. La Presidencia irlandesa

---

30 *«UE/CIG: «mieux vaut une absence de Constitution qu'une mauvaise Constitution» déclare Valery Giscard d'Estaing - les parlementaires nationaux et européens refusent les clauses de rendez-vous»*, Bulletin Quotidien de l'Agence Europe, 06.12.2003, n° 8600, p. 6.

31 *«2004, Année de la Réunification de l'Europe et de la Constitution»*, Bulletin Quotidien de l'Agence Europe, 06.01.2004, n° 8616, p. 3.

32 *«Extraits des mémoires de Jacques Delors»*, Bulletin Quotidien de l'Agence Europe, 10.01.2004, n° 8620, p. 3 y 4.

del primer semestre del 2004, al presentar su agenda y establecer las diferentes prioridades[33], manifestó claramente su oposición a una construcción europea con diferentes velocidades[34], pero existía un riesgo evidente a que surgiese como consecuencia del escaso entendimiento entre los Estados en el seno de la CIG[35].

Irlanda fue a un ritmo mucho más pausado que Italia en la CIG, ya que optó por no convocar nuevas sesiones hasta tener la certidumbre de que todos los Estados, incluido aquellos que impedían la firma de la Constitución, cedían lo suficiente. Para ello, utilizaron unos encuentros más privados con las delegaciones nacionales, apostando por la "discreción y determinación"[36], evitando la diplomacia pública[37] o establecer una fecha de culminación de los trabajos para la CIG[38]. Una metodología de trabajo bien recibida por los Estados en su mayoría, a los que se les exigía evitar las dilaciones innecesarias y llegar a un acuerdo sobre la Constitución, como muy tarde, antes de las elecciones europeas.

---

33 *«UE/Présidence irlandaise: la présidence mettra en ouvre la première stratégie de sécurité de l'union - l'accent est mis sur le multilatéralisme - stratégie à moyen terme pour l'Irak au Conseil du mois de mars»*, Bulletin Quotidien de l'Agence Europe, 31.12.2003, n° 8615, p. 4 y 5.

34 *«UE/CIG: le Taoiseach rejette l'Europe à deux vitesses - pas de divergence de fond avec M. Prodi, affirme le porte-parole de la Commission - M.é voudrait un accord avant les élections européennes»*, Bulletin Quotidien de l'Agence Europe, 06.01.2004, n° 8616, p. 4.

35 *«UE/CIG/Luxembourg: l'Europe à deux vitesses ne saurait pas être un objectif, mais risque d'être une conséquence, avertit Jean-Claude Juncker»*, Bulletin Quotidien de l'Agence Europe, 09.01.2004, n° 8619, p. 5.

36 *«UE/Présidence irlandaise/Commission: Bertie Ahern assure que la Présidence fera tout pour parvenir à un accord a la CIG aussitôt que possible - pour Romano Prodi, l'approche irlandaise de la CIG - combiner «discrétion et détermination» - est la bonne - le Taoiseach et le Président de la Commission questionnes sur une Europe a deux vitesses»*, Bulletin Quotidien de l'Agence Europe, 07.01.2004, n° 8617, p. 5.

37 *«UE/CIG/Présidence irlandaise: M. Cowen prône la discrétion, plutôt que la «diplomatie publique» pour tenter de faire relancer le travail de la CIG»*, Bulletin Quotidien de l'Agence Europe, 08.01.2004, n° 8618, p. 4.

38 *«UE/CIG/Présidence irlandaise: M. Ahern refuse l'idée de fixer une date finale pour la CIG, mais souligne que les négociations ne doivent pas se prolonger trop longtemps - rencontre avec MM. Aznar et Miller avant la fin du mois»*, Bulletin Quotidien de l'Agence Europe, 09.01.2004, n° 8619, p. 4.

Numerosas personalidades, instituciones cívicas, académicas y europeas demandaron en esos meses una cierta celeridad para acabar con los trabajos de la CIG, porque la opinión pública se encontraba entonces a favor de avanzar[39] y había que aprovechar ese fervor de cara a las lecciones europeas que se encontraban realmente próximas. En repetidas ocasiones, fueron los gobiernos de Francia y Alemania los que intentaron disuadir a España, presidida por el atlantista José María Aznar, de sus posiciones de intransigencia e inmovilidad[40], que mantenía junto a Polonia, de oposición constante a cualquier tipo de oferta, en la ponderación de votos en el Consejo, que fuese peor a la obtenida tras la entrada en vigor del Tratado de Niza. En este contexto, la Presidencia irlandesa efectuaría una labor de consulta entre los diferentes Estados miembros y posteriormente facilitaría una nueva propuesta sobre el sistema de votación, reformando la ponderación de votos en el seno del Consejo, basado sobre un sistema de doble mayoría —55%/55%" (Estados/Población)—[41], mientras que la Comisión apostaba por un 50% de los Estados y 55% de la población.

España y, por extensión, Polonia, se negaron a aceptar estas ofertas y lo hicieron hasta el mismo día en que el Partido Popular perdió la mayoría en las elecciones legislativas españolas[42]. El trágico, e incomprensible[43], atentado terrorista del 11 de marzo de 2004 serviría para priorizar el fenómeno terrorista en la agenda política de

---

39 *«UE/avenir de l'Europe: 77% des européens sont favorables à l'adoption d'une constitution pour l'UE et près des deux tiers d'entre eux estiment que leur pays doit faire des concessions pour y parvenir»*, Bulletin Quotidien de l'Agence Europe, 18.02.2004, n° 8647, p. 5.

40 *«UE/CIG: Paris, Berlin et Madrid campent sur leurs positions»*, Bulletin Quotidien de l'Agence Europe, 12.02.2004, n° 8643, p. 3.

41 *«UE/Constitution: même si elle n'est pas encore une proposition officielle de la Présidence irlandaise, l'option d'une double majorité «55%/55%» semble gagner du terrain»*, Bulletin Quotidien de l'Agence Europe, 10.03.2004, n° 8662, p. 3.

42 *«UE/Constitution: Madrid n'accepterait pas une double majorité 55%/55%»*, Bulletin Quotidien de l'Agence Europe, 12.03.2004, n° 8664, p. 4.

43 *«UE/Terrorisme: très choques, les dirigeants européens condamnent les attentats de Madrid et manifestent douleur et incompréhension»*, Bulletin Quotidien de l'Agence Europe, 12.03.2004, n° 8664, p. 4.

la Unión[44] y agilizar una lucha conjunta contra él[45], adoptando la cooperación policial y judicial necesaria que se había dejado de lado[46] por Estados celosos de avanzar[47], al mismo tiempo que permitió discutir y aprobar declaraciones contra el terrorismo[48] e incitar a construir una Europa más eficaz en su lucha contra esta amenaza.

El 11-M también propició una nueva situación relevante para Europa: la salida del gobierno de José María Aznar y la llegada de una renovada socialdemocracia con respecto a la posición europea, personificada en José Luis Rodríguez Zapatero quien, entre sus decisiones políticas más inmediatas, optaría por la retirada de las tropas españolas de Irak[49] y el abandono del bloqueo que España estaba ocasionando a la Constitución Europea[50].

---

44 *«UE/Conseil Affaires Générales: le terrorisme et le Kosovo au centres des débats du Conseil Affaires Générales et relations extérieures du 22 mars - le président Kostunica mardi à Bruxelles»*, Bulletin Quotidien de l'Agence Europe, 20.03.2004, n° 8666, p. 7.

45 *«Conseil Européen: les Vingt-Cinq s'engagent à coopérer sérieusement dans la lutte commune contre le terrorisme et nomment un coordinateur - liste confidentielle des pays qui ne mettent pas encore en ouvre les instruments adoptés après le 11 septembre»*, Bulletin Quotidien de l'Agence Europe, 27.03.2004, n° 8675, p. 5.

46 *«UE/Conseil Européen: la liste des retardataires qui n'ont pas encore mis en œuvre les mesures de coopérations judiciaire et policière adoptées après le 11 septembre 2001»*, Bulletin Quotidien de l'Agence Europe, 27.03.2004, n° 8675, p. 6.

47 *«UE/Affaires Générales: Javier Solana fera le pont sur la coopération contre le terrorisme - liste des retards des états membres»*, Bulletin Quotidien de l'Agence Europe, 09.10.2004, n° 8803, p. 4.

48 *«Conseil Européen: les Chefs d'Etat et de Gouvernement de l'UE à 25 contre le terrorisme: déclaration sur la lutte contre le terrorisme»*, EUROPE DOCUMENTS 27.03.2004, n° 2366, p. 1-8.

49 *«UE/Espagne: Socialistes et Verts européens saluent la victoire de Zapatero aux élections du 14 mars - annonce du retrait des troupes espagnoles de l'Irak - Moratinos aux Affaires Etrangères?", Bulletin Quotidien de l'Agence Europe,* 16.03.2004, n° 8666, p. 5.

50 *«UE/Constitution/Espagne: la Commission Européenne «enchantée» de la volonté de «bouger» du futur gouvernement Zapatero - Madrid ne bloque plus la Constitution, se félicite M. Baron - inquiétude à Varsovie»*, Bulletin Quotidien de l'Agence Europe, 17.03.2004, n° 8667, p. 4.

La nueva España de Zapatero dejaba de ser un problema[51] y abandonaba el rincón en el que se encontraba[52], convirtiéndose en la solución para que la CIG culminase su labor a tiempo, ya que Europa era la gran prioridad, la gran estrategia para España[53]. Además, actuó como elemento motivador para que el Parlamento Europeo[54] propusiera a Madrid como sede donde se efectuaría la firma de la Constitución, aunque finalmente la decisión adoptada por los líderes europeos se impondría, y fue Roma[55] donde se celebró la firma oficial[56], para la firma el 29 de octubre de 2004[57], en la sala de los Horacios y los Curiaceos. El mismo escenario donde se firmó en 1957 el Tratado de la CEE y EURATOM, un momento que se podría destacar como el clímax de la construcción europea, por verse renovado nacimiento de la Unión Política[58] y la Unión Europea basada sobre una Constitución.

Sin embargo, en los momentos previos a la finalización de la CIG, Polonia, tras perder el auxilio español que le permitía mantener su postura de intransigencia, optó por modificar su estrategia, solicitan-

---

51 «*UE/Constitution: Miguel Angel Moratinos confirme la volonté de compromis du nouveau Gouvernement espagnol*», Bulletin Quotidien de l'Agence Europe, 06.04.2004, n° 8681, p. 4.

52 DOMÍNGUEZ, M., y BALLESTEROS, J.E. Josep Borrell Candidato del PSOE a las elecciones al Parlamento Europeo: "*Hay que elegir entre volver a Europa o seguir en un rincón*". Cambio 16, No. 1697, junio 2004, pp. 14-15.

53 «*UE/Espagne: l'Europe est «la grand priorité, la grande stratégie de l'Espagne» affirme M. Zapatero*», Bulletin Quotidien de l'Agence Europe, 12.05.2004, n° 8704, p. 4.

54 «*PE/Constitution: le Parlement demande que la Constitution Européenne soit signé à Madrid*», Bulletin Quotidien de l'Agence Europe, 02.04.2004, n° 8679, p. 3.

55 «*UE/Constitution: la Constitution Européenne sera signée le 20 novembre à Rome*», Bulletin Quotidien de l'Agence Europe, 03.07.2004, n° 8740, p. 4.

56 «*UE/Constitution: confirmation officielle de la date du 29 octobre pour la signature à Rome - difficile coordination des dates des referendums*», Bulletin Quotidien de l'Agence Europe, 13.07.2004, n° 8746, p. 4.

57 «*UE/Constitution: signature le 29 octobre à Rome - débat sur l'organisation pratique des referendums*», Bulletin Quotidien de l'Agence Europe, 10.07.2004, n° 8745, p. 4.

58 «*UE/Constitution: le Gouvernement italien approuve le projet de ratification avec les voix contre de la Lega Nord - le président Ciampi salue «l'acte de naissance d'une Union Politique» - des députés européens demandent des références à l'héritage chrétien dans les lois nationales de ratification - des députés européens allemands insistent sur un referendum*», Bulletin Quotidien de l'Agence Europe, 03.11.2004, n° 8819, p. 7.

do el relanzamiento de las negociaciones[59]. El gran avance, que iba a experimentar la PESC y la PESD[60] con el nuevo Tratado[61], siguiendo el calendario de trabajo propuesto por la Presidencia Irlandesa[62], hacía creer que realmente la Unión dispondría de una proposición de compromiso[63], fortificando la anhelada Política Común Exterior. Sin embargo, el Presidente francés sería el primer político relevante en destacar que las cosas no cambiarían demasiado una vez que la Constitución fuese ratificada: "*la política (exterior) de Francia no cambia, emana esencialmente del Presidente de la República y en tanto que yo lo sea dicha política no cambiará*"[64]

Asimismo, la discusión sobre la Constitución no estuvo exenta de polémica, sobre cómo abordar la ratificación del Tratado, los Estados se encontraban muy divididos, entre efectuar o no una ratificación popular. A finales de abril de 2004, el Presidente de la República Francesa, Jacques Chirac, aún observaba prematuro apoyar un referéndum, mientras que Luxemburgo abiertamente ya había confirmado su disposición a efectuarlo el 10 de julio de 2005[65].

Sin embargo, en este debate abierto y de gran trascendencia, la Comisión Europea se pronunciaría en contra de efectuar una cam-

---

59 *«UE/ Pologne: malgré la crise politique à Varsovie, la Commission ne voit «aucune raison» de s'inquiéter des préparatifs d'adhésion»*, Bulletin Quotidien de l'Agence Europe, 30.03.2004, n° 8676, p. 4.

60 *«UE/Défense: pour Richard Wilmot-Roussel, le Traite Constitutionnel va permettre de «faire avancer l'Europe de la défense sous le regard de l'UE»»*, Bulletin Quotidien de l'Agence Europe, 13.07.2004, n° 8746, p. 6.

61 *«UE/CIG: la Présidence confirme une convocation «probable» de la CIG le 17 mai»*, Bulletin Quotidien de l'Agence Europe, 17.04.2004, n° 8687, p. 4.

62 *«UE/CIG: la Présidence irlandaise a présenté son calendrier pour la CIG»*, Bulletin Quotidien de l'Agence Europe, 27.04.2004, n° 8693, p. 3.

63 *«UE/Constitution: la Présidence irlandaise poursuit ses consultations en vue de préparer une proposition de compromis - plusieurs «options et possibilités» sont envisagées à propos de la définition de la majorité qualifiée»*, Bulletin Quotidien de l'Agence Europe, 04.06.2004, n° 8718, p. 4.

64 *«UE/France: Michel Barnier insiste sur la dimension politique à donner à l'UE Jacques Chirac: la politique étrangère de la France ne changera pas»*, Bulletin Quotidien de l'Agence Europe, 03.04.2004, n° 8680, p. 4.

65 *«UE/Constitution: referendum au Luxembourg le 10 juillet 2005 - la Belgique veut ratifier «en plus tard» en mai»*, Bulletin Quotidien de l'Agence Europe, 11.11.2004, n° 8825, p. 4.

paña paneuropea y el Vizconde Etienne Davignon se manifestaría contrario a la ratificación mediante el uso de los referéndum, porque en vez de simplificar el proceso, los complicaba y les añadía un elemento de confusión. Sí el gobierno se involucraba en la campaña electoral e invitaba a la población a votar por la Constitución, el voto se transformaba en un juicio al gobierno, no evaluándose la Constitución, sino la conducta gubernamental[66].

El texto del Tratado sobre la Constitución se encontraba en ciernes de ser aprobado e Irlanda se esforzaría por presentar una propuesta renovada, en un texto de setenta y cinco páginas, con nuevas redacciones en ciertas partes del articulado, asumiendo el nombre de Ministro y Ministra de Asuntos Exteriores, especificando que el futuro Servicio de Acción Exterior entraría en funcionamiento el primer día de la firma del documento o asumiendo las observaciones mencionadas anteriormente[67] en materia de las cooperaciones estructuradas permanentes.

Sin embargo, la atmósfera se había enturbiado poco tiempo antes cuando el Presidente de Francia, Jacques Chirac, en sus declaraciones ante la conferencia de prensa en Bruselas, expresaría que si alguno de los Estados no ratificaba la Constitución antes de dos años, debería marcharse de la Unión[68]. En términos similares se pronunciaría meses más tarde el Comisario Europeo de Competencia, Mario Monti, aseverando que el país que rechazase la Constitución o incurrir en un retraso, debería abandonar la Unión y no entorpecer el avance[69]. En cualquier caso, estas amenazas no se llevaron a la práctica, precisamente porque Francia junto a los Países Bajos, fue-

---

66 «*Appui à la Constitution, version Etienne Davignon*», Bulletin Quotidien de l'Agence Europe, 13.10.2004, n° 8805, p. 3.

67 «*UE/Constitution: les Ministres des Affaires Etrangers tenteront lundi de déblayer au maximum le terrain avant le Conseil Européen - nouveaux documents et propositions de la Présidence irlandaise*», Bulletin Quotidien de l'Agence Europe, 12.06.2004, n° 8724, p. 4 y 5.

68 «*UE/constitution: Jacques Chirac évoque la possibilité qu'un pays qui n'a pas ratifié la Constitution après deux ans sorte de l'Union*», Bulletin Quotidien de l'Agence Europe, 01.05.2004, n° 8697, p. 4.

69 «*UE/Constitution: selon Mario Monti, les pays qui rejettent la Constitution devraient décider de rester dans l'UE ou d'en sortir*», Bulletin Quotidien de l'Agence Europe, 26.10.2004, n° 8814, p. 5.

ron los dos únicos Estados que dirían no a la Constitución en el referéndum efectuado posteriormente, y no iban a abandonar ambos la Unión cuando coincidían en ser países fundadores de la CECA, la CEE y el EURATOM.

El Gobierno de Reino Unido por su parte, destacó de una forma más diplomática, que la Constitución no entraría en vigor, como Tratado de Derecho Internacional, si todos los Estados no la ratificaban[70]. Para ello, se precisaba unánimemente la firma y el consentimiento de todos los Estados miembros, una labor más compleja de efectuar, cuantos más miembros se sumaban a la Unión. La reforma de los Tratados con veinticinco voces obligaría a la Presidencia Irlandesa a efectuar una segunda aportación con nuevos cambios en la redacción de la estructura del Tratado presentado por la Convención, así como a presionar por un mayor avance en los temas de defensa durante el siguiente semestre de presidencia neerlandesa[71].

A finales de junio de 2004 ya se constataba que no existía bloqueo[72] para que el texto fuese asumido por los representantes de los Estados en noviembre u octubre. El Consejo Europeo de Bruselas de junio de 2004 subrayaba el acuerdo de los veinticinco alcanzado, adoptando el Tratado Constitucional[73]. El texto consensuado dejaría satisfechos a la Comisión; al Presidente y Vicepresidente de la

---

70 *«UE/Constitution: la France réitère son attachement au caractère laïque de la construction européenne - Londres refuse toute possibilité de faire entrer en vigueur une Constitution qui ne serait pas ratifiée par tous»*, Bulletin Quotidien de l'Agence Europe, 27.05.2004, n° 8713, p. 4.

71 *«UE/Conseil Européen/PESD: pour la Présidence irlandaise, le développement des capacités militaires de l'UE, et en particulier des «groupements tactiques», doit être une priorité de la Présidence néerlandaise»*, Bulletin Quotidien de l'Agence Europe, 18.06.2004, n° 8728, p. 7.

72 *«UE/Conseil Européen: il ne subsiste plus de point de blocage qui pourrait encore empêcher l'adoption de la Constitution»*, Bulletin Quotidien de l'Agence Europe, 18.06.2004, n° 8728, p. 3.

73 *«Conseil Européen: les Vingt - Cinq ont adopté le Traité Constitutionnel mais n'ont pas réussi à se mettre d'accord sur le nom du futur Président de la Commission - la Présidence irlandaise va convoquer une nouvelle réunion»*, Bulletin Quotidien de l'Agence Europe, 20.06.2004, n° 8730, p. 3-6.

Convención[74]; a los parlamentarios europeos y hasta al propio Sumo Pontífice de la Iglesia católica, apostólica y romana[75].

Sin embargo, habría sectores académicos que considerarían a la Constitución como un nuevo Tratado próximo a la ilegibilidad, además de que había sido negociado en una atmósfera oscurantista, de espalda a la ciudadanía, consensuando un texto final entre los veintiocho Jefes de Estado y de Gobierno, y que en su conjunto no estaban obligados a rendir cuentas ante nadie de su actuación. La forma de evitar este tipo de críticas sería argumentada y defendida por el Presidente del Parlamento Europeo, Josep Borrell, subrayando la importancia de los avances que el Tratado Constitucional suponía "*una Europa más eficaz, gobernable y democrática; más fuerte y decisiva en la escena internacional*"[76], y el mismo Borrell se propondría sumar el apoyo de la ciudadanía mediante serias y coherentes explicaciones, combatiendo los dos grandes enemigos de la democracia: la ignorancia y la indiferencia.

En los momentos anteriores a la presidencia holandesa de la Unión, las instituciones comunitarias comenzaron a reflexionar sobre las nuevas personalidades que operarían, una vez que el Tratado constitucional entrase en vigor. El Alto Representante de la Unión, Javier Solana, seguía efectuando nombramientos y proposiciones constructivas en el ámbito de la Política Exterior, la Política de Defensa, la gestión de crisis, mediando en Oriente Próximo[77], buscando la paz[78] en la época pre y pos Yasser Arafat y volvería a

---

74 *«UE/Constitution/Convention: MM. Giscard d'Estaing et Dehaene satisfaits du texte approuve - souhaitable que la Constitution entre en vigueur autour de 1er juillet 2006 - confiance pour les ratifications (selon VGE en France, il y aura un referendum au printemps 2005)»*, Bulletin Quotidien de l'Agence Europe, 22.06.2004, n° 8731, p. 5.

75 *«UE/ Constitution/Eglise: le Pape et les évêques saluent la Constitution, tout en regrettant l'absence de référence au Christianisme»*, Bulletin Quotidien de l'Agence Europe, 22.06.2004, n° 8731, p. 7.

76 BORRELL, J. La Hora de la verdad para Europa. *Ámbitos, Revista de estudios de Ciencias Sociales y humanidades*, No. 12 (2004), p. 11

77 *«UE/MOYEN-ORIENT: le Conseil Affaires Générales appuie les actions concrètes proposes par M. Solana en vue de revitaliser la mise en œuvre de la feuille de route»*, Bulletin Quotidien de l'Agence Europe, 03.03.2004, n° 8819, p. 4.

78 *«UE/PROCHE-ORIENT: M. Solana pousse israéliens et palestiniens à cesser les agressions et à se remettre autour d'une table»*, Bulletin Quotidien de l'Agence Europe,

estar disponible para el cargo de Ministro de Asuntos Exteriores europeo después de que se ratificase la Constitución, siendo uno de los que mayor esfuerzo dedicó en la creación del Servicio Exterior de la Unión Europea[79]. Paralelamente, el nuevo Presidente de la Comisión sería designado el 29 de junio de 2003[80], de común acuerdo entre los Jefes de Estado y de Gobierno, en la persona del Primer Ministro Portugués, José Miguel Durao Barroso. Una figura mucho menos federalista que el candidato apoyado inicialmente por Francia y Alemania, ya que ambas apostaban por el Primer Ministro belga: Guy Verhofstadt.

El siguiente periodo de la presidencia neerlandesa, estaría marcado por el realismo y la ambición, en un tiempo en el que la UE, adoptó la decisión común de apertura de la Agencia Europea de la Defensa, se reunió por primera vez su Consejo de Administración[81] y se estableció su primer programa de trabajo con veinte millones de euros de presupuesto, que paulatinamente iría incrementándose[82].

No obstante, hemos de destacar que el Tratado no poseía una significación radical y disruptiva con respecto a las anteriores reformas. Su texto había alcanzado plena madurez tras una controvertida Conferencia Intergubernamental, y el eurodiputado, Iñigo Méndez de Vigo, advertiría que no se iba a permitir hacer variaciones a la letra del Tratado, si alguno de los Estados fracasaba en la ratifica-

---

14.01.2005, n° 8866, p. 3.

79 *«UE/Sommet Extraordinaire/Commission: le Président désigne Barroso assure que la répartition des postes des Commissaires «c'est ma responsabilité» - pour une dimension sociale de l'Union et un plein exercice du droit d'initiative de la Commission - Solana Ministre des Affaires Etrangères après ratification de la Constitution (et de boisseau Secrétaire General): coopération Commission - Conseil pendant la transition»*, Bulletin Quotidien de l'Agence Europe, 01.07.2004, n° 8738, pp. 4 -7.

80 *«UE/Présidence de la Commission: le Sommet extraordinaire du 29 juin à désigner Jose Manuel Durao Barroso comme Président de la Commission - discussion sur l'organisation de la future Commission - autres nominations - déclaration sur la transition vers la désignation du Ministre des Affaires Etrangères»*, Bulletin Quotidien de l'Agence Europe, 30.06.2004, n° 8737, p. 4.

81 *«UE/PESD: Première réunion du Conseil d'Administration de l'Agence Européenne de la Défense»*, Bulletin Quotidien de l'Agence Europe, 18.09.2004, n° 8788, p. 4.

82 *«UE/Défense: le budget de l'Agence de Défense progresse sensiblement - satisfaction de Javier Solana»*, Bulletin Quotidien de l'Agence Europe, 20.11.2007, n° 9546, p. 7.

ción del texto[83]. El tiempo era propicio porque los eurodiputados, salvo los radicales, apoyaban la ratificación de la Constitución Europea[84], los políticos se arropaban unos a otros, y los ciudadanos, según el Eurobarómetro efectuado entre el 2 de octubre y el 8 de noviembre de 2004, se posicionaban en favor de la adopción del Texto Constitucional[85].

En aquel tiempo no faltaron manifestaciones, campañas políticas o conferencias, informativas que buscaba incentivar a la ciudadanía a participar activamente en el proceso. A primeros de febrero de 2005 ya habían ratificado la Constitución tres Estados por vía parlamentaria, Lituania el 11 de noviembre de 2004, Hungría el 20 de diciembre de 2004, Eslovenia el 1 de febrero de 2005, después llegaría Italia, también por vía parlamentaria el 7 de abril, Bélgica el 28 de abril, Austria por vía parlamentaria el 25 de mayo, el Parlamento de España efectuaría la ratificación tras el masivo apoyo ciudadano el 20 de febrero[86], Dinamarca por referéndum el 27 de septiembre…Igualmente, con antelación a la celebración del referéndum francés, se efectuaron llamamientos a la población francesa para que apoyaran el Texto Constitucional, la perspectiva de una posible negativa francesa a la Constitución no podía detener los procesos de ratificación en otros países, pero se trataría de una realidad cada vez más cercana.

Podemos afirmar que tras los numerosos debates, campañas de información y declaraciones[87], los franceses dispusieron de todos los

---

83 *«PE/Constitution: Mendez de Vigo et Corbet recommanderont la ratification et promettent de faire du travail «pédagogique» - on ne pourra «toucher a rien», il s'agit de dore «oui ou non» à un «paquet» qui apporte une valeur ajoutée aux citoyens»*, Bulletin Quotidien de l'Agence Europe, 02.09.2004, n° 8776, p. 4.

84 *«PE/Constitution: 500 oui au rapport Mendez de Vigo/Corbett qui recommande la ratification de la Constitution parmi les 137 non, tout le groupe indépendance/démocratie et pratiquement toute la GUE/NGL, ainsi que la majorité des députés polonais et tchèques - sur les 40 abstentions, neuf socialistes français - Jean- Claude Juncker exprime sa joie»*, Bulletin Quotidien de l'Agence Europe, 13.01.2005, n° 8865, p. 4 y 5.

85 *«UE/Constitution Européenne: 68% des citoyens d'Europe y sont favorables»*, Bulletin Quotidien de l'Agence Europe, 11.12.2004, n° 8846, p. 4.

86 *«UE/Constitution/Espagne: les institutions européennes saluent le «oui» massif de l'Espagne - quelques regrets pour la participation peu élevée»*, Bulletin Quotidien de l'Agence Europe, 22.02.2005, n° 8893, p. 3.

87 *«UE/Constitution/France: déclarations des présidents Juncker et Barroso (à Bruxelles) et Borrell (à Madrid) dimanche soir - appel du président Chirac»*, Bulletin Quotidien de

elementos de juicio para pronunciarse conscientemente sobre el texto[88] y aprobar ese gran salto adelante que suponía la Constitución en la evolución europea, que como el propio Presidente del Parlamento Europeo, Josep Borrell, había defendido su enorme utilidad para "*hacer frente a los desafíos que tenemos por delante o la parálisis que supondría quedarnos con las reglas de Niza y la incertidumbre que para el proceso europeo esto supondría*"[89].

Pocos días antes de que se produjera el referéndum, Alemania ratificaría por vía parlamentaria, esperando que su gran aliado siguiera el ejemplo y la ciudadanía compartiese la ilusión por avanzar. Sin embargo, el resultado de la votación celebrada el 29 de mayo de 2005, supuso un verdadero jarro de agua fría para todos los líderes europeos, el 54,87% de los franceses dijo no a la Constitución, contra un 45,13% que dijo sí[90] y pocos días más tarde, los Países Bajos, el 3 de junio, dijeron también que no a la Constitución en un referéndum nacional, el primero en doscientos años[91].

La profunda crisis en la Unión se desató cuatro días más tarde del referéndum francés y aunque se quisiera dar una falsa imagen de que Europa funcionaba[92], otros tantos Estados se quedaron pendientes

---

l'Agence Europe, 28.05.2005, n° 8956, p. 3.

88 *«Constitution: la parole aux citoyens français, qui disposent de tous les éléments pour se prononcer en connaissance de cause»*, Bulletin Quotidien de l'Agence Europe, 27.05.2005, n° 8955, p. 3.

89 BORRELL FONTELLES, Josep. La nueva cara de Europa. *Temas para el Debate.* No. 121, 2004, pp. 53-58

90 *«UE/Constitution/France: après le «non» français, Juncker a entamé des lundi consultations avec ses homologues en vue du Sommet des 16 et 17 juin qui évaluera la situation - dans une déclaration commune, les présidents Borrell, Juncker, et Barroso rappellent que l'Europe a toujours su sortir renforcée des moments difficiles - la ratification doit se poursuivre dans les autres états membres, affirme Jean Claude Juncker, pour qui il est «impossible de renégocier le Traité»»*, Bulletin Quotidien de l'Agence Europe, 31.05.2005, n° 8957, p. 4-7.

91 *«UE/Constitution: les néerlandais se sont prononcés mercredi sur la Constitution, alors que les derniers sondages annonçaient un «non» débat a la Commission Européenne»*, Bulletin Quotidien de l'Agence Europe, 02.06.2005, n° 8959, p. 4.

92 *«UE/Constitution/Pays-Bas: après le «non» au referendum néerlandais (quatre jours après le «non» français), Jean Claude Juncker annonce qu'il fera au Conseil Européen des 16 et 17 juin des propositions «qui devraient permettre de prouver que l'Europe fonctionne» - «l'Europe continue», affirment les présidents Juncker, Borrell et Barroso - tous les*

de efectuar la ratificación por referéndum, postergaron *sine die*, su realización. El primero en anunciarlo fue Reino Unido[93] que exigió un periodo de reflexión[94] y que el Tratado no avanzase más[95], mientras que otros líderes confiaron en sus conciudadanos[96]. No obstante, el proceso se ralentizo porque más tarde siguieron el ejemplo británico Estados como Dinamarca, Portugal, Irlanda, República Checa y Polonia que dejaron literalmente aparcado el Tratado.

2. EL CAMINO AL TRATADO DE LISBOA

La no ratificación de la Constitución supuso que los Tratados fundacionales quedaran a la espera de ser reformados y la oportunidad llegaría durante el semestre de la presidencia alemana de 2007, cuando los diferentes gobiernos comenzarían a responder a los estímulos con las nuevas llamadas de consenso que se efectuaron desde Bruselas[97] y Berlín "para fijar una hoja de ruta de revisión del Tratado"[98].

En el Consejo Europeo de junio de 2007, se acordó el lanzamiento de una Conferencia Intergubernamental con un mandato preci-

---

peuples doivent pouvoir s'exprimer, estiment Jean Claude Juncker et Josep Borel», Bulletin Quotidien de l'Agence Europe, 03.06.2005, n° 8960, p. 4-7.

93 *«UE/Constitution: Londres suspend son referendum, mais la Pologne confirme le maintien du sien - appel franco-allemand en faveur de la poursuite du projet européen et d'un accord sur les perspectives financières»*, Bulletin Quotidien de l'Agence Europe, 03.06.2005, n° 8960, p. 4.

94 *«UE/Constitution: pour Tony Blair, une pause de réflexion serait «sensée»»*, Bulletin Quotidien de l'Agence Europe, 16.06.2005, n° 8969, p. 5.

95 *«UE/Conseil Européen/Présidence britannique: Tony Blair persiste: le Traité constitutionnel «ne peut pas avancer» la future Présidence prête a un débat sur la direction de l'Europe dont le budget de l'UE ferait partie»*, Bulletin Quotidien de l'Agence Europe, 22.06.2005, n° 8974, p. 6.

96 *«UE/Constitution/Luxembourg: M. Juncker confiant le 10 juillet, le Luxembourg «fera encore une fois le bon choix» «*, Bulletin Quotidien de l'Agence Europe, 17.06.2005, n° 8970, p. 4.

97 *«UE/Reforme de l'UE: M. Barroso appelle les états membres à s'abstenir de toute position jusqu'au-boutiste et a privilégier la capacité d'agir de l'UE»*, Bulletin Quotidien de l'Agence Europe, 20.06.2007, n° 9449, p. 5

98 *«UE/Reforme de l'UE: «c'est 25 contre deux» sur la question de la double majorité, souligne la Présidence qui n'exclut pas un échec du sommet»*, Bulletin Quotidien de l'Agence Europe, 21.06.2007, n° 9450, p. 4

so[99], para concluir y articular el nuevo Tratado de la Unión Europea que mantendría su nombre y el Tratado que instituye la Comunidad Europea que se convertiría en el Tratado de Funcionamiento de la Unión Europea[100]. Unas negociaciones que no tuvieron grandes discusiones, en comparación con las anteriores CIG's, pero se ralentizó, a medida que se abordaban las cuestiones más comprometedoras, con la Política Exterior[101] o la Defensa, y siempre en mente de la Canciller Angela Merkel el evitar, por todos los medios, llegar a una Europa de dos velocidades[102].

El mandato de la CIG, que puso en guardia al Parlamento Europeo[103], incluiría las reuniones ordinarias de Ministros de Asuntos Exteriores nacionales discutiendo sobre un grupo selecto de materias, a saber: la Carta de Derechos Fundamentales, la extensión del voto a la mayoría cualificada, la Presidencia Permanente del Consejo Europeo, el Alto Representante de la Unión Europea para la Política Exterior y de Seguridad con la extensión del procedimiento de codecisión, el control de la subsidiariedad por los parlamentos nacionales y cambio climático y seguridad energética[104].

Una Conferencia Intergubernamental con un formato de corte clásico, apoyada por la Comisión Europea[105], que disminuiría notablemente los estándares de transparencia, esto es, menor apertura al

---

99 Mandato de la CIG de 2007 de la Secretaría General del Consejo a las delegaciones, Doc. 11218/07, 26 de junio de 2007.

100 «*UE/Conseil Européen: accord à l'arrache sur le mandat pour la CIG chargé de finaliser et d'adopter le nouveau Traité de l'Union*», Bulletin Quotidien de l'Agence Europe, 24.06.2007, n° 9453, p. 3-24.

101 «*Nouveau Traité: les difficultés viendront plus tard*», Bulletin Quotidien de l'Agence Europe, 27.06.2007, n° 9455, p. 3

102 «*PE/Reforme de l'UE: Angela Merkel contre une «Europe à deux vitesses»*", Bulletin Quotidien de l'Agence Europe, 28.06.2007, n° 9456, p. 5

103 «*PE/Traite de l'UE: le PE s'inquiète des nombreuses dérogations prévues dans le mandat pour la CIG, «qui risquent d'affaiblir la cohésion de l'UE»*», Bulletin Quotidien de l'Agence Europe, 07.07.2007, n° 9463, p. 5.

104 «*UE/Conseil Européen: accord à l'arrache sur le mandat pour la CIG chargé de finaliser et d'adopter le nouveau Traité de l'Union*», Bulletin Quotidien de l'Agence Europe, 24.06.2007, n° 9453, p. 4.

105 «*UE/Reforme de l'UE: la Commission donne un avis favorable à la convocation de la CIG, mais insiste sur le respect du mandat*», Bulletin Quotidien de l'Agence Europe, 11.07.2007, n° 9465, p. 4.

público, disponibilidad de los documentos y contaría con una mayor restricción de la participación de los parlamentos nacionales. La CIG representaba el retorno a los orígenes en la forma, pero no en el fondo, porque los avances conseguidos debían seguir formando parte del corpus jurídico de la Unión. Entre sus ventajas se podía destacar el evitar la parálisis del proceso de reforma de la Unión, a través de un método más económico, evitándose las grandes reuniones de varios cientos de personas en Bruselas que conllevaba una Convención y su consiguiente despilfarro de recursos. Sin embargo, la simplificación del Tratado, a través de esta metodología, podía volver a crear un articulado "imposible de comprender", en palabras de Valery Giscard d'Estaing[106].

El lanzamiento definitivo de la CIG se realizaría el 23 de julio de 2007 en el Consejo de Ministros de Asuntos Generales de Relaciones Exteriores, con los 27 Estados presentes y con un borrador preliminar de texto Tratado elaborado por los portugueses[107]. Las reuniones de la CIG contarían con los representantes de los Estados, el Presidente de la Comisión Europea, José Manuel Durao Barroso, también los tres representantes del Parlamento Europeo: Elmar Brok (PPE-DE), Enrique Barón Crespo (PSE), así como Andrew Duff (ALDE). El Presidente del Parlamento Europeo, Hans-Gert Pöttering, podría asistir a las reuniones de la Conferencia Intergubernamental al nivel de Jefes de Estado y de Gobierno.

Los expertos juristas de cada Estado miembro se reunirían, bajo la presidencia de Jean-Claude Piris[108], por primera vez el 24 y 25 de julio, dedicándose a abordar los aspectos más técnicos y estudiando

---

106 «*UE/CIG/Traité: Valery Giscard d'Estaing estime que le futur Traite modificatif de l'UE sera «impossible à comprendre» pour les citoyens»*, Bulletin Quotidien de l'Agence Europe, 18.07.2007, n° 9470, p. 4.

107 «*UE/Reforme des Traités: la CIG est lancée sur une note plutôt optimiste la demande polonaise de «clarifications» sera d'abord traitée au niveau technique, avant de devenir éventuellement un problème politique", Bulletin Quotidien de l'Agence Europe,* 24.07.2007, n° 9474, p. 4.

108 «*UE/Traité de l'UE: le groupe d'experts juridiques devra poursuivre ses travaux la semaine prochaine - un seul point en suspens»*, Bulletin Quotidien de l'Agence Europe, 20.09.2007, n° 9505, p. 3.

artículo por artículo, en un clima de diálogo franco y sincero[109]. Las reuniones de la CIG se suspenderían durante casi todo el mes de agosto, y proseguirían a plena velocidad en septiembre, en previsión de llegar con un texto base para la Cumbre de Jefes de Estado y de Gobierno del 18 y 19 de octubre[110].

La segunda reunión de Ministros de Asuntos Exteriores informal, de tipo *gymnich*, con la participación de los eurodiputados[111], se produciría en la ciudad portuguesa de Viana do Castelo, el fin de semana del 7 y 8 de septiembre de 2007, en una atmósfera de entendimiento. Los Estados se encontraban dispuestos a concluir el Tratado en octubre de 2007[112], con vistas a que entrase en vigor a comienzos del 2009[113].

El proceso parecía efectuarse de manera exprés, principalmente, porque el proyecto de Tratado ya se había negociado en su mayor parte a lo largo de la Presidencia alemana, como afirmó Josep Borrell, gracias al impulso de la Canciller Merkel[114] y aunque no se trataba de mantener exactamente la misma Constitución de 2004[115], sí que se conservaría su esencia. Los portugueses solo precisaban efectuar los retoques finales en las sesiones formales de la Conferencia

---

109 «*UE/CIG/Traité: après deux jours de travail «sans problèmes» sur le projet de Traité, les experts juridiques ont suspendu leurs travaux jusqu'au 29 aout*», Bulletin Quotidien de l'Agence Europe, 27.07.2007, n° 9477, p. 4.

110 «*UE/Traité de l'UE: Commission et Parlement réaffirment le calendrier pour le futur Traité et identifient les points à clarifier*», Bulletin Quotidien de l'Agence Europe, 30.08.2007, n° 9474, p. 2.

111 «*PE/Traité de l'UE: le PE participe à la réunion informelle des Ministres des Affaires Etrangéres de ce week-end au Portugal et demande des clarifications sur certains aspects de la CIG*», Bulletin Quotidien de l'Agence Europe, 08.09.2007, n° 9497, p. 4.

112 «*UE/Traite de l'UE: les 27 «détermines» à conclure la CIG en octobre, mais certaines revendications et les élections polonaises laissent planer des doutes*», Bulletin Quotidien de l'Agence Europe, 11.09.2007, n° 9498, p. 5-6.

113 «*UE/Traité de l'UE: un referendum néerlandaise très improbable -Varsovie choisit l' «opt out» sur la charte - Prague s'inquiète de la ratification*», Bulletin Quotidien de l'Agence Europe, 15.09.2007, n° 9502, p. 5.

114 BORRELL, Josep. (2012). La Nueva Encrucijada. *Mediterráneo Económico*, 20, pp. 211-224.

115 «*UE/Royaume-Uni: message de Jose Manuel Barroso a l'opinion publique britannique «le Traité modificatif n'est pas la Constitution»*», Bulletin Quotidien de l'Agence Europe, 19.09.2007, n° 9504, p. 5.

Intergubernamental[116] y abrazar el diálogo con el resto de instituciones comunitarias[117], en aras de relanzar la construcción europea[118]y acrecentar el diálogo con los ciudadanos[119], precisamente, en un momento donde ya comenzaban a anunciarse los primeros referéndums del Tratado, en Irlanda[120], mientras que otros, lo eludían, en perspectiva de evitar resultados negativos, como Países Bajos, o Dinamarca.

España en aquellos momentos se encontraban en disposición de avanzar mucho más en la integración de la Defensa, como así lo declaró el Ministro de Defensa, José Antonio Alonso, porque conocían de la importancia de la PESD[121] y se mostrarían dispuestos a la utilización efectiva de las novedades del Tratado, en especial, la cooperación estructurada permanente[122]. La buena voluntad política, el clima de distensión, los protocolos adicionales[123] y las cláusulas de opt-out[124], facilitaron que los expertos juristas de los diferentes Estados miembros, del Consejo, la Comisión y del Parlamento llegaran a

---

116 «*UE/Gymnich: le futur Traité, le Kosovo, les relations avec la Russie et le Proche-Orient au menu de la réunion informelle de ce week-end*», Bulletin Quotidien de l'Agence Europe, 05.09.2007, n° 9494, p. 5.

117 «*UE/Traite: réunion extraordinaire sur le Traité révisé au Parlement le 2 octobre en présence de M. Barroso*», Bulletin Quotidien de l'Agence Europe, 29.09.2007, n° 9512, p. 5.

118 «*La «recette Davignon» pour la relance de la construction européenne*», Bulletin Quotidien de l'Agence Europe, 22.09.2007, n° 9507, p. 3.

119 «*UE/Traite/Citoyens: lancement de «tomorrow's Europe», un nouveau mécanisme destine à développer la connaissance de l'Europe*», Bulletin Quotidien de l'Agence Europe, 19.09.2007, n° 9504, p. 5.

120 «*UE/Irlande/Traité*», Bulletin Quotidien de l'Agence Europe, 19.09.2007, n° 9504, p. 5.

121 «*UE/PESD: Javier Solana réaffirme l'importance de la PESD*», Bulletin Quotidien de l'Agence Europe, 06.10.2007, n° 9517, p. 6.

122 «*UE/défense: le Ministre Espagnol de la Défense veut engager la préparation d'une coopération structurée*», Bulletin Quotidien de l'Agence Europe, 02.10.2007, n° 9513, p. 6.

123 «*UE/Traite de l'UE: Varsovie veut l'inclusion du compromis de Ioannina dans un protocole du Traité*», Bulletin Quotidien de l'Agence Europe, 10.10.2007, n° 9519, p. 4.

124 «*UE/Traité: le projet de texte est disponible sur internet - arrangements complexes à propos des dérogations britanniques et irlandaises sur le JAI*», Bulletin Quotidien de l'Agence Europe, 06.10.2007, n° 9517, p. 5.

un acuerdo sobre el futuro Texto de Tratado a comienzos de octubre de 2007[125].

Los debates prosiguieron entre los Ministros de Asuntos Exteriores, sobre temas más sensibles a nivel político, como el *compromiso de Ioánnina*[126], los sitios en el Parlamento Europeo, el número de Abogados Generales[127], la restricción del derecho de iniciativa de la Comisión[128]. Cuestiones, todas ellas, que no tenían relación con la Política Exterior, porque se había acordado mantener básicamente los avances alcanzados en la Constitución Europea, y sobre los demás asuntos, se delimitarían y consensuarían diplomáticamente para encontrar el mejor encaje político en el articulado del Tratado[129].

Sin embargo, los flecos sueltos fueron trasladados a la Cumbre de Lisboa que se convirtió en un encuentro de fricción entre los líderes europeos, por la sensibilidad de los temas a tratar, por ejemplo, Polonia ejercía una presión muy severa y podía generar, en palabras del Primer Ministro de Luxemburgo, Jean Claude Juncker, un problema serio en el avance de la CIG.

Sin embargo, debido a la presión de todos los Estados, Polonia cedería al obtener un Abogado General permanente en el Tribunal de Justicia de la Unión y el mantenimiento intacto su demanda sobre el compromiso adquirido mediante la *cláusula de Ioánnina.* Bulgaria obtendría su reconocimiento del cirílico en la inscripción de euros, la República Checa se aseguró que las competencias quedaran repar-

---

125 «*UE/Traite de l'UE: accord des experts juridiques des états membres*», Bulletin Quotidien de l'Agence Europe, 03.10.2007, n° 9514, p. 5.

126 Salvaguarda de derecho del grupo minoritario, conocido como minoría de bloqueo en votaciones por mayoría, al bloquear las decisiones hasta que las dos partes estuvieran conformes con la aprobación de la normativa. Compromiso alcanzado en Ioánnina, durante la reunión informal de ministros de Asuntos Exteriores en marzo de 1994.

127 «*UE/Traite: débat important, mais pas définitif sur le projet de Traité*», Bulletin Quotidien de l'Agence Europe, 13.10.2007, n° 9522, p. 5.

128 «*UE/Traite: la République Tchèque veut limiter le droit d'initiative de la Commission Européenne*», Bulletin Quotidien de l'Agence Europe, 17.10.2007, n° 9524, p. 4.

129 «*UE/Traité: satisfaite d'avoir «délimité» les problèmes en suspens, la Présidence pense boucler la CIG cette semaine à Lisbonne*», Bulletin Quotidien de l'Agence Europe, 16.10.2007, n° 9523, p. 4 y 5.

tidas de forma clara, y el nombre de Ministro de Asuntos Exteriores desapareció, para ser sustituido por el de Alto Representante.

3. LOS AVANCES DEL TRATADO DE LISBOA EN LA POLÍTICA EXTERIOR Y LAS REFORMAS PENDIENTES

La CIG que alumbró el Tratado, debido a su brevedad durante la Presidencia portuguesa, no efectuó un sustancial avance innovador, sino que se nutrió y recicló buena parte del contenido que ya albergaba la Constitución Europea. En primer lugar, debemos recordar dónde se encontraba el articulado de la PESC en los Tratados. Su ubicación no era causal, su lugar en el Tratado de la Unión y no en el Tratado de la Comunidad Europea, obedecía al recelo de los Estados sobre la Unión, para que no pudiera ostentar competencias exclusivas o compartidas sobre un aspecto tan sensible de su soberanía nacional como podía ser la Política Exterior.

Actualmente, el TUE en su artículo 21 recoge los principios rectores o inspiradores de la Acción Exterior, que la Unión debería respetar en el escenario internacional, y son identificados con: la democracia, el Estado de Derecho, la universalidad e indivisibilidad de los Derechos Humanos y de las Libertades Fundamentales, el respeto de la dignidad humana, los principios de igualdad y solidaridad y el respeto de los principios de la Carta de las Naciones Unidas y del Derecho Internacional.

Estos principios rectores deberían obligar permanentemente a la Unión a que los defendiera en el mundo, pero han existido momentos en los cuales los Estados han puesto por delante sus intereses frente a los principios, bastando como ejemplo la venta de armas de Estados miembros como España a Arabia Saudí, sabedores de que perpetraron un asesinato en su Consulado en Turquía contra el ciudadano saudí, Jamal Khashoggi y del que todavía se desconoce el paradero del cadáver[130].

---

[130] BALCI, Bayram; BURDY, Jean-Paul. The Khashoggi affair. *Études*, 2019, no 2, p. 7-18.

El artículo 22 desarrolla las funciones operativas que mantendrá el Consejo Europeo y el Alto Representante. En este marco, la Unión se ve constreñida e incapacitada para actuar con autonomía, porque se mantiene la regla de la unanimidad. En aras de que la Unión fuese más efectiva en Política Exterior, esta regla de voto por unanimidad debería ser eliminada y trasformada en un voto por mayoría en el Consejo. La redacción del Tratado obedece escrupulosamente a la voluntad de los Estados, que reconocen a la PESC como una Política con unas reglas y unos procedimientos específicos, donde el Consejo Europeo y el Consejo son las dos instituciones que deben pronunciarse y no ha lugar para el proceso legislativo ordinario, la Comisión no elabora propuestas, no existe el diálogo con el Parlamento Europeo y el Alto Representante de la Unión ostenta una función también limitada de ejecución de la política Exterior y de seguridad Común, junto a los Estados tal y como señala el art. 26 § 3.

Este reparto de competencia bascula hacia el intergubernamentalismo ineficaz, convirtiendo a la Unión de facto en una organización cautiva de la voluntad de los Estados. La política Exterior debería estar en manos del ejecutivo, esto es, la Comisión Europea y no en las decisiones tomadas a puerta cerrada en el Consejo Europeo o en el Consejo. Asimismo, actualmente el Tribunal de Justicia no dispone de jurisdicción para actuar en el marco de la PESC y debería tenerla, para que la fiscalía europea o la Comisión actuasen en caso de que constataran una violación clara y evidente de los principios rectores de la Política Exterior.

El artículo 24 recuerda a los Estados que deben mantenerse leales y abiertos a la solidaridad en la ejecución de su política exterior, actuando sus miembros de una forma convergente, apoyando la labor que desarrollen las instituciones europeas. En este caso, los ministros de Asuntos Exteriores de los Estados miembros, junto a la Alta Representante, son los obligados a vigilar el cumplimiento de estas disposiciones del articulado. Sin embargo, hemos constatado que en los últimos años los Estados han preferido actuar en el escenario internacional guiados por sus intereses nacionales antes que por el interés comunitario. Sería necesario trasladar las competencias de la Política Exterior de manera exclusiva a la Unión, para que pudiera actuar defendiendo los intereses de todos los europeos, sin contradicciones, ni incoherencias.

El Consejo Europeo, y bajo el orden del día marcado por su Presidente, juega un papel muy destacado, ya que determina los intereses estratégicos de la Unión Europea, fijando sus objetivos y definiendo las orientaciones generales en todos los sentidos. Por tanto, el verdadero poder se encuentra en la máxima expresión del intergubernamentalismo, los Jefes de Estado y de Gobierno, cuando se reúnen en formación y adoptan por consenso las decisiones que estimen oportunas. En consecuencia, la política exterior europea suele ceñirse al mínimo común denominador, e impide que se puedan realizar pronunciamientos de calado internacional, como el reconocimiento de Juan Guaidó como presidente *de iure* de Venezuela[131], donde ha habido una fuerte división en el seno de la Unión[132].

En segundo lugar, y partiendo de las orientaciones generales y las líneas estratégicas que ha definido el Consejo Europeo, se activa el Consejo, que adoptará las decisiones necesarias para aplicar la Política Exterior. Esta responsabilidad que pesa sobre los ministros de asuntos exteriores convierte a la Unión Europea en una mera herramienta de los Estados, para que plantee las posturas que por unanimidad han sido aprobadas. Sin duda, la más mínima objeción o resistencia de un solo Estado puede impedir que la Unión actúe, como sucede con la aprobación de sanciones en caso de que un Estado viole el Derecho internacional, caso de Rusia con la invasión de Crimea[133].

---

131 BRICEÑO-RUIZ, José. The Crisis in Venezuela: A New Chapter, or the Final Chapter? *Latin American Policy*, 2019, vol. 10, no 1, p. 180-189.

132 Francia y España fueron los dos primeros Estados en reconocer a Juan Guaidó a modo de presidente encargado de convocar elecciones libres, democráticas, con garantías y sin exclusiones. Se adhirieron al reconocimiento Reino Unido, Alemania, Portugal, Países Bajos, Bélgica, Luxemburgo, Polonia, Finlandia, Austria, Suecia, República Checa, Estonia, Letonia, Lituania, Croacia, Dinamarca y Hungría. Por otro lado, y bajo múltiples razones de interés nacional, Italia, Grecia, Irlanda, Rumanía, Eslovenia, Malta, Chipre, Eslovaquia y Bulgaria optaron por no reconocer a Guaidó.

133 RIVERA, Pablo Podadera; GARASHCHUK, Anna. "Europa y Rusia en la Guerra de Sanciones: las Consecuencias del Fracaso de Asociación Estratégica". pp. 119 -132 en YÁKOVLEV, Petr y ERMÓLIEVA, Eleonora (coord.) *España Y Rusia: Políticas Económicas y Sociales*. Moscú: Centro de Estudios Ibéricos del Instituto de Latinoamérica de la Academia de Ciencias de Rusia, 2018.

La figura del Alto Representante debemos destacarla también como la gran novedad del Tratado de Lisboa, (art. 27 del TUE) que contribuye con sus propuestas a la elaboración de la Política Exterior y de Seguridad Común, así como a la ejecución de todas aquellas decisiones que el Consejo Europeo y el Consejo adopten. Al mismo tiempo, le queda asegurado un papel de representación, en el epígrafe 2, similar al que posee el Presidente del Consejo Europeo, pero a diferencia de éste, el Alto Representante puede establecer un diálogo político ante terceros, en nombre de la Unión, en el ámbito que le compete, esto es, la Política Exterior y de Seguridad Común. Para ello, el Alto Representante cuenta con una serie de apoyos para desempeñar su función en plenitud.

El principal de estos soportes es el Servicio Europeo de Acción Exterior, un Servicio que actúa en colaboración con los servicios diplomáticos nacionales y que está compuesto por funcionarios que provienen de las diplomacias nacionales, la Secretaría General del Consejo y la Comisión, unificando una dispersa multitud de departamentos que existían y ubicándolos jerárquicamente bajo la directa responsabilidad del Alto Representante. La Unión adolece de una escuela diplomática europea y de un cuerpo diplomático, similar al de otras grandes potencias como los Estados Unidos.

En la PESC la práctica totalidad de las decisiones adoptadas en el seno del Consejo se aprueban bajo la regla de la unanimidad, tal y como se recuerda en el artículo 31, posibilitándose la abstención constructiva para que los Estados no obstaculicen la acción de la Unión en caso de no votar en contra. La incapacidad de la Unión Europea para convertirse en un sujeto internacional con autoridad deviene precisamente de este artículo, el cual debería ser modificado para que la regla general de votación fuese la mayoría cualificada y la excepción la unanimidad.

El Parlamento Europeo bajos las disposiciones actuales tiene muy poca o casi nula relevancia en la política exterior, salvo el protagonismo político que obtiene de la rendición de cuentas que efectúa el Alto Representante y que eleva consultas de forma periódica a la institución, informándole de la evolución cotidiana en la aplicación de la Política Exterior. Una reforma ambiciosa de los Tratados, que quisiera avanzar en la integración, exigiría un papel más noble al Parlamento, obligando al Alto Representante a tener en cuenta sus opiniones mayoritarias, emitidas en las Resoluciones, de forma que no solo primase la voluntad de los miembros del Consejo.

Asimismo, los gastos corrientes de la Unión en su política exterior deberían ser sufragados con un presupuesto comunitario más amplio. En conclusión, las bases jurídicas del Tratado en este ámbito concreto son alambicadas y desordenadas, en muchos casos se esconde la forma en la que se procede a votación y ello invita a pensar que la Unión goza de una Política Exterior, cuando en realidad es decidida enteramente por los Estados miembros. Los líderes deberían estar llamados a modificar este capítulo en su integridad, con altura de miras, pensando en la capacidad real de la Unión para servir de interlocutor mundial en los conflictos y discusiones en torno a la gobernanza de un mundo inserto en pleno proceso de globalización y crisis climática.

Desde los inicios de la Cooperación Política Europea, con el Acta Única, su posterior conversión en Política Exterior, mediante el Tratado de Maastricht, y su evolución subsiguiente en los Tratados de Ámsterdam, Tratado de Niza y Lisboa, se han sucedido numerosos acontecimientos internacionales que han puesto a prueba la solidez de la política exterior de la Unión y han evidenciado las grandes deficiencias de sus Tratados.

Recordemos lo que Javier Solana, como Alto Representante para la PESC decía en Bruselas en el 2002: "*Hoy en día demasiados aspectos de nuestra política exterior están encerrados en una estructura rígida de reuniones rituales, algunas de las cuales carecen de sustancia*". Si queremos una Unión Europea con mayor capacidad de actuación en el escenario global, se precisa una renovada redacción y una reordenación del articulado, para evitar las mismas carencias que hace 20 años.

Debemos señalar en un futuro a la Comisión Europea como responsable de la Política Exterior, de un Cuerpo Diplomático más sólido que el actual Servicio Europeo de Acción Exterior, consolidado a través de una Academia Diplomática Europea y de un cuerpo de embajadas y consulados europeos, que mantenga una sola voz, mediante una política plenamente comunitaria y unitaria, tanto en el criterio como en su aplicación, integrada en el Tratado de Funcionamiento de la Unión Europea.

REFERENCIAS BIBLIOGRÁFICAS

BALCI, Bayram; BURDY, Jean-Paul. The Khashoggi affair. *Études*, 2019, no 2, p. 7-18.

BORRELL, J. La Hora de la verdad para Europa. Ámbitos, Revista de estudios de Ciencias Sociales y humanidades, No. 12 (2004), p. 11.

BORRELL, Josep. (2012). La Nueva Encrucijada. Mediterráneo Económico, 20, pp. 211-224.

BORRELL, Josep. Política Exterior Común: Las buenas intenciones de Laeken. Política Exterior, Vol. 17, No. 96 (Nov. - Dec., 2003), pp. 13-21.

BRICEÑO-RUIZ, José. The Crisis in Venezuela: A New Chapter, or the Final Chapter? *Latin American Policy*, 2019, vol. 10, no 1, p. 180-189.

DOMÍNGUEZ, M., y BALLESTEROS, J.E. Entrevista a Josep Borrel en Cambio 16

Bulletin Quotidien de l'Agence Europe. Años 2003 a 2009.

Mandato de la Conferencia Intergubernamental, 2007.

Tratado de la Unión Europea.

YÁKOVLEV, Petr y ERMÓLIEVA, Eleonora (coord.) *España Y Rusia: Políticas Económicas y Sociales*. Moscú: Centro de Estudios Ibéricos del Instituto de Latinoamérica de la Academia de Ciencias de Rusia, 2018.

RETOS ACTUALES EN LAS POLÍTICAS DE MIGRACIÓN Y ASILO DE LA UE: SEGURIDAD, DERECHO PENAL E INTELIGENCIA ARTIFICIAL

MERCEDES YELA UCEDA[1]

SUMARIO: INTRODUCCIÓN Y CONTEXTO A LAS POLÍTICAS DE ASILO DE LA UE. 2. Retos actuales de las fronteras: derechos, seguridad e inteligencia artificial. 2.1 La identificación del refugiado como enemigo. 2.2 Securitización de las fronteras y la Inteligencia Artificial. 2.3 Regulación de la Inteligencia Artificial. 2.4 Vulneración de las garantías y sesgos de discriminación de la Inteligencia Artificial. 3. CONCLUSIONES. REFERENCIAS BIBLIOGRÁFICAS.

1. INTRODUCCIÓN Y CONTEXTO A LAS POLÍTICAS DE ASILO DE LA UE

A lo largo de los años hemos podido observar cómo los flujos migratorios son una constante en nuestro día a día, debido a la crisis económica, los conflictos armados y diversas situaciones políticas, así como determinados factores ponen de manifiesto que la movilidad de la población es un fenómeno de actualidad que es preciso atender.

Dentro de las fronteras, podemos encontrar diversas figuras que tienen un tratamiento jurídico diferenciado, como pueden ser inmigrantes regulares o irregulares y refugiados/asilados. A estas tres figuras deben de aplicarse diferentes normativas según el Estado receptor que, en todo caso deben respetar el cumplimiento de los derechos humanos. Actualmente, el desarrollo de las comunicaciones, el transporte y la globalización son los principales factores que inciden en los flujos migratorios; de esta manera, la política migratoria marca y está en constante conexión con muchas cuestiones naciona-

1 Mercedes Yela Uceda, es profesora Ayudante Doctora de Derecho Penal y Criminología de la Universidad Rey Juan Carlos de Madrid. Email de contacto: mercedes.yela@urjc.es.

les, como el mercado laboral, la inversión y la propia economía cada Estado.

Por lo tanto, todos los países están afectados en el fenómeno de la migración e interconectados entre sí, ya sea como países de origen, tránsito o destino, por lo que es de interés a nivel internacional y a nivel nacional establecer una serie de mecanismos a través de las legislaciones de extranjería que garanticen el respeto de los derechos humanos. Y ello, porque en los movimientos migratorios y en los desplazamientos forzados nos encontramos una conexión directa con los derechos humanos, como el mínimo común estándar de protección que cada Estado debe de proteger. Al respecto, VARLEZ establece que las migraciones se componen de un factor humano, una vez que el sujeto consigue atravesar la frontera de un determinado país y un elemento temporal, que es el que marca una cierta estabilidad o permanencia en el tiempo y, diferencia al migrante con un movimiento temporal por viaje de trabajo o de ocio (VARLEZ, 1927). En otras palabras, la migración además de a la economía y al mercado laboral, afecta directamente a las personas, por lo que debemos que tener en cuenta la protección de los derechos humanos a través de los distintos instrumentos normativos.

Las tendencias sociopolíticas en materia de inmigración se han situado tradicionalmente en dos extremos: quienes apoyan el cierre de fronteras versus quienes apoyan la abolición completa de las fronteras. Como término medio entre ambos extremos encontramos determinadas políticas flexibles que apuestan por una inmigración selectiva, una posición comúnmente adoptada en la que el Estado responde al mercado laboral permitiendo la entrada al país en función de determinadas características o por la necesidad de mano de obra. Es la denominada inmigración selectiva, donde si hay empleos disponibles, o, en otras palabras, se necesita mano de obra, la política de inmigración promueve a través de una cierta flexibilidad esos empleos, y viceversa. Esto se traduce en cuestiones de inmigración puramente utilitarias, con regulaciones sobre entrada y requisitos de visado y permisos de trabajo cada vez más flexibles en función de las necesidades del mercado laboral.

Las regulaciones de inmigración se endurecen en un momento en que el desempleo aumenta y la escasez de empleo es evidente. En este sentido, las políticas migratorias se crean en función de diversos factores y se centran en delimitar y acentuar al inmigrante como lo ajeno, acentuando el elemento de extranjería, en las diferencias y a largo término propician una discriminación (DE LUCAS, 2015).

La primera figura que mencionábamos es la del sujeto calificado como inmigrante regular, es aquel individuo que cumple los requisitos de entrada y permanencia en virtud de la legislación de extranjería de cada país. Aquí, diferentes factores como, por ejemplo, las leyes, inversiones, necesidad de mano de obra o la economía, marcan las políticas de migración de más a menos restrictivas. Y ello, porque son precisamente los Estados los que a través de la elaboración de su normativa en materia de extranjería pueden ampliar o restringir las normas en materia de entrada, facultados para ello a través de fundamentos como señala DE LUCAS como la ciudadanía, la nacionalidad y su principio de soberanía (DE LUCAS, 2015).

En nuestro país, se establece la Ley Orgánica 4/2000, de 11 de enero, sobre derechos y libertades de los extranjeros en España y su integración social que deberá ser aplicada a todo sujeto considerado como extranjero que en virtud de su artículo 1, será toda persona que carezca de la nacionalidad española. Por tanto, en el régimen general de extranjería encontramos su aplicación a todo extranjero, aplicándose la Ley Orgánica 4/2000 de 11 de enero y el correspondiente Real Decreto 629/2022, de 26 de julio, por el que se modifica el Reglamento de la Ley Orgánica 4/2000, sobre derechos y libertades de los extranjeros en España y su integración social, tras su reforma por Ley Orgánica 2/2009, aprobado por el Real Decreto 557/2011, de 20 de abril. Dicho régimen general de extranjería será aplicable a toda persona extranjera salvo excepciones, entre las que se encuentran por ejemplo la solicitud de asilo/refugio que requiere el cumplimiento de lo dispuesto en el Convenio del Estatuto de los Refugiados de 1951 y el Protocolo Adicional de 1967, porque en estas situaciones las personas podrán ser protegidas a través del estatuto de refugio.

En segundo lugar, el inmigrante que puede definirse como irregular, es aquella persona que contraviene la legislación de extranjería bien de origen en relación con los requisitos de entrada o bien forma posterior, es decir su permanencia en España deviene irregular en un momento determinado. Así, el Real Decreto 557/2011, de 20 de abril, por el que se aprueba el Reglamento de la Ley Orgánica

4/2000, sobre derechos y libertades de los extranjeros en España y su integración social, tras su reforma por Ley Orgánica 2/2009. a modo de ejemplo determina los requisitos de entrada en el país en virtud de su artículo 4:

> "1. La entrada de un extranjero en territorio español estará condicionada al cumplimiento de los siguientes requisitos: a) Titularidad del pasaporte o documentos de viaje a los que se refiere el artículo siguiente. b) Titularidad del correspondiente visado en los términos establecidos en el artículo 7. c) Justificación del objeto y las condiciones de la entrada y estancia en los términos establecidos en el artículo 8. d) Acreditación, en su caso, de los medios económicos suficientes para su sostenimiento durante el periodo de permanencia en España, o de estar en condiciones de obtenerlos, así como para el traslado a otro país o el retorno al de procedencia, en los términos establecidos en el artículo 9. e) Presentación, en su caso, de los certificados sanitarios a los que se refiere el artículo 10. f) No estar sujeto a una prohibición de entrada, en los términos del artículo 11. g) No suponer un peligro para la salud pública, el orden público, la seguridad nacional o las relaciones internacionales de España o de otros Estados con los que España tenga un convenio en tal sentido" (Real Decreto 557/2011, 2011).

En tercer lugar, mientras el inmigrante puede definirse como aquella persona que busca un futuro mejor, la figura del refugiado/asilado es aquella persona que por una razón determinada debe de abandonar su Estado de origen o residencia. Así, se entiende por refugiado la definición contenida en el artículo 1.A.2 de la Convención sobre el Estatuto de los Refugiados de 1951, según la cual se considera como tal:

> "Que, como resultado de acontecimientos ocurridos antes del 1.° de enero de 1951 y debido a fundados temores de ser perseguida por motivos de raza, religión, nacionalidad, pertenencia a determinado grupo social u opiniones políticas, se encuentre fuera del país de su nacionalidad y no pueda o, a causa de dichos temores, no quiera acogerse a la protección de tal país; o que, careciendo de nacionalidad y hallándose, a consecuencia de tales acontecimientos, fuera del país donde antes tuviera su residencia habitual, no pueda o, a causa de dichos temores, no quiera regresar a él" (Convención sobre el Estatuto de los Refugiados, 1951).

Se parte, por tanto, de una concepción de refugiado cuya aplicación es restrictiva derivada de la propia definición, así, por ejemplo, se requiere para la concesión del estatuto de refugiado que el sujete se encuentre fuera de su Estado de origen/residencia y solicite protección internacional en otro Estado de acogida. El ámbito de aplicación de la figura de refugiado se encuentra limitada a un elemento de trasnacionalidad, ello quiere decir que la persona sea considerada necesariamente como extranjera, y este elemento, "es precisamente el que activa la protección de la institución de refugio, no pudiendo ser aplicable, por ejemplo, a desplazados internos de una región a otra dentro de un mismo país" (YELA UCEDA, 2023).

Además, en dicho ámbito de aplicación entra en juego y de ahí, la protección reforzada del estatuto de refugiado, la salvaguarda de derechos esenciales de la persona. La conexión por tanto es evidente, entre la institución de refugio y los derechos humanos, ya que el estatuto de refugiado se pone en marcha cuando "a consecuencia de dichos temores" el sujeto no puede o no quiere volver a su Estado de origen, puesto que ello constituye una amenaza para su vida, integridad física o su seguridad.

Para poder aplicar el reconocimiento del estatuto de protección es necesario que el sujeto, además de ser extranjero cumpla, por tanto, los siguientes requisitos:

1. El elemento de la trasnacionalidad: es decir el sujeto debe ser extranjero y solicitar protección en otro Estado de acogida, distinto al de origen o residencia.
2. El elemento del peligro: alude a la existencia de una peligrosidad para su vida, integridad o seguridad. El peligro debe estar dirigido hacia una persona en concreto, ser real y debe suponer una grave amenaza que ponga en peligro los derechos humanos de la persona.
3. La motivación del peligro: debe estar conectada con los motivos tasados que expone la Convención de 1951, como son: "motivos de raza, religión, nacionalidad o pertenencia a un determinado grupo social u opiniones políticas". De no poder incluirse en los cinco motivos tasados anteriores, el sujeto no podrá reconocerse como refugiado, sin perjuicio que quepan otras formas de protección internacional, como son la protección subsidiaria o la residencia por causas humanitarias.

Una vez definidas las figuras de refugiado/asilado, inmigrante regular e irregular para situar nuestro contexto teórico, pasamos a analizar la situación práctica en materia de migración y asilo, para determinar los retos que quedan por afrontar desde la Unión Europea de cara a la seguridad, Derecho Penal y el uso de la Inteligencia Artificial en los controles fronterizos en relación con las garantías y derechos de las personas. Lo cierto es que, a pesar de la normativa existente en materia de inmigración y refugio/asilo, la realidad práctica muestra que quedan muchos retos por afrontar, situaciones que además suponen una vulneración para los derechos de los refugiados/asilados.

En los últimos años, hemos sido testigos del proceso de la UE de criminalizar a los refugiados, tratar a las personas que los buscan como enemigos o amenazas a la sociedad e incluso vincular falsamente a los refugiados con la comisión de actos terroristas; el denominado proceso de criminalización del extranjero que abordaremos en este capítulo.

El propósito de este trabajo es analizar la situación de las fronteras desde un punto de vista criminológico y del Derecho Penal, identificando las vulnerabilidades de los derechos en materia de inmigración y asilo junto a los retos actuales en materia migratorias, con el último objetivo de poder ofrecer soluciones futuras para la gestión eficaz de las fronteras acorde con la protección de los derechos de los extranjeros y de los refugiados.

Además, la perspectiva migratoria y de asilo desde la UE, viene marcada por tendencias que oscilan entre políticas migratorias más flexibles e instrumentos normativos que han supuesto un ejemplo de políticas restrictivas como el denominado Acuerdo de Turquía de 2016.

En aras de los argumentos anteriores, lo cierto es que las políticas migratorias han acentuado un sistema migratorio y de asilo desde la UE, que tiene el foco puesto en la diferenciación e incluso en la discriminación en algunos aspectos, debido a como establece DE LUCAS es un derecho basado en "la ausencia de la igual justiciabilidad efectiva de los derechos" (DE LUCAS, 2015, p. 37). Al respecto de esta idea, la introducción de determinados sistemas de Inteligencia Artificial aplicados recientemente en las fronteras, a través de los sistemas de reconocimiento biométricos, pueden también presentar sesgos de reconocimiento discriminatorio que afecten a la entrada y salida en nuestras fronteras por determinados rasgos faciales, así como vulneración de los datos de la persona.

2. RETOS ACTUALES DE LAS FRONTERAS: DERECHOS, SEGURIDAD E INTELIGENCIA ARTIFICIAL

El fenómeno de la llamada crisis de los refugiados ha sido un foco de debate entre los Estados miembros de la UE y, en particular, la obligación de respetar la Convención de 1951 sobre el Estatuto de los Refugiados y el Protocolo de 1967 constituye una paradoja constante. De una parte, en la normativa de la institución de refugio podemos observar las garantías que ofrece el estatuto de protección a los refugiados como mecanismo de salvaguarda por parte del Estado de acogida de sus derechos más esenciales. De otra, ello se enfrenta a la realidad práctica, las políticas migratorias restrictivas como manifestaciones del proceso de criminalización del refugiado que tratan de poner obstáculos e impedimentos a que los refugiados presenten la solicitud del reconocimiento de la condición de refugiados.

Lo cierto es que, en los últimos años, el número de solicitudes de refugio en la Unión Europea ha variado en determinados momentos, por lo que pasamos a analizar en qué momento se encuentra la institución de refugio en el seno de la UE. Tras la crisis humanitaria vivida sin precedentes de 2015 y 2016, en la que la UE recibió más de 1 millón de solicitudes de asilo/refugio cada año respectivamente, la política de asilo/refugio se ha convertido en una prioridad en el ámbito de la Unión Europea (EUROSTAT, 2023).

Como respuesta a situación desbordante, en la que llegaban oleadas de refugiados a la UE, se establecieron dos consecuencias con la finalidad de control en los flujos migratorios. La UE propuso dos medidas tras el enorme aumento de llegadas de 2015 y 2016, ya que se había puesto en evidencia su incapacidad para hacer frente a la grave crisis humanitaria (EUROSTAR, 2023). En primer lugar, la UE introdujo como medidas de emergencia, un programa de reasentamiento, cuyo objetivo era reasentar a solicitantes de asilo/refugiados de los países de Grecia e Italia (PAYERO LÓPEZ, 2018).

En segundo lugar, se establece el Acuerdo con Turquía, que estipula que la UE acogerá a un refugiado sirio por cada solicitante de asilo que regrese a Turquía. Por tanto, la Declaración UE-Turquía del 18 de marzo de 2016 se utilizó como medio para filtrar y externalizar las fronteras (DE LUCAS, 2017).

Estos dos mecanismos de respuesta nos llevan al inicio del proceso de la UE de criminalizar a los refugiados a través de su identificación como enemigo. En todo caso, las crisis humanitarias vividas en el seno de la UE han puesto de manifiesto el colapso y la vulneración de principios como el de solidaridad, reparto de cargas e incluso de los derechos de los refugiados. Todo ello constituye una vulneración del derecho internacional de los refugiados y de los derechos humanos, materia de especial protección y en conexión directa con la institución de refugio.

2.1 La identificación del refugiado como enemigo

El proceso de criminalización del extranjero y del refugio que viene dándose desde hace algunos años se sustenta en varios fundamentos y es uno de los principales retos a los que nos enfrentamos desde la UE en materia de asilo/refugio.

En primer lugar, desde un proceso de criminalización del inmigrante y/o refugiado partimos de las premisas de percibir al ciudadano extranjero como diferente, extraño e incluso como enemigo de la comunidad. En esta configuración, desde una perspectiva penal y criminológica, encontramos diferentes argumentos que lamentablemente conducen a una transformación de la imagen de los ciudadanos extranjeros como enemigos. Como argumentó MILL, el concepto de identidad nacional puede entenderse desde dos perspectivas diferentes. Una es una construcción de identidad basada en la nacionalidad, o una visión más amplia que considera la identidad social como la totalidad de personas que viven dentro de las fronteras de un mismo país (HOYOS DE LOS RÍOS, 2020). El liberalismo defiende esta última visión de la identidad social, mientras que el nacionalismo sigue preocupado por la adquisición de la nacionalidad y el sentido de herencia cultural como sentido de pertenencia a un grupo social (HOYOS DE LOS RÍOS, 2020).

Una comunidad o grupo social en cualquier país debe entenderse como un conjunto de individuos, incluso si provienen de otras culturas o incluso personas que viven en un territorio específico, pero en circunstancias inusuales. Se trata de poder atender adecuadamente todas las necesidades de la comunidad y poder incluir a todas las identidades culturales de los grupos sociales, mientras que desde una perspectiva jurídica el nacionalismo sólo se basa, como sabemos, en la asociación de un sujeto con una nación específica vínculos legales. Aquí DE LUCAS, indica el elemento de extranjerizar, en enfocarnos en las diferencias culturales, idiomáticas o en las tradiciones, fundamentando las políticas migratorias y de asilo en la diferenciación (DE LUCAS, 2015), en lugar de las semejanzas.

Más bien, las diferencias étnicas son a veces el motivo de la migración voluntaria o incluso del desplazamiento forzado, con el objetivo de buscar protección internacional solicitando asilo/refugio en el país de acogida. Son las razones por las que, al mismo tiempo, diferentes identidades culturales en el país de acogida sustentan el proceso de criminalización de los refugiados. Desde la perspectiva de esta diferencia, Mill entendió que la ideología de la nación se basaba en una herencia cultural común, un idioma común, una religión común y una tradición común (HOYOS DE LOS RÍOS, 2020). Aquí nacen las identidades de los ciudadanos extranjeros, a partir de sus diferentes identidades culturales.

Además de las diferentes identidades culturales de los ciudadanos nacionales y extranjeros basadas en sus diferentes orígenes, una serie de factores han conspirado para dar forma al proceso de criminalización de los inmigrantes, incluidos los refugiados, en los últimos años.

Y cuando lo ajeno, lo diferente, la percepción del extranjero como extraño y ajeno a la comunidad o grupo social, se aúna con el concepto del odio, se acentúa el proceso de criminalización del inmigrante. Y es que otro de los fundamentos que sostiene el proceso de criminalización del refugiado es precisamente el factor del odio que utiliza aquellos discursos de rechazo a la inmigración y de discriminación en función de la nacionalidad, fomentando así el aumento del racismo y la xenofobia.

En segundo lugar, el concepto de odio debe ser definido para poder aproximarnos a la relación que existe entre los actos de odio y discriminación con el proceso de criminalización de inmigrantes y refugiados. Por una parte, desde la perspectiva criminológica el odio como señala DÍAZ LÓPEZ, "en tanto que deseo de un mal, es una emoción" (DÍAZ LÓPEZ, 2017), por lo que cualquier discurso de odio se encuentra conectado con una parte emocional de carácter negativo. En virtud de lo dispuesto en el artículo 20.1 del Pacto de Derechos Civiles y Políticos, aunque no supone el reconocimiento del asilo/refugio como derecho, pero determina la obligación de los Estados de eliminar todo tipo de discriminación y, en particular prohibir todo tipo de discriminación:

> "Toda apología del odio nacional, racial o religioso que constituya incitación a la discriminación, la hostilidad o la violencia estará prohibida por la ley".

Así, la motivación del odio puede ser considerada como carácter multifactorial, ya que no existe un único catalizador que propicie el discurso del odio, si no que existen diversas situaciones que emergen desde los sujetos como la xenofobia, la discriminación por género, por motivos de religión, orientación sexual, discapacidad o incluso por clase social económica.

Por otra parte, otros autores como FUENTES OSORIO llegan a conectar el odio con la finalidad de dañar por parte del sujeto, puesto que" el odio se convierte en un criterio autorreferencial, por lo que permite crear e interpretar los delitos de odio e, incluso el objeto en torno al que se construye el concepto del daño que justifica la legislación penal" (FUENTES OSORIO, 2017).

También, es característica la presencia del elemento del odio mantenido en discursos políticos y sociales, que produce una serie de desigualdades que acentúan el racismo, la xenofobia, el machismo, la homofobia y en definitiva cualquier actitud discriminatoria. Y ello porque los discursos de odio se realizan con la finalidad de dañar a un determinado colectivo y ello sustenta la discriminación y el rechazo de los inmigrantes y refugiados. Teniendo en cuenta que la discriminación, en definitiva, nos lleva a una desprotección de los derechos de las personas dirigida a lesionarlos, en este sentido algunos autores mantienen que los discursos de odio "impiden el ejercicio pleno de derechos y garantías" (DÍAZ LÓPEZ, 2017).

En el año 2015, en la Recomendación n.º R (97) 20 del Comité de Ministros del Consejo de Europa a los Estados miembros sobre el calificado discurso de odio, se establece que debe entenderse como tal aquel que "comprende todas las formas de expresión que propaguen, inciten, promuevan o justifiquen el odio racial, la xenofobia, el antisemitismo u otras formas de odio basadas en la intolerancia, incluida la intolerancia que se expresa en forma de nacionalismo agresivo y etnocentrismo, discriminación y hostilidad contra las minorías, los inmigrantes y las personas descendientes de la inmigración".

Para poder calificar cualquier discurso de odio como tal, si bien no es tarea sencilla, la ONU establece en el Informe de la Relatora Especial sobre cuestiones de las minorías, Rita Izsák, de 2015 una serie de requisitos que deben poder acreditarse. Así, se considerará discurso de odio teniendo en cuenta el contexto social y político en el que se emite, la posición social del emisor, la intención, el contenido o forma, el ámbito del discurso si especialmente es de naturaleza pública y, por último, la posibilidad o probabilidad del éxito del contenido del discurso (ONU, 2015). En concreto, es muy relevante este último requisito, en relación con la intención del emisor, en cuanto a los efectos perseguidos por el emisor. La intención del daño a determinados colectivos es justamente una de las principales diferencias que nos permitirá diferenciar un discurso que podríamos calificar como hostil, de uno de odio (ONU, 2015).

También, la presidenta de la Comisión en el año 2020, Úrsula Von der Leyen se ha manifestado sobre esta cuestión, manteniendo una necesidad de cambio, puesto que "los avances en la lucha contra el racismo y el odio son frágiles y que ha llegado el momento de cambiar para construir una Unión que pase de la condena a la acción. Anunció que la Comisión propondrá «ampliar la lista de delitos de la UE a todas las formas de delitos y discursos de odio, ya sea por razón de raza, religión, género u orientación sexual" (UE, 2020).

En esa expresión de odio, configuramos el proceso de criminalización del inmigrante a través de la teoría del etiquetamiento, también llamada como labeling approach. Siguiendo a BECKER se establece que "el desviado es aquel sujeto al que se le aplica la etiqueta" (ABREU, 2019), es decir, el individuo que "realiza el comportamiento que define la sociedad como desviado" (ABREU, 2019).

Para ciertos autores, en la teoría del etiquetamiento se trata de dar respuesta a tres cuestiones principales: la primera, trata de preguntarse el qué entiende la sociedad por comportamiento desviado, las consecuencias de ese proceso de etiquetamiento de un sujeto como desviado y en el estudio del comportamiento desviado con la reacción social de rechazo que producen dichas actitudes (LARRAURI, 2006).

Al respecto, se mantiene que el proceso de definición de una conducta o un sujeto como desviado debemos de prestar atención a los criterios institucional, estadístico, moral o humanista y por definición (TERRASA MATEU, 2016) por lo que pasamos a analizar dichas cuestiones en relación con la figura del refugiado. En línea con esta idea, se sostiene la necesidad de considerar una conducta como desviada porque la misma puede llegar a ser excluida de las consideraciones culturales.

El segundo criterio es estadístico, basa su fundamento en las cifras o datos recogidos que permitirán sostener la desviación de la conducta (HIKAL-CARREÓN, 2020) y, por ende, además la criminalización de nuestro sujeto de análisis, los refugiados.

Como tercer criterio, mencionábamos el criterio moral o humanista, que argumenta la desviación "como aquellas conductas que ofenden la moral" (HIKAL-CARREÓN, 2020) en un territorio determinado si bien existen algunas conductas que se consideran desviadas según las perciba cada individuo.

En cuarto lugar, el criterio por definición del proceso de determinación de conductas desviadas o criminalizadas se realiza por diversos "agentes como legisladores y gobernantes entre otros" (HIKAL-CARREÓN, 2020).

Una vez realizado dicho análisis lo cierto es, como mantiene HIKAL que las conductas desviadas o criminales serán consideradas como tales a partir de "que un grupo social las rotule como pertenecientes a esa condición" (HIKAL-CARREÓN, 2020).

Argumentamos, por tanto, que el rechazo a la inmigración y refugio ha aumentado al crecimiento exponencial de los discursos de odio, xenofobia y racismo. Y es que, precisamente existe en esa discriminación al inmigrante, por la diferencia de identidades culturales también subyace un rechazo al pobre, uniéndose criminalización y aporofobia.

Al respecto CORTINA indica que el fundamento del rechazo a la inmigración no es la nacionalidad o las diferencias culturales, si no lo que subyace es un verdadero motivo económico, puesto que en verdad se rechaza la baja clase económica (CORTINA, 1995). Así, se establece una relación clave entre la aporofobia y la inmigración. Por todo ello, las actitudes discriminatorias, el odio y sus discursos potencian, fundamentan y nutren el proceso de criminalización del inmigrante y/o refugiado que estamos viviendo en los últimos años.

2.2 Securitización de las fronteras y la Inteligencia Artificial

En ese fenómeno de la apuesta de eliminar todo riesgo, a través de un Derecho Penal actuarial, se han configurado las políticas de inmigración y asilo en determinados momentos. Y ello, porque tal y como sustenta el proceso de criminalización del extranjero, se ha asociado erróneamente al refugiado con la comisión de determinados delitos.

En los últimos tiempos, con este planteamiento de política criminal de lo que podríamos denominar como sociedad del riesgo, la postura de promover la seguridad se ha expandido también a las fronteras.

Así, con el objetivo de conseguir detectar posibles amenazas, denegar la entrada o simplemente tener un mayor control en las entradas y salidas de las fronteras, la inteligencia artificial se ha convertido en un apoyo también para esta disciplina.

Si bien existe cierta complejidad en su definición, partimos de un concepto genérico de la Inteligencia Artificial (IA) que nos permite alcanzar niveles altos de complejidad y eficiencia. Así, por inteligencia artificial entendemos el conjunto de programas que simulan la inteligencia humana a través de la obtención de datos recogidos por algoritmos (MCCARTHY, MINSKY et al, 1995).

2.3 Regulación de la Inteligencia Artificial

La inteligencia artificial ha llegado a nuestra época para quedarse, cada vez son más las aplicaciones y sistemas que mediante la IA, obtienen datos y ofrecen ciertas mejoras en procesos y servicios, facilitando la vida de las personas.

Ha sido tal la inclusión de la inteligencia artificial, que la Unión Europea recientemente ha comenzado a crear normativa en la materia que se encuentra en propuestas de desarrollo, dando así respuestas poco a poco a la necesidad de establecer límites al uso de la IA en aras de la protección de las personas. La primera cuestión planteada, es la complejidad de su definición. Así, el Comité Económico y Social Europeo en el dictamen del Comité Económico y Social Europeo en el 526° Pleno de Cese de 31 de mayo y de 1 de junio de 2017, Dictamen de iniciativa 2017/C 288/01, se manifiesta la complejidad de definir lo que se entiende por inteligencia artificial (UE, 2017).

Más adelante en el año 2018, la Comisión Europea llega a definir la Inteligencia Artificial como "un conjunto de sistemas de software y hardware, diseñados por humanos que, ante un objetivo complejo, actúan en la dimensión física o digital, percibiendo su entorno, a través de la adquisición e interpretación de datos estructurados o no estructurados o razonando sobre el conocimiento, procesando la información derivada de estos datos y decidiendo las mejores acciones para lograr el objetivo dado" (COMISIÓN EUROPEA, 2018).

Por ello, para poder desarrollar un sistema de inteligencia artificial necesitamos datos, algoritmos y procesos con la capacidad de gestión de la información obtenida. En concreto en el libro blanco, la Comisión Europea entra a definir ya la inteligencia artificial como una combinación de datos, algoritmos y capacidad informática (COMISIÓN EUROPEA, 2020).

Los sistemas de inteligencia artificial van a recoger datos a través de algoritmos y con esa información proceden a procesarla y gestionarla. De tal forma que existen procedimientos de predicción delictiva que nos indican las probabilidades de que un sujeto sea potencialmente un delincuente en el futuro o bien sistemas de reconocimiento por voz o imagen que identifican al sujeto (MORALES SÁNCHEZ, 2021).

Cuando hablamos de IA, nos referimos a una ciencia, de hecho, MINSKY la define como un proceso de aprendizaje en el que la IA es "ciencia de hacer que las máquinas hagan cosas que requerirían inteligencia si las hicieran las personas" asemejando así, el proceso de aprendizaje de los humanos y las máquinas (ANDARA, MINSKY, 2021). En cambio, HAYES, la inteligencia artificial se puede definir como "un proceso, por lo que el objetivo principal de esta disciplina es la conducta inteligente y, en particular, la conducta humana y su fin es la creación de sistemas automáticos" (HAYES, 1996).

Llegados a este punto y con el desarrollo de sistemas de IA en plena evolución nos planteamos si la máquina puede llegar a aprender. Para responder a esta pregunta, debemos de mencionar el Machine Learning que funciona de forma semejante al aprendizaje en los humanos. Si bien a día de hoy, no podemos entender ningún sistema de IA como plenamente autónomo puesto que va a depender bien de la persona que crea el sistema y, por ende, podrá exigírsele una determinada responsabilidad al origen.

En cambio, de poder desarrollar en un futuro IA completamente autónomas, nos encontraríamos con el peligro de que lleguen a vulnerar los derechos más esenciales de la persona sin poder llegar a atribuir una responsabilidad penal al creador del sistema.

A día de hoy, una vez descartada la existencia de sistemas de IA plenamente autónomos siempre mantenemos una cierta dependencia con la creación, con independencia que el sistema pueda aprender a través del Machine Learning. La evolución de los sistemas de IA, nos han demostrado que pueden llegar a predecir determinados comportamientos en base a los datos obtenidos por los algoritmos y aprender lo que va a suceder. En otras palabras, el algoritmo es capaz de readaptar su comportamiento y aprender de los errores siempre que los mismos no estén sesgados (IRAZÁBAL, 2022).

Ante esta situación, en la propuesta de Reglamento y ante el peligro que puedan llegar a ocasionar los sistemas de IA para las personas ante la posible vulneración de sus derechos, la UE comienza a distinguir sistemas de alto riesgo y de bajo riesgo. Especial atención merecen los sistemas de alto riesgo junto con una protección reforzada ya que son los que inciden directamente en la posible vulneración de derechos fundamentales. Y por ello, la Unión Europea en la Propuesta de Reglamento del Parlamento Europeo y del Consejo, por el que se establecen normas armonizadas en materia de IA de 2021, clasifica a los sistemas de IA como de alto riesgo a sistemas de predicción de delitos, reconocimiento biométrico, detección de falsificaciones, etc. Se definen como de alto riesgo puesto que en ellos existe "desequilibrio de poder, que pueda dar lugar a la vigilancia, la detención o la privación de libertad de una persona física" (UE, 2021), como en los sistemas de reconocimiento biométricos que van a implantarse con carácter general en los controles fronterizos de la UE.

La UE determina que, en los sistemas de alto riesgo, se deben de emplear los "criterios de precisión, fiabilidad y transparencia, así como que el Machine Learning se encuentre supervisado como mecanismo de control (UE, 2021).

Al respecto BARONA VILLAR determina que los sistemas de alto riesgo son potencialmente dañinos para los derechos y garantías puedo que la aplicación de programas con IA que imitan "cómo piensan los humanos, son capaces de tomar decisiones, resolver problemas y con capacidad de aprendizaje; sistemas que actúan como humanos e imitan su comportamiento; sistemas que utilizan el pensamiento lógico racional humano, capaces de inferir una solución a un caso a partir de una información sobre un contexto dado; y sistemas que emulan la forma racional del comportamiento humano" (BARONA VILAR, 2018).

En concreto, en un alto rendimiento de aprendizaje, lo denominaríamos como sistemas de Deep Learning o aprendizaje profundo, definido como "aquella evolución sofisticada del aprendizaje automático que simularía un sistema inspirado en redes neuronales" (IRAZÁBAL, 2020).

En la actualidad la regulación de los sistemas de IA se encuentra en pleno desarrollo y ha pasado por varias fases. La primera fue la necesidad de definir la IA para poder acotar el campo de estudio de una forma precisa y detallada. Posteriormente, en febrero de 2020, se publica por la UE el Libro blanco sobre la IA: un enfoque europeo de la excelencia y la confianza donde se observan los riesgos posibles de su uso y se comienza a clasificar los sistemas en base a alto o bajo riesgo. Y ello porque los sistemas de IA realizan múltiples funciones como: razonamiento, planificación, aprendizaje, comunicación y percepción, de las que se extraen numerosas cantidades de datos (UE, 2020).

Posteriormente, en 2022 se establece por la UE, la primera Propuesta de Directiva del Parlamento Europeo y del Consejo relativa a la adaptación de las normas de responsabilidad civil extracontractual a la inteligencia artificial, para la compensación de los daños producidos por los sistemas que utilizan IA, constituyendo así "un régimen de responsabilidad civil eficiente" (UE, 2022).

Por último, es necesario destacar los planes aprobados en materia económica para el desarrollo de la IA. A modo de ejemplo, tenemos el Plan Coordinado de Inteligencia Artificial de abril de 2021 que tiene como objetivo poder "acelerar inversiones en IA para el desarrollo y recuperación económica, la actuación sobre estrategias y programas de IA y la alineación de la política de IA en una misma dirección a nivel internacional" ya que se "trata de garantizar que la IA funcione para las personas y sea una fuerza para el bien de la sociedad" (UE, 2021).

2.4 Vulneración de las garantías y sesgos de discriminación de la Inteligencia Artificial

Una de las cuestiones más complejas, es la utilización de los sistemas de IA calificados como alto riesgo que tratan por ejemplo datos de biometría o de imagen y que pueden lesionar los derechos de las personas por el uso indebido de los mismos si dichos datos se pierden, se extravían o son captados a través de ciberataques.

La UNESCO mantiene la problemática del derecho de privacidad que debe garantizarse, más aún cuando los datos son altamente sensibles para las personas, teniendo en cuenta unos mínimos éticos de obligado cumplimiento respecto a los derechos humanos: "proporcionar un marco universal de valores, principios y acciones para orientar a los Estados en la formulación de sus leyes, políticas u otros instrumentos relativos a la IA, de conformidad con el derecho internacional" y la necesidad concreta de "proteger, promover y respetar los derechos humanos y las libertades fundamentales, la dignidad humana y la igualdad, incluida la igualdad de género; salvaguardar los intereses de las generaciones presentes y futuras; preservar el medio ambiente, la biodiversidad y los ecosistemas; y respetar la diversidad cultural en todas las etapas del ciclo de vida de los sistemas de IA" (UNESCO, 2021). En virtud de estas disposiciones se debe garantizar que los usuarios tengan en todo caso acceso a los datos y salvaguardar la privacidad de los mismos mediante algún sistema de supervisión o de control.

Recientemente, con el objetivo de enfocar una IA centrada en el ser humano que pueda garantizar los derechos del mismo, en junio de 2023, el Parlamento Europeo comienza a negociar una propuesta sobre la Ley de Inteligencia Artificial (IA), con la finalidad de que:

> "La normativa deberá garantizar que la IA desarrollada y utilizada en Europa se ajuste plenamente a nuestros derechos y valores, respetando requisitos como la supervisión humana, la seguridad, la privacidad, la transparencia, la no discriminación o el bienestar social y medioambiental" (UE, 2023).

Así, en dicha disposición se establecen una serie de precisiones con el objetivo de la mejora en la salvaguarda de los derechos de las personas, prohibiciones como:

> "los sistemas de identificación biométrica remota, en tiempo real, en espacios públicos; los sistemas de identificación biométrica remota, a posteriori, con la única excepción de usos policiales en investigaciones por delitos graves y con autorización judicial; los sistemas de categorización biométrica que utilicen ciertas características identitarias (por ejemplo el género, la raza, la etnia, el estatus de ciudadanía, la religión o la orientación política); los sistemas policiales predictivos (basados en la elaboración de perfiles, la ubicación o el historial delictivo); los sistemas de reconocimiento de emociones por las fuerzas de seguridad, en la gestión de fronteras, los lugares de trabajo o las instituciones de enseñanza; y el rastreo indiscriminado de imágenes faciales sacadas de Internet o de circuitos cerrados de televisión para crear bases de datos de reconocimiento facial (que violan los derechos humanos y el derecho a la intimidad)" (UE, 2023).

Estas prohibiciones anteriormente descritas, suponen un paso decisivo en la regulación de la IA por su especial "uso intrusivo y sesgos discriminatorios de IA" que vulneran los derechos de la persona (UE, 2023). Ahora bien, este avance, choca de lleno con la noticia del blindaje de fronteras a través de la intención de aplicación de sistemas de reconocimiento facial en todos los controles fronterizos de la UE un año antes.

Para poder profundizar un poco más es necesario que entendamos en qué consisten los sistemas de reconocimiento biométricos, que se basan en la identificación de sujetos a través de determinadas características físicas y fáciles a través de sistemas de IA. Esto conlleva graves riesgos como la pérdida o robo de datos biométricos de las personas que el día de mañana puedan ser usados con fines diversos e incluso que se vean sesgados discriminatoriamente a consecuencia de la diversidad cultura.

Igualmente es necesario mencionar que las finalidades de los sistemas de reconocimiento biométricos pueden ser diversas y ahí reside su alta peligrosidad sin control:

> "Los tratamientos que incluyen operaciones con datos biométricos se pueden emplear con muchas finalidades: prueba de vida, identificación, autenticación, seguimiento, perfilado, decisiones automáticas, etc. Las operaciones biométricas pueden emplear distintas técnicas, algunas de forma simultánea, y, a su vez, una misma técnica se puede implementar de formas diferentes" (AEPD, 2022).

Respecto a la intrusión de los sistemas de reconocimiento biométricos, la Agencia Española para la Protección de Datos, considera dicho impacto en los derechos de las personas como altamente lesivo. Así, por ejemplo, se determina que:

> "Las operaciones con datos biométricos en un tratamiento concreto tendrán un grado distinto de intrusión e impacto en la privacidad de los individuos que dependerá de la técnica empleada, pero también de la propia definición del tratamiento, su naturaleza, el ámbito o alcance en el que se va a desarrollar, su contexto y, en especial, los fines que se persiguen. Por lo tanto, la evaluación de impacto de las operaciones biométricas se ha de realizar en el marco de un tratamiento y con relación a sus fines últimos" (AEPD, 2022).

Por otra parte, como mencionábamos además del peligro de la pérdida o difusión de los datos relativos a la identificación biométrica en sistemas de reconocimiento también, dichos sistemas planteas problemas de discriminación en cuanto no eliminan sesgos significativos.

Respecto a la peligrosidad de los sesgos discriminatorios en sistemas de reconocimiento biométricos, la AEPD es clara:

> "En la medida que una falta de exactitud de los datos obtenidos con relación a la operación biométrica como sesgos en los perfilados, identificaciones incorrectas, suplantación de identidad, discriminación en segmentos de población (mayores, discapacitados, tipos raciales, enfermos, ...), denegación de acceso a servicios por errores en la captación del dato, etc.; mayor será la intrusión que provoca la operación en los derechos de los sujetos" (AEPD, 2022).

Así, los sistemas de inteligencia aplicados en reconocimientos biométricos presentan sesgos discriminatorios. Al respecto MIRÓ LLINARES, indica que la existencia de algoritmos que recogen variables o factores como el género, la etnia o la edad, pueden conducir a sesgos que vulneren el principio de no discriminación, de los inmigrantes y también de los refugiados.

3. CONCLUSIONES

A lo largo del trabajo se han desarrollado los principales retos actuales en materia de controles fronterizos, la situación de las crisis migratorias, la instauración de políticas restrictivas que obstaculicen o impidan el acceso al refugio/asilo en la UE junto al proceso de criminalización de los refugiados son todavía cuestiones que es necesario resolver.

No existe una única solución para una gestión eficaz de las crisis migratorias, si no que la misma pasa por una cooperación entre los Estados de acogida, una distribución y reparto de las solicitudes de asilo/refugio y una respuesta adecuada a las mismas que garantice los derechos de los refugiados.

Respecto al proceso de criminalización del extranjero y refugiado, es necesario el respeto a los derechos de las personas, la prohibición de toda discriminación, así como recordar que la dignidad humana es intrínseca a todo ser humano y, por ende, serán necesarias todas las medidas de integración necesarias, así como el rechazo a las actitudes discriminatorias, xenófobas o racistas hacia los extranjeros y refugiados.

Por último, hemos analizado uno de los últimos retos en materia de Inteligencia Artificial, en la aplicación de los sistemas de reconocimiento biométricos en los controles fronterizos y sin duda, ponen en riesgo y vulneran la intimidad de las personas junto a la posibilidad de que se vean afectados por sesgos discriminatorios que también presentan dichos sistemas.

REFERENCIAS BIBLIOGRÁFICAS

AEPD, Empleo de datos biométricos: Evaluación desde la perspectiva de protección de datos 26 de Julio de 2022. Disponible en: https://www.aepd.es/prensa-y-comunicacion/blog/datos-biometricos-evaluacion-perspectiva-proteccion-datos.

BARONA VILAR, S. "Reflexiones en torno al 4.0 y la inteligencia artificial en el proceso penal, Ius Puniendi", vol. 7, 2018.

DE ANDARA, C., et al. MARVIN LEE MINSKY: pionero en la investigación de la inteligencia artificial (1927-2016). *Publicaciones en ciencias y tecnología,* 2021, vol. 15, no 1, p. 41-50.

DE HOYOS SANCHO, M. "El libro blanco sobre inteligencia artificial de la Comisión Europea: reflexiones desde las garantías esenciales del proceso penal como "sector de riesgo"". Revista española de derecho europeo, 2020, no 76, p. 9-44.

DE HOYOS SANCHO, M. "El libro blanco sobre inteligencia artificial de la Comisión Europea: reflexiones desde las garantías esenciales del proceso penal como "sector de riesgo"". *Revista española de derecho europeo,* 2020, no 76, p. 9-44.

DE LUCAS Javier. "Refugiados: ¿mercancías o derechos? Sobre el acuerdo entre la UE y Turquía de 18 de marzo de 2016". Instituto de Derechos Humanos, Universidad de Valencia, 2017.

DE LUCAS, Javier; NAÏR, Sami. *Mediterráneo: el naufragio de Europa.* Valencia: Tirant Humanidades, 2015.

DÍAZ LÓPEZ, A. "Estudio encargado por la Comisión de Seguimiento del Convenio de colaboración y cooperación Interinstitucional contra el racismo, la xenofobia y otras formas de intolerancia y financiado por la Secretaría General de Inmigración y Emigración del Ministerio de Empleo y Seguridad Social, 2017. Disponible en: https://www.inclusion.gob.es/oberaxe/ficheros/documentos/InformeConceptualDelitosOdio.pdf.

ESPAÑA, Plan de recuperación, transformación y resiliencia, 19 de abril de 2023.

HAYES en AMADOR HIDALGO, L. *Inteligencia artificial y sistemas expertos.* Universidad de Córdoba, Servicio de Publicaciones, 1996.

IRAZÁBAL, E. Abogacía Española, Blog, 2022. Disponible en: https://www.abogacia.es/publicaciones/blogs/blog-de-innovacion-legal/page/4/.

LARRAURI, Elena. Criminología Critica: Abolicionismo y Garantismo http://www. cienciaspenales. org. *REVISTA % 2017Zlarrauri17. htm [Consulta: 27/06/04]*, 2017.

MIRÓ LLINARES, F. "Inteligencia Artificial y Justicia Penal". Revista de Derecho Penal y Criminología, 20, 87-130, 2020. Disponible en: https://doi.org/10.5944/rdpc.20.2018.26446.

MORALES SÁNCHEZ A. "Inteligencia Artificial y Derecho Penal: primeras aproximaciones". Revista jurídica de Castilla y León nº53, 2021.

ONU, Pacto Internacional de Derechos Civiles y Políticos. Adoptado y abierto a la firma, ratificación y adhesión por la Asamblea General en su resolución 2200 A (XXI), de 16 de diciembre de 1966. [Consulta 26/08/2020]. Disponible en: https://www.refworld.org.es/docid/5c92b8584.html.

PAYERO LÓPEZ, Lucía. "La gestión de la crisis de los refugiados en Europa: algunas reflexiones". *Actas del III Coloquio Binacional México-España,* 2017.

UE, CESE. Dictamen del Comité Económico y Social Europeo sobre la «Inteligencia artificial: las consecuencias de la inteligencia artificial para el mercado único (digital), la producción, el Consumo, el empleo y la sociedad, de 31 de mayo y 1 de junio de 2017. Disponible en: https://eur-lex.europa.eu/legal-content/ES/TXT/PDF/?uri=CELEX:52016IE5369&from=BG

UE, COMISIÓN EUROPEA, Libro Blanco, 2020. [Consulta 21/03/2023]. Disponible en: commission.europa.eu/system/files/2020-03/commission-white-paper-artificial-intelligence-feb2020_es.pdf.

UE, COMISIÓN EUROPEA. Estrategia Europea Inteligencia Artificial, de 25 de abril de 2018. [Consulta 21/03/2023]. Disponible en: eur-lex.europa.eu/legalcontent/EN/TXT/PDF/?uri=CELEX:52018DC0237&from=EN.

UE, La Eurocámara, lista para negociar la primera ley sobre inteligencia artificial, 14 de junio de 2023. Disponible en: https://www.europarl.europa.eu/news/es/press-room/20230609IPR96212/la-eurocamara-lista-para-negociar-la-primera-ley-sobre-inteligencia-artificial.

UE, Propuesta de Directiva del Parlamento Europeo y del Consejo relativa a la adaptación de las normas de responsabilidad civil extracontractual a la inteligencia artificial (Directiva sobre responsabilidad en materia de IA), COM/2022/496, 2020. Disponible en: https://eur-lex.europa.eu/legal-content/ES/TXT/?uri=CELEX%3A52022PC0496.

UE, Revisión del Plan Coordinado de Inteligencia Artificial, abril de 2021. [Consulta 21/03/2023]. Disponible en: https://digital-strategy.ec.europa.eu/en/library/coordinated-plan-artificial-intelligence-2021-review.

UNESCO, Conferencia General nº41 de la UNESCO celebrada el 9 y el 24 de noviembre de 2021, sobre Recomendación sobre la ética de la inteligencia artificial, 2021. Disponible en: https://unesdoc.unesco.org/ark:/48223/pf0000381137_spa.

VARLEZ, Louis. "Les migrations internationales et leur reglamentation". *Recueil de course de l'Academie de Droit International,* Vol. XX, (1927) p. 176.

LAS MEDIDAS CAUTELARES ANTE EL TRIBUNAL DE ARBITRAJE DEPORTIVO (TAS)

RAFAEL VALENTÍN-PASTRANA AGUILAR[1]

SUMARIO: INTRODUCCIÓN. 2. REQUISITOS FORMALES DE UNA SOLICITUD CAUTELAR ANTE EL TAS. 3. REQUISITOS DE FONDO DE UNA SOLICITUD CAUTELAR ANTE EL TAS. REFERENCIAS BIBLIOGRÁFICAS.

Resumen: El presente capítulo tiene por objeto el análisis de los procedimientos de medidas cautelares ante el Tribunal de Arbitraje Deportivo. Para ello, hemos realizado una aproximación teórica al planteamiento de estos procedimientos ante el estado suizo, sede del Tribunal, para posteriormente analizar tanto los requisitos formales como de fondo que requiere esta institución. Para ello, hemos procedido al análisis de laudos emitidos por la Corte, para poder ser capaces de apreciar y entender los supuestos en los que se concede la tutela cautelar, capital para la resolución de conflictos de manera rápida en el mundo del deporte.

Palabras clave: Medidas cautelares; arbitraje; deporte; fútbol.

Comentario de Cierre: Las particularidades de la práctica del deporte exigen la existencia de estos procedimientos previos o cautelares para proteger de manera rápida intereses que, de caer en un procedimiento ordinario, perderían su sentido al requerir una tutela rápida o cuasi inmediata.

Referencias: MAVROMATI, D. y REEB, M., *The Code of the Court of Arbitration for Sport: Commentary, Cases and Materials, Wolters Kluwer*, Ginebra, 2015; PATOCCHI, P., "Provisional measures in International Arbitration", en BERNASCONI, M. *International Sports Law and jurisprudence of CAS*, Ed. Weblaw, Ginebra, 2012; PÉREZ TRIVIÑO, J. L. y otros, *El arbitraje en el TAS. Funcionamiento, procedimiento y cuestiones* prácticas *más relevantes*. Aranzadi, Madrid, 2021; y PIRRELLO, F. *Analyse de la jurisprudence du Tribunal Arbitral du Sport relative aux mesures provisionnelles,* Ed. Weblaw, Lausana, 2021.

---

[1] Doctor en Derecho. Profesor Asociado, Universidad Rey Juan Carlos. Rafael.vpastrana@urjc.es.

INTRODUCCIÓN

El Código de Arbitraje ("CAD") del Tribunal de Arbitraje Deportivo, ("TAS") prevé, en el artículo R37, la posibilidad de que se planteen y adopten solicitudes de medidas cautelares cuando concurran circunstancias que motiven su adopción.

La práctica de arbitraje internacional tiene consolidada la aplicación por parte de las instituciones arbitrales de medidas cautelares. Basta con una revisión de los principales reglamentos o estatutos de las cámaras de referencia para verificarlo.

La Corte Internacional de Arbitraje de la Cámara de Comercio Internacional[2], la Corte Permanente de Arbitraje[3], la Cámara de Arbitraje Internacional de París[4] o el Tribunal Arbitral de la Cámara de Comercio de Estocolmo[5], instituciones de referencia en el arbitraje internacional, prevén en sus reglamentos la posibilidad de conceder medidas cautelares, sin intervención de los órganos jurisdiccionales.

Sin embargo, en los procedimientos ante el TAS esto no era posible, pues el derecho suizo le concedía en exclusiva a la jurisdicción ordinaria la potestad sobre planteamiento y ejecución de las medidas cautelares. No fue hasta la reforma de la Ley Federal Suiza de Derecho Internacional Privado, ("LFDIP") en 1987[6] cuando se le conce-

---

2 Artículo 23 del Reglamento de la CCI: "*Salvo pacto de las partes en contrario, el tribunal arbitral podrá, desde el momento en que se le haya entregado el expediente, ordenar, a solicitud de parte, cualesquiera medidas cautelares o provisionales que considere apropiadas.*"

3 Artículo 26 del Reglamento de la CPA: "*El tribunal arbitral podrá, a instancia de una de las partes, otorgar medidas cautelares. Por medida cautelar se entenderá toda medida temporal por la que, en cualquier momento previo a la emisión del laudo por el que se dirima definitivamente la controversia* (...)".

4 Artículo 25 del Reglamento la CAIP: "*El tribunal arbitral podrá ordenar a las partes cualquier medida cautelar o provisional que considere oportuna. Dependiendo de lo que el tribunal arbitral considere adecuado, las medidas previstas podrán adoptarse en forma de auto motivado o en forma de laudo.*"

5 Artículo 37 de la SSC: "*El Tribunal Arbitral podrá, a instancia de parte, acordar las medidas cautelares que medidas provisionales que estime oportunas.*" (Trad. del autor).

6 PATOCCHI, P., "Provisional measures in International Arbitration", en BERNASCONI, M. *International Sports Law and jurisprudence of CAS*, Ed. Weblaw, Ginebra, 2012, pp. 55 y 56.

dió al arbitraje esta facultad, y desde ese momento el TAS ha podido dilucidar en su seno procedimientos cautelares, si bien es cierto que hasta la reforma de 2013 del CAD no se introdujo esta posibilidad, y era un procedimiento infrautilizado[7].

Este nuevo artículo, introducido por la reforma de 1987, era el 183 que en su redacción actual dispone lo siguiente[8]:

> *"1 Salvo acuerdo en contrario de las partes, el tribunal arbitral podrá, a instancia de parte, ordenar medidas provisionales o cautelares.*
>
> *2 Si la parte interesada no cumple voluntariamente con la medida ordenada, el tribunal arbitral o una de las partes podrá solicitar la asistencia del tribunal competente. El tribunal aplicará su propia ley.*
>
> *3 El tribunal arbitral o el tribunal estatal podrán subordinar las medidas provisionales o cautelares a la constitución de una garantía apropiada."*

La existencia de un procedimiento separado y autónomo de medidas cautelares en un tribunal que conoce de una materia como es el deporte, se antojaba fundamental, y con la reforma de la LFDIP se le otorgó al TAS una nueva herramienta con la que resolver controversias de manera acelerada.

Ahora bien, una cuestión de gran relevancia a este respecto consistía en armonizar las medidas cautelares típicas de un arbitraje internacional, con las consentidas por el derecho suizo y la jurisprudencia de su Alto Tribunal.

Según la doctrina más autorizada[9], las medidas cautelares existentes conforme al derecho helvético son las siguientes:

> i. Medidas que tienen por objeto mantener el objeto del litigio en el estado en que se debería encontrar durante la pendencia del arbitraje;
>
> ii. Medidas que regulan la relación jurídica entre las partes durante la pendencia del arbitraje; y
>
> iii. Medidas de ejecución anticipada o aseguramiento, que tienen el objetivo de garantizar la ejecución provisional sobre el crédito en disputa.

---

7 BLACKSHAW, I., "Provisional and Conservatory Measures -an under- utilized resource in the CAS" en *Entertainment and Sports Law Journal*, Volume 4, Warwick, 2006, pp. 14 a 16.

8 Artículo 183 de la LFDIP, Trad. del Autor.

9 PIRRELLO, F. *Analyse de la jurisprudence du Tribunal Arbitral du Sport relative aux mesures provisionnelles,* Ed. Weblaw, Lausana, 2021, p. 3.

De entre estas tres medidas, la tercera es la menos tendente a ser aplicada por el TAS, según recoge GARCÍA SILVERO[10], citando el precedente del caso CAS 2003/O/486 de 15 de septiembre de 2003, disputa entre el Olympique Lyonnais y el Fulham Football Club, en el que se deniega esta medida cautelar por su poca proporcionalidad[11]:

> *"Según la jurisprudencia del TAS, por regla general, a la hora de decidir si se conceden medidas provisionales, es necesario considerar si la medida es útil para proteger al recurrente de un perjuicio irreparable, la probabilidad de éxito en cuanto al fondo del recurso y si los intereses de la recurrente prevalecen sobre los de la parte contraria. Es necesario comparar los riesgos en que incurre la recurrente en caso de ejecución inmediata de la resolución con los inconvenientes para la parte recurrida de verse privada de dicha ejecución (balance de conveniencia o de intereses). El recurrente debe alegar, al menos de manera plausible, que los hechos que invoca y los derechos que pretende hacer valer existen y que se cumplen las condiciones materiales (CAS 2000/A/274, en Recopilación de laudos del TAS II, p. 757); véase también CAS 98/200, ibidem, pp. 38-41).*
>
> *OL no sostiene ni prueba, ni siquiera prima facie, que sufriría un perjuicio irreparable si Fulham no ejecutara inmediatamente la Decisión. Tampoco aborda la cuestión de la probabilidad de éxito de su postura en cuanto al fondo."*

Es decir, que son las medidas tendentes a la conservación de la cosa, o de la relación contractual, las más habituales en la práctica, y las que poseen más visos de prosperabilidad en una solicitud.

2. REQUISITOS FORMALES DE UNA SOLICITUD CAUTELAR ANTE EL TAS

Teniendo claro lo anterior, pasemos a analizar los requisitos formales y los aspectos más procedimentales de las solicitudes de medidas provisionales y cautelares, tal y como dispone el artículo 37 del CAD.

---

10 GARCÍA SILVERO, E., "Las medidas provisionales: procedimiento, presupuestos e interpretación jurisprudencial" en PÉREZ TRIVIÑO, J. L. y otros, *El arbitraje en el TAS. Funcionamiento, procedimiento y cuestiones* prácticas *más relevantes.* Aranzadi, Madrid, 2021, p. 266.

11 Laudo CAS 2003/O/486 de 15 de septiembre de 2003, párrafos 17 y 18, p. 4. Trad. del autor.

Una lectura del primer inciso del mencionado precepto del CAD[12], nos dirige directamente a una cuestión relacionada con el procedimiento de apelación ante el TAS[13], que es la necesidad de agotar los remedios legales al alcance antes de acudir a la jurisdicción del TAS.

Como ocurre también con las memorias de apelación, es necesario el abono de una tasa de mil francos suizos (1.000 CHF) ante la Secretaría del TAS, que cubriría la tasa correspondiente al futuro procedimiento principal.

Otro de los aspectos procedimentales fundamentales de las medidas cautelares ante el TAS reside en, como señalan GARCÍA SILVERO[14] o MAVROMATI[15], la renuncia a alternar las medidas cautelares ante el TAS y ante la jurisdicción ordinaria.

Tal como dispone el artículo R37 del CAD y la doctrina citada, "la sumisión al arbitraje del TAS conlleva la renuncia expresa a requerir la tutela cautelar ante la jurisdicción ordinaria".

La formación de un panel arbitral conlleva siempre unos plazos mínimos, y por ello, si no estuviese formado el panel, o designado el árbitro único, será el Presidente de la respectiva División del TAS quien esté habilitado para tomar la resolución pertinente en lo que a medidas cautelares o provisionales se refiere.

Como cualquier medida cautelar ordinaria, ha de ser debidamente motivada y cumplir con los requisitos tradicionales de *fumus boni iuris, periculm in mora y cautio.* De hecho, la ausencia de motivación es

---

12 *"Ninguna parte podrá solicitar medidas provisionales o cautelares de conformidad con este Reglamento de procedimiento antes de haber agotado todos los recursos legales internos establecidos en las regulaciones de la federación o de la entidad deportiva en cuestión."*

13 El arbitraje de apelación es el principal procedimiento arbitral ante el TAS, y es una de las grandes particularidades de esta institución arbitral.

14 GARCÍA SILVERO, E., "Las medidas provisionales: procedimiento, presupuestos e interpretación jurisprudencial" en PÉREZ TRIVIÑO, J. L. y otros, *El arbitraje en el TAS. Funcionamiento, procedimiento y cuestiones* prácticas *más relevantes.* Aranzadi, Madrid, 2021, p. 268.

15 MAVROMATI, D. y REEB, M., *The Code of the Court of Arbitration for Sport: Commentary, Cases and Materials,* Wolters Kluwer, Ginebra, 2015, p. 201.

motivo directo de inadmisión, como señala el TAS en su laudo CAS 2016/A/4642 de 19 de agosto de 2016[16]:

> *"El Presidente de División desestimó esta primera solicitud* [de medidas cautelares] *por considerar que la recurrente ni siquiera había abordado o presentado alegación alguna respecto a dos de los requisitos para la para la concesión de medidas provisionales: que fueran necesarias para proteger a la demandante de un irreparable y que los intereses de la demandante prevalecían sobre los de la demandada."*

Otra pregunta que cabe formularse es si se permiten las medidas cautelares *in audita parte* ante el TAS, dado que los principios fundamentales que rigen en este proceso según el artículo R37 del CAD son los de acción y contradicción.

A este respecto, existen precedente como el laudo CAS 2013/A/3301 de 7 de marzo de 2014, en el que se conceden las medidas sin audiencia al demandado por la máxima urgencia de las mismas[17]:

> *"El 21 de agosto de 2013, en vista de la extrema urgencia de la solicitud de la recurrente, el Presidente Adjunto de la División de Arbitraje de Apelación del TAS dictó una Orden ex parte sobre Medidas Provisionales, de conformidad con el artículo R37 del Código, desestimando la solicitud de la recurrente. La Orden motivada fue notificada a las partes el 22 de agosto de 2013."*

Un aspecto en el que merece la pena detenerse es, como remarca GARCÍA SILVERO[18], la importancia de la adecuada constitución del objeto y los demandados en la solicitud de medidas cautelares. A este respecto, existen resoluciones del TAS que han denegado la solicitud de medidas cautelares, por no haber llamado a todos los codeman-

---

16 Laudo CAS 2016/A/4642 de 19 de agosto de 2016, párrafo 31, p. 8. Trad. del autor.

17 Laudo CAS 2013/A/3301 de 7 de marzo de 2014, párrafo 33, p. 6. Trad. del autor.

18 GARCÍA SILVERO, E., "Las medidas provisionales: procedimiento, presupuestos e interpretación jurisprudencial" en PÉREZ TRIVIÑO, J. L. y otros, *El arbitraje en el TAS. Funcionamiento, procedimiento y cuestiones* prácticas *más relevantes*. Aranzadi, Madrid, 2021, p. 271.

dados que debían haber sido emplazados, como destaca el caso del laudo CAS 2011/A/2551 o del CAS 2017/A/4957.

Como hacíamos referencia más arriba, y en consonancia con lo dispuesto en el artículo 183 de la LFDIP, se exige una caución para responder de los daños y perjuicios que una medida cautelar planteada de manera temeraria podría originar.

Un punto relevante, antes de entrar a valorar los presupuestos que se requieren para la estimación de las medidas cautelares, es si plantearnos la posibilidad de recurso ante el Tribunal Federal Suizo sobre las resoluciones que estimen o desestimen las decisiones del TAS en materia de medidas cautelares.

La respuesta, es negativa. El Tribunal Federal Suizo ha entendido que no pueden recurrirse, toda vez que estamos ante decisiones que no son finales, y que pueden ser alteradas en cualquier momento del arbitraje[19]:

> *"Los recursos en materia civil, de conformidad con el art. 77 LTF[20] en relación con los artículos 190 a 192 LFDIP, sólo son admisibles contra los laudos. Las resoluciones susceptibles de recurso han de ser definitivas, y han de poner fin a un procedimiento arbitral por razones de fondo o de procedimiento, no así los laudos parciales, que se refieren a una parte cuantitativamente limitada de una demanda en litigio o a una de las diversas pretensiones en litigio, o incluso laudos preliminares o interlocutorios, que se pronuncian sobre una o varias cuestiones preliminares de fondo o de procedimiento (sobre estos conceptos, véase ATF 130 III 755 en 1.2.1 p. 757). Sin embargo, una mera orden procesal que puede ser modificarse o anularse durante el arbitraje no es susceptible de recurso (sentencia 4A_600/2008 de 20 de febrero de 2009 en 2.3).*
>
> *Las decisiones sobre medidas cautelares, consideradas en el Art. 183 LFDIP, aún no han sido examinadas hasta la fecha por el Tribunal Federal a este respecto. No obstante, la doctrina acepta unánimemente —y con razón— que tales decisiones no son susceptibles de recurso porque no son laudos definitivos, esto es, son laudos parciales o laudos preliminares o interlocutorios."*

19 Sentencia 4A_582/2009 de 13 de abril de 2010, apartado 2.3.1. Trad. del autor.

20 Ley del Tribunal Federal Suizo.

3. REQUISITOS DE FONDO DE UNA SOLICITUD CAUTELAR ANTE EL TAS

Una vez sentado lo anterior, pasemos a lo que GARCÍA SILVERO[21] denomina los presupuestos para la estimación de las medidas cautelares y que son los siguientes *(i)* daño irreparable, o *periculum in mora (ii)* probabilidad de éxito, o *fumus boni iuris* y *(iii)* el test de intereses. Además de estos tres, cabe insistir en la importancia de la prestación de una caución.

Estos requisitos, así como su carácter cumulativo, han sido remarcados por el TAS en laudos como el recientísimo CAS 2021/A/7650, en el que se señala[22]:

> *"Los tres requisitos para otorgar una medida provisional (daño irreparable, apariencia de buen derecho, y la importancia de los intereses de la parte solicitante en comparación con los de la contraparte) son cumulativos."*

Clarificado lo anterior, pasemos a analizar de manera pormenorizada los anteriores tres requisitos, para entender qué entiende el TAS por cada uno de ellos.

Con respecto al primero de los requisitos, el daño irreparable, conocido también como *periculum in mora*, conviene resaltar que, pese a que como veremos el TAS tiene sentada una definición de daño irreparable, lo cierto es que no conviene hacer una aproximación genérica al término en cuestión, ya que siempre existen determinadas circunstancias de cada caso particular que pueden conllevar una diferencia de matiz o concepto.

Una de las definiciones la podemos encontrar en el laudo CAS 2020/A/7592 de 8 de marzo de 2020, en el que se clarifica que para el TAS el daño irreparable es[23]:

---

21 GARCÍA SILVERO, E. "Las medidas provisionales: procedimiento, presupuestos e interpretación jurisprudencial" en PÉREZ TRIVIÑO, J. L. y otros, *El arbitraje en el TAS. Funcionamiento, procedimiento y cuestiones* prácticas *más relevantes.* Aranzadi, Madrid, 2021, pp. 273 a 285.

22 Laudo CAS 2021/A/7650 de 2 de septiembre de 2022, párrafo 28.

23 Laudo CAS 2020/A/7592 de 8 de marzo de 2020, párrafo 278, p. 50. Trad. del autor.

> *"Según la jurisprudencia del TAS (laudo 2011/A/2543 y otros citados en la decisión), un daño irreparable es aquel que, pese a existir una decisión final, incluso favorable a los intereses del demandante, no eliminaría por completo sus efectos. Además, basta con que se acredite la probabilidad de que se causen daños de difícil reparación (2008/A/1631). Este riesgo de daño irreparable ha de ser concreto, y no basarse en simples alegaciones genéricas."*

De este primer inciso podemos extraer varias conclusiones. La primera de ellas es que no basta con la causación de un daño. Para que se otorgue la medida provisional, este daño ha de ser irreparable[24]. Por tanto, toda la controversia gira en torno a esa definición de "irreparable". Desafortunadamente, al estar ante supuestos de muy diversa tipología, resulta complicado establecer una definición universal.

Lo que sí podemos determinar son diversos supuestos en los que el TAS ha ponderado la existencia de un daño irreparable, y de ahí extraer nuestras conclusiones al respecto.

Un supuesto relevante es el que enfrentó al futbolista costamarfileño Cheick Moukoro y al club de Sudán Al Hilal Obeid, en el que se determina que la incapacidad para participar en una competición es una consecuencia irreparable y, por tanto, capacita al TAS para adoptar una medida provisional[25]. Sin embargo, existe un matiz a lo anterior. Esa incapacidad ha de ser para un plazo elevado de tiempo, pues la mera suspensión a unos pocos partidos ha tendido a ser valorada como insuficiente por parte del TAS[26]:

> *"En este contexto, el mero riesgo de no poder participar en unos pocos partidos tiende a ser visto como insuficiente para encuadrarse dentro del concepto de daño irreparable (CAS 2020/A/6796). Además, según jurisprudencia del TAS (2008/A/1569), el hecho de que un deportista profesional se vea impedido de participar en competiciones deportivas en general no es un suficiente para justificar la adopción de una medida provisional. Además, la decisión recurrida no impide que el deportista entrene con su equipo, por lo que puede mantener sus habilidades deportivas."*

---

24 Vid Laudo CAS 2021/A/7650 de 2 de septiembre de 2022.

25 Laudo CAS 2019/A/6477 de 7 de septiembre de 2019.

26 Laudo CAS 2021/A/7581 de 11 de febrero de 2022, párrafo 137, p. 30. Trad. del autor.

Eso sí, atendiendo a lo limitada temporalmente que puede ser la carrera de un deportista, existen eventos o competiciones para los que una suspensión, por mucho que fuesen pocos partidos, sí se podría encuadrar dentro del daño irreparable. Aquí podíamos encontrar tanto Mundiales de Fútbol como Juegos Olímpicos, según lo mantenido por el TAS[27].

Estas cuestiones son extensibles a las sanciones impuestas al futbolista o deportista individual, por lo que cabría preguntarse qué se considera un daño irreparable a efectos de un club o entidad deportiva.

Respecto a una cuestión que ha ocupado varios laudos, como es la decisión de exclusión de las competiciones europeas a un club, el TAS ha sentado con claridad que lo que puede ser compensado económicamente, no puede ser considerado como daño irreparable. Así lo determinó en el laudo CAS 2013/A/3297, de 29 de noviembre de 2013, que resolvía el conflicto entre el club ucraniano Football Club Metalist, el club griego PAOK FC, y la UEFA[28]:

> *"Tal y como se recoge en la Orden de 16 de agosto de 2013, es cierto que la Demandante sufriría un perjuicio en caso de verse privada de la participación en competiciones de la UEFA 2013/14 desde el punto de vista deportivo. Eso sí, este perjuicio puede ser reparado mediante una compensación económica que la Demandante puede reclamar a la UEFA.*
>
> *Aunque la Demandante mantenga que la pérdida de oportunidad de competir en competiciones UEFA sería difícil de compensar económicamente, hay que destacar que las normas UEFA tienen disposiciones claras relativas a los premios en metálico relacionados con sus competiciones. Estas normas UEFA constituirían una firme base para evaluar el daño causado al Metalist."*

Otro supuesto muy frecuente es el relativo a las sanciones a los clubes consistentes en prohibiciones de inscripción durante las ventanas de fichajes. A este respecto el TAS sí ha determinado que esta circunstancia constituye un daño irreparable, y que ha de ser matiza-

---

27 Vid. Laudo CAS 2019/A/6477 de 7 de septiembre de 2019.

28 Laudo CAS 2013/A/3297, de 29 de noviembre de 2013, párrafos 8.5 y 8.5, pp. 17 y 18. Trad. del autor. En el mismo sentido, Laudo CAS 2013/A/3301 de 7 de marzo de 2014.

da. Destacamos, entre otros el laudo CAS 2020/A/6899 de 1 de julio de 2021.

Siguiendo con la probabilidad de éxito, o *fumus boni iuris,* hemos de destacar que, como mantiene la doctrina, esta es una exigencia menor[29], si la comparamos con la adopción de medidas cautelares ante un órgano jurisdiccional.

Esto supone que, en la práctica, solo se desestime por este motivo aquellas solicitudes de medidas provisionales que son catalogadas como de infundadas[30].

A este respecto, se pone de manifiesto que existen un gran número de resoluciones del TAS que acogen este requisito bajo un examen preliminar de la cuestión, y de una manera similar a la que transcribimos correspondiente al laudo CAS 2013/A/3094[31]:

> *"En este caso, el Panel determina que, sobre la base de las pocas pruebas de que dispone y ante las alegaciones de las partes, no se puede concluir que la apelante no tenga posibilidades de éxito en cuanto al fondo. Ambas partes han presentado pruebas y alegaciones que habrán de ser estudiadas con profundidad en la vista del procedimiento principal."*

Es decir, el requisito de la apariencia de buen derecho, o la probabilidad de éxito de la pretensión, es un requisito de carácter menor, y que únicamente una solicitud construida de manera artificiosa se verá desestimada por no cumplir con este requisito.

Por último, y en lo que respecta al balance de intereses, no puede despegarse de los dos requisitos ya analizados. Esto implica que para que una formación arbitral aprecie este tercer requisito, han de haberse apreciado el daño irreparable y la apariencia de buen derecho.

---

29 GARCÍA SILVERO, E., "Las medidas provisionales: procedimiento, presupuestos e interpretación jurisprudencial" en PÉREZ TRIVIÑO, J. L. y otros, *El arbitraje en el TAS. Funcionamiento, procedimiento y cuestiones* prácticas *más relevantes.* Aranzadi, Madrid, 2021, p. 282.

30 MAVROMATI, D. y REEB, M., *The Code of the Court of Arbitration for Sport: Commentary, Cases and Materials, Wolters Kluwer,* Ginebra, 2015, pp. 211 y 212.

31 Laudo CAS 2013/A/3094 de 14 de enero de 2014, párrafo 92, p. 19. Trad. del autor.

Este requisito puede traducirse como la comparación entre las desventajas para el solicitante de la medida cautelar, con las desventajas que se le aplicaran al solicitado, en caso de estimarse la solicitud[32].

De igual forma, cobran mucha importancia los actos propios de las partes antes de solicitar las medidas provisionales. De tal modo, si el solicitante ha consentido la situación recurrida de una manera prolongada, tendrá pocos visos de prosperabilidad, como nos recuerda el laudo CAS 2013/A/3094, anteriormente citado y que conviene traer de nuevo a colación[33]:

> *"El Panel entiende que las partes han de hacer todo lo posible para ayudar al TAS y a sí mismas a la hora de adoptar las medidas provisionales. El Panel no está convencido de que la apelante lo haya hecho en este caso. Por ello, al tratar de equilibrar los intereses de ambas partes, la conducta de estas es un factor relevante. Al Panel le preocupa que la recurrente no haya aprovechad la oportunidad de anular la sanción, sino que se haya centrado en posponerla, lo cual socavaría el efecto disuasorio de la sanción, bajo el criterio del Panel."*

Es decir, con este requisito lo que se pretende armonizar es la conducta previa de las partes con el impacto que podría tener su adopción, así como el impacto que la decisión que se pretende suspender tiene en el jugador o en el club que plantea la solicitud.

Como vemos, estos tres requisitos, a través de los laudos que hemos expuesto, se asemejan a los requisitos que se precisan para la adopción de cualquier tutela cautelar en prácticamente cualquier jurisdicción que lo contemple.

Reiteramos en que las particularidades de la práctica del deporte exigen la existencia de estos procedimientos previos o cautelares para proteger de manera rápida intereses que, de caer en un procedimiento ordinario, perderían su sentido al requerir una tutela rápida o cuasi inmediata.

---

32 Vid. Laudo CAS 2013/A/3301 de 7 de marzo de 2014.

33 Laudo CAS 2013/A/3094 de 14 de enero de 2014, párrafo 100, p. 20. Trad. del autor.

REFERENCIAS BIBLIOGRÁFICAS

BLACKSHAW, I., "Provisional and Conservatory Measures —an under— utilized resource in the CAS" en *Entertainment and Sports Law Journal*, Volume 4, Warwick, 2006.

MAVROMATI, D. y REEB, M., *The Code of the Court of Arbitration for Sport: Commentary, Cases and Materials, Wolters Kluwer*, Ginebra, 2015.

PATOCCHI, P., "Provisional measures in International Arbitration", en BERNASCONI, M. *International Sports Law and jurisprudence of CAS*, Ed. Weblaw, Ginebra, 2012.

PÉREZ TRIVIÑO, J. L. y otros, *El arbitraje en el TAS. Funcionamiento, procedimiento y cuestiones* prácticas *más relevantes*. Aranzadi, Madrid, 2021.

PIRRELLO, F. *Analyse de la jurisprudence du Tribunal Arbitral du Sport relative aux mesures provisionnelles*, Ed. Weblaw, Lausana, 2021.

Laudo CAS 2003/O/486 de 15 de septiembre de 2003.

Laudo CAS 2013/A/3297, de 29 de noviembre de 2013.

Laudo CAS 2013/A/3094 de 14 de enero de 2014.

Laudo CAS 2013/A/3301 de 7 de marzo de 2014.

Laudo CAS 2016/A/4642 de 19 de agosto de 2016.

Laudo CAS 2019/A/6477 de 7 de septiembre de 2019.

Laudo CAS 2020/A/7592 de 8 de marzo de 2020.

Laudo CAS 2021/A/7581 de 11 de febrero de 2022.

Laudo CAS 2021/A/7650 de 2 de septiembre de 2022.

Sentencia del Tribunal Federal Suizo 4A_582/2009 de 13 de abril de 2010.

ENTRE LA ECONOMÍA Y LA POLÍTICA: EN LOS ORÍGENES DEL PLAN SCHUMAN

ROGELIO PÉREZ BUSTAMNTE[1]

Cuando Jean Monnet se comprometió a buscar una solución al problema básico de la integración, en el mundo occidental, de la Alemania vencida, pensó que solo había un verdadero camino, una construcción federal, siguiendo el modelo histórico de los Estados Unidos de América, en donde tras la redacción de la Constitución de 1787, las 13 Colonias se constituyeron como Federación, reservándose cada Estado amplias competencias.

Profundamente admirador del modelo político de los Estados Unidos de América, Jean Monnet no creía en los efectos integradores de la solución intergubernamental, que después de la II Guerra Mundial habían adoptado por pura necesidad los principales Estados europeos: para la defensa la Unión Occidental (1947), para la reconstrucción económica, la OECE (1948) y para la protección de la Democracia, el Estado de Derecho y los Derechos Humanos del Consejo de Europa (1949).

Monnet entendía que aquellas organizaciones intergubernamentales europeas tenían una utilidad de corto alcance y una fortaleza limitada. Su imagen seguía siendo el federalismo americano, y así lo manifestará en la histórica Declaración fundacional de 9 de mayo al proponer "sobre las bases comunes del desarrollo económico la primera etapa de la Federación Europea".

Utilizó entonces el nombre de "federación", ya de por sí demasiado fuerte para los ojos nacionalistas, se atrevió a proponer una "federación europea" aunque su sueño y su firme voluntad era asumir el proyecto real de construir los Estados Unidos de Europa.

---

1 Catedrático Jean Monnet.

Aquel era el nombre del viejo sueño utilizado por Víctor Hugo el 21 de agosto de 1849, con motivo del Congreso Internacional de París y también por León Trotsky en 1923, pero sobre todo después de la desastrosa y horrible II Guerra Mundial, por Winston Churchill en el celebre discurso de la Universidad de Zúrich cuando afirmó "tenemos que formar una especie de Estados Unidos de Europa".

Pero entonces, desde mediados de 1949, la cuestión dependía de la plena incorporación de la República Federal Alemana al mundo occidental y, consecuentemente, había de vencerse la resistencia de Gran Bretaña y otorgar a la Francia vencedora el papel protagonista, una vez superada su intransigencia con la Alemania derrotada y aceptando el realismo.

Este realismo era el mismo que en plena Guerra Fría había hecho asumir a los Estados Unidos, al Reino Unido y a Francia la reconstrucción política alemana que emergía el 23 de mayo de 1949, bajo la forma de República Federal de Alemania —Bundesrepublik Deutschland (BRD)—, con capital en Bonn, mientras que la Unión Soviética facilitaba en la Alemania del Este, el 7 de septiembre octubre de 1949, la Constitución de la República Democrática Alemana —Deutsche Demokratische Republik (DDR)—, con capital en Berlín Este.

Rápidamente, la República Federal aprobaría su Ley Fundamental el 23 de mayo de 1949, celebrando elecciones legislativas el 14 de agosto y eligiendo Canciller Konrad Adenauer el 15 de septiembre de aquel año.

Al comenzar 1950 las relaciones entre los aliados occidentales y la naciente República Federal eran tremendamente difíciles, no así con los Estados Unidos que habían integrado a la Alemania Occidental en su Plan Marshall y ayudado a Berlín durante el bloqueo soviético que duraría hasta principios de 1950.

Aunque existían diferencias entre el gobierno alemán, dirigido por Adenauer, con el gobierno de los Estados Unidos, en materia militar, estratégica, económica y financiera, era también evidente que participaban ambos de la contención frente al expansionismo político y económico de la URSS, cuestión constituida como política oficial de los Estados Unidos. La presión americana se dirigiría entonces hacia Francia, pues era la más interesada en encontrar una salida a la nueva situación política y económica, respecto a su relación con la recién constituida República Federal Alemana.

El General de Gaulle, en su corto mandato, de 1945-1946, había aceptado el Plan Monnet de 1946-1950, diseñado para aumentar la producción de acero francesa a expensas de Alemania, aquel fue plan quinquenal de reconstrcción económica nacional, para la que se creó el "Comisariado de Planificación", a cuyo frente se situó a Jean Monnet en un edificio de la Rue Martignac en París. Según el Plan Monnet Francia intentó obtener el control económico de las zonas industriales alemanas con grandes depósitos de carbón y de minerales que no estaban en manos soviéticas: el Ruhr y la zona del Sarre, aprovechando que los Estados victoriosos habían decidido restringir las industrias civiles que pudieran tener potencial militar.

Cuando los diplomáticos estadounidenses recordaron a los franceses el efecto devastador que esto tendría en la economía alemana, la respuesta de Francia fue sugerir que los alemanes simplemente tendrían que "hacer los ajustes necesarios" para hacer frente al inevitable déficit de divisas.

Después de la Segunda Guerra Mundial, el Sarre pasó por ocupación y administración francesa de nuevo, como el Protectorado del Sarre. En su discurso "Reafirmación de la política sobre Alemania", realizado en el 6 de septiembre de 1946, el Secretario de Estado de los Estados Unidos James F. Byrnes había explicado el motivo estadounidense de separar al Sarre de Alemania: "Los Estados Unidos sienten que no pueda negarse a Francia, que ha sido invadida tres veces por Alemania en 70 años, su pretensión al territorio del Sarre".

Francia absorbería el Sarre, centro de extracción del carbón de Alemania y lo había convertido en 1947. De este modo, se creó el Protectorado del Sarre, que en palabras de Adenauer, no sería más que una colonia. El área volvería a la administración alemana el 1 de enero de 1957, pero Francia retuvo el derecho a explotar sus minas de carbón hasta 1981.

Del mismo modo, se realizó una intervención francesa en el Ruhr. Los planes franceses para el desprendimiento completo del Ruhr de Alemania encontraron una mayor resistencia. En septiembre de 1946, James F. Byrnes, Secretario de Estado de los Estados Unidos, declaró en un discurso en Stuttgart titulado "La Reformulación de la política sobre Alemania" que "Estados Unidos aceptaría las reclamaciones francesas sobre el Sarre, pero que no apoyaría ninguna invasión de un territorio que sea indiscutiblemente alemán o cualquier división de Alemania que no sea realmente deseada por los pueblos interesados. Estados Unidos es consciente de que la gente del área del Ruhr y Renania desean permanecer unidos con el resto de Alemania y Estados Unidos no se va a oponer a su deseo".

En el comunicado emitido el 7 de junio de 1948, tras las reuniones en Londres entre los Estados Unidos de América, el Reino Unido, Francia y los países del Benelux se plasmaría la supervisión internacional del Ruhr, creándose por el Acuerdo de Londres de 28 de abril de 1949, la Autoridad Internacional del Ruhr (IAR), constituida como un organismo internacional, establecido por los aliados occidentales, para controlar la industria del carbón y el acero del área del Ruhr en Alemania Occidental, con sede en Düsseldorf.

El Acuerdo del Ruhr, constituido también en una Autoridad Internacional, se impuso como condición previa de Francia a los alemanes occidentales, para que volvieran a constituirse como nación, tal como sucedería el 23 de mayo de 1949, bajo la forma de República Federal de Alemania —Bundesrepublik Deutschland (BRD)—. Pero, consecuentemente, al controlar la producción y distribución de carbón y acero (es decir, cuánto carbón y acero obtendrían los propios alemanes), la Autoridad Internacional del Ruhr controlaba de hecho toda la economía de Alemania Occidental, lo cual no podría mantenerse durante mucho tiempo.

El posible o necesario entendimiento entre la Francia vencedora y la Alemania vencida sugerido o, más bien impulsado por los Estados Unidos desde el origen de la Guerra fría, encontraría en Robert Schumann un excelente aliado. Schumann que había sido Presidente del Consejo de Ministros de Francia de 1947 a 1948, se convertía el 26 de julio de 1948 en Ministro de Asuntos Exteriores, manifestándose, desde un primer momento, claramente partidario de una unión supranacional para Europa. Así lo anunciaría en sendos discursos en 1948 y 1949 en la Asamblea de Naciones, al anunciar que el objetivo de Francia era "crear una organización democrática para Europa a la que podría unirse una Alemania democrática y posnazi".

Esta idea que reiteró en una serie de discursos sobre la creación de una comunidad europea supranacional que crease una paz duradera entre los Estados miembros, sería claramente expuesta en un discursos pronunciado en Estrasburgo el 19 de mayo de 1949 en el que dijo: "El siglo XIX vio la oposición de las ideas feudales y, con el surgimiento de un espíritu nacional, las nacionalidades se afirmaron. Nuestro siglo que ha sido testigo de las catástrofes que resultaron con el choque interminable de nacionalidades y nacionalismos, debe intentar y lograr reconciliar a las naciones en una asociación supranacional".

Un nuevo Secretario de Estado de los Estados Unidos, Dean Acheson, nombrado el 21 de enero de 1949, asumiría la misión de hacer compatibles ambas visiones, la francesa de Schuman y la americana de Truman, el Presidente que crearía la OTAN el 4 de abril de 1949. Mientras, la Guerra Fría continuaba. La tensión causada por el bloque de la URSS sobre Berlín occidental finalizaba el 12 de mayo, gracias al éxito del Puente Aéreo de los aliados que obligaría a la Unión Soviética a ceder en su postura. Del 23 de mayo, fecha histórica de la formulación de la Ley Fundamental de Bonn al 30 de junio, se reunirían los 4 grandes en el Palace Rose en la Avenida Foch, propiedad de la Duquesa de Tayllerand, para acercar sus puntos de vista sobre Alemania. Se trataba de impedir que los soviéticos pudiera hacerse con el enorme potencial industrial y humano de los alemanes del oeste.

El 15 de septiembre de 1949, Konrad Adenauer sería elegido Canciller de Alemania, tras vencer en las elecciones de 1949 a los socialistas alemanes, consiguiendo de este modo la CDU cuatro años en el poder, lo que le permitiría negociar la devolución de la soberanía al país.

El principal problema que se planteaba en la gran industria alemana era el desmantelamiento que se había acordado en la Conferencia de Postdam. Los aliados acordaron el 29 de marzo de 1946 que la industria pesada alemana se reduciría al 50% de sus niveles de 1938, mediante la destrucción de 1500 plantas de fabricación. Las plantas serían desmanteladas lo que llevaría a Alemania a reducir el nivel de vida que había conocido, después de la gran depresión. La política estadounidense y británica comenzaría a cambiar a mediados de 1946, con el discurso de Byrnes ante la lenta recuperación de la economía europea, impulsada antes de la guerra por la base industrial alemana. Las restricciones impuestas a la producción de la industria pesada permitieron una elevación del 25% de la capacidad de la preguerra a un nuevo límite del 50%.

La crisis económica alemana provocaba una disminución del intercambio de alimentos por carbón y acero en los Estados europeos. Por su parte, la URSS había recibido ya en agosto de 1947 11.100 toneladas de equipo de las instalaciones industriales alemanas, desmanteladas, como reparaciones a la Unión Soviética.

El desmantelamiento de la gran industria alemana pasaría a ser un gran problema. Los alemanes estaban dispuestos a pagar el precio por los aliados, que era trasferir la propiedad absoluta a los países beneficiarios de las reparaciones a cambio de seguir operando.

La cuestión no solo era capital, para la economía alemana y europea occidental sino para el futuro de las relaciones políticas y económicas entre Alemania y los países occidentales. Había que detener el desmantelamiento. El grupo Thysen tenía un peso extraordinario al obtener 2. 500.000 toneladas de Acero al año, produciendo todo tipo de metalurgia pesada. Desmantelando 10.000.000 de máquinas se destruían de 50 a 100.000.000 de capacidad productiva. Sobre el desmontaje de las fábricas Thysen en Hamborn intervendría Adenauer, sugiriendo el 25 de agosto de 1949 que se renunciase a este desmantelamiento, convirtiéndose en una propiedad internacional.

Adenauer afirmó: "esta organización podría ser el germen de una cooperación internacional más amplia en el dominio del carbón y del acero, altamente benficiosa para la comprensión franco-alemana". Los americanos y los iingleses renunciarían entonces al desmantelamiento de las fábricas Thysen. Además, la propiedad expropiada en Alemania estaba siendo expropiada, sin tener en cuenta las reglas de la Convención de la Haya, que prohibía la incautación de la propiedad privada enemiga "a menos que sea susceptible de uso militar directo".

Adenauer había conseguido frenar el desmantelamiento de la industria alemana, poniendo de manifiesto la contradicción inherente entre fomentar el crecimiento industrial y eliminar las fábricas y dejando en claro la impopularidad de esta política. El Acuerdo de Petesbergh de 22 noviembre de 1949, firmado por los cuatro grandes en el hotel Petersbergh de Bonn, que facilitaría la integración de la República Federal en el Consejo de Europa, modificaría el programa de desmantelamiento industrial, eliminando un importante número de plantas industriales de las listas del desmantelamiento.

El Consejo de Europa intervendría también en este proceso al discutir un plan de coordinación de las industrias de base europeas, que había sido elaborado por el movimiento europeo en su reunión, la Conferencia de Westminster, celebrada en abril de 1949, donde incluía los sectores del carbón y del acero, la electricidad y los medios de transporte, entendiendo necesaria la creación de instituciones públicas europeas que definieran la política general de la industria. La Asamblea consultiva adoptaría el 19 de diciembre una moción demandando la creación de compañías europeas integradas por varios Estados miembros, exentas de derechos de aduana. Paul Reynaud propondría una resolución preconizando la creación de una "Autoridad pública del Acero".

La idea había quedado clara tanto en los países de la Europa occidental, como en los Estados Unidos de América que, como ya habían realizado con el Plan Marshall, que delegó en los Estados europeos la creación de una organización internacional, para la gestión de la ayuda, solicitaba ahora una nueva iniciativa desde Europa. Dean Acheson afirmaría el 15 de septiembre de 1949 que: "en lo que concierne a Alemania yo creo que nosotros debemos dejar el liderazgo a Francia". Claramente ya había asumido que Gran Bretaña no sería partidaria de una solución integradora, aunque desde la cámara de los comunes, el 23 de marzo de 1950 se reclamase un control de las industrias siderúrgicas y mineras de la Europa occidental.

Todavía el 16 de marzo el Canciller Adenauer daría una Conferencia de Prensa, planteando la perspectiva de una Unión de Alemania y de Francia. Mn¡anifestando que sería: "reemprender sobre bases modernas, económicas, sociales, estratégicas y culturales la empresa de Carlomagno". Mientras, el posibilista Robert Schuman asumiría que aquel era el momento de crear una Comunidad, para el carbón y el acero, encargando su realización a Jean Monnet el mayor experto en aquel decisivo escenario económico de la Europa de la posguerra, convirtiendo su solución económica en la gran solución política, la Declaración de 9 de mayo de 1950, con razón llamada el Plan Schuman, que supondría el inicio de la Unión Europea.